守望者
The Catcher

阅读　你的生活

让石头说话

Stone Age

中国史前石器研究

陈胜前 著

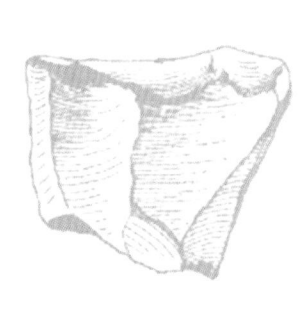

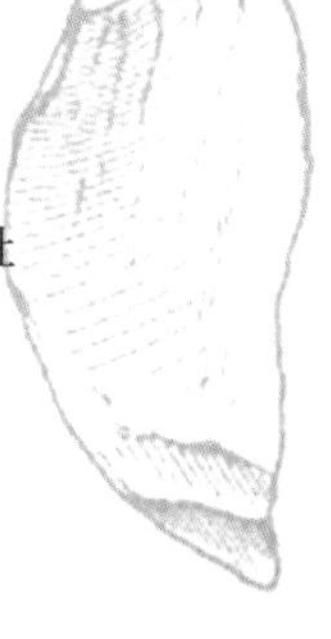

中国人民大学出版社
·北京·

本成果受到中国人民大学2022年度
"中央高校建设世界一流大学(学科)和特色发展引导专项资金"支持

序　言

1993年凯西·希克（Kathy Schick）与尼古拉斯·托斯（Nicholas Toth）出版了《让沉默的石头说话》（*Making Silent Stone Speak*）一书，当时我刚刚上硕士研究生，在北京大学跟随吕遵谔先生学习旧石器时代考古。大约是在次年，希克与托斯两位学者访问北大，我见到了他们以及他们送给吕先生的新作。后来不知什么时候我读过此书，具体内容已经不大记得了，但书名给我留下了深刻的印象。

不过，我之所以采用《让石头说话》这个书名，有更早的渊源。还记得小时候看过一部电视剧《木鱼石的传说》，其主题歌为《一个美丽的传说》，其中唱到"有一个美丽的传说，精美的石头会唱歌……"。男主角是乾隆时期的忠臣王尔烈，他为了教授皇子禺琰，历尽艰辛，被害入狱，后被侠女从石牢中救出。禺琰在老师的指教下，跋山涉水，体察民情，最终在千朵莲花山（今千山）找到了木鱼石。王尔烈指点他说："这块山石，其实一文不值，但不登泰山，不知山高；不涉沧海，不知水深；不入民间苦行，怎能分辨忠奸善恶。"寻找石头的故事对于石器考古来说也颇有启发意义，我们要寻找的并不是石头本身，而是石头背后的故事。让石头开口，本是神话的内容，同时也表示事情的艰难。于是乎，"让石头说话"就成了一个绕不开的名字，我想不出一个比它更直白又有意蕴的名字了。

石器本不能说话，它之所以能"说话"，是因为考古工作者的研究。让石器说话的过程就是科学探究的过程，其中所有的美好，一方面是发现石器背后的故事，石器仿佛远古社会的密码，通过它了解久已湮没的历史无疑是快乐的；另一方面是研究过程本身的乐趣，春日户外，我们在阳光下做实验，曾有学生说，如果课程都是这样的话，那该多么令人愉快啊！为什么要选择研究石器？理由非常简单，因为石器是历史最为悠久的人工制品（artifact），从距今 300 多万年前一直到现在都在使用，没有哪一种其他人工制品能与之匹敌。更直接的理由是，石头足够坚韧，不像有机物那样会腐烂，能够经历百万年的埋藏留存到现在。当然，有机物如人类与动物骨骼也有可能石化，在某些特殊的埋藏条件下，有机物如木头也可能保存下来，只是这样的概率太小了。古人类学家可能一辈子都没有机会亲手找到一件人类化石，但对于旧石器时代考古学家而言，这根本不是问题，有时他们甚至都会腻烦石器，因为实在是太多了。如陕西的洛南盆地，那里发现的石器要用卡车来运输，小小的龙牙洞遗址就出土了数以万计的石器。

石器是史前考古，尤其是旧石器时代考古（简称旧石器考古）最主要、最常见的研究材料。这是旧石器时代考古学家的幸运之处，当然，这也是他们的痛苦之所在。旧石器，通常也称为打制石器（旧石器时代晚期偶尔也有磨制石器，如石磨盘），其形制远不像陶器那样稳定。拼合石器也远比拼合陶片困难，陶片拼合是二维的，但石器拼合是三维的，可能在某个意想不到的角度拼合。石器出土也不像陶器一样能够与特定的遗迹现象如房址或墓葬联系在一起，石器只是在偶尔的情况下能够与火塘联系起来，大多数情况下，发掘者只是得到石器而已。中国古人讲"格物穷理"，考古学家要"格"的对象是石头。如何去格？理又在哪里？相传明朝心学大家王阳明曾对着竹子格了7天7夜，结果让自己病倒了。从1993年我开始学习旧石器时代考古，至今已过去30年了，在学习前人研究的基础上，我也做了一些探索，有些收获，但疑惑更多。

研究石器，仅仅端详或凝视是不够的。我们从石器上所得的认识都是基于考古推理所得，然而，考古推理何以可能？简单地说，那就是基于一定的理论、方法与材料进行推理。我们常把考古学研究与刑事断案相提并论，神探福尔摩斯的厉害之处正在于他能够建立完整的行为逻辑链条。不过，在考古学研究中，类似的推理是很难建立的，一个关键的原因就是，史前时代尤其是旧石器时代的人类生活跟现代生活差别太大。读地理学家阿尔谢尼耶夫（B.K.Арсеньев）的《在乌苏里的莽林中：德尔苏·乌扎拉》(ВДЕБРЯХ УССУРЙСКОГО КРАЯ Государственное издательство)，会发现他总是惊奇于德尔苏惊人的判断能力，这位森林猎人能够从极少的遗迹与遗物中推断出大量的信息，而且这些信息都非常准确。德尔苏的神奇能力来自他极其熟悉外乌苏里地区的森林狩猎生活，折断的树枝、倒伏的草丛、灰烬的散布，等等，在那个特定的环境里，到处都是明确的信息指示。从德尔苏的例子中我们可以看到，行为所在的背景关联是至关重要的。

在中国学术体系中，旧石器时代考古与地质学、古人类学联系紧密，都属于自然科学范畴。旧石器时代考古学家总是非常羡慕古生物学家、古人类学家，他们基于极少一点化石如数颗牙齿、一片羽毛的印迹，就可以发表很有分量的研究论文。古生物学所依赖的是古今一致原理，生物的生理特征、生物力学、生态关系等都是如此，看到猛犸象如搓衣板一样的齿冠，就可以推断其食物习性，由此就可以推断当时的环境景观、气候冷暖；还可以基于生物进化论，推断其演化位置及演化原因等。古生物学家之所以能够"管中窥豹"，是因为他们知道豹原本的样子，所以基于片段的信息就可以推知整体上的变化。过程考古学家借鉴了古生物学的这个优点，他们也竭力寻求建立史前文化系统的整体框架，发展文化进化论，进而实现考古学研究的"管中窥豹"。

行为链、背景关联、文化系统等，这些都是考古学家进行推理的基础。但是，石器考古学家面对的研究对象比古生物学家、人类学家、刑侦学家等面对的困难得多。即便是最好的民族志材料，也不足以描述旧石器时代早中期的人类生活，我们根本不知道两者之间是否具有一致性。在石器研究过程中，所有这些方法都需要采用；同时，还需要把它们以一种合理的逻辑结构组织起来，以产生合力，从而穿透现象，了解古人，也就是考古学经常讨论的"透物见人"过程。

这是一个什么样的方法论框架？我称之为"分层－关联的方法"。这是我在自己的研究实践中总结出来的，经过若干案例研究的检验，还是比较有效的。它没有将石器研究局限于形态特征，即最后的结论不能只是石器形态特征本身的归纳（或是语焉不详的旧石器时代文化特征的归纳），而是需要深入古人行为层面，深入古代社会发展的层面，实现"透物见人"的目的。而且，这里所见到的人不是简单的行为重建，而是人类发展关键特征的重建。就好像医生给人看病一样，知道发烧这个症状，也知道发烧与炎症相关，高明的医生知道是什么导致了炎症，这个病对身体有着怎样的影响。石器研究同样如此，我建立分层－关联的方法论框架，就是希望能够尽可能深入地挖掘石器所代表的关键信息。

尽管我强调综合运用多样的方法，但我还是有自己专属的领域的，那就是实验考古。石器考古中，实验考古有悠久的历史，有诸如博尔德（Bordes）、克拉布特里（Crabtree）这样的石器打制大师，后来者中精于石器制作的不乏其人。石器作为一种考古材料，在研究过程中极其需要实验的方法。在这个方面，我有不少的切身体会。2009年在发掘湖北郧县余嘴2号旧石器时代遗址时，发现了一些外观有些像砍砸器的粉砂岩石块，由于表面有些风化，很难确定打制痕迹。而通过实验，尤其是使用实验，我完全可以确信，这种原料不可能用作砍砸器。它的硬度不足以胜任，使用中刃口会迅速磨圆，无法承担砍斫功能。再比如石球实验，按照常识，我们都会想当然地认为寻找本身就类似于石球的砾石，稍稍加工一下，就可能制作出石球，这样会最节省时间。但实验研究告诉我们，这样的认识是错误的。且不说在河滩上寻找这样的原料有多难，即便找到了，也往往因为这样的原料缺乏可以打击的台面，难以进行下一步的加工。"纸上得来终觉浅，绝知此事要躬行。"（陆游《冬夜读书示子聿》）石器实验考古是一种极其有效的研究方法，而要发挥这种方法的效力，就要特别注意与考古材料结合起来。针对的问题越清楚，作用可能就越大。

我采用的理论可能是需要特别指出的，与方法上相对综合的立场不同，我在理论上的立场是明确的，也就是文化生态学的，更宽泛一点说，就是过程考古学的。过程考古范式的核心概念纲领是作为适应的文化，这里"文化"不再是标准或规范（文化历史考古范式立足于此），而是人应对挑战或解决问题的手段，它是功能性的，通常用的概念被称为"文化适应"。以这个概念纲领为中心，形成一系列的支撑理论，包括文化生态学、文化系统论、文化进化论等。石器作为文化系统的组成部分，处在一定的文化生态条件下，反映一定的文化适应水平。读者很容易注意到，我的研究不是以技术类型学为中心的，而是立于其上，把研究领域拓展到古人的文化适应领域。我在解释细石叶技术的起源时如此，在解释旧新石器时代过渡时如此，在解释旧石器时代早中期石器技术的发展以及新石器时代石器构成时亦是如此。从这个理论视角出发的研究跟此前的石器考古研究是有较大区别的。

就研究材料而言，这里涉及的不仅有打制石器，还有磨制石器。打制石器中从最简单的砍砸器到最复杂的细石叶，都有讨论；磨制石器则侧重于新石器时代的农业生产工具。尽管貌似覆盖面很广,但实际上它们也只是中国史前时代石器的代表。要穷尽中国史前的石器,于个人而言,是不可能完成的任务。某种意义上说,也没有必要。我们要达到管中窥豹的目的,并不需要巨细无遗,重要的是获取关键信息。如果不知道关键在哪里,那么丰富的信息反而会导致混乱。对于中国旧石器时代早中期的石器而言,我选择的是砍砸器、手镐、石球这三种最常见的石器;对于中国旧石器时代晚期的石器而言,我选择的是细石叶技术,可以说它是旧石器时代打制石器技术的巅峰;对于旧新石器时代过渡时期的石器而言,我选择的是锐棱砸击技术与锛状器,它们分别分布于长江中下游的西部边缘地带与华北地区的边缘地带,非常有代表性。新石器时代磨制石器中,我选择的是石铲、石锄、石刀等,所用的基本是辽西地区的材料。这个地区处在生态交错带上,文化生态关系更迭显著,石器考古所能透视的文化适应变迁也较为明显,有较强的说服力。

这里希望通过对有限的具体石器材料的研究,以点带面,一方面,把石器考古的理论、方法与材料结合起来,进而讨论一些重要的问题,建立成功的范例;另一方面,试图以石器为视角,透视中国史前史。内容的构成是按照从早到晚的时间顺序,从旧石器时代早期开始,一直延伸到商周时期,包括中国旧石器时代早中期的文化适应、旧石器时代晚期革命、细石叶技术起源、旧新石器时代过渡、新石器时代原始农业发展五个重大问题。这些研究希望说明一点,石器考古是可以告诉我们有关远古时代的故事的,而不只是发现石器材料、分析材料本身的特征。

当然，石器考古永远在路上，甚至还需要指出，石器考古是还存在较多问题的领域。尤其是莫斯特难题还没有解决，石器与人群的关系很难确定。按照DNA考古研究，现代人是从非洲扩散到世界各地的，但令人困惑的是，我们从石器考古材料上难以证明这个扩散过程，石器技术与现代人种群之间并没有显著的对应关系。相比而言，从文化适应的角度展开石器技术研究则要更可靠一些。简言之，石器考古深受学科所存在的背景关联的约束，不仅有外部的关联（社会发展、时代思潮、相关学科发展），还有内部的关联（石器研究所能依赖的理论、方法与材料），正是基于这样的背景关联，石器考古必定是有时代局限性的。

就我个人的研究而言，就更说不上完美了。所希望的是，我能够对石器考古这项工作（于我而言，更应该说是事业）有所贡献，于同仁与正在学习石器考古的同学有一定的参考价值。在文字的表述上，我并不想化身为貌似客观的旁观者，我是石器研究的参与者，我会描述我的切实感受以及认识问题的过程。我个人的认识无疑是有局限的，我并不怕承认我的局限，我相信读者之所以翻阅此书，是因为其中有所长。能够实现这样的目的，我就心满意足了。在这个知识爆炸、信息传递极其便利的时代，试图提供一个包罗万象的知识体系是不现实的，也没有多少意义。因此，选择一个相对个性化的表述方式，反而可能更合适一些。

目　录

第一部分　石器基础理论与方法

第一章	石器里有什么？	3
第二章	石器考古简史	51
第三章	让石器说话何以可能？	89
第四章	石器考古"透物见人"的概念构建	130

第二部分　旧石器时代早中期石器研究

第五章	旧石器时代早中期石器考古问题	151
第六章	砍砸器研究	192
第七章	手镐研究	211
第八章	石球研究	231

第三部分　旧石器时代晚期石器研究

第九章	中国晚更新世人类的适应变迁与辐射	259
第十章	如何认识旧石器时代晚期革命？	300

第十一章　细石叶技术产品废弃过程研究　　325
第十二章　细石叶技术的起源　　350
第十三章　细石叶技术起源研究的理论反思　　385

第四部分　旧新石器时代过渡时期石器研究

第十四章　中国旧新石器时代过渡：新思考与新问题　　419
第十五章　锛状器技术与北方旧新石器时代过渡　　450
第十六章　锐棱砸击技术与南方旧新石器时代过渡　　470

第五部分　新石器时代及以后石器研究

第十七章　哈民忙哈遗址石器工具　　497
第十八章　大山前遗址石锄　　525
第十九章　大山前遗址石铲　　553
第二十章　石器视角的辽西史前农业社会　　580

第六部分　结语

第二十一章　石器视角的中国史前时代　　597

后　　记　　623

第一部分

石器基础理论与方法

第一章　石器里有什么？

研究石器的前提是认识石器、了解石器的特征,更重要的是了解石器研究的潜力,即通过石器能够研究什么。潜力不等于现实能力,而是带有展望性质的能力,它代表我们可以努力的方向。这一章是后续讨论的先导:首先,认识石器的重要性,明白为什么我们需要研究那些看起来毫不起眼的石制品;其次,了解石器的基本概念,尽管石器是早期人类的工具,简单原始,但是经过100多年的研究,石器考古已经成为一个专门化的领域,有一些行业外难以明晓的概念;最后,讨论石器的十二种属性,也就是石器中可能有的东西,看起来简单之至的石器中是大有乾坤的。

一、为什么是石器？

2008年前后我带学生曾经三次赴内蒙古阿里河考察鄂伦春人。鄂伦春人作为"兴安岭上的人们",数十年前过着不断迁徙流动的生活,不事农耕,以狩猎采集为生。这样的生活方式对于我们理解史前狩猎采集生活是有一定借鉴意义的。我想找到鄂伦春人曾经的营地,看看他们是如何安排营地的,究竟有哪些东西能够留存下来,以及那些东西是如何分布的。抱着这样的想法，我们开始了考察。一位鄂伦春老猎人告诉我们，60多年前他们在温库图河一带生活，他们的营地位于一处靠山河边上。我们到卫星地图上搜索，很快发现了这个地点，温库图附近的靠山河只有一处。所谓"靠山河"，就是河流贴着山根流过的地方。到那里实地考察后，我理解了为什么营地要选择在靠山河的位置，因为这一带的地形多为和缓的漫岗，河谷非常宽阔，河道只有在靠山的地方才比较稳定，所以只有在靠山河的位置才能很方便地取水。后来我们注意到许多旧石器时代遗址都有这样的分布特征。

  令人遗憾的是，尽管位置很确定，但我们还是没有找到鄂伦春人的居址。鄂伦春人不用石器，他们的工具是金属的，而金属都是他们通过交换得来的，比较珍贵，基本都会被带走，不会废弃在营地。他们使用的日用品许多都是桦树皮做的，很难保存六七十年，至于居住用的"斜仁柱"（用树木搭制成攒尖形状，外覆盖桦树皮或动物皮毛），也不能保存如此长的时间。唯一可能保存下来的就是火塘里用来支锅的三块石头。如今的温库图仍然都是森林，森林里是一层层倒掉的树木与落叶。我们刚刚进林子的时候，看到过一个地方有石头露出，当时想，先在周边看看，然而，很快我们就迷失在林木中，找不到原来的位置了。最后，我们只是在另外一个地方找到一处七八年前鄂伦春人祭祖留下来的"斜仁柱"，三块石头、木炭，还有带有日期的啤酒易拉罐[①]。那个时

[①] 宋宝峰、王艳梅、陈胜前：《鄂伦春狩猎采集生活的考古学意义》，载吉林大学边疆考古研究中心编《边疆考古研究》第7辑，科学出版社，2008。

候，我深切地体会到石器（又称石制品，本书中两者通用）的重要性。对于旧石器时代考古研究者而言，石制品时常是我们发现远古遗存的唯一线索。幸亏古人留下了石制品，否则我们几乎无法了解古人的活动。

我们都有参观博物馆的经历，一般省级博物馆都有基本陈列，展示当地的历史脉络，这样的展览都是从旧石器时代开始的。即便是受过考古学专业训练的人，面对橱柜中展示的石器时，往往也是一掠而过。只有极少数受过石器考古专门训练的人，才会驻足观看。然而，作为一名专门的石器考古研究者，隔着玻璃橱窗观察，我实际能够获得的信息十分有限。博物馆提供的信息大多非常有限，往往是小小的标签，告诉观众这是什么东西；详细一点的，会告诉观众出土地点以及年代。这里除了出土地点是较为确凿的信息外，所谓名称与年代都是值得推敲的。作为石器考古研究者，我们理应让这些石器告诉观众更多的信息。即便是最简单的石器，如果结合多方面的背景关联信息，技术的、功能的、进化的，等等，也可能讲出许多故事来。为什么我们没有做到？因为我们缺少相关的研究，写作展陈大纲的人没有结合石器考古的研究进展，没有得到石器考古研究领域专门研究者的支持，所以，观众只能看到孤零零的石器本身，没有了解考古学研究的收获与成绩，没有了解古人，更说不上了解考古推理的过程了。博物馆展示是考古学的实践环节，是考古学研究成果与民众见面的场景。当前的实践无疑表明，中国史前石器考古研究任重道远，还有许多关键的工作没有完成。

尽管石器是重要的考古材料，甚至是旧石器时代考古研究的主体，但是在考古发掘中，石器处在考古材料鄙视链的底端。在新石器时代考古中，发掘者最希望得到的是完整的、精美的陶器和装饰品，墓葬、房址是大家喜欢发掘的单位，石器，尤其是打制的石片、断块等，往往需要按照小件对待，数量多，信息量少，大家都不大喜欢处理。在旧石器时代考古中，石器是最常见的出土物，发掘者最希望得到的是人类化石，次之是动物化石，再次之是火塘这样的遗迹，最后才是石器。对于石器这样的材料，发掘者是又爱又恨，有丰富的石器出土，代表自己的工作没有白费，但是大量的石器材料又意味着极为烦琐的、重复的测量工作。在研究阶段，还需要大量的拼合工作，这是一项成就感很弱的工作。数个星期的工作换来的往往只有寥寥几片的拼合机会。总的说来，石器是考古研究中一个极易忽视的对象，看起来比较常见，并不那么珍贵；同时，它所携带的信息并不明显，研究起来相当困难。于是，就出现了当前有点尴尬的状况：一方面，石器作为历史最悠久、最结实的考古材料而存在；另一方面，石器又是最受忽视、所能提供古代信息最少的考古材料。也正是因为如此，这里单独以石器为研究对象，希望能有所突破。

二、石器的基本概念

这是一部以石器考古为中心的专业著作，本不需要从石器的基本概念开始。但读者并不一定都是石器方面的专业研究者，且非旧石器时代考古方向的研究者往往对石器的基本概念比较陌生。曾经看过一部史前史方面的翻译著作，译者是考古学方向的博士，由于不是专门的石器考古研究者，不少专业词汇的翻译出现了问题。由此，我相信从基本概念的介绍开始是非常必要的。

1. 真假石器问题

研究石器的第一步就是认识石器，换句话说，就是识别出一块石头的人工属性，确定这块石头是人类活动的结果，而不是自然原因所致。然而，这并不是一件容易的事情。其中磨制石器的识别相对容易一些，欧洲早期殖民者在美洲就遇到还在使用石器工具的土著，这些石制品与欧洲新石器时代的石器形态大体相似。识别起来比较困难的是打制石器，早在1797年，英国人约翰·弗里尔（John Frere）就发现了旧石器时代的手斧以及灭绝动物的化石，但他的成果发表后几十年里都无人问津[①]。其后还有一些重要的发现，随着地质学与进化论思想的发展，最终在法国确定了人类的古老年代。

识别打制石器的人工属性的标准有许多：首先，是原料，适合制作石器的原料并不多，如果原料不合适，其人工属性就值得怀疑了。不同类型的石器往往需要不同类型的原料。用于切割的石器，需要质地较为细腻的原料，要坚硬，脆性要合适。太脆不耐用，韧性太好又不易打制，石料的脆性与韧性是相对的品质，脆性好的原料往往韧性不佳，两种品质兼顾的原料是较为少见的，变质岩类的石英岩、角页岩是其中的

---

① Tim Murray, *Milestones in Archaeology: An Encyclopedia*（Santa Barbara: ABC-CLIO, 2007）, pp.122-124.

优秀代表。用于切割的石器，对脆性的要求高于对韧性的要求。用于研磨的石器，则需要较粗的颗粒结构，对韧性的要求则高于对脆性的要求。

其次，是人工打制留下的石片疤，石器上的片疤往往是连续的，自然原因导致的片疤更可能是零星分散的。片疤的人工属性还体现在转向打击上，尤其是在石核上，如果石核是用来生产石片的，那么打片痕迹会体现在若干个面上。当然，这里有个例外，即古人为了测试原料的性质，会在砾石上剥离一个石片下来，以便观察砾石的新鲜面。这样的话，就会遇到仅仅剥离了一个石片的砾石（实际已经是石核）。这种情况下，要把人工原因与自然原因分开，就非常困难了。

再次，考古调查或发掘往往会发现许多件石器，这就意味着我们可以结合石器组合、背景关联来判断石器的人工属性。就拿前面说到的仅有一个片疤的砾石来说，我在发掘余嘴2号旧石器时代遗址时就遇到过数件这样的标本，由于它们与石器共出，而且反复出现，完全可以确认其人工属性[①]。自然状态下偶然产生一次打片事件是可能的，但在同一个地方反复出现是不大可能的。背景关联是至关重要的，我曾在铺路的渣石中捡到与磨制石器毛坯非常类似的标本，由于车辆的反复碾压，通体都是加工痕迹，加之形状与石器相似，很容易认错。石器的出露是有相应地点的，马路边、河沟里都不是恰当地点。阶地、山洞、山坡、岗

---

① 陈胜前、陈慧、董哲、杨宽：《湖北郧县余嘴2号旧石器地点发掘简报》，《人类学学报》2014年第1期。

地,尤其是临河与有泉水的地方,是最有可能发现石器的地方。

最后,值得关注的是不同石器打制技术的标志性特征,锤击法的打击力量非常集中,技术熟练的操作者生产出来的石片有极为显著的打击点,打击点呈圆形。我们曾经试图在石器实验中复制这样的打击点,发现并不容易实现,主要是我们现代人的打击力量不够,另外打击力量不够集中。看起来很简单的技术,其实也需要通过相当长的时间训练才能熟练掌握。砸击石片又称两极石片,石片的两端都有打击痕迹,这个明显的特征把它与其他类型的石片明显区分开来。锐棱砸击石片在打击点部位有明显的线性凹缺,石片的劈裂面非常平坦。我们看到这些标志性特征的时候,就很容易确认其人工属性。

虽然上面罗列了四条标准,但实际情况要远比这里所说的复杂。石器经过水流搬运,就可能产生磨圆,人工痕迹就会变得不那么明显;另外,由于脱离原生的地层,年代也会出现问题。如山西芮城西侯度遗址,最近新的测年已经把年代提前到距今约 250 万年前[1]。安徽繁昌人字洞遗址[2]、湖北巫山龙骨坡遗址[3],此前都报道过有超过距今 200 万年前的石器,但一直颇有争议。区分真假石器是开始石器考古的第一步,而这个问题本又是石器考古的重要问题

---

[1] G. J. Shen, et al., "Isochron ^{26}Al/^{10}Be Burial Dating of Xihoudu: Evidence for the Earliest Human Settlement in Northern China," *L'anthropologie* 124 (2020): 1-26.

[2] 张森水、韩立刚、金昌柱、魏光飚、郑龙亭、徐钦琦:《繁昌人字洞旧石器遗址 1998 年发现的人工制品》,《人类学学报》2000 年第 3 期。

[3] 侯亚梅、李英华、黄万波、徐自强、鲁娜:《龙骨坡遗址第 7 水平层石制品新材料》,《第四纪研究》2006 年第 4 期。

之一。近些年来，中国最早旧石器的年代在不断提前，从距今160万年前泥河湾盆地的马圈沟遗址①、上沙嘴遗址②，到距今超过200万年前的陕西蓝田上陈遗址③，再到距今250万年前的西侯度遗址。早期石器研究遇到的问题往往是，石器的人工属性的确认较为困难。

要解决这个问题，一个较为有效的方法是实验考古，准确地说，就是用遗址出土或遗址附近产出的相同石料进行实验，采用类似的技术开展复制实验。此类实验的针对性比较好，问题明确，材料合适。我在发掘余嘴2号旧石器时代遗址时就采用了这一方法，成功认识到某些类似砍砸器的粉砂岩石块并不是真正的石器。之所以强调要采用实验考古的方法，是因为不同地方不同类型的岩石在打制石片过程中表现出来的性质是不同的，并非简单通过地质学鉴定就能确定的，研究者亲自操作才能体会到打制过程的细微差别。周口店遗址在发掘之初出土了许多脉石英质的石器，就其是否属于人工制品，研究者之间存在分歧，裴文中先生于是开展石器实验，最终解决了这个问题④。裴先生的博士学位论文

---

① R. X. Zhu, et al., "New Evidence on the Earliest Human Presence at High Northern Latitudes in Northeast Asia," *Nature* 431（2004）：559-562.

② H. Ao, et al., "New Evidence for Early Presence of Hominids in North China," *Science Reports* 3，2403（2013）；卫奇、裴树文、冯兴无、敖红、贾真秀：《泥河湾盆地上沙嘴石制品》，《人类学学报》2015年第2期。

③ Z. Y. Zhu, et al., "Hominin Occupation of the Chinese Loess Plateau since about 2.1 million years ago," *Nature* 559（2018）：608-612.

④ W. C. Pei, "Notice of the Discovery of Quartz and other Stone Artifacts in the Lower Pleistocene Hominid-Bearing Sediments of the Choukoutien Cave Deposit," *Acta Geologica Sinica* 11, no.2（1932）：109-146.

研究的正是真假石器问题①，是这个领域较早的主要研究者之一。对于旧石器时代考古研究者而言，在发掘一处遗址的同时，我非常推荐一个方法，那就是在发掘的同时，开展实验工作，这会非常有利于发现问题，及时纠正发掘工作中存在的问题。

2. 石片的关键特征与生产技术

所有有关石器分析的教材都会从认识石片开始谈起，这里不想赘述相关内容，而是想侧重讨论石片的关键特征与相应的生产技术。石片是人运用工具从石块上剥离下来的产品，其形制通常呈片状，所以称为石片。剥离石片的石块母体称为石核。剥离石片的工具可能是石锤，也可能是石砧，还可能是鹿角棒、硬木棒，甚至牙齿。因为使用的工具不同，所以石片的大小、形态也是千差万别。不管石片的形态如何，它们都有一些基本共同点，即关键特征。首先是打击点，即使用工具击打石核时首先接触的地方，它可能是一个圆点（如锤击法），也可能是一条短线（如锐棱砸击技术），还有可能是介于圆点与短线之间的形态（如碰砧法）。打击点的形态一定程度上可以反映所采用的是何种打片技术以及打片者的技术熟练程度。比较而言，锤击法的打击点最明显，碰砧法次之，砸击法与锐棱砸击法的打击点表现为断线状。锤击法中软锤技术的打击点也不明显。打击点的明显程度与半锥体的明显程度是正相关的，所以，我们看到一件打击点部分残断的石片，只要发现半锥体突出，就仍然可

---

① 裴文中：《石器与非石器的区别》，载裴文中：《裴文中科学论文集》，科学出版社，1990。

以肯定采用的是锤击法。

除了打击点与半锥体之外，石片的另外一项关键特征就是台面。有关台面的分类，国内学者曾经做过细致的划分①，并由此产生了不小的争议②。就打片过程而言，最重要的区分是天然台面与非天然台面的区分，天然台面是指直接从砾石上打片时所用的台面。砾石浑圆，少有突起部分，表面经过风化磨蚀，大多较为光滑，打片时不易受力。非天然台面是指剥离了天然石皮之后的表面，如果继续打片，此时所用的表面就是非天然台面。这种情况下，台面角（台面与剥离石片的面之间的夹角）容易形成锐角，台面也便于受力，打片的难度降低。非天然台面可以进一步划分为修理台面（prepared platform）与非修理台面。有的非天然台面曲折起伏，需要经过一些修理，才能进一步打片；还有一种情况，就是打片者希望在特定的区域剥离特定形状的石片，为了让石锤准确落在打片者所期望的地方，于是修理台面，降低打击点周围的高度，让打击点凸显出来，此时台面呈"山"字形，打击点位于最高的位置。这种为了生产特定形状的石片而修理台面的技术又称为勒瓦娄哇技术，是欧洲莫斯特工业的代表性技术。在旧石器时代晚期的细石叶技术中，为了生产两边平行、大小一致的细石叶，打片者也需要不断精细地修理台面。这里需要指出的是，修理台面并不都是为了生产特定形状的石片。从既

---

① 李炎贤：《关于石片台面的分类》，《人类学学报》1984年第3期。

② 李炎贤：《关于石片台面研究的一些问题——兼与卫奇先生商榷》，《江汉考古》2004年第2期；卫奇：《就石片台面研究问题答李炎贤》，《江汉考古》2006年第4期；卫奇：《关于石片台面研究问题的问题》，《文物春秋》2006年第4期。

有的材料来看，修理台面的技术可以被进一步区分为简单修理、勒瓦娄哇技术，以及为生产石叶或细石叶修理台面的技术。台面的区分是与特定石片的生产相关联的，否则，单纯按照形制而做的细致划分并没有特殊的意义。

石片的特征还有放射线、同心波，它们的中心就是打击点，所以这些特征可以指示打击的方向。另外，石片尾端的断裂方式可以分为羽状、铰链状、断坎状、掏底状[1]，这项特征反映打片时用力的合适度，用力合适时呈羽状，用力不足或方向不合适，就可能呈铰链状或断坎状，而用力过度则容易形成掏底状的断裂。有关石片生产的破裂机制有不少专门的研究[2]，这类研究多从力学原理出发，建立起石片生产的科学基础，而要了解古人的行为，则还需要进行更深入的研究。石片的细微特征还有一些，就此也有系统的研究[3]。石片构成石制品的主体，相关的研究叫作"废片分析"，也已成为专门的研究领域[4]。

生产石片的技术有许多种，按照所用的工具，可以分为直接打击与间接打击。其中，直接打击又可以分为摔击（或称摔碰）、锤击、碰砧与砸击。经典旧石器时代考古教科书中通常不考虑摔击法，但从我们的

---

[1] 乔治·奥德尔：《破译史前人类的技术与行为：石制品分析》，关莹、陈虹译，三联书店，2015，第84页。

[2] J. D. Speth, "Mechanical Basis of Percussion Flaking," *American Antiquity* 37（1972）: 34-60.

[3] B. Cotterell and J. Kamminga, *Mechanics of Pre-industrial Technology*（Cambridge: Cambridge University Press, 1990）.

[4] W. Andrefsky, *Lithic Debitage: Context, Form, Meaning*（Salt Lake City: University of Utah Press, 2001）.

实验考古研究实践来看（参见第六章），摔击是非常有效的打制石片的方式，尤其是在对大块砾石（5千克以上的）开片的时候（即获取第一件石片），以及在获取不同石器工具的毛坯的时候。

锤击法又分为硬锤与软锤。所谓硬锤，就是采用质地较为坚韧的石头锤打石核，从而剥离石片。硬锤通常为300～600克，太重不利于操持，运锤击打的速度会降低，太轻的话，打击力量又不足。跟石锤重量同等重要的是石锤的质地，我们在实验中发现，大量看起来重量合适的石锤并不堪用，主要是质地不够坚韧。对石锤质地最低的要求是，其强度不低于石核。所以，当不好寻找合适的石锤的时候，把石核改为石锤是一项非常可行的策略，如用角页岩石锤来加工角页岩石核。山西襄汾的大崮堆山有丰富的角页岩原料，这里共存的其他石料极少，偶有石灰岩砾石发现，完全不能用作石锤。软锤技术的出现较晚，所谓软锤，通常是指鹿角，偶尔也指硬木棒。研究发现，硬度较小的石灰岩石锤也能产生类似于软锤的效果[①]。软锤通常用于修理刃口，让刃口更加齐整；它还用于器物的整形，让器物表面更加平整规范。受制于软锤的重量与硬度，软锤石片通常尺寸较小、较薄。有关软锤石片的标志性特征，目前争议较大，从前认为石片打击点附近的悬突是软锤石片的标志，后来发现这个标志并不具有唯一性。

---

① M. Roussel, et al., "Identification par l'expérimentation de la percussion au percuteur de calcaire au Paléolithique moyen: le cas du faconnage des racloirs bifaciaux Quina de Chez-Pinaud (Jonzac, Charente-Maritime)," *Bulletin de la Société Préhistorique Française* 106（2009）: 219-238.

碰砧法通常的操作方式是，双手握持石块，用力在一处有突起的石砧上磕碰，由此生产石片。碰砧石片基本上都是宽大于长，尺寸可以比锤击石片更大，打击点不是很明显，介于点状与短线状之间，半锥体不及锤击（硬锤打击）石片明显。操作碰砧法的要点有二：一是石砧要稳固，利用有突起的天然岩石就可以；二是石核的形状宜扁平。碰砧法的优点是，因为双手握持，打片的力量大，可以生产较大的石片，还可以在难以采用锤击法打片的地方生产石片。我们曾用碰砧法加工扁平的角页岩砾石，生产砍砸器，实验显示比锤击法更有效，通常两三下磕碰，就可以形成砍砸器的刃口（参见第六章）。在加工石球的实验中，要给类似于球体的毛坯大幅度地减重，就只能采用碰砧法，因为此时毛坯上已经没有适合采用锤击法打片的台面，碰砧法打击力量大，有可能剥离下来较大的石片（参见第八章）。从这个角度说，碰砧法是一种锤击法无法取代的生产石片的技术。

砸击法可以分为一般砸击法与锐棱砸击法。砸击技术在周口店遗址中用于加工脉石英。脉石英节理丰富，不适合采用摔击、锤击、碰砧等方法，采用砸击法有利于开片以及充分利用原料。其他原料的石核如果采用锤击法无法再继续剥片，还可以采用砸击法获取石片，让原料得到更充分的运用。砸击法的操作方式是，把石核放在石砧上，然后用石锤垂直砸击石核，使其破裂。由于两头受力，砸击石片上下两端都有打击痕迹，所以又称两极石片。锐棱砸击法是一种特殊的砸击技术，它是为了获取一种特殊形制的大石片而采用的打片技术。锐棱砸击石片不仅形制宽大，而且劈裂面非常平坦，几乎不见半锥体。锐棱砸击法加工的石核往往都是扁圆的天然砾石，直径多为 10～25 厘米，从上面剥离下来的石片，一面为光滑的天然砾石面，台面也是浑圆的砾石面，便于支持握持使用。锐棱砸击技术不同于一般的砸击技术，其产品不是两极石片，而是保留有锐利的刃缘。有关锐棱砸击法的操作方式与文化适应上的意义后文会有专门章节详述（参见第十六章），这里仅需要强调指出的是，它是特定时代、特定区域才会采用的石片生产技术。

　　与直接打击技术对应的是间接打击技术，这其中包括压制法。采用间接打击法的目的是生产形制统一的石片，也称为石叶（尺寸较小的称为细石叶或细小石叶），然后把这些石片镶嵌到鹿角或骨柄上，制成复合工具。形制统一的产品有利于镶嵌，更有利于维护。间接打击法的关键之处在于，石片打击者预先把传导施力的中介工具，通常是鹿角尖，准确安置在打击点上，然后对中介工具施加压力或者冲击，从而剥离石片。为了准确安置中介工具，必须先修理台面，突出打击点的位置。同时，为了剥离形制相同的产品，必须保持剥片面的形制规整，即所有引导剥片的棱脊基本平行。为了实现这一点，必须认真修理第一剥片的棱脊，务求保持平直。然后，在后续剥片过程中，始终保持采用同一台面；除非剥片面无法使用，否则不更换台面。间接打击法的好处是显而易见的，它能够生产标准化的石片产品。但由于采用富有弹性的中介工具，作用于石核上的压力在一定程度上会被卸载，所以采用间接打击法生产的石片尺寸不如直接打击法生产的石片尺寸。又由于作用于石核的压力有限，间接打击法所能加工的石料有严格的限制，必须是质地细腻、脆性好的原料，比如燧石、玛瑙等。从中国旧石器时代晚期晚段开始，北方地区流行细石叶技术，该技术在长城以北的地区一直使用到历史时期。细石叶技术是中国旧石器时代考古研究的重要对象，后文有专章讨论（参见第十二章）。

从摔碰法到碰砧法、砸击法，再到锤击法，再到间接打击法，我们可以看到石器打击的精度不断提高，也就是施力者作用的位置越来越准确，由此得到的产品也越来越规整，越来越可以预测。石片打制技术的变化反映了人类在技术认识上的进步，同时它们的兴衰也因应了人类文化适应的变迁。

3. 石制品的基本组成与分类

石制品是石器更学术化的表述方式，是石质人工制品的简称，由此它具有两个基本特性：质地为岩石，同时需要经过人类加工。最常见的区分，是按照加工方式分为打制与磨制两种类型（介于两者之间的琢制，通常是磨制石器的一个加工阶段），它们分别对应旧石器时代与新石器时代。实际上，旧石器时代也有极少量的磨制石器，如旧石器时代晚期的磨刃工具、研磨工具；新石器时代则不乏打制石器。所以，对应关系只是相对而言。磨制石器的形制比较规范，往往直接按照用途来命名，命名的出发点多是与历史时期的农业工具做比较。这样的命名方法是有问题的（后文在讨论辽西新石器时代石器工业时有详细讨论），看起来与某种铁制农具相似,并不等于这样的石制工具就是如此使用的,其实需要更进一步的研究才能更准确地把握其实际功能。不过,跟旧石器时代的打制石器相比,磨制石器的组成与分类还是较为简单的,毕竟它们有相对固定的形态与使用方式。

区分旧石器时代的打制石器不是一件容易的事情。旧石器时代考古诞生之初,研究者希望典型石器能够如古生物标准化石一样,具有标志时代与种群(就石器而言就是人种或族群)的意义,替代运用古动物群作为年代标志,让旧石器时代考古成为一个独立的学科分支。代表性学者就是法国旧石器时代考古学家莫尔蒂耶(Mortillet)。其后研究者如步日耶(Breuil)注意到,石器(尤其是旧石器时代早期石器)的形态并不稳定,受原料特性及其分布的影响极大,不同地区之间还存在较大的区别,所以单独某种典型石器不足以代表时代与人群,石器(技术)组合,即以某种技术为主生产的一系列石器工具及其相关产品,才具有这样的意义,于是,出现了奥瑞纳工业、梭鲁特工业等名称。再后,如博尔德发展出了更系统的石器技术类型学,建立起石器组合与人群的对应关系。

在以精细技术类型学划分著名的法国旧石器时代考古的基础上,英美学者发展出更具弹性的石器分类体系,这个体系把所有石制品分为石器工具(其中包括石核)与废片(debitage)① 两大类。工具按是否两面加工分为两面器与非两面器,两面器工具按是否安柄来区分;非两面器

---

① 所谓废片(debitage)并不废,只是没有人类使用与修理的痕迹而已。

工具按片坯与块坯来区分，然后再按加工方向进行细分。废片按片坯与块坯来划分①。有关废片的分类，其中最有代表性的是 SRT（Sullivan and Rozen Typology 的简称）分类体系。这一分类体系分为三步：第一步按照是否有单一清晰可见的劈裂面来划分，如果没有的话就是彻底的废品（debris）；如果有的话，下一步看是否有打击点，如果没有的话，就是断片（flake fragment）；如果有的话，下一步看边缘是否完整，不完整的就是不完整石片（broken flake），完整的就是完整石片（complete flake）。这一分类体系比较容易操作，可重复程度比较高，不需要太多解释②。

石器工具的命名可能是旧石器时代考古中争议最大的问题。其基本出发点是基于功能，而石器的功能判断不是看一眼就能得出结论的，往往需要复杂的研究过程，还需要专门的设备，如显微镜，进行反复的观察。中国旧石器时代常见的器物，如砍砸器（chopper）、刮削器（scraper）、手斧（handaxe）、手镐（pick）、雕刻器（burin）、钻（awl）等，就是基于功能判断进行划分的，实际上我们并不清楚刮削器是不是肯定用于刮削，许多时候，所谓刮削器其实还可以用于切割活动。专门用于刮削活动的是端刮器（end scraper）。还有一些刮削器边刃陡峭的确只能用于刮削。像这一类器物往往需要有单独的命名，比如欧洲的魁纳型（Quina

---

① W. Andrefsky, *Lithics: Macroscopic Approaches to Analysis*, 2nd edition (Cambridge: Cambridge University Press, 2008), pp.82-84.

② A. P. Sullivan and K. C. Rozen, "Debitage Analysis and Archaeological Interpretation," *American Antiquity* 50 (1985): 755-779.

刮削器。

在石器工具中，可以推想的首要功能应该是切割，最好的切割石器工具就是新剥离下来的石片，这个时候的刃最锋利，这类工具称为使用石片（utilized flake），即有使用痕迹的石片，或者说是使用过的石片。那些还没有使用过的石片其实应该也是石器工具（随时可以使用的）。但是按照旧石器时代考古约定俗成的规定，我们把这类石片称为废片。相反，一件没有使用过的手斧同样会被视为工具。的确，使用石片因为缺乏显著的修理，看起来与其他石器工具很不一样，所以有学者将之单独拿出来，列为一类工具，以示与有明显修理痕迹的工具区分开来。然而，在打制石器中，修理与使用痕迹若非经过微痕观察，是很难区分开来的。一般在肉眼观察中，并不区分两者。我们在研究一个遗址的石器材料的时候，对石片最好都要进行微痕观察，因为那些看起来像是废片的石片，很可能是使用过的。切割过软性材料的石片留下的使用痕迹比较微弱，肉眼很难分辨。使用石片应该说是最基本的石器工具，我们不能因为其名称而低估了它们。

石器的另一项常用功能是砍砸，砍砸器的命名假定了它具有这样的功能，即它要用于砍斫、敲砸活动，这类器物器型比较大，比较好划分。只是砍斫使用的是刃缘，敲砸使用的并非刃缘，实际上一件器物有两种用途，分别使用了这件器物的不同部位。让人难以区分的是，部分石核与砍砸器是区分不开的，也就是说，砍砸器可能是石核，石核也可能用作砍砸器。实验考古研究显示，砍砸器的使用刃缘是相对固定的，反复使用后，该段刃缘应该会凹入，而且刃缘部位会有明显的崩损（参见第六章）。基于这个标准，我们在一定程度上可以把砍砸器与石核区分开。当然，砍砸器可以用作石核生产石片，这是没有问题的。N. 托斯（N.Toth）认为，非洲奥杜威工业的目的就是获取石片，砍砸器只是副产品①。不过，在敲骨吸髓时，砍砸器还是非常有用的。实验显示，新鲜的动物骨骼有很好的弹性，直接用砾石敲砸，不易砸开动物骨骼；如果用砍砸器有些锋利的刃缘砍砸，效果就好很多。

旧石器时代石器工具中还有一部分似乎是基于形制命名的，如尖状器（point）、石球（spheroid）、细石核（micorcore）。还有一些工具是既基于形制又基于功能命名的，如薄刃斧（cleaver）②、锛状器（adze-like tool）。按道理说，同一分类体系应该始终采用统一的原则进行划分，这样才符合逻辑，但是实际情况并非如此。不同原则混合存在，而且成为稳定的传统，尽管不断有人质疑，提出要建立更合乎逻辑的分类体系，但是都没有成功。毕竟要让学术圈重新适应一个新的分类体系实在是太麻烦了。于是，旧石器时代石器工具的分类学就成了这样一个神奇的存在：逻辑上不合理，却合理地存在着。

石器分类中还有一个类别，虽然没有人类加工，但是仍然属于人类活动的遗留，那就是备料（manuport）。它是人类搬运、存留在遗址中，以备日后使用的石器原料。备料的根本特点就是，它不是某地本来就有

---

① N. Toth, "The First Technology," *Scientific American* 256, no.4（1987）：112-121.
② 薄刃斧英文名 cleaver 原来的含义为"切刀、劈刀"，是基于功能的命名，但是翻译成中文后，变成了基于形制与功能双重命名原则的石器工具类型。

的东西,如果是某地本来就有的天然砾石,就谈不上是备料。备料必定是来自一定距离之外的东西,涉及古人有目的的原料储备。对于古代狩猎采集者而言,在经常光顾的地点存贮一些原料,也可以降低适应的风险——至少不需要临时去找合适的石料。在一个经常光顾的地点,上次打制完成还没有来得及使用的石片,甚至曾经使用过的石器工具无疑还可以进一步使用,这就可能导致石器工具,即便是权宜性即用即弃的工具,也会呈现出长期反复使用的迹象,这一点在我们考察石器材料时是值得注意的。

石器分类名称存在较大的模糊空间,这是旧石器时代考古中不争的事实。打制石器过程受原料品质、操作者技巧影响极大,由此产品形制的变化范围也相应较大,这就导致我们在命名的时候出现困难。以手斧为例,标准的手斧,需要两面加工,加工留下的石片疤应该超过中轴线,所有刃缘都有修理,且形制对称。但是,早期的手斧并不是这样的,可能不那么对称,也不是所有的刃缘都有修理,一端可能还是天然砾石面。如果在非洲发现的这类器物也可以叫作手斧,那么中国旧石器时代早中期的类似器物也可以叫作手斧。这样的情况的确非常棘手,不统一命名不便于交流,统一命名后,此手斧又并非彼手斧。这种情况在尖状器的命名中表现得更突出。在西方旧石器时代考古中,尖状器往往指两面修理、类似于标枪头、用于投掷使用的器物;而在中国旧石器时代考古中,我们往往把具有尖刃的器物命名为尖状器。所以,在石器的命名中,需要兼顾时代与地域特征,前者强调普遍性,后者强调特殊性。这是一组辩证的关系，需要根据具体情况进行分析后确定分类命名原则，片面强调全世界通用，把中国出土的旧石器时代石器冠以一个欧洲旧石器时代石器的概念，或者每个地方各搞一套分类体系，都是不合适的。在后文关于细石叶技术的研究中，我们还会更详细地讨论这个问题，现实情况是，不同地区采用的是不同的概念。对于中国旧石器时代早中期存在的类似于手斧的石器，采用诸如"大型砍切工具"（large cutting tool，简称 LCT）这样具有中介性质的概念，以避免误解，算是一种可行的解决途径。

石器的分类与命名看起来很简单，但其实涉及石器考古的根本问题：我们何以知道该器物符合这一命名？所有的命名都有确定的含义，有内涵，还有外延。我们的石器考古研究许多时候就可以从名称开始，因为名称就是问题所在。

4. 石器分析的重要概念

前文探讨石器生产的基本技术以及石器的基本分类问题，这些都是讨论石器的基本概念。除此之外，还有一些概念需要加以说明。如步日耶这样的旧石器时代考古研究者已经意识到单件典型器物的代表性不足，所以主张采用组合（assemblage）概念。所谓石器组合，就是与典型器物共出的所有石制品的集合。其中暗含的意思是，所有这些石制品都是同时期的。究竟"同时期"意味着什么？这可能是许多研究者都感到困惑的。一次屠宰活动留下的遗存，可以说是同时期的，这没有问题；

一个季节居住留下来的遗存,也可以说是同时期的,这也没有问题;一个群体在该区域生活了几十年甚至上百年,他们每隔一段时间就会利用一下该遗址,累积留下来的遗存仍然会被视为同时期的。上百年的时间相对于漫长的旧石器时代而言,是非常短暂的时间。在旧石器时代考古发掘中,我们会把一个地层单位的遗存都视为同时期的。这个地层的形成,比如黄土地带,可能需要上千年,所有从这个地层出土的遗存都被视为同时期的。所以,我们应该把石器组合理解为一个时期的产物,其中所存在的时间解析度,可以从几小时到上千年,但不管怎么说,它都可以代表一个时期。如果遗址保存良好,那么就可能保存了单次活动的遗存;如果存在后期活动的反复叠加,那么所保存的时间尺度就可能是数十年乃至更长。

与组合相关的另一个重要概念是技术。技术不完全是一个以时间性为特征的概念,它反映的是石器加工过程中采用的特殊的方法。前文谈到生产石片的若干主要方法,这些方法具有从简单到复杂的演化过程,因此也具有一定时代的指示意义,比如说间接打制技术的出现就比较晚,是旧石器时代晚期的代表性技术。但是,旧石器时代晚期还可能使用早期有的技术,即便在新石器时代遗址中,采用锤击法打制的石片也很常见。技术更重要的方面在于它的操作方式,一定的技术会留下来具有特定指示特征的石制品。在旧石器时代考古中,我们经常谈及的有两面器技术、勒瓦娄哇技术。所谓两面器技术,就是对石器的两面都进行修理,这是制作手斧的基本方法。旧石器时代晚期尖状器的加工中,也会用到两面器技术。中国旧石器时代早中期石器中，两面器技术罕见，几乎不见较为细致的两面修理。勒瓦娄哇技术更有特点，简单地说，它就是预制台面，然后生产特定形状的石片。其技术要点就是，对盘状的石核先进行周边修理，然后采用向心修理，修理的疤痕叠压形成一条脊，然后修理台面，沿着这条脊产生剥片。勒瓦娄哇技术是石叶技术的前身，不过它采用直接法打击。采用这种方法获取石片的效率远不如石叶技术。中国旧石器时代北方草原地带的部分遗址中曾经发现过勒瓦娄哇技术，如内蒙古金斯太遗址、黑龙江呼玛十八站遗址等。

结合技术与组合，旧石器时代考古中产生了"工业"（industry）概念。石器工业是指以某种代表性石器技术为中心形成的石器组合，并且在一定时间与空间范围内反复出现。其中包含三个关键要素：（1）代表性的技术；（2）石器组合；（3）时空范围。石器工业概念类似于新石器时代考古研究中常用的"考古学文化"概念——一定时空范围内具有类似物质遗存特征的组合。旧石器时代狩猎采集者不像新石器时代的农民，他们过着流动不定的生活，所留下来的代表性物质遗存就是石器，石器不像陶器那样具有稳定的形态，所以采用相对稳定的技术以及石器组合来定义，并用了一个新的概念"工业"。在新石器时代考古研究中，自从有了考古学文化概念，研究者就可以超越分期研究，进而研究古代社会，甚至古代人群。考古学家假定一个考古学文化代表一个社会或人群，尽管我们不知道它与当时社会或人群是什么样的关系，但可以确定无疑的是，这个社会或人群共享许多共同的物质文化标准，大家采用同样的方式制陶、建房子、埋葬死去的社会成员,如此等等。同理,石器工业也具有类似的意义,它是旧石器时代考古学家建构的概念,用以研究生活在一定时空范围内的古代社会与人群。由于旧石器时代超长的时间尺度,所以一个工业持续的时间、覆盖的范围要比新石器时代的一个考古学文化长得多、大得多。尽管时空尺度不同,但概念的本质是相同的。

与之相应的还有一个概念,叫作"传统"(tradition)。所谓石器传统,是指存在于较长时间范围内的石器工业特征,比如说中国南方长期使用砾石砍砸器,所以有"砍砸器传统"的说法;阿舍利的手斧使用时间很长,欧洲旧石器时代中期莫斯特工业中部分地区也有手斧发现,所以博尔德区分出一种工业类型,叫作"阿舍利传统的莫斯特"[1]。准确区分石器工业与石器传统是困难的,对于究竟持续多长时间才可以叫作传统,旧石器时代考古学界并没有形成共识。相对而言,旧石器时代早中期时间尺度很长,能够称为传统的东西,如手斧,持续的时间从距今176万年前到数万年前。旧石器时代晚期,时间尺度大幅度缩短,称之为传统的东西可能仅仅持续数千年。石器传统代表一个地区持续存在、具有稳定性的文化特征,如中国华北地区旧石器时代,小型石片工业占主导,从早期一直持续到旧石器时代结束,所以把小石器视为这个地区的传统;相比而言,南方从旧石器时代早期到其晚期流行的是砾石砍砸器传统。从全球视野的角度看,又会发现东亚与东南亚地区旧石器时代

---

[1] 路易斯·宾福德:《追寻人类的过去:解释考古材料》,陈胜前译,上海三联书店,2009,第74-75页。

一直具有不同于欧亚大陆西侧及非洲的石器工业面貌，两者之间存在一条分界线，就是所谓的"莫维斯线"（Movius Line）[①]。这条线把东亚、东南亚流行的砍砸器/石片传统与欧亚大陆西侧及非洲以阿舍利手斧为标志的传统区分开，这条线直至旧石器时代晚期才有所改变。

5. 五种模式的构成

在中国旧石器时代考古中，一个经常被提及的概念就是石器工业的五种模式。五种模式的说法是由格拉汉姆·克拉克（Graham Clark）在《世界史前史》（*World Prehistory: A New Outline*）中提出的[②]，克拉克是第一个书写"世界史前史"的考古学家。此前的考古学家即使有此心，也不可能完成，因为当时还没有建立适用于全球的绝对年代测定方法，放射性碳测年、钾氩法火山灰测年等方法的应用，使得可以对全球史前时代的遗址进行对比，可以确定基本的发展序列。正是在这样的背景下，克拉克把当时所有的旧石器时代石器材料，按照从早期到晚期、从简单到复杂的发展序列，分成五种模式：

模式Ⅰ：奥杜威工业，以砍砸器与砍砸工具为主，主要器物类型包括砍砸器、使用石片等，代表性技术是直接锤击法，流行阶段是旧石

[①] H. Movius, "Early Man and Pleistocene Stratigraphy in Southern and Eastern Asia," *Papers of the Peabody Museum of American Archaeology and Ethnology* 19 (1944): 1-125; H. Movius, "The Lower Paleolithic Culture of Southern and Eastern Asia," *Transactions of the American Philosophical Society* 38 (1948): 329-420.

[②] G. Clark, *World Prehistory: A New Outline*, 2nd edition (Cambridge: Cambridge University Press, 1969).

时代的最早阶段。

模式Ⅱ：阿舍利工业，主要器物类型包括手斧、薄刃斧等，代表性技术是两面器技术，流行阶段也是旧石器时代早期，不过是在奥杜威工业之后。

模式Ⅲ：石片工业，以勒瓦娄哇技术为中心，代表性石器工业为莫斯特工业，流行阶段是旧石器时代中期。

模式Ⅳ：石叶工业，以间接打击法生产石叶为中心，代表性石器工业为奥瑞纳工业、梭鲁特工业与马格德林工业，流行阶段是旧石器时代晚期。

模式Ⅴ：细石器工业，是在石叶生产的基础上，进一步把石叶修理成各种细小的石器工具，它主要流行于中石器时代。

不难发现，克拉克的五种模式是以欧洲为中心建立的，部分兼顾到了非洲与西亚的情况。随着旧石器时代石器材料发现的增加与研究的深入，这种划分模式已经千疮百孔，即便针对非洲与欧亚大陆西侧的材料，也不足以概括。它的价值在于提供了初步的概念框架，有利于进行全球性的对比。按照克拉克的五种模式划分，东亚与东南亚地区长期停留在模式Ⅰ阶段，后续的石器工业模式几乎都没有。这一粗糙的石器概念框架其实已经过时，有意思的是，它在中国旧石器时代考古研究中持续得到关注，这可能与中国旧石器时代考古试图与国际话语接轨有关。

我们可以从可维护性、效率（致死性）、便携性、耐用性等几个方面比较几种模式，并把它们与磨制石器技术进行对比，由此来看从旧石时代向新石器时代过渡时，石器技术发生变化的重要意义（参见第四部分）。从宏观意义上分析这些石器工业的特性无疑是可以的，它反映旧石器时代石器技术发展的基本路径：越来越轻便；越来越容易维护；在致死性方面，通过运用投射工具，即便是利用很少的石料，也可以实现与大型石器工具同样的效果；耐用程度不断下降，但由于可维护性提高，所以这个问题也算是解决了。简言之，旧石器时代人类的目的是不断提高流动性，而到了新石器时代，整个趋势发生了逆转，由于流动性降低，定居程度提升，人们转而强调石器的耐用性。相比而言，如果从微观、具体材料分析的角度来看五种模式，则整个概念框架的意义非常有限。

三、石器的属性

要想让石器说话，首先要明白石器的属性，所谓"巧妇难为无米之炊"，石器中要有相应的属性，这些属性是我们进一步探索的基础，尽管不一定在每一件石制品上都能看到。总体来说，石器应该包括以下属性。

1. 原料属性

石器的原料属性包括石料的物理和化学属性，还有原料的来源、品质、形制、大小、多少等。石器的生产极其依赖原料的属性，要制作手斧这样的两面器工具，就必须有质地较为细腻的原料，比如燧石；如果采用石英岩、角页岩等中国旧石器时代较为常见的原料，就不容易实现。尽管这些原料的硬度也很高,但是其剥片性质不如燧石。要制作出典型的手斧,周边都要进行修理,修理疤痕超过中轴线且形制对称,这是非常困难的。也正是因为原料的原因,有观点认为中国旧石器时代缺乏典型的阿舍利工业以及后来的勒瓦娄哇技术[1]。原料的剥片性质主要与石料的物理和化学属性相关。尽管自然界中岩石类型丰富,但真正经常用于石器制作的岩石类型并不多。

原料的利用存在显著的时代特征,相应的原料对应着不同的制作技术。中国旧石器时代早中期石器以砍砸工具与石片石器为主,主要采用直接打制技术,所用的原料偏好硬度与韧性兼顾的变质岩(如石英岩、角页岩),还有部分脆性较好的石英与燧石,总体而言,受生产技术的影响,对原料的脆性要求较高。到旧石器时代晚期,由于更多采用间接打制技术,更追求石料细腻的质地,燧石、玛瑙以及其他硅质岩受到更多的重视。到了新石器时代,人们更多采用琢制与磨制石器技术,石料的剥片性质退居次要地位,耐用性、装饰性(如玉器)更受重视。

原料来源的远近对于我们了解史前的交换网络、聚落体系的组织至关重要。比如郑州赵庄遗址,发现数百千克的石器来自遗址之外的地方,是古人搬运至此[2]。中国东北地区存在黑曜石的交换网络,黑曜石从

---

[1] N. Toth and K. Schick, "Early Stone Industries and Inferences regarding Language and Cognition," in *Tools, Language, and Cognition in Human Evolution*, eds. K. Gibson and T. Ingold (Cambridge: Cambridge University Press, 1993), pp. 346-362.

[2] 郑州市文物考古研究院、北京大学考古文博学院:《新郑赵庄:旧石器时代遗址发掘报告》,科学出版社,2020。

原料产地被交换到数百千米之外的地方①。石器原料的形制、大小、多少，同样重要。比如制作锐棱砸击石片，就必须采用扁圆的砾石，而且锐棱砸击技术极其浪费原料，如果原料不够丰富，大小、形制不合适，就不可能生产出这种形制的特殊石片。

2. 技术属性

技术属性是石器的一种明显属性。石器考古长期流行的方法叫作技术类型学，技术在其中居于主导地位。技术是石器生产中具有结构性的因素，也就是相对稳定的因素。石器产品可能多种多样，但是贯穿其中的技术可以是一致的，比如前文所说旧石器时代早中期主导性的石器技术是直接打制法，旧石器时代晚期则转向以间接打制法为主。不同地区原料各有不同，尽管如此，同一时期的石器技术仍可能保持一致，就像旧石器时代晚期之后，全球都出现了石器细小化现象②，成为一个时代的标志性特征。

前文已经梳理石器生产，特别是打制石片的若干技术，直接打击法包括摔碰法、锤击（硬锤与软锤）法、砸击（一般砸击与锐棱砸击）法、碰砧法；间接打击法则有压制法、冲击法等。不同的技术会留下相应的技术特征，有的技术非常明显，有的则不那么明显。孤立观察一件石制品往往难以得出准确的判断，比如直接打击法偶尔也可以打制出石叶，

---

① 刘爽：《中国东北地区旧石器时代晚期遗址黑曜岩制品原料来源探索》，科学出版社，2019。

② 罗伯特·G. 埃尔斯顿：《小工具　大思考：全球细石器化的研究》，史蒂文·L. 库恩主编，陈胜前译，上海古籍出版社，2019。

就像间接打击法生产的。正是因为偶然因素，我们可能会在旧石器时代早期的石器组合中看到类似于石叶的产品，如泥河湾盆地的材料，这里有燧石原料，采用直接打制可以生产出类似于石叶的长石片。所以，这个时候需要结合整个石器组合的材料来考察，可能还需要实验考古的验证，否则我们可能得出旧石器时代早期就已经有石叶技术的结论。

除了这些普遍的技术，石器生产中还有一些具有地方特色的石器技术，如勒瓦娄哇技术、雕刻器打制技术（其中还分化出微雕刻器技术）。旧石器时代晚期石器技术分化明显，以细石叶技术为例，不同地区有自己的风格，在这个方面，日本旧石器时代考古学家有非常细致的研究。法国旧石器时代考古学家则把渊源于法国的结构主义思想与石器技术结合起来，提出"操作链"概念，不同风格的石器技术表现为不同的操作链。操作链就是技术组织结构的体现，与人们在长期生活过程中形成的习惯、社会规范密切相关。美国学者肖特（Shott）曾对此表达不满，他认为美国学者霍尔莫斯（Holmes）19世纪末提出的"打片序列"（sequence of reduction）也是同样的意思，但是年代要早得多[①]。不过响应他的观点的人并不多，"操作链"概念已深入人心，并且扩展到非旧石器时代考古领域。这一概念扎根于结构主义思想，比"打片序列"概念有更深厚的思想底蕴。操作链分析需要大量的拼合研究、对石制品疤痕的细致观察、对石器组合的详细分析、实验考古检验等，研究过程相

---

① M. J. Shott, "Chaîne Opératoire and Reduction Sequence," *Lithic Technology* 28（2003）: 95-105.

当烦琐，但是其研究深入细致，立足材料扎实，非常值得学习。

3. 形制属性

形制是石器的一种重要属性，仅次于技术。石器是固态的人工制品，有确定的形制，这是不争的事实。但是，石器形制究竟是什么？究竟有什么意义？应该如何确定形制？这些问题在旧石器时代考古研究中争议颇多。最简单的形制就是三维特征：长、宽、厚。考虑到石器并不是简单的立方体，所以还要考虑重量。在我们研究石器的过程中，这些是首先需要测量的变量。这些也是形制最基本的特征。这些特征采用相对客观的标准，争议比较小。目前的争议集中在我们对石器形制的命名上，即究竟这是一件什么器物。前文讨论了石器命名与分类上的模糊性。目前，我们在器物出土的时候，就会给器物一个名称，这个名称是基于发掘现场的初步观察。有一部分命名相对容易，尤其是对较大型的器物，如手镐、砍砸器、石球等；还有一部分命名比较困难，比如使用石片，如果使用痕迹不那么清晰即肉眼不可见的话，就很可能将之作为普通石片处理了。又因为研究者的原因，没有注意到某件器物的关键特征，如雕刻器的刃口，这件器物可能就被忽视了。

形制是类型的基础，但是有关类型的划分。关于类型，斯波尔丁（Spaulding）与福特（Ford）有争论[①]，前者认为类型是客观的存在，后

---

① A. C. Spaulding, "Statistical Techniques for the Discovery of Artifact Types," *American Antiquity* 18（1953）：305-313；J. A. Ford, Comment on "Statistical Techniques for the Discovery of Artifact Types" by A. C. Spaulding, *American Antiquity* 19（1954）：390-391.

者则认为类型是研究者的主观划分。就陶器而言，两者几乎不分胜负，因为我们的确看到陶器存在不同的类型，这些类型甚至能够在后来的历史器物中得到延续。但是在石器分类中，福特的观点似乎更胜一筹。古尔德（Gould）等人对澳大利亚土著的民族考古学研究显示，土著对石器只有两种划分：一种陡刃的，另一种锐刃的[①]。但是，考古学家把石器分为许多类型，博尔德更加极端，他把石器分出近60种类型[②]。无论如何，我们都不能认为古人也有如此细致的区分。石器类型的划分最被人诟病的一点，就在于可重复性差。曾有人开玩笑说，上趟厕所回来，命名就可能发生改变。如果完全失去了可靠性，那么分类又有什么意义？

从认知考古的角度看，某些确定的石器形制可能意味着古人头脑中有类似的型板（template），这构成古人加工石器时的目标，如果不符合这样的形制，就要进一步加工。手斧可能是第一种具有明显型板意义的石器，它具有对称性，两面加工，甚至超越了实际用途，因为边缘全部修理成锐缘后，其实并不便于握持，所以可以说手斧是存在明确型板的。勒瓦娄哇石片同样如此，它是通过一系列加工才能实现的目标产品。旧石器时代晚期的石器类型就更是如此了，如楔形细石核，在生成台面时会剥离一些雪橇形的石片，通常称之为"削片"。打制削片的过程近乎炫技。当然，石器生产与使用是一个不断消减的过程，器物形制不断变化，确切地

---

① R. A. Gould, D. A. Koster, and A. H. L. Sontz, "The Lithic Assemblage of the Western Desert Aborigines of Australia," *American Antiquity* 36（1971）: 149-169.

② A. Debénath and H. L. Dibble, *Handbook of Paleolithic Typology*（Philadellphia: Univesity Musum, Unversity of Pennsylvania, 1993）.

说，我们只能在一定范围内确定形制的名称，而不能像命名陶器一样明确。

4. 空间属性

空间属性是石器成为考古材料的重要性质。在认识石器之前，人类已经开始惊奇于石器的特殊形制，将之视为"雷石"——天神投掷下来的东西。但是，这些东西还算不上考古材料，因为作为不经意收集起来的东西，它们失去了空间位置。考古材料的一项基本属性就是空间关系，出土材料的位置，在剖面上的、在平面上的，都需要关注。不仅需要关注器物本身，还需要关注器物出土的基质。这些信息对于我们更多把握石器所代表的信息至关重要。基质中包含环境信息，代表石器所处时代的环境如何，干旱还是湿润，寒冷还是温暖。在剖面上，石器的分布总是有高低的，即使是同一时期的产物，经过漫长的沉积过程，石器也会在剖面上发生一些错位，高低变化可以达到数十厘米，变化范围取决于环境（是不是冻土）与基质的成分（是不是砂质土）。这个方面也有不少的研究，遗址形成过程研究的重要学者谢弗（Schiffer）曾说：不要把地层理解为固体，而要把它理解为液体[1]。

石器还会在真正的液体——河流或湖水——搬运中移动，这也就形成了石器的原生堆积与次生堆积。次生堆积意味着石器脱离了原来生产或使用的位置，搬运的距离要看流水的速度。山西南部汾河边的西侯度[2]

---

[1] M. B. Schiffer, *Formation Processes of the Archaeological Record*（Salt Lake City: University of Utah Press, 1987）.

[2] 贾兰坡、王建：《西侯度：山西更新世早期古文化遗址》，文物出版社，1978。

与匼河遗址①都曾受到过水流搬运,从那里出土的贝壳化石厚重,反映那里的水流曾经相当湍急,所发现的石器上,打片与修理所留下的片疤已经显著磨圆,导致我们今天有些怀疑其人工属性。泥河湾盆地在更新世是一个巨大的湖泊,古人类曾经生活在湖滨,活动后的遗存很快被波浪所携带的泥沙覆盖,如岑家湾遗址。泥河湾古湖水动力强度较之汾河要小得多,所以我们看到岑家湾遗址出土材料所经历搬运与磨蚀非常有限,一个重要的标志就是岑家湾遗址石器组合中有 30 多个拼合组②。

石器空间关系可以分为不同层次,最小的层次可能只是一个活动区,比如一次屠宰事件或者一次石器制作活动的遗留,由于是一次活动遗留,所以材料的解析度是最高的。多个活动区就构成了遗址,遗址可能是许多次活动的结果,如山西吉县柿子滩遗址,发现了数百处火塘,分属于不同的层位。最多的一个层位有 70 余处③,显然不大可能是一次活动留下来的,更可能与古人在几年、数十年或更长时间反复光顾该遗址有关。旧石器时代的狩猎采集者在一个地区生活时可能会留下一系列遗址,形成遗址群;旧石器时代考古已经发现了不少遗址群,早期如安徽水阳江地区的遗址群④,晚期更多,如虎头梁遗址群⑤。

---

① 贾兰坡、王择义、王建:《匼河》,科学出版社,1962。
② 谢飞、李珺、刘连强:《泥河湾旧石器文化》,花山文艺出版社,2004,第 93-104 页。
③ 山西大学历史文化学院、山西省考古研究所:《山西吉县柿子滩遗址 S29 地点发掘简报》,《考古》2017 年第 2 期。
④ 房迎三、杨达源、韩辉友、周旅复:《水阳江旧石器地点群埋藏学的初步研究》,《人类学学报》1992 年第 2 期;董哲、裴树文、袁四方:《安徽水阳江流域 2017 年旧石器考古调查简报》,《人类学学报》2019 年第 2 期。
⑤ 盖培、卫奇:《虎头梁旧石器时代晚期遗址的发现》,《古脊椎动物与古人类》1977 年第 4 期。

比遗址群规模更大的是石器工业，它是由分布在一定时空范围内具有类似技术类型特征的石器组合组成的。我们还可以从大洲乃至全球的视角来看，如克拉克所提炼出来的石器模式。

5. 时间属性

与空间属性对应的是时间属性。所有的考古材料都有这两种属性，它们是所有考古材料的共有属性。几乎所有人，不论是行业内的考古学家，还是行业外的考古爱好者，遇到古代遗留下来的物质遗存，第一个问题基本都是：这是什么时代的？记得多年前，罗伯特·克利（Robert Kelly）在中科院古脊椎动物与古人类研究所做了一场有关早期美洲考古的学术报告，他是宾福德（Binford）的高足，时任美国考古学会主席。讲座中我问了他一个问题：在早期美洲考古中最重要的问题是什么？他回答说，是年代、年代、年代！我原以为作为过程考古学家，他会关注与早期居民文化适应相关的问题，没想到是这么一个极简单的问题。有关人类何时进入美洲，整个北美考古学界，在过去几十年的时间里，有大量的研究，包括众多的考古发现、年代测定。然而，让人遗憾的是，年代早于距今 14 500 年前的数据，基本都经不住推敲。年代，时间的绝对标尺，仍然是石器考古的主要难题。在中国旧石器时代考古中同样如此，如元谋、许家窑、峙峪、山顶洞等遗址，运用不同方法测年所得的数据相差甚大。

导致这个问题的原因很多。首先，无疑与技术方法相关，新的技术采用不同的测年材料，测年精度提高；还有一种可能是，新的技术还不稳定，得到的数据可能存在偏差。纯粹技术问题相对比较好解决，可以通过技术改进，提高可靠性与精度。其次，也可能是更重要的，就是断代材料与石器的共时性问题。石器材料，除了黑曜石，都是无法进行直接断代的，通常都需要依赖同一地层的其他出土物，如炭屑、动物化石，或其他可以用来测年的材料。尤其是洞穴遗址，由于不断有坠石，同一时代，洞穴的地表可能高低不平（我们观察现代没有人为扰动的洞穴，仍然如此），处在同一水平层位的出土物，年代可能相差甚远。特别是那些后来补测的数据，原始文化沉积已经被发掘殆尽，通常是采集遗留下来剖面的沉积物测年，这些数据多大程度地反映原始文化的年代，是值得怀疑的。

除了上述共时性的问题，石器的时间属性还有时间尺度与时间阶段的问题。旧石器时代的时间尺度非常大，旧石器时代早期的时间尺度动辄数十万年，旧石器时代晚期降为数千年；到新石器时代，就只有数百年了。具体到考古材料分析中，同一活动区的材料拥有最为细致的时间尺度，然后是同一遗址同一文化层，再后就是同一石器工业（于新石器时代材料而言，就是同一考古学文化）。所谓时间阶段，是带有进化含义的时间，旧石器时代早、中、晚期的划分，旧石器时代与新石器时代的划分，都有这样的意义。不论什么石器，都是一定时间阶段的产物，这个时间阶段对应人类进化、社会发展的一定阶段。也正因为如此，石器的时间属性与人类认知、社会等方面的进化联系在一起。

6. 功能属性

石器作为一种工具，功能属性是必不可少的。功能属性把石器与人类行为直接联系起来，并通过人类行为与人类社会的其他属性建立间接的联系。我们知道，石质原料坚硬、锋利、耐磨、高密度的性质，超越了人类的牙齿、指甲与肌肉。石器工具适合用于切割、刮削、刺杀、雕刻、砍砸、研磨等，似乎无所不能。不过，石器工具缺乏韧性、易碎，还高度依赖石料的供给与品质，加工成本高（尤其是在制作研磨工具与容器的时候）。在人类演化的不同阶段，石器功能的表现也各不相同。在旧石器时代早中期，石器的主要功能是切割、刮削、砍砸；旧石器时代晚期，随着复合工具的普及，远程刺杀、雕刻的工具开始占据主导地位；到了新石器时代，又增加了研磨功能。除了种种实际使用功能之外，从旧石器时代晚期（非洲则是从石器时代中期开始），石器的装饰、象征等非实用功能开始出现，新石器时代以及更晚的时代，石器越来越趋于非实用化。

我们在讨论石器功能的时候，需要特别强调的是，几乎所有的石器都是多功能的。在一个技术分工并不严格的时代，指望一件工具只用作一种功能是不切实际的。即便是在现代社会，我们用菜刀的时候，也不是如此，用于切割的同时，也会偶尔用于敲砸、拍打。当菜刀即将废弃的时候，我们甚至会用它砍砖头，或者挖土种菜。因此，我们在探讨石器功能的时候，需要弄清楚石器的生命史。首先要了解石器功能的差异：

直接功能（原初功能或主要功能）、衍生功能（延伸功能）、废弃阶段的功能。直接功能是工具制作者的原初意图，石斧的主要功能应该是砍伐，这与它的原初设计是一致的。衍生功能是主要功能之外可以从事的活动，如石斧用于切割、砍伐、挖掘、加工皮毛等。古人制作石斧显然主要不是为了这些功能，但是这并不妨碍石斧偶尔从事这些工作。当一件石器工具即将废弃的时候，人们在使用中就不会再考虑其使用寿命问题，就可能进行一些带有破坏性质的活动，如用石斧的刃口去琢制需要磨制石器的表面，这种破坏性使用可能会严重改变石器的形制，石斧失去刃口变成了"斧形器"，或者留下与原初功能非常不相同的使用痕迹。这些在缓慢废弃的遗址中是非常可能发生的，我们如果只是基于石器使用痕迹来判断其功能，就可能被误导。

7. 认知属性

前面讲的属性可以说是石器的直接属性，下面要讲的属性则应该说是石器的暗含属性或称间接属性。石器，尤其是旧石器时代的石器，与人类认知的演化密切相关。这里有两个关键节点：一个是石器工具的起源，即人类的工具何以区别于高等灵长类的工具；另一个是现代人的石器工具与前现代人的石器工具究竟有着怎样的区别。我们知道，工具行为并不是人类的专属，不少动物也有类似的行为。曾有研究报道，僧帽猴能够用砾石剥离石片，形成类似于人类石器的工具[1]，黑猩猩会使用石

---

[1] T. Proffitt, et al., "Wild Monkeys Flake Stone Tools," *Nature* 539 (2016): 85-88.

头敲砸植物果实①。但是，早期人类制作石器呈现出更清晰的目的性——先从石头上剥离石片，然后用石片去加工食物，后来更是发展出不同的工具去从事不同的活动。也就是说，人类大脑中有了石器工具的型板，比如手斧。石器与人类认知的起源是考古学的关键问题之一，这个方面已有不少研究。中国旧石器时代考古中，最早的石器在距今200万年前后，这不是人类最早的石器。也因为如此，石器起源与人类认知演化之间的关系，中国旧石器时代考古还很少讨论。

相比而言，第二个关键节点更引起了中国同行的关注。按照当前主流的现代人起源理论，现代人最早起源于非洲，在距今5万年前后到达东亚地区，基本取代了当地的土著人种，现代人与土著人种之间可能有很少量的混血。令人困惑的是，我们从石器考古证据中没有看到这一过程，比如说，距今5万年前后，一种新的石器技术伴随具有新的体质特征的人群出现。实际情况是，这个时期发生的重要变化是，石器技术变得更加多样。现代人似乎并不是使用同一种石器技术的群体，他们在使用石器技术方面更加灵活，更加注意因地制宜。的确，即便他们使用同一种技术，也不是所有地方都有相应的石料可用。这里石器与人类认知的关系同样复杂。现代人起源的一个关键特征是语言的发展，石器与语言的关系，涉及石器使用，如投掷行为，对语言发展有推动作用②；还有

---

① T. Matsuzawa, et al., *The Chimpanzees of Bossou and Nimba* (New York: Springer, 2011), pp. 73-84.

② W. Nobel and I. Davidson, *Human Evolution, Language and Mind: A Psychological and Archaeological Inquiry* (Cambridge: Cambridge University Press, 1996).

石器上所体现出来的象征性,指示语言的存在。

8. 结构属性

与认知相关的是结构。结构是一种类似于语法的东西,尽管字词的意义可能发生改变,但语法的变化要慢得多。结构代表一种比较稳定的存在。石器中的结构是什么?在结构主义思想的发源地法国,研究者们提出了"操作链"概念。操作链不仅包括技术的性质,而且包括其过程,石器是如何一步一步被生产出来的,由此操作链中还包含了技术模式的内容。如果石器生产过程如同语句,那么操作链就是其中的语法。操作链是人们在社会实践中长期、反复操作形成的结构。社会学家布迪厄(Bourdieu,或译布尔迪厄)提出一个相应的社会学概念——惯习(habitus),比如在西方社会,男士为女士开门,只是一种习惯,用不着每次行动前都问为什么,这样的惯习由此成为西方社会的特征之一。操作链也是如此,如果进入现代社会情境中,它也就是惯习。为什么要这样而不是那样制作石器?刚开始可能还有些功能上的考虑,后来也就是惯习而已。就像惯习可以用作区分不同社会群体的标志一样,操作链也有这样的作用。

惯习与社会/人群存在双向的互动过程,英国人类学家吉登斯(Giddens)提出"结构化"(structuration)的思想,惯习/操作链不仅是社会的特征,还可以渗透进入社会,让社会发生相应的改变,比如,中国史前农业形态适合发展小农经济(可以把小农经济理解为某种操链），然后，小农经济促进形成中国古代社会稳定的社会结构，这就是结构化的过程。旧石器时代是否也存在这样的结构化的过程？中国南方以及东南亚地区，旧石器时代早中期一直流行砾石砍砸器工具，有学者提出，这可能与使用竹木工具有关[①]。尽管这一假说还需要更多的证据，但不可否认，在这个地带利用竹木等有机工具的确有近便的优势。采用这样的技术，对社会结构就会产生影响，它可能提高至少部分群体成员的流动性，让他们有更大的活动范围。否则，携带笨重的砾石工具是不可能有较大活动范围的。类似之，旧石器时代晚期的细石叶技术，它又是如何结构化当时社会的？有研究者提出"细石叶社会"概念[②]，这个概念有助于揭示技术对社会的结构化过程。细石叶技术是一种相当复杂的石器打制技术，不是每个个体都能掌握的，需要长时间的练习。这一技术的出现意味着出现了一种"手工艺者"身份，这是社会身份分化的一种形式。

操作链的研究需要结合拼合、实验以及石器修理疤痕的细致观察，程序相对烦琐。目前该方法已经在中国石器考古研究中得到应用。修理片疤的观察旨在确定打制的程序与方法，拼合同样如此，实验则是对分析结果的验证。操作链分析中特别需要注意那些可以存在多样性的环节，不同的选择是区分不同的操作链的基础，进而可以区分不同的群体。

[①] G. G. Pope, "Bamboo and Human Evolution," *Natural History* 10（1989）：48-57.
[②] M. Zhang, "Microblade-based Societies in North China at the End of the Ice Age," *Quaternary*, March 20, 2020, http://dx.doi.org/10.3390/quat3030020.

9. 风格属性

石器有风格属性，至少旧石器时代晚期的石器具有这一属性。就像衣服一样，它的功能属性是保暖，不过在当代社会，衣服最重要的属性是风格。这里的风格是时尚，与众多社会因素相关联，更与个体的社会地位、教育背景甚至精神状态密切相关，所以有"风格即人"的说法。相比而言，石器是实用工具，对实用的考虑是首要的。不过，这不等于说石器完全没有风格属性。只要石器生产过程存在操作链的区别，存在形式上的多样性——满足同一功能需要有不同的形式，就有风格存在的可能。旧石器时代晚期的石器，明显出现了操作链上的差别。以细石叶技术为例，产品都是细石叶，但是细石核的形态以及相应的操作工艺丰富多样，并不只有一种途径，也就是说出现了工艺风格上的差别，而且这种差别存在显著的地域性，一种工艺风格流行的范围大抵相当于一个社会群体单位。新石器时代石器风格就更明显了，比如石斧，通常的形态是侧边圆缓的，但是辽西赵宝沟文化的石斧，其侧边有两道明显的棱脊，明显与其他考古学文化的石斧不同。

至于旧石器时代早中期的石器是否存在风格，还是一个有争议的问题。这个时期，技术方法往往与任务、原料密切相关，即石器生产是由这一系列因素决定的，风格上的差别不明显。以手斧为例，这是旧石器时代早中期看起来最具有风格属性的石器，但是生产手斧的路径是比较单一的，也就是两面器技术，除此之外，看不到其他技术也能够实现同样的目标。至于说旧石器时代早中期的石片生产，采用的方法更多受制于原料，当原料易碎且石核个体比较小的时候，采用砸击法就是不得不的选择；相反，当石核大到难以握持的时候，采用摔碰法则更有利于开片（剥离第一个石片，同时破坏砾石的整体强度，后续剥片采用锤击法也可以进行）。有趣的是，流行于旧新石器时代过渡时期的锐棱砸击技术则有所不同，它的目的是获取平直的大型石片。我们的实验显示，采用锤击法、碰砧法甚至摔击法都可以生产石片，甚至是大型石片。但是，古人采用了锐棱砸击法，为此不惜浪费原料，这种技术由此就具有了显著的地方风格。风格是人类文化适应分化的产物与表现形式，关注石器的风格，也就是在探索人类文化适应的多样性。

10. 社会属性

考古学的一项重要目标就是研究人类社会的形成与进化。石器是研究早期人类进化的基本材料。石器本身就是人类社会的产物，其中涉及社会需要、社会认知以及社会本身的发展。克里夫·甘博（Clive Gamble）著有《欧洲旧石器时代社会》（*The Palaeolithic Societies of Europe*）一书，他以欧洲旧石器时代较为丰富的考古材料为基础，探讨旧石器时代早、中、晚三个阶段的社会特征，并提出社会网络的发展是人类进化的主要特征。早期人类社会只有亲密网络，社会关系的范围限制于群体之内，其后社会网络不断发展，到旧石器时代晚期，人类利用物质材料，突破社会交往在时间与空间上的限制（如利用信物，参与社交者可以不必在场），形成广泛的社会网络。社会网络的不断扩展，也表现在石器上：首先，远距离石料来源显著增加，反映人们社会交往的距离扩大；其次，石器工具生产复杂化，需要社会认知的拓展，石器生产知识的传承，不再仅凭模仿就可以习得，而是需要更专门的社会性学习；再次，石器生产表现出象征属性；最后，石器生产表现出区域风格。石器的社会属性通过其原料、技术、形制、空间、时间、功能等直接属性表现出来。

当代考古学研究，尤其是中国考古学研究，正在发生社会转向，越来越强调通过物质遗存去研究古代社会的面貌。对于早期人类社会而言，首先需要关注的问题是人类社会单位的规模。从目前的材料来看，旧石器时代早中期还看不出明显的地区群体，表现在石器上就是不同的石器工业风格。人类社会群体出现显著边界是旧石器时代晚期的现象。旧石器时代早中期的人类社会面貌还有待更深入的研究。通过石器去研究的另一个重要问题是性别分工，有观点认为手斧就是人类社会性选择的产物[①]。的确，如果采用锤击法，生产手斧需要很大的打击力量，这可能是一些女性无法胜任的。不过，我们的实验研究显示，如果选择采用摔击法开片，利用大石片制作手斧，于女性石器生产者则不是难事（参见第七章）。我们注意到，在旧新石器时代过渡时期，人类面临文化适应上的多样选择，面对资源的变化，人类开始强化利用某些资源（如去

---

① M. Kohn and S. Mithen, "Handaxes : Products of Sexual Selection?" *Antiquity* 73 (1999): 518-526.

捕鱼，这需要投入舟楫、鱼镖、渔网等复杂的工具），性别分工加剧。锐棱砸击技术就是性别分工的产物。当男性生产者更多投入捕鱼活动中时，女性需要自己制作石器工具，锐棱砸击技术很好地满足了这一需要，一方面便于处理鱼获，另一方面又有利于女性自己生产锐棱砸击石片（参见研究旧新石器时代过渡时期石器的章节）。还有一个相关的社会问题是社会身份的分化。旧石器时代晚期的细石叶技术非常复杂，需要长时间的训练以及一定的天赋才能掌握，这种石器技术的出现意味着社会中某些个体将可能获得前所未有的认同，包括社会尊重与威望，这就为后来进一步的社会分化奠定了基础。

11. 象征属性

与石器的社会属性相关联的是它的象征属性。20 世纪 80 年代开始，西方考古学发生了以后过程考古学为代表的"人文转向"。按照这种研究范式，考古材料是带有意义构建的（meaningfully constituted）[1]。我们如果从当代社会出发，是比较容易理解其含义的。生活在当代社会，我们周围的一切物质材料早已为人类文化所渗透，服装可以代表一个人的身份、修养，日常器用也是如此，甚至举手投足都是如此。也就是说，任何东西都是符号，都具有象征含义，这些含义会影响社会参与者，影响人的社会行动，影响社会的构建。这样的认识是否可以扩展到石器时代？从

---

[1] I. Hodder, "Postprocessual Archaeology," *Advances in Archaeological Method and Theory* 8（1985）: 1-26.

目前的石器考古研究来看，石器的象征属性至少可以延伸到旧石器时代晚期。其中，象征属性最明显的莫过于石质装饰品与艺术品，它们本身几乎没有实用价值。欧洲旧石器时代晚期的"维纳斯"雕像是经常被提及的史前艺术品；中国史前时代玉器的出现也是以象征性为代表的，使用玉器成为中国文化的传统，甚至成为中国传统文人性格的象征。

目前争议比较大的是实用石器工具的象征性问题。从民族志材料可以看出，实用石器工具也是有象征性的。只是由于背景关联（context）的丧失，我们现在很难了解史前石器工具的象征性。争议更大的是旧石器时代早中期石器工具的象征性，比如手斧，它是不是性选择的象征？对于旧石器时代早中期的男性个体而言，要生产一件形制对称、加工精致的手斧，并不是一件容易的事情。他需要找到大小与品质合适的原料，然后有足够的力量与技巧生产出可以打制石斧的毛坯，再然后就是有足够好的力量控制与加工技巧，最终得到一件合格的手斧。如果他能够做到这一点，那么这至少可以证明他有足够大的活动范围，熟悉生活区域内的资源分布，有足够的力量与知识。从这个角度说，手斧生产的确具有性选择的价值——至于说古人是否真的采用了，则另当别论。在细石叶技术生产中，细石核台面的加工，有时会有"削片"的情况，即为了形成完整的台面，剥离一件完整石片，或者连续剥离两件石片。而这在细石叶生产中并不是必不可少的，台面完全可以通过逐步修理获得，削片的程序带有一定的"炫技"色彩。有关石器的象征属性，目前研究得并不多，这可以说是将来研究的重要方向。

12. 进化属性

石器是人类早期发展阶段的产品，它本身带有人类进化发展阶段的特征，由此石器具有进化属性。不过，从石器考古的角度看，我们需要考虑的问题是：究竟什么在进化？一个非常直观的回答是技术。从旧石器时代早期到其晚期，可以看到石器技术越来越复杂，从简单的直接打击到间接打击，打击的精度越来越高，采用的石器原料也越来越精细，这是一个普遍的趋势。从这个角度考察，无疑会得出技术进步论的观点。但是从旧石器时代向新石器时代过渡的时候，就会发现打制技术的重要性开始下降，一些简单的技术重新流行，石器制作者劳动投入的主要方向变成了磨制，对石器原料的要求也发生了显著改变，细腻、脆性好不再是石器原料所要求的品质，相反，适度的粗糙、坚韧变得更加重要。由此可见，简单从技术进步论的角度考察石器的变化并不总是合适的。进入新石器时代后，石器技术的发展似乎停滞了，其技巧的复杂程度反而不如旧石器时代晚期的打制技术，磨制石器从技术的角度说相对简单，需要的更多是劳动投入，即长时间的打磨。

石器是人类文化的组成部分，当我们考察文化进化的时候，石器可以当作研究对象。从进化论考古学范式来看，文化的进化中存在诸如模因（文化基因）这样的进化单位。石器中是否也存在这样的文化单位？石器的变化是否也符合进化论的规律？进化论考古学家把器物特征当成基因的"表现型"，认为它们也会在进化过程中经历选择、漂变、突变等机制的约束①。这些特征的演化会形成自身的发展脉络，有些特征会发生分化，有些特征会消失。就这一点而言，颇类似于我们当代服装潮流的变化。从进化的视角来看石器，它就是系列竞争特征的组合体，不同地方、不同时代，某些特征会变成主导性的特征，而后也会消失。至于进化的动因，部分是适应性的（因为有利于生存繁衍），部分是中性的（暂时既没有利也没有害），还有部分是有害的（需要避免）。这里面中性的特征颇值得琢磨，因为它们往往与地方特色相关。

  前文罗列了石器的十二种属性，然而并没有穷尽它的属性。随着研究的深入，研究者还可能发掘出新的属性。比如，如果考古材料的精度足够高，我们或许可以识别出不同的石器的制作者，这就是石器的个人属性——石器肯定是某个人制作的；还可以识别出不同的使用者及其意义。只是我们当前材料的精度还比较粗略，还不可能如历史时期考古那样关注某个个人的命运。不过，尽管石器存在如此之多的属性，但这也只是表示石器研究的可能性，具体到研究的实践层面，还会受到理论、方法与材料的限制。这些限制是学科内部存在的。除此之外，还有学科外部条件的限制，比如研究经费的限制、政策规章的限制，乃至一些学术潜规则的限制，都会让研究难以开展。不过，这里更多侧重于关注学科内部条件的限制。在这些属性中，有一部分属性是比较容易开展研究的，有一部分是目前发展中的，还有一部分是带有研究展望性质的。

---

  ① A. Bentley, et al., "Darwinian Archaeologies," in *Handbook of Archaeological Theories*, eds. R. Alexander Bentley, Herbert D. G. Maschner, and Christopher Chippindale (Lanham: AltaMira, 2009), pp. 109-132.

第二章　石器考古简史

　　石器是已知人类最古老的工具，石器考古通常也意味着在探索人类早期历史，以石器材料为中心的研究也就是旧石器时代考古。石器并非只是旧石器时代才有，新石器时代也用到不少石器工具，但是这个时段的主要对象是陶器、聚落、墓葬等，石器的重要性远不如在旧石器时代考古中那么重要。因此，典型意义上的石器考古就是指旧石器时代考古。从考古学发展史来看，旧石器时代考古与古人类研究密切相关，它代表考古学发展的一条独立的路线，有自己的理论与方法，以及自己的研究任务，即研究人类体质与文化的起源和演化。石器考古的基本方法形成于旧石器时代考古领域，新石器时代的石器研究是石器考古方法的延伸。因此，这里所要讨论的研究简史主要是与旧石器时代考古相关的。旧石器时代考古形成于 19 世纪中期，渊源则要早得多，其发展经历了多个阶段。从其形成至今，经过了 100 多年的发展，在世界不同地区形成了若干流派。其发展形态与线索、现状与存在的问题，都是值得探讨的主题。

一、概要：认识与研究石器的八个阶段

为了便于从总体上把握石器考古的研究历史，这里将其简要划分为八个阶段，每个阶段代表石器考古的一次飞跃，然后在此基础上，再去探讨若干重点问题。

第一，奇石与神石阶段。世界各地不同文明都曾经历过这样一个阶段，人们认识到石器与一般的石头有所不同，开始收藏与展示这些石头，并赋予它们某些象征意义，或是辟邪，或是纪念。人们意识到石器特殊的物质属性，并且将其塑造成特殊的文化属性，最典型的例子莫过于玉石，中国古人早在上万年前就开始制作玉器，经过雕琢的玉石晶莹剔透、温润含蓄，这反过来影响人们。在这个阶段，人们没有区分人工石器与自然石器，而是将石器神化。

第二，人工属性的识别。认识到石器的人工属性是石器考古的第一步。这是近代化的产物，其中有两个因素至关重要：一个因素是西方近代化进程中的思想革命，把主体与客体区分开来，剥离客体上的神话与文化意义，为石器研究奠定了科学基础；另一个因素是西方的殖民探险，在此过程中殖民者接触到美洲还在使用石器的土著，认识到石器是他们的工具，与欧洲发现的类似，由此帮助当时的人们确认石器是人为的。

第三，确认石器的古老性。承认石器是远古人类的工具，这一步非常艰难。一方面，因为西方有宗教思想的约束，所以承认石器的古老性需要打破神创论，这是重大的思想革命；另一方面，承认石器的古老性

需要天文学、地质学的发展，尤其需要均变论还有生物进化论的帮助，认识到地球的形成经历了漫长的过程，并且在地层上肯定石器与动物化石的共存关系。此外，还需要文化进步论的推动，承认文化是在不断进步的，而不是如宗教思想所言，人类在不断堕落。在更深的层次上，这要归功于启蒙主义，归功于其中的科学与理性思想。基于这些思想上的突破以及考古材料的发现，从19世纪中期开始，石器的古老性逐渐得到承认。

第四，石器分类学初步形成，并成为人类早期历史的标志。旧石器时代考古形成之初，研究者主要根据民族志来重建史前史，他们依据的是19世纪维多利亚时代的进化论，把世界不同族群与文化按照某个标准进行划分，然后安置在单线条的演化路线上。法国旧石器时代考古学家莫尔蒂耶首先建立其以石器形态为中心的年代序列，取代了此前以古生物为标志的年代序列。在他的方案中，石器就像古生物学的标准化石，具有时代标志意义。这同时带动了对石器本身的研究，即哪些石器特征具有时代标志性。研究者开始关注石器的生产技术与相应的形态特征，这也就是石器技术类型学的前身。

第五，旧石器时代考古作为一个学科分支逐渐形成。19世纪末20世纪初，旧石器时代遗址发掘增加，石器材料、古人类化石的发现与研究也随之增加，人们开始承认旧石器时代艺术的发现，旧石器时代考古正式成为一个独立的研究领域。与此同时，石器的实验考古工作也得以展开，并得到如澳洲、美洲等地民族志材料的帮助，研究者认识到不同石器技术的特征差异。旧石器时代考古是考古学的三个分支之一，最晚形成；相比而言，古典-历史考古于18世纪末已经成熟，新石器-原史考古于19世纪初形成。三个分支各有理论方法，构成考古学研究内部丰富的多样性。旧石器时代考古以进化论为基础理论，同时参考其他学科如地质学的理论，有较强的自然科学色彩。

第六，石器技术类型学的成熟。20世纪上半叶，旧石器时代考古领域产生了数位石器技术方面的大师，其中以法国的博尔德与美国的克拉布特里为代表，他们在石器实验的基础上，进一步细化了石器技术类型学的体系。博尔德把旧石器时代的石制品分为近60种，他的法国同行蒂克西埃（Tixier）则就北非的石制品提出了一个分类方案。这两个分类体系是欧亚大陆西侧旧石器时代考古领域最流行的石器划分方法，许多国家的旧石器时代考古都受到法国旧石器时代考古的技术类型学的影响，包括中国旧石器时代考古。

第七，石器研究的功能化。从20世纪五六十年代开始，考古学研究日趋功能化（如果追根溯源，30年代已有苗头），这个趋势也影响到了石器研究，一个标志性的事件就是微痕分析方法的流行。30年代谢苗诺夫（Semenov）就提出了微痕分析，但直到60年代才在西方考古学中流行。这个时期，过程考古范式逐渐形成，它采用文化生态、文化适应、文化系统、文化进化等来自人类学的理论，特别强调科学分析与考古推理。受到过程考古范式的影响，石器研究的目标也随之改变，所采用的基础理论与研究方法也是如此。

第八，石器研究的多元化。20世纪80年代，考古学研究的范式又发生了新的拓展，后过程考古学崛起。后过程考古学注重人的主观能动性与社会关系，认为人会赋予物文化意义，会运用物去塑造社会关系，后来更进一步认为人在长期的社会实践中，形成物的能动性，这反过来会影响到人。受到后过程考古学的影响，石器研究开始关注象征意义与社会关系，比如威望技术。侧重的主题还包括性别、地方性、身份认同等，石器研究领域的内容更加丰富了。

广而言之，石器研究深受学科内外关联背景的影响：从外部来看，包括时代背景、社会思潮以及相关学科的发展；从内部来看，包括考古学理论、方法与实践，这三者在一定的时期有可能形成范式。所谓范式，就是具有内在统一性的学科发展形态，这种统一性贯穿于理论、方法与实践之间。从内外关联背景来看石器研究的历史，就更容易理解它为什么会出现，以及它为什么会发生改变。

二、石器考古的起源

1. 石器人工属性的认识与古老性的确认

第一，最早的认识。古人很早就意识到磨制石器与天然砾石有区别，但将其归为神鬼之物。中国古人称之为雷石、雷斧；西方也有同样的称呼，thunder stone/axe，翻译过来也是雷石、雷斧；日本人则称之为"粪石"，比较有趣，认为石器乃是神的排泄物。沈括在《梦溪笔谈》中记载，他曾在随州亲眼见到雷电击倒大树，然后在树坑翻起的泥土中发现了石斧。正是基于雷电与石斧的这种肉眼所见的"关联性",所以称之为雷斧。而没有注意到另一种可能性,石斧本来就已被埋在土壤中。按照《易经》以及东汉《越绝书》中的记载,中国古人是知道有个"削木为兵"的石器时代的,至少知道以磨制石器为特征的新石器时代,但是文献记载与现象观察之间没有建立联系。为什么中国古人没有认识石器?究其原因,可能是因为中国古人有很强的自然转化观,如腐草可以化萤(萤火虫),把自然的一切都视为当然。这种自然观影响到中国古人对上古历史的认识,认为那些都是理所当然的,不值得细究,而应该着力于解决现实的问题。

第二,确认石器的人工属性。相比中国文化顺其自然与实用主义的理念,西方文化在穷根问理上走得更远一点,代表性成就是古希腊的哲学与数学。文艺复兴以来,西方发展出近代科学的一个基本方法,培根称之为"新工具",那就是实验,即观察、分类、测量具体的事物。这是石器识别的思想观念基础。石器材料自古以来一直存在,有的就散布在地表,有的被埋藏在地下,因为自然侵蚀或人工动土而暴露出来。人类要认识其性质,需要观念的发展、知识基础以及有研究兴趣与能力的人员。

从地理大发现开始,欧洲殖民者在全球探险,当时美洲、大洋洲的土著还在制作与使用石器。探险者曾经把印第安人的石器当作礼物送给罗马教廷。他们发现土著使用的石器的形制与在欧洲发现的一致,由此类推,开始认识到欧洲所发现的石器可能是古人制作与使用的。最早识别石器的先驱有意大利地质学家阿格里克拉(Agricola)、梵蒂冈植物园的主管与教皇的医生麦卡提（Mercati）。他们认为在用金属制作武器之前，武器是由燧石制作的。英法的情况类似，有关新大陆土著的知识让更多的人认识到石器是人工所为。1719年，有人发掘巨石墓，发现了石斧等石器，将之归为还不会使用金属工具的国家；数年后，法国学者德·约瑟（de Jussieu）把在欧洲发现的石器与在加勒比收集到的石器进行细致的比较，意识到两者的相似性。从16世纪至18世纪，随着欧洲的全球探险与殖民，民族志材料不断丰富，人们已经能够认识石器，但主要是形制规整的磨制石器。不过，按特里格（Trigger）的说法，一直到17世纪晚期，许多人还把水晶、动物化石、石器与其他形状独特的东西都称为化石，把石器看作人工制品还不是一种普遍现象[①]。

第三，旧石器的发现。石器识别的关键是旧石器时代打制石器的发现，这个方面的突破来自英国。1797年的一天，乡绅、剑桥大学毕业生约翰·弗里尔路过霍克森郡的萨福克村，看到当地农民在村南的土坑中挖土制砖。他注意到当地人用燧石填坑，部分石头形制规整，似乎是人工制作的。他问工人这些来自何处，工人引他到出土石器的地方，在一个3米多深地层中的砂层之下发现了这些石器。他十分惊奇，于是把这个发现记录下来。6月22日，他给伦敦古物协会写了封信，把跟不知名动物一起出土的阿舍利手斧，看作还没有使用金属工具的人们使用过的。他描述了发现及其地层，还提及同一地层出土了木头，不过出

---

① 布鲁斯·特里格：《考古学思想史（第二版）》，陈淳译，中国人民大学出版社，2010。

土后迅速分解了,同时出土的还有不知名的大动物颌骨、肢骨。他当时想观察这些动物骨骼,但已经被另一位绅士收藏,并转赠给博物馆了(当时已经是一种风尚)。他分析地层后认为当时是海滨环境,并认为这里是石器制作之地(数量很大),不存在地层颠倒的情况。他认为石器年代可能非常古老,甚至是当代世界形成之前(even beyond that of the present world),也就是至少在距今 6 000 年前——上帝造人之前。但是他的观点没有引起重视,除了当时的知识氛围与基础古生物学知识之外,弗里尔不认识其中的动物与贝壳也是重要原因,无法确定年代,使得他的观点没有扎实的证明。200 年后,萨福克竖起一块纪念碑,以纪念他首先认识到石器的古老性以及人类历史的古老性[1]。

弗里尔是幸运的,他遇到的石器是阿舍利手斧,加工精细的燧石手斧器型规整、对称,通体两面加工,片疤均匀浅平,没有或很少有天然石皮,跟天然砾石有较大的区别,人工属性较为鲜明。有意思的是,认识到石器早于金属工具并没有导致人类进步的观点。当时人们还是遵循宗教的训导,采纳文化在不断退化的观点,认为迁徙到没有铁矿石区域的人们可能忘记了冶炼金属的知识;直到 1857 年,还有人反对石器先于金属工具,认为石器是模仿金属工具的形状而生产的。由此可见宗教对人们认识的约束!面对宗教社会的压力,当时古物学家不大敢挑战宗教的退化论观点,即便他们看到了事实材料。所以,从这个角度说,认识石器不仅是科学上的革命,更是思想上的革命。或者说,认识石器是

---

[1] Tim Murray, *Milestones in Archaeology*: *An Encyclopedia*, pp.122-124.

一个知识不断进步的过程，其中的发展同时也在推动思想观念的改变。

第四，石器古老性的确认。一直等到半个多世纪之后，1859年数名地质学家与考古学家访问了法国阿布维利遗址，肯定了石器与灭绝动物的共存关系，确认了人的古老性以及石器的归属。由此，我们可以把1859年视为旧石器时代考古的"元年"，次年达尔文出版《物种起源》。相比于古典-历史考古、新石器-原史考古，旧石器时代考古形成的年代更晚，不能确认石器的古老性是主要原因。

从1797年到1859年的60余年间，不断有新的考古发现，包括人类骨骼化石、石器以及灭绝动物化石，频频出现的共存关系让人很难都以扰动为由加以拒绝。这其中有地质学进步的贡献，按照地质学均变论的原理：发生在古代的营力作用同样也会作用于现在，水流、风力等各种侵蚀作用会削低高山，地壳的抬升又会补偿侵蚀所导致的损失。这也意味着地球的面貌经历了漫长的改造过程，人们对时间深度的认识大大延长，在布封［Buffon，《昆虫记》(*Souvenirs entomologiques*)的作者］的时代，人们已经不再拘泥于《圣经》所确定的时间不到6 000年的人类历史，而是将人类历史扩展到几十万年，尽管还没有完全否定神创论。在地质学原理的支持下，进化论思想不断推进。进化论思想并非始于达尔文，达尔文的祖父就是进化论者。与此同时，地层学的共存关系原理帮助建立了石器与共存古生物化石的共时性；古生物学则为年代识别提供时间尺度框架。在社会思想领域，受启蒙主义的影响，文化进步论已是社会共识。再加上不断丰富的民族志材料，如印第安人在制作精美石器工具的过程中，还会产生大量石器废片，他们也会利用这些石制品。所有这些都为接受石器与人类的古老性提供了重要的知识基础。

19世纪前半叶博物学家与古物学家见证了一系列洞穴发现，人类骨骼遗存与石器以及灭绝动物骨骼共生。虽然他们都相信这些东西可能是同时的，但当时糟糕的发掘技术无法证明这一点。英国人在发掘肯特（Kent）洞时在钙板下面发现了石器与动物化石遗存，但是怀疑者认为这可能是古代不列颠人挖灶坑时遗留下来的。发掘者也认为人类遗存与灭绝动物可能不是同时的，它们可能是不同时期的堆积，后期水流作用把它们冲到了一起。19世纪上半叶的法国与英国南部，经常能够发现猛犸象、披毛犀与人类遗存同存于冰碛物中，这似乎印证了《圣经》中有关大洪水的记载，当时的人们相信它们正是诺亚大洪水的遗迹，人们相信早于洪水不会有人类的遗存。这样的认识阻碍了人们接受石器与人类的古老性。

旧石器的确认最终是在法国的阿布维利遗址实现的。考古学史上通常把这一成绩首先归功于德佩斯（de Perthes），他是法国西北部索姆河河谷阿布维利海关的主任。大概在19世纪30年代，一位名叫皮卡德（Pecard）的医生报告当地发现了石器与鹿角工具，德佩斯研究了这些东西。不久后，在开凿运河与修筑铁路的过程中，又发现了石器与灭绝动物化石，德佩斯相信这些东西应该是同一时期的。1847年他发表了这些材料，但是没有人相信。类似的情况还有阿布维利上游大约40千米的圣阿舍利遗址，专家认为石器是侵入地层中的。当时面临的问题是如何解决共时性难题，即证明石器与灭绝动物化石是同时的。考古学史上经常将之归结为学者的保守以及宗教上的约束。实际上，这个问题至今也没有得到很好的解决。考古学上，共存并不等于相关。石器与人类化石共存，不等于这些人就是石器的使用者；石器与动物化石共存，不等于古人运用这些石器捕猎了这些动物。许多动物化石的形成与人类没有关系，远在人类起源之前，就存在许多动物化石堆积。堆积还存在原生与次生之分，河流搬运可能导致次生堆积。所以，当时一些学者的质疑并非没有道理，地质过程是复杂的，尤其当时地质学也正在形成过程中，对沉积埋藏过程的认识并不清楚。

德佩斯是一位灾变论者，他相信在《圣经》记载的大洪水之前还有更大的洪水，它灭绝了所有的物种。经过很长一段时间后，上帝重新创造了人类。地质学的基本原理是均变论，按照现象与理论的一致性来看，灾变论比均变论更符合对现象的观察，因为已发现大量灭绝动物的化石，还有洪水堆积；倒是均变论更依赖推论与想象[①]——古今具有一致性。加拿大地质学家道森（Dawson）也否认阿布维利石器的古老性，他的理由来自民族志，北美的印第安人生产石器时既使用优质的原料，也使用很粗糙的原料，欧洲所谓古老的石器有可能是同时代不同文化的产物。这个说法同样也很有道理，至少逻辑上是成立的。尽管神创论荒诞不经，但是当时的旧石器时代考古发现与研究并不能有效应对

---

① 科林·伦福儒、保罗·巴恩主编《考古学：关键概念》，陈胜前译，中国人民大学出版社，2012。

批评者的质疑。从这个角度说，接受德佩斯的发现并不是因为解决了上述质疑，而是有其他原因。1858 年，彭杰利（Pengelly）发掘英国西南部的布里克瑟姆（Brixham）洞遗址，这个项目得到伦敦地质学会的资助，并由包括赖尔（Lyell）在内的一组著名科学家监理，他们一起在连续完整的地层中见证了石器与动物化石的共存关系。1859 年，先是地质学家普雷斯特维奇（Prestwich），然后是考古学家约翰·伊文思（John Evans），以及许多英国学者包括赖尔访问索姆河河谷，他们都肯定了德佩斯的工作。从这个确认的过程来看，前提是布里克瑟姆遗址更精细的工作与更完善的地层，暗含着的是英国科学圈的话语权。

2. 创建者效应：旧石器时代考古早期发展的特点

旧石器时代这个名称最早由英国银行家与博物学家约翰·卢博克（John Lubbock）在他的著作《史前时代》（Pre-historic Times）一书中提出，他把石器时代（Stone Age）分为旧石器时代与新石器时代。旧石器时代考古创建时期的首要任务就是搞清楚遗址的早晚关系，也就是相对年代。当时主要运用的是古生物断代法，把古生物化石当成时代的标志。法国人拉尔泰（Lartet）研究多尔多涅地区洞穴遗址，他按照动物化石将之分成四个时期，即野牛时期、驯鹿时期、猛犸象－披毛犀时期与洞熊时期，后来他意识到分期有问题，又做了增补。

随后莫尔蒂耶提出文化分期法。莫尔蒂耶是一名古生物学家与地质学家，后来成为一名考古学家，他同时是个社会主义者、激进分子。

1864 年，经过 20 年在意大利与瑞士的政治流亡后，他开始研究欧洲史前史，同时修铁路。1876 年，他在巴黎大学成为史前人类学的教授。受到瑞典采用随葬品类型学确立铁器时代年表的影响，他采用文化分期法。按照莫尔蒂耶的分期方案，他定义的舍利期相当于古生物断代的河马期，莫斯特期（Mousterian epoch）相当于洞熊与猛犸象期。不过，莫尔蒂耶还是深受古生物学影响，他的分期方案是以第四纪哺乳动物年代学为基础的；他如寻找标准化石一样先找出一个时期的典型器物；他参照地质学的做法，以典型遗址来命名一个时期。

莫尔蒂耶与拉尔泰的自然科学背景深刻地影响了他们的方法，英法的旧石器时代考古学家不同于斯堪的纳维亚的史前考古学家，他们对于古人是如何生活的兴趣不大。英法的旧石器时代考古学家照搬了自然科学的方法，他们更像是古生物学家，更关注进化的年代序列，常常扔掉没有意义的器物。他们把器物看作断代与技术进步的标志，而不是文化的组成部分，让文化的内涵损失非常大。以古生物学的方式来研究旧石器时代考古学，这也是旧石器时代考古领域的"创建者效应"，这个效应也深深影响了中国的旧石器时代考古学。但是，石器是外在于人类身体的文化产品，其形态受制于人所在环境的原料和资源类型、人类认知能力的演化以及社会等诸多因素的影响，其复杂程度远超动物行为。

旧石器时代考古创建时期的主要关注点是人的古老性，即人究竟是什么时候有的，或者说，人是怎么来的。旧石器时代考古立足的理论前提就是进化论，人类是进化的产物，进化不仅指人类体质，而且还包括文化。由此，旧石器时代考古往往与古人类研究紧密联系在一起，同时体质与文化的双重演化成为这个领域的基本问题。两者之间的关系一直是旧石器时代考古的核心问题，至今仍然是非常令人困惑的问题。也就是，体质意义上的人已经发生了显著的改变，但是在文化遗存上却看不到同样显著的变化。体质演化与文化演化的两分成为旧石器时代考古领域的另一个"创建者效应"。旧石器时代考古研究者所能研究的主要材料就是石制品，从旧石器时代早期到其晚期可以看到明显的技术进步，器型越来越规整，骨器也是越来越多。早期的旧石器时代考古尤其关注石器的制作技术与形态特征之间的关系，由此形成了技术类型学。石器技术的总体趋势是尽可能利用坚硬、精细的原料，生产出尽可能标准化的产品，以应对难以确定的使用需要。但是具体到不同的地区，则又会存在许多变化，并不存在一个单一的演化路径。

早期旧石器时代考古采用的就是单线进化的模式。19世纪中后期，正好是西方殖民主义的高潮，西方在全世界建立起全面的优势，到处瓜分殖民地与势力范围。单线进化论成为这个时期占据主导地位的思想观念。如莫尔蒂耶受到民族学与启蒙主义文化进步论的影响，认为处在相同发展水平的人们在遇到相似情况时会采取同样的方式解决问题。我们熟悉的还有泰勒（Tylor）与摩尔根（Morgan）的研究，尤其是摩尔根的分类，摩尔根把人类社会演化分为蒙昧、野蛮与文明三个阶段，每个阶段又分为若干次级阶段，反映社会从简单到复杂的发展过程。摩尔根的研究影响到了马克思主义的人类社会发展理论。但是当时旧石器时代考古的材料有限，这些研究都是基于民族志材料而非考古材料展开的。这种理论模式深深影响到了中国的旧石器时代考古。

三、20 世纪旧石器时代考古的重要进展

1. 旧石器时代考古目标的确立

早在 1894 年霍尔莫斯就提出了石器考古的三大目标：（1）把石器作为年代标志；（2）理解形制与功能的演化；（3）理解生产与使用的过程。这些至今仍然是旧石器时代考古的重要目标。可能与霍尔莫斯的理解有所不同的是，石器作为年代标志只是在一定的程度上成立，即帮助我们确定石器的年代上限，而很少能够确定年代下限。这符合考古地层学的基本原理：早期的材料可能出现在晚期，而晚期的材料不可能出现在早期。在这个意义上说，石器作为年代上限标志是可以成立的。按照霍尔莫斯时代的理解，是希望实现石器相当于陶器那样的年代精度。令人遗憾的是，这个目标至今也没有实现。石器的形制远不如陶器的那样规范，所呈现的特征多是由功能需要与原料属性决定的，这就导致石器并不是理想的年代标志材料，如砍砸器、使用石片这样的打制石器的使用时间可以追溯至石器使用的最早阶段，同时，在新石器时代的石器中也还可以见到。当然，石器材料中，少数原料精细、形制规范、材料丰富、研究系统的器物，可以帮助确定年代，如北美的尖状器，从克鲁维斯（Clovis）到福尔索姆（Folsom），年代特征清晰，甚至具有较为明显的地域特征。

理解形制与功能的演化，则意味着从进化论的角度看石器的变化。

的确，石器时代从其开端到终结，石器的形制越来越规整，即可控性越来越高。其中又存在一个明显的时代之分：旧石器时代以不断发展的打制技术来实现可控性，新石器时代以磨制（包括琢制）技术来实现这一目的。这两种技术是完全不同的思路：前者侧重于技术的提高以及原料的挑选；后者是以时间来替换，也就是即便原料不那么理想，打制技术不那么高超，通过足够长时间的琢制与磨制也可以实现目标。新石器时代人们走向定居，对于定居者而言，时间不再像流动采食时代那样敏感。在以打制技术为主导的旧石器时代，形制的控制必须依赖精细的原料，这样的原料质地均匀，各向同性，而且脆性好，容易剥离石片。为了实现更精准的控制，古人不断发展压制、间接打击技术以及预制技术（预制台面、打击点以及石核的整体形状），这样的话，石器制作者在施加力量的时候，就可以精准地确定打击点的位置以及剥离石片的形状与大小。考虑到精细原料的稀缺性以及精准打击技术力量输入的有限性，所以从旧石器时代早期到其晚期，我们可以看到一个趋势，那就是石器的尺寸在减小。与此同时，石器的标准化程度在提高，这也意味着石器的适应面更广。为了提高使用效率，石器逐渐出现安柄使用，石器工具复合化，甚至出现了专门的投射工具，如弓、投射器等。一般地说，这样的趋势是清晰可辨的，但是，具体到不同的地区，则存在较大的变化，这样的趋势并不是在每个地区都可以看到，形制变化也不尽相同。

解释石器形制与功能的演化，不仅可以从进化论的角度考虑，也可以从生态学的角度考虑，即石器的形制与功能反映的是不同的生态适应。

当资源由集中丰富变为稀疏贫乏的时候，人类就必定需要想办法解决问题，解决问题的思路不外乎提高流动性，寻找更多食物；如果不能提高流动性，那就要想办法去广谱与强化利用，获取更多类型的食物资源，以及把不那么容易食用的食物（如橡子）加工成可以食用的食物。对于石器生产来说，这意味着两种不同的生产思路。同一个群体可能同时运用两种策略，从而导致同一石器组合中出现形制与功能非常多样的产品。解释石器的形制与功能，还可以从社会关系与能动性的角度考虑，比如威望技术，古人通过石器来强化自身的社会身份或者巩固某些社会关系。进化与生态都属于功能主义的视角，于这两种视角而言，石器形制是为了实现明确的功能；而于能动性与社会关系的视角而言，石器是表达性的，与实际功能关系反而不密切。

理解石器的生产与使用过程一直是石器研究的重点内容，也是取得成绩最大的方面。石器生产是一个物理过程，以一定的方式给石料施加一定的载荷，就可能剥离石片。这个过程具有良好的古今一致性，这就让我们能够采用实验考古的手段再现石器的生产过程。民族志材料也能提供一定的参考，基本不需要考虑跨文化的背景差异。目前石器生产的技术方式与流程是较为清楚的，尽管有一些争议，但通过结合考古材料与实验研究，能够得出较为明确的结论。但在石器使用方面，由于不同的活动可能产生类似的痕迹以及在石器功能判断上存在困难，有关石器功能的判断还有较大的模糊空间。石器功能判断常用微痕分析的方法，学界关于高倍法与低倍法的优劣曾经争论不休，高倍法在判断石器所加工的材料性质上更胜一筹，低倍法则更擅长于判断石器的使用方式。确定石器的生产与使用过程有助于了解遗址的功能，从而能够更进一步地判断当时的文化适应方式以及程度。这里还需要结合民族考古的研究，如宾福德基于因纽特人的研究建立起狩猎采集者的聚落体系，不同功能的活动地点可能留下不同类型的石器组合。通过石器拼合、功能观察以及其他研究手段，可以识别不同遗址的功能。如果能够综合更多的材料，如动物考古的材料，就可能实现更深入地了解古人的文化适应的目的。还需要注意的是，石器的生产存在权宜性与目的性，两者之间还有重叠的空间；使用过程存在更多的变化，在器物的生命史过程中，功能可能不断发生改变。再者，旧石器时代考古调查与发掘通常获取的是活动累积材料的抽样，这些材料还经过了人为与自然的改造过程。因此，石器的生产与使用过程仍然充满了复杂性。

20世纪的旧石器时代考古学家向着三大目标前进，这三大目标是密切相关的，它们合在一起就是要探索一定时空范围内石器所反映的人类行为，以及这些行为在人类演化史上的意义。这个目标至今也没有改变，如果一定要说有所改变的话，那就是20世纪的旧石器时代考古学家日益认识到，石器是一个充满丰富变化的研究对象，它还有许多潜力没有被研究者认识到。

2. 20世纪石器考古的三种里程碑意义的研究方法

20世纪的石器考古取得了很大的进步，其进步可以分为宏观与微观两个层次。宏观层次的石器考古主要指理论研究，尤其是立足于民族考古（或者更广泛地说是人类学）的理论研究，这个方面宾福德是典范。只是这个方面的研究并不限于指导石器研究，所以在石器考古研究中很少被单独提出来，但实际上的作用是十分重要的。这一点在中国旧石器时代考古研究中尤为明显，因为当所有的技术方法与材料都已经具备的时候，我们发现中西旧石器时代考古的主要差距就体现在理论层面上。这里侧重于讨论的是微观层面，即以石器本身为中心，包括三种具有里程碑意义的研究方法。

第一，博尔德与克拉布特里等开创的石器复制实验，训练了一代考古学家，建立了石器考古的一种基本方法。石器复制实验从最初的了解石器生产技术模式发展到打片顺序分析，结合石制品的拼合分析石器生产过程，更进一步建立石器生产的操作链，代表不同群体的认知模式与习惯。如前文所提及的，石器生产具有较好的古今一致性，适合采用复制实验的研究方法。就我个人的研究体验而言，石器实验是研究石器不可或缺的重要手段，从考古调查、发掘阶段就应该同步进行，实验室分析阶段更是不能离开（只是这里所谓的"实验室"更可能是野外），在结论的检验上还需要实验。不同地区石料的性质存在差别，由此产生的石制品特征也可能有所不同，率先主动开展石器实验可以帮助我们更有效地识别石制品的人工属性，减少模棱两可的判断，尤其有意义的是，可以帮助我们发现与石器研究相关的问题。石器实验还可以帮助我们去解决问题，此时的实验仍然应该到遗址附近做，利用当地的原料，最大程度上保持古今一致性。

第二，石器的微痕分析。微痕分析方法始于20世纪30年代苏联考古学家谢苗诺夫，他的著作在20世纪60年代被译成英文，一时间成为引用率超高的考古文献[①]。微痕分析在20世纪70年代末成为热点，随后产生了一系列研究[②]，90年代后进入低潮。微痕分析有高倍（可以达到500倍）法与低倍（100倍以下）法，差别就在于显微镜放大的倍率。高倍法的代表是劳伦斯·H.克利（Lawrence H. Keeley）[③]，低倍法的代表是乔治·H.奥代尔（George H. Odell）[④]，当时，还有一位重要的考古学家是约翰·坎明加（Johan Kamminga）[⑤]，他观察的对象是澳洲土著的石器，并把微痕观察的结果与民族志材料对比。类似的研究者还有海登（Hayden），他研究美洲土著的石器[⑥]。1978年召开了第一次石器使用痕迹分析大会，把微痕分析的方法推向了一个前所未有的高潮，同时也把微痕分析方法的内部争议公开化，学界逐渐意识到两种方法各有优劣。高倍法的优势是判断石器所加工材料的性质，低倍法的优势是

---

① S. A. Semenov, *Prehistoric Technology*, translated by M. W. Thompson（Barth: Adams and Dart, 1964）.

② W. Andrefsky, *Lithics: Macroscopic Approaches to Analysis*, 2nd edition, p.6.

③ L. H. Keeley, *Experimental Determination of Stone Tool Uses: A Microwear Analysis*（Chicago: University of Chicago Press, 1980）.

④ G. H. Odell, "The Application of Micro-wear Analysis to the Lithic Component of an Entire Prehistoric Settlement: Methods, Problems, and Functional Reconstructions"（PhD diss., Harvard University, 1977）.

⑤ J. Kamminga, "Journey into the Microcosms: A Functional Analysis of Certain Austiralian Prehistoric Stone Tools"（PhD diss., University of Sydney, 1978）.

⑥ B. Hayden（ed.）, *Lithic UsewearAnalysis*（New York: Academic Press, 1979）.

判断活动类型与所加工材料的软硬程度。从目前的技术方法发展来看，关于高倍法与低倍法的争论已经不再重要，因为新型的超景深显微系统已经能够把两者的优势整合起来。微痕分析判断使用动作与所加工材料，最终的目的就是判断石器的功能。

早期石器考古研究者假定形态与功能有对应关系，命名了诸如刮削器、尖状器等石器，谢苗诺夫注意到形态与功能不能简单地对应，必须结合使用痕迹观察的结果才能得出更准确的判断；他从对金属工具的使用痕迹的观察中得到启发，了解到不同的使用方式可能产生不同的使用痕迹[1]。有意思的是，谢苗诺夫的研究比欧美考古学的相关研究早了许多年，其中的原因可能是苏联考古学采用马克思主义，而马克思主义本身就包含功能主义的系统观，特别强调经济基础（生计方式）的研究。这也是考古学理论引领方法发展的一个典型案例。随着新技术的发展，微痕分析研究的对象从使用痕迹容易观察的石器材料扩展到诸如石英岩这种常用但是使用痕迹不容易观察的材料[2]，研究的问题从以生计方式为主扩展到诸如礼仪的研究，这一点在玛雅的石器研究中表现得尤为明显[3]。

---

[1] S. A. Semenov, *Prehistoric Technology*, translated by M. W. Thompson.
[2] C. Lemorini, et al., "Old Stones' Song: Usewear Experiments and Analysis of the Oldowan Quartz and Quartzite Assemblage from Kanjera South (Kenya)," *Journal of Human Evolution* 72 (2014): 10-25; H. Chen, et al., "An Experimental Case of Bone-working Usewear on Quartzite Artifacts," *Quaternary International* 43 (2015): 129-137.
[3] A. K. Sievert, *Maya Ceremonial Specialization: Lithic Tools from the Sacred Cenote at Chicken Itza*, *Yucatan* (Madison: Prehistory Press, 1992).

20世纪80年代微痕分析方法进入中国，断续有一些尝试[①]，随着2004年奥代尔到中国讲学逐渐发展起来，如高星团队展开了一系列实验研究，试图建立相关的参考标准[②]，如王小庆[③]、陈虹[④]、崔天兴[⑤]等研究者开展了一系列与考古材料分析相结合的微痕研究，国内一些研究机构和高校，如中国社会科学院考古研究所、浙江大学、郑州大学、河北师范大学等，也建立了微痕分析的考古实验室，逐渐形成了专门的研究队伍。需要指出的是，使用痕迹并不只有微痕，不少石器工具上有肉眼可见的使用与修理疤痕，器物形态本身也反映了石器的功能范围。大痕迹观察应该先于微痕分析，而且微痕分析的判断不能超越大痕迹观察明确的范围，微痕分析是进一步的深化而非颠覆基于大痕迹观察的初步判断。随着微痕分析的流行，人们反而遗忘了那些明显可见的痕迹，这是舍本逐末的事情。还特别需要注意的是，在石器生命史上，一器多用是常态，倒是一件器物只有单一的功能比较罕见。微痕分析需要结合实验考古与对考古标本的观察才可能得出功能判断，要进一步了解石器的意义，还需要关联更广泛的相关信息网络，否则，仅仅依靠微痕分析是不足以充分了解石器的。

---

① 侯亚梅：《石制品微磨痕分析的实验性研究》，《人类学学报》1992年第3期；夏竟峰：《燧石刮削器的微痕观察》，《中国历史博物馆馆刊》1995年第1期；顾玉才：《海城仙人洞遗址出土钻器的实验研究》，《人类学学报》1995年第3期。
② 高星、沈辰主编《石器微痕分析的考古学实验研究》，科学出版社，2008。
③ 王小庆编著：《石器使用痕迹：显微观察的研究》，文物出版社，2008。
④ 陈虹编《华北细石叶工艺的文化适应研究》，浙江大学出版社，2011；陈虹：《鉴微寻踪：旧石器时代石英岩石制品的微痕与功能研究》，浙江大学出版社，2020。
⑤ 崔天兴：《东胡林石制品研究》，博士学位论文，北京大学，2010。

第三，弗里森（Frison）的动态类型学思想[1]。考古类型学是考古学的基础理论之一，是考古学研究的出发点，但是有关类型是否真的存在则是一个热议的问题。斯波尔丁认为类型是客观的存在；与之针锋相对的是，福特认为类型是考古学家为了研究而做的主观划分[2]。弗里森提出石器形制在有限的使用寿命内实际是变化的，打破了类型固定的认识。由此，同一件器物在不同的阶段会有不同的类型名称，动态类型学更进一步拓展为工具寿命史的研究，把石器类型变化与人类行为背景如流动性、生计形态等结合起来。动态类型学的经典案例是北美尖状器的形态变化，从用于投射的尖状器变为刮削器，再变为石钻。国内学者如盖培较早介绍了动态类型学的思想，并将其应用于虎头梁细石核的分析中[3]。细石核的原初毛坯是两面器，两面器本身就是多用途的工具，以两面器为毛坯剥离细石叶，它就变身为细石核。随着细石叶的不断剥离，细石核的形态也在不断发生改变，部分细石核变身为端刮器，如下川遗址的部分材料[4]。类似的例子还有石球（参见第八章），其初始状态是多面石核，经过一段时间的使用或修理后，变身为球状体，再经过琢制成为形体浑圆的石球（stone ball）。新石器时代磨制石器有固定的形制，但器物在有所损坏的时候也会发生类型上的改变，比如有些遗址中出土的斧

---

[1] G. C. Frison, "A Functional Analysis of Certain Chipped Stone Tools," *American Antiquity* 33（1968）: 149-155.

[2] J. A. Ford, Comment on "Statistical Techniques for the Discovery of Artifact Types" by A. C. Spaulding, *American Antiquity* 19（1954）: 390-391.

[3] 盖培：《阳原石核的动态类型学研究及其工艺思想分析》，《人类学学报》1984年第3期。

[4] 王建、王向前、陈哲英：《下川文化——山西下川遗址调查报告》，《考古学报》1978年第3期。

形器，原来就是石斧，刃部损坏后变身为琢制石器的工具。内蒙古通辽哈民忙哈遗址出土的磨制石斧、石锛被损坏后，则被截成数段，变身为敲砸器，器物表面仍然保存有磨制抛光的痕迹（参见第十七章）。

3. 当代旧石器时代考古发展的三大流派

旧石器时代考古作为一个独立的考古学分支领域，主要源自19世纪的英国与法国，经过100多年的发展，当代旧石器时代考古形成了不同的地方流派，各自有其理论、方法与问题研究上的特色。按照布雷德（Bleed）2001年的划分，其中特色较为鲜明且较有影响力的有三个流派，分别是法国、美国与日本的旧石器时代考古。就影响力而言，欧洲大陆偏向法国，英国、澳大利亚、加拿大偏向美国。中国旧石器时代考古受到法国旧石器时代考古的影响，但改革开放后，受到美国、日本的影响更大。

法国旧石器时代考古属于技术类型流派，进一步区分为类型与技术两个分支。类型方面大师级的人物有博尔德、蒂克西埃；技术方面大师级的人物有莫斯（Mauss）、洛内-古朗（Lori-Gourhan）。我们了解的如阿布维利、阿舍利、莫斯特、勒瓦娄哇等来自法国旧石器时代考古的概念，已经成为旧石器时代考古学界大家耳熟能详的术语，类似的还有康贝瓦技术、魁纳型刮削器等新潮名词。作为旧石器时代考古理论方法的开创之地，法国旧石器时代考古塑造了旧石器时代考古的基本方法论框架。随着旧石器时代考古在全球的发展，尤其是以美国为首的新流派的崛起，法国旧石器时代考古似乎显得有些保守。但是法国旧石器时代考古以石器的技术类型学为基础，融入结构主义的思绪，产生了操作链的方法。其中博尔德与蒂克西埃的石器复制工作、法国人类学家莫斯与勒内－高尔汉（Leroi-Gourhan）的理论工作发挥了重要作用。从一般意义上说，操作链研究石器的生产、使用、修理、废弃过程。操作链的方法并不限于石器，它超越描述类型学，把认知结构引入其中，深入到精神领域。操作链的方法属于目的论模型，即认为人们的行动存在既定的模型。相比而言，美国旧石器时代考古属于进化论模型，强调技术行动的多样性（文化生态），行动是情境性的，基于当时的需要。总体而言，法国旧石器时代考古十分强调对石器的细致观察与实验研究，除了传统的技术类型研究之外，已经深入到人的认知领域。在这个方面，法国有强大的结构、符号、象征的研究传统，为旧石器时代考古研究奠定了哲学基础。

　　美国旧石器时代考古属于生态－功能流派。从霍尔莫斯开始，美国旧石器时代考古确定的目标中就相对侧重于对功能的研究；其后，克拉布特里的动态复制实验着重探索石器的生产过程。不过，美国旧石器时代考古更多受到了新考古学的影响，文化生态、文化适应、文化过程等理念贯穿于其中。美国考古学本身就有非常强的人类学传统，非常重视狩猎采集者研究，新考古学的主要思想也是来自这里；在石器分析上形成了关注经济生活（生计方式）的传统，沿着这个思路进一步发展了行为与进化生态研究。新考古学的口号是"更科学，更人类学"。其实法国旧石器时代考古也受到了人类学的强烈影响，结构主义大师列维-斯特劳斯（Levi-Strauss）就是从人类学研究中形成了他的思想。不过，同一时期美国人类学形成了新进化论，以朱利安·斯图尔特（Julian Steward）与莱斯利·怀特（Leslie White）为代表，高度强调生态条件的影响，注意到文化是对生态条件的适应，同时文化也是在不断进化的。在生态-功能思想的指引下，美国旧石器时代考古特别关注石器与生态环境条件之间的联系，比如比较有机工具、石质工具与复合工具在应对任务上的优劣，进而解释工具细小化的起源（参见第十二章）。生态-功能研究的目的是探索文化适应机制以及演化的规律，即在用文化适应来解释多样性的同时寻求统一性理论。

为了实现这一目的，就需要用到新考古学主张的前半句，要更科学地展开研究。美国学术研究中本来就有非常强的科学主义的氛围，所有的问题似乎都是可以通过科学手段加以解决的。由此，美国旧石器时代考古注重技术，普遍运用计算机模拟、量化研究等方法来处理石器材料，同时，也注意采用多学科的方法，如发展微痕分析与残留物分析，研究石器的功能。美国考古学在石器研究上同样发展了类似于操作链的方法，甚至时代更早，称为"打片序列"[1]。谢弗在行为考古的理论框架中提出了"行为链"概念[2]。不论是打片序列还是行为链，尽管表面上

---

[1] M. J. Shott, "Chaîne Opératoire and Reduction Sequence," *Lithic Technology* 28（2003）: 95-105.

[2] M. B. Schiffer, "Behavioral Chain Analysis: Activities, Organization, and the Use of Space," *Fieldiana: Anthropology* 65（1975）: 103-195.

与操作链并没有什么太大的区别，但在思想根源上实际相差甚远，这种差别都要追溯到不同的人类学思想基础。美国旧石器时代考古有一个非常有利的条件，那就是印第安土著保存了许多关于石器使用的民族志材料，为石器研究提供了良好的参考资源。部分石器研究可以采用直接历史的方法，把石器遗存与民族志研究联系起来。

比较法国旧石器时代考古与美国旧石器时代考古，不难发现法国旧石器时代考古是目的论式的，它认为器物的生产是追随"头脑模板"而产生的，石器生产是认知的、连续的过程，这种认识更像是主位的（emic）；而美国旧石器时代考古强调石器是对情形的反映，是进化论式的。前者强调结果，是线性的；后者强调情境，石器是解决问题的工具，工具的制作与使用是一个可以分为不同步骤的过程，其视角是客位的（etic）。两个理论流派各有所长：目的论模型强调行动的系统安排，有助于揭示认知规则、行动习惯及其他行为变量，如社会的能动性；进化论模型强调技术行动的多样性，假定考古材料中记录了古人的行为模式，通过石器研究可以认识到不同的行为模式。

日本旧石器时代考古注重区分技法，建立石器过程模型，尤其是在细石叶技术的区分上，区分出了涌别技法、忍路子技法、间越技法、幌加技法、西海技法、峠下技法等。这些技法纯粹是描述性的，很少注意时间上的变化，通常将其视为平行的。日本旧石器时代考古基本上是没有理论的（theory-free），或者说，日本旧石器时代考古遵循的是文化历史考古范式，以技术类型学为核心，其理论基础是把石器技术特征看作划分不同人群的标准。日本旧石器时代考古之所以能够称为一个独立的流派，主要原因是其基础工作非常细致，这不仅表现在发掘上，还表现在石器材料的描述整理上，如日本石器的绘图自成体系，在学习西方考古学石器考古绘图的基础上进行了取舍，形成了一种以线描为特色的绘图方法。日本列岛有人类居住的历史比较短，大约3万年，其旧石器时代考古资料以细石叶技术为主，日本旧石器时代考古对细石叶技术的细致分析也有值得学习的地方。简言之，与具有理论深度的法国旧石器时代考古、美国旧石器时代考古相比，日本旧石器时代考古是以技术见长的。

四、中国旧石器时代考古发展的基本历程

古代中国跟世界上的其他地方一样，以神话的方式解释人类的由来。文化繁荣的宋代有沈括这样的有初步科学精神的士大夫，但经过观察，他也把石器与雷电现象联系在一起。这样的石器还是形制规范的磨制石器，至于打制石器还没有人能够识别。明清两代相关的认识没有什么进展，此时西方经过文艺复兴、宗教革命、科学革命等一系列变革，尤其是在工业革命后，兴修铁路、开发矿山，如此等等的大规模建设深入到旧石器时代的地层以及洞穴堆积，由此不断遇到石器、古动物化石以及人类骨骼化石遗存，旧石器时代考古逐步形成。然后，随着西方的殖民扩张，相关知识扩散到中国。

中国旧石器时代考古发展时间不长，存在明显的三个时期：1949年之前的滥觞期、20世纪50年代到20世纪80年代中期的初步发展期，

以及 20 世纪 80 年代中期以来的继续发展期。由于时代背景、社会思潮等方面的因素差别显著，所以三个时期的面貌各不相同，特色鲜明。

1. 滥觞期（1949 年之前）

2021 年是中国现代考古学建立 100 周年的纪念年份，设定这个年份的标准就是田野考古工作，尤其是发掘的开始，因为在 1900 年前后已有甲骨文、敦煌古卷、汉代简牍的发现。中国自身的金石学传统历史悠久，清朝时已经达到前所未有的高峰。但是所有这些都还算不上考古学。按中国考古学的标准，考古学需要通过科学发掘的手段去获取材料并研究材料，因此，把 1921 年当作中国考古学开始的年份。这一年瑞典人 J. G. 安特生（J. G. Andersson）发掘了河南渑池仰韶村新石器时代遗址，巧合的是，也是在这一年前后，中国旧石器时代考古工作开始。

1920 年，法国神父桑志华（Emile Licent）到甘肃庆阳刘家岔和辛家沟调查，发现一件石核、两件石片，为中国第一批有记录的旧石器发现。从 1921 年到 1925 年，美国自然历史博物馆中亚探险家、古生物学家葛兰阶（Walter Granger）在重庆万县盐井沟收购化石，从中采集到一些所谓的"石器"，不过没有层位记录，不知是否为真石器。1921 年，瑞典地质与考古学家 J. G. 安特生与奥地利古生物学家师丹斯基（Otto Zdansky）到周口店调查，根据当地人提供的线索发现周口店第一地点。1922 年，法国国立博物馆古生物学家德日进（Pierre Teilhard de Chardin）和桑志华到鄂尔多斯一带调查，在宁夏灵武水洞沟发现一处内容丰富的旧石器时代遗址，随后发掘了萨拉乌苏遗址，发现大量哺乳动物化石、石器以及一颗人类幼儿左上外侧门齿，后经步达生研究，命名为"河套人"。

1949年之前，中国旧石器时代考古的主要工作集中在周口店遗址，经过前期的多次调查与化石采集，1926年从采集的化石中识别出人牙化石。1927年，中国地质调查所和北京协和医学院达成协议，发掘周口店遗址。1929年12月2日，发现第一个北京猿人头盖骨；1936年11月，又连续发现3个人类头盖骨，同时发现了大量石器与动物化石。早期的发掘工作，可能过度关注寻找人类化石，没有注意到石英石器的存在，这些石器都被当作无用的废弃物倒掉了。1930年前后，学界开始认识到石英可能系人工制品并加以采集。周口店遗址脉石英原料加工后会产生大量碎片，并不都有人工痕迹，而且脉石英质地坚硬，短时间使用不容易留下肉眼可见的使用痕迹，这也是周口店遗址石器发现相对较晚的重要原因。1932年开始分方分层发掘，按照平剖面绘图、照相、记录，这样的发掘方式更接近现代考古学的发掘，而不同于以寻找化石为目的的古生物发掘。周口店遗址的发掘工作一开始都是由西方学者主导的，其后逐渐转为由留学回国的杨钟健、裴文中负责。发掘经费主要由洛克菲勒基金会资助，按照双方的合作协议，研究成果需要在《中国古生物志》上发表，不过是以英语发表的；为了让国内读者了解周口店遗址的发掘工作，后来裴文中撰写了相关中文文章。1937年抗日战争全面爆发后，周口店遗址的发掘工作停止，留守工人遭到日军的屠杀，寄放在北京协和医学院的人类化石材料遗失，成了世纪之谜，先后有文学作品与电影描述过这段历史。

1949年之前，中国旧石器时代考古工作由西方学者主导，中方在此过程中训练了第一批旧石器时代考古学家。受创建者效应的影响，中国旧石器时代考古的基本理论方法主要来自法国；与此同时，旧石器时代考古主要在地质学、医学的范畴内开展，侧重于研究人类进化，尤其是人类的起源地问题，北京猿人的主要研究者步达生就相信人类起源于亚洲，周口店遗址人类化石的发现为他的观点提供了重要证据。

2. 初步发展期（20世纪50年代—20世纪80年代中期）

1949年，新中国成立，文化与科学研究机构也相继成立、改组，在中国地质调查所新生代研究室的基础上成立了中国科学院古脊椎动物研究所，负责中国旧石器时代考古的研究工作。各个地方也成立了文物管理与考古机构，有部分人员从事旧石器时代考古的工作，山西是中国旧石器时代考古的重要代表。与此同时，考古教育与培训开始培养文物考古专业人员，1950年开始的三期培训班，就培养了340余人。北京大学开始有了考古专业教育，后来从事旧石器时代考古研究的吕遵谔先生是第一届毕业生，这个阶段还培养了张森水、李炎贤、卫奇、黄慰文等旧石器时代考古研究者，他们属于第二代研究者。第一代研究者只有裴文中、贾兰坡两位先生，他们建立了中国旧石器时代考古的基础，确立了基本规范。第二代研究者建立了规范的石器技术类型学，并开始进行量化描述与实验考古工作，围绕台面的划分还曾发生过激烈的学术争论。

这个阶段的主要收获还在于研究材料的发现，旧石器时代考古工作从水洞沟、周口店等极为有限的地点扩散开来，在山西、陕西、云南、贵州等地都找到了旧石器时代的遗存。

为什么把这个时期的结束放在20世纪80年代中期？主要的考虑是成果推出的时间。这个阶段中国旧石器时代考古的发展经历了一些曲折，成果真正推出的时间延迟到20世纪80年代中期，代表性的成果就是《中国猿人石器研究》与《北京猿人遗址综合研究》两部著作①。除此之外，随着考古发现的增加，以及受到新石器时代考古的影响，此时开始采用石器技术类型特征来建立中国旧石器时代的时空框架。1972年，贾兰坡等在《山西峙峪旧石器时代遗址发掘报告》中提出，华北地区石器工业至少存在"两大传统"：一是以大石片砍砸器、三棱大尖状器为特征的"匼河-丁村系"或"大石片-三棱大尖状器传统"；另一个是以不规则小石片制造的各种刮削器、雕刻器为特征的"周口店第1地点-峙峪系"或"船头状刮削器-雕刻器传统"②。以技术类型分析为基础，进一步提出峙峪石器技术是走向典型细石器技术的重要环节③。南方地区旧石器时代长期以砍砸器传统为代表④，直到旧石器时代晚期才发生

---

① 裴文中、张森水：《中国猿人石器研究》，科学出版社，1985；吴汝康、任美锷、朱显谟等：《北京猿人遗址综合研究》，科学出版社，1985。

② 贾兰坡、盖培、尤玉桂：《山西峙峪旧石器时代遗址发掘报告》，《考古学报》1972年第1期。

③ 贾兰坡：《中国细石器的特征和它的传统、起源与分布》，《古脊椎动物与古人类》1978年第2期。

④ 房迎三：《试论我国旧石器文化中的砍砸器传统》，《东南文化》1990年增刊；王幼平：《更新世环境与中国南方旧石器文化发展》，北京大学出版社，1997。

较为显著的变化，出现小型石片石器。有关中国旧石器时代的面貌，张森水的《中国旧石器文化》进行了系统的概括①。这个时期的研究者看待石器材料类似于新石器时代考古学家看待陶器，认为石器有确定的类型与形制，并假定它们可以代表稳定的文化传统，就像历史时期的文化一样，所以有"旧石器时代文化""细石器文化"等概念，而很少注意到石器是对当地文化生态条件的适应。

3. 继续发展期（20 世纪 80 年代中期以来）

过去三十多年，是中国旧石器时代考古发展的黄金时期，得益于学科外部环境的稳定与繁荣，还有对外开放带来的国际学术交流。特别是最近十多年来，国际学术交流达到前所未有的高峰。在旧石器时代考古领域，突出的变化首先是发掘技术的改变，20 世纪 90 年代通过中美泥河湾合作项目，旧石器时代考古的小探方、按水平层的发掘方法开始得到应用。当然，这里也有一个有利条件，即泥河湾盆地的地层属于湖相堆积，地层本来就趋于水平分布。1 米 ×1 米的小探方配合 5～10 厘米的水平层能够更好地控制出土器物的空间位置。不过，其中更重要的还是三维记录法，每一件出土物都有准确的三维坐标（通过全站仪或者平板仪测量）。这样的话，即便地层有些倾斜，一旦把器物的三维坐标输入电脑，就很容易发现文化层是如何分布的。所以，从这个角度说，小探方、按水平层发掘的基础实际是测量与统计设备的现代化。有了新的

---

① 张森水：《中国旧石器文化》，天津科学技术出版社，1987。

发掘方法，也就有了更高精度的发掘材料，出土物的收集不再限于石器工具，而是包括各种大小与形状的废片。在此基础上可以展开器物的拼合研究。泥河湾盆地岑家湾遗址发掘中率先采用该方法，获得了令人欣喜的结果，最多时 30 多件石制品可以拼合起来，清晰地显示了石器的生产过程，较之从前的推测要准确得多。

旧石器时代考古在考古学三大分支中国际化程度最高，这个领域也成为中国考古学率先引入西方考古学理论方法的领域，这也使得中国旧石器时代考古率先出现功能化，即从文化适应的角度看待器物。在方法层面，一个突出的进展就是微痕分析方法的应用。微痕分析的基本目的就是了解石器的功能，通过了解石器的功能进一步了解遗址的功能，进而把握古人的文化适应方式。旧石器时代考古在中国考古学的学科体系中属于自然科学的范畴，这就为它采用多学科的方法创造了更加有利的条件。在这个阶段，多学科合作从 20 世纪 80 年代不同学科的简单相加到融合发展，标志就是出现了动物考古、植物考古、地质考古等交叉学科，而不再是古动物、古植物、地质现象的研究。多学科的深度融合让旧石器时代考古可以深入地探讨诸如文化适应变迁这样的问题。伴随着多学科合作的还有量化分析，石器材料，尤其是废片，非常适合采用量化分析方法，计算机软件的发展也使得量化分析简便易行。针对石器工具、石核，则出现了更加精细的分析，通过确定石片剥离的顺序、方向，进而建立石器加工的模式，探讨古人的认知习惯[①]。

[①] 李英华：《旧石器技术：理论与实践》，社会科学文献出版社，2017。

过去三十多年来，中国旧石器时代考古研究已经形成了较为成熟的工作模式，以一个重要遗址为中心，如周口店、水洞沟、金牛山，或者以一个区域为中心，如泥河湾盆地、洛南盆地、百色盆地，持续进行工作，采用多学科合作以及国际合作研究，一方面形成具有影响力的研究成果；另一方面把遗址保护与开发结合起来，形成从工作站，到博物馆，再到遗址公园或研究中心的发展模式。当然，并不是所有遗址或区域都有这样的条件，其中比较成功的是周口店、水洞沟与泥河湾。这种模式并非只有中国采用，而是国际较为通行的做法，如肯尼亚的奥杜威峡谷（Oldowan Gorge）、西班牙的阿塔普尔卡（Atapuerca）、韩国的垂杨介、俄罗斯的丹尼索瓦洞（Denisova Cave）。通过这种具有吸引力的长期发展项目，旧石器时代考古正在成为考古学研究国际化的典范。

五、当前旧石器时代考古的问题

旧石器时代考古要解决什么问题？能够解决什么问题？随着旧石器时代考古学科体系的变化，这些问题也在不断改变。在旧石器时代考古形成阶段，中心问题是人类的古老性，其中的直接证据是人类化石，而非石器。而要证明人类的古老性，也不可能通过石器，而要通过已经灭绝的动物化石来解决。因此，早期旧石器时代考古的中心问题是通过地质学来解决的，包括鉴定古生物、识别地层成因与序列；推而广之，还包括地球的形成、地形的改造，等等。除此之外，另一个具有决定性的影响来自生物进化论，旧石器时代考古的诞生与之同时，某种意义上说，人类的古老性问题就是，是否承认人类由进化而来。石器作为人类的古老性的间接证据，能够识别其人工属性就是重要的进展。也正因为如此，早期旧石器时代考古学密切关联的学科主要是古人类学、古生物学（尤其是古脊椎动物学）、地质学（尤其是第四纪地质学）。按裴文中的说法，它们与旧石器时代考古构成四条一起走路的腿。这里旧石器时代考古还很难有什么独立性，能够解决的问题也十分有限，尽管后来石器的技术类型学发展起来，取代古生物化石作为年代的标志。

旧石器时代考古作为一个独立分支领域的崛起与其功能－过程化相关，即在进化、生态与认知等新的理论方法框架中来看石器，其中进化论可能早已有之，但是此时所考虑的进化不仅指人类体质的进化，而且指人类文化、行为等方面的进化。与此同时，如民族考古、实验考古等中程理论方法发展起来，为旧石器时代考古的推理提供了可以参考的框架。多学科合作晋升为形成若干交叉学科，成为支撑旧石器时代考古的重要力量。一个突出的领域就是古 DNA 研究，这是近 30 年来给旧石器时代考古带来巨大挑战的研究领域。1987 年，基于古 DNA 研究，"夏娃假说"开始流行，提出现代人类都来自非洲，晚更新世扩散到全世界并取代了各地的土著人群，这个过程中没有混血。这个极端的理论与旧石器时代考古研究所看到的文化连续性完全不相容。2010 年，古 DNA 研究显示尼安德特人（简称尼人）曾经与现代人有混血[1]，后来更进一步

---

① D. Reich, et al., "Genetic History of an Archaic Hominin Group from Denisova Cave in Siberia," *Nature* 468（2010）：1053-1060.

扩充到丹尼索瓦人,但他们对现代人的基因贡献十分有限。古 DNA 研究的证据与旧石器时代考古研究存在显著的矛盾,如中国南方的石器工业面貌从旧石器时代早期到其晚期乃至到新石器时代早期,都是一脉相承的,砍砸器始终是石器组合中的重要组成部分。石器与人群之间明显不能对应,这也反过来正好说明技术类型学的方法(把石器的技术类型与特定人群对应起来)是有问题的,石器的面貌更多与当地的文化生态条件相关,从这里似乎可以看出,功能-过程考古的研究思路更符合石器演化的实际状况。

虽然古 DNA 研究揭示出人群与石器的技术类型之间可能并没有必然的联系,但是石器的技术类型学已经有 100 多年的历史,是旧石器时代考古的基本立足点。如果石器的技术类型与人群毫无关系,那么旧石器时代考古的许多结论都需要改写,通过石器来了解人群之间的文化交流就不能成立。目前旧石器时代考古遇到的困难与 100 多年前有几分相似,古 DNA 研究不断提出人类演化的新方案,深刻改变了我们对人类演化史的认识。相对而言,旧石器时代考古鲜有新的贡献,尽管每年都有不少新的材料发现与发表。这让我们不由得提出疑问:花费大量的资金调查与发掘这些材料的意义何在?旧石器时代考古似乎到了范式革命的时候。问题的关键在于技术类型与人群并不是完全没有联系,如在北美西北部细石叶技术与族群之间有较为清楚的联系[1],但是这种联系并不

---

① 罗伯特·G. 埃尔斯顿:《小工具 大思考:全球细石器化的研究》,史蒂文·L. 库恩主编,陈胜前译。

能推广到其他地区。正是这种若有若无的联系使莫斯特难题（石器组合的真正意义）难以找到彻底的解决方案。

莫斯特难题背后还有一些难题。石器类型是动态的，还存在主观的划分，这种划分往往在形制区分的基础上混合着功能的假定，如刮削器；甚至整个石器分类体系都是如此，如尖状器是纯粹的形态划分。假定的功能毕竟不能代表石器真正的功能，所以石器分类的名称与最终的实际功能并不对应。动态类型表明器物在使用过程中形态会不断改变，实际上，石器在其使用过程中，功能也可能不断改变，一器多用是非常普遍的现象，这就导致石器的功能也是动态的。动态的类型、动态的功能，最终意味着旧石器时代的文化也是动态的。当然，动态与静态本身是辩证的关系，动态中也会有稳定的一面。具体到旧石器时代的石器特征，由于古人以狩猎采集为生，居住方式流动不定，在不同的地方所要处理的资源很可能不一样（自然资源本来就很少是均匀分布的），需要用到不同的石器或者让石器发挥不同的作用。石器就是这种充满动态的生活的产物，也正因为如此，以石器为代表的旧石器时代的文化也是以动态为特征的。在这样的动态背景下，以静态的方式来研究石器，假定一定形态的石器组合对应一定的人群，或者一定形态的石器组合对应一定的活动，可能都是有问题的。然而，旧石器时代考古学家面对的就是静态的石器材料，虽然它们是动态生活的遗留，对于我们来说，一大挑战就是要从这些静态的遗留中看到动态的生活。这构成了当代旧石器时代考古的最大挑战。究其根本，还是如何透物见人的问题，让静态的石器"说话"。

第三章 让石器说话何以可能?

过去几年曾经流行过一句话:理想很丰满,现实很骨感。让石头说话,也就是揭示出石器所包含的关于古人的信息。我们知道石器本身的确具有很丰富的属性(参见第一章),不过这些都是理论上的,属于理想,具体如何去做,仍然是一个问题。如何把石器与古人联系起来,也就是如何透物见人的问题,这仍然是相当困难的事情。我们需要以有效的方式运用理论、方法与材料来实现透过石器见古人的目的。这里面至少应该包括以下环节:(1)确定目的,即通过石器想了解什么;(2)从石器到古人,其中存在着怎样的理论联系;(3)材料的发现与整理;(4)我们有什么方法来研究材料;(5)如何有效地把所有这些组织起来,进而实现目标。在这一章,我希望建立一个理论方法框架,作为后续实践研究的基础。一方面回答,我们有哪些重要问题需要解决(考古学理论);另一方面回答,我们运用石器考古能够解决什么问题(方法论)。

一、石器考古的重要问题

任何研究都是有目的的,换句话说,就是有问题需要解决,石器考古也不例外，所以，我们首先需要讨论与石器考古相关的重要问题。究竟是什么决定我们要解决的问题？考虑这个问题需要从两个方面来看：一个是学科的外部关联，另一个是学科的内部关联。考古学研究作为一个时代学术研究的组成部分，与许多因素联系在一起；同时，究竟想研究什么问题，能够研究什么问题，又受制于学科的能力。前者是外部关联，后者是内部关联。外部关联通常包括时代背景、思潮与相关学科的发展，它们构成考古学提问的背景、动力与基础条件。内部关联指考古学理论、方法、材料及其内部存在的矛盾，它们决定考古学研究能够解决什么，不能解决什么。外部关联与内部关联之间又是相互影响的，它们共同决定一个时期石器考古需要面对的问题。

从考古学外部来看，旧石器时代考古形成于19世纪后期，工业革命的成果已经让西方建立全面的优势，并在全世界进行全面的殖民扩张；与此同时，进化论思想已经形成，在此之前更有启蒙主义的进步论，突破了神创论的框架；地质学与生物学尤其是古生物学的进步为旧石器时代考古确定年代提供了基本手段。从考古学内部来看，已有相当多的旧石器时代材料，技术类型学的体系逐步建立起来。那个时代的核心问题就是年代，或者说是发展序列问题（进化还是退化？），旧石器时代考古的诞生满足了时代的需要。外部关联与内部关联相结合的框架有助于考察石器考古学术史，把握石器考古的发展脉络。

从另外一个角度看，当我们谈及问题的时候，通常有两个层次：一个是六个W的问题，即何时（when）、何地（where）、是什么（what）、是谁的（who）、为什么（why）、怎么来的（how）；二是对当前研究的反思与批评，即我们何以知道我们知道，我们的理论方法是否有问题，我们是否忽视了什么，我们的认识是否为某种潜在的或未知的东西所左右，如此等等。从这个角度看，我们会发现研究是在不断深化的，学术发展有其内在的逻辑，考古学研究首先必定要问年代问题，这个问题一直是考古学研究的中心，至今仍是许多问题的关键所在。但是，考古学研究没有止步于这个问题，在大体梳理清楚时空框架后，必然会关注的就是通过石器材料去了解古人，我们从石器中究竟看到古代发生了什么，是什么人，做了什么事，我们想了解古人生活的方方面面，从衣食住行到生产劳动，从社会组织到意识形态。要了解这些内容，就必须依靠考古推理，这里推理的难度是逐渐升高的，知道生产活动的内容相对容易，了解社会组织与意识形态则更加困难，霍克斯（Hawkes）称之为"推理的阶梯"[①]。再下一步，我们就会追问为什么会有这些东西，它们是怎么来的，而讨论这些方面的问题，研究往往已经超越了考古学的范畴。

石器考古的诞生与探索人类的古老性密切相关。世界上许多民族都有创世神话，把人类历史推向非常遥远的过去，但是欧洲有所不同。《圣经》中有详细的记载，17世纪时，细心的枢机主教乌舍尔（Ussher）把上帝创造人的历史定格在公元前4004年10月23日中午。这就与人们对自然现象的观察形成鲜明的反差。工业革命时大兴土木，需要开挖沟

---

① C. Hawkes, "Archaeological Theory and Method: Some Suggestions from the Old World," *American Antiquity* 56（1954）: 155-168.

渠，深厚的地层记录显示出漫长的历史。地质学的进步让人们开始有理由怀疑宗教的记载。旧石器时代考古正是在这样的背景下诞生的，它后来的发展也一直同人类起源与进化的问题联系在一起。石器是人类早期历史最普遍的证据，相比而言，人类化石的发现屈指可数。旧石器－古人类考古是考古学的三大分支之一，这里石器就是人类行为的见证，也是人类进化的标志。我们研究石器，希望通过它来了解人类的进化过程。世界上不同地区、不同时代的石器有所不同，由此我们希望更深入地了解不同地区、不同时代人类的文化适应状况。从古人类学与 DNA 考古中我们知道，人类进化路径存在一些分支，这些人群最终灭绝。为什么会存在这样的分化？假如"走出非洲"假说真的成立的话，解剖学上的现代人取代了各地的土著人种（可能存在有限的混血），我们是否可以从石器文化中找到证据？如此等等的问题都与石器考古密不可分。简言之，人类的起源与进化一直是石器考古的中心问题。

除了人类的起源与进化，考古学中还有几个类似的"终极问题"，包括狩猎采集时代的终结与农业起源、等级与复杂社会的起源、宗教与意识形态的起源。这些问题都同石器考古相关，只是关联程度不如同人类的起源与进化这个大问题那么密切。这些问题不是仅凭石器考古就能解决的，甚至也不是考古学单独能够解决的，但石器考古是其中重要的组成部分，因为在所有考古材料中，石器材料往往是保存得最好的。就以农业起源研究为例，不是每个遗址都能发现动植物遗存，遗址的发现往往都是从石器开始的，对于最早的农业起源阶段的遗址而言尤其如此，那个时候陶器还非常罕见。仅仅依赖对石器的分析，也可以发现农业起源的蛛丝马迹。磨制石器是很好的指标，它代表人们对石器耐用性的追求——除非人们需要长期使用某一功能，否则是不会有这样的追求的。大型的磨制石器并不适合远距离携带。由此，我们可以推断当时人群的流动性下降，他们会在一个地方停留更长的时间；我们还可以推断出，他们要处理资源（不管是砍伐树木、处理食物，抑或其他活动）的时间延长，数量增大。尽管我们还不能说这就是农业，但我们知道这是农业的先声。农业就是在一个有限的地方利用有限的物种并使其数量扩充的活动。石器作为礼仪用品，在等级与复杂社会的起源中也发挥了重要的影响。中国史前时代常用玉石，中国文明发展的早期甚至存在一个"玉石时代"，在后来的历史上，乃至现在，玉仍然是中国文化的重要象征，它影响了中国文化的特性。

上面都是从宏观角度考虑的，从微观角度说，与石器考古相关的主要问题跟考古学"推理的阶梯"或者说"透物见人"的层次相关。具体说来，相关问题通常具有以下五个层次：

第一，分析整理石器材料，了解材料的基本构成。传统的分析框架是考古地层学与石器的技术类型学。首先，按照地层单位进行归类；其次，按照技术类型学进行划分，其中可能还需要按照原料加以区分；最后，弄清楚不同材料之间的关系，了解石器工业的特点。在这个层次上，石器考古的基本问题是年代，这可以通过地层以及绝对年代测年方法来把握。所有相关的研究都是围绕考古材料本身展开的，基本与古人的生活活动无关。

第二，了解石器材料的形成过程。这些材料为什么能够保存下来，又经历了怎样的改造过程？旧石器时代早中期遗址因为年代久远，经历的改造时间更漫长，有些石器曾经长期暴露在地表，经受物理与化学的侵蚀，还受到动物的踩踏，器物形态，尤其是使用刃缘会有很大的变化。这些过程对粗大砾石石器的影响可能较小，但如果是薄锐的石片石器，影响就会非常大。有些遗址的石器还会经历水流的搬运，细小的石制品几乎消失了。还有一些遗址会被反复利用，甚至是晚期的人类再利用（如澳洲土著再利用史前时代的石器）。我们不能假定所有的石制品都经历了同样的改造过程，不同遗址所处的条件不同，经受的自然与人为改造过程是不一样的。如果不进行区分，那么我们得到的材料就可能存在很大的偏差，导致结论完全不可靠。当代考古学中已经有埋藏学、废弃过程研究等分支领域专门讨论这个方面的问题。

第三，追问探讨石器材料与古人活动的关系：当时究竟发生了什么？屠宰？砍伐？处理植物性食物？如此等等。此时，考古学家就像侦探一样，需要结合多方面的信息重建"案发现场"。如果有火塘的话，我们就想知道古人在火塘边究竟做了什么。比如水洞沟遗址第 2 地点曾经发现三个火塘，我们在火塘边发现了非常细小的石片，还有细碎的动物骨骼。参考民族志的线索[①]，我们知道古人可能在火塘边修理工具了，还吃了一些肉。这些肉食骨骼很少，很可能是剩下的，更可能吃的是早

---

① 路易斯·宾福德：《追寻人类的过去：解释考古材料》，陈胜前译，第 142-154 页。

餐。通常一个遗址不会只是一次活动的遗留，而更可能是多次活动的叠加。所以，我们还可能从中看到石器工具的制作活动，还可能看到某次屠宰活动或者其他类型的活动。平面上石器组合可能反映遗址的功能，不同功能的遗址构成一群人的居址体系，代表他们在一个地方的生活内容。不管怎么说，我们想知道所研究的石器材料是由哪些人类活动留下来的。

第四，不满足于仅仅从石器中知道发生了什么，要进一步追问，这些活动意味着什么。当我们这么追问的时候，必定要有一个参照系（还有演化序列），即这些活动在这个参照系中处在什么样的位置。比如说，我们知道旧石器时代人类以狩猎采集为生，通过对石器材料及其他材料的研究，就可以进一步了解古人的文化适应形态：以大动物狩猎为主？开始利用水生资源（如捕猎海豹、利用贝类）？开始利用小种子植物？如此等等。每一种活动都意味着一种特殊的文化适应形态，与之相应，会产生某种聚落形态。大动物狩猎意味着人们的活动范围必定很大；水生资源往往集中在某些地点，利用这类资源的人们的流动性要低得多，甚至可能定居；利用小种子植物是农业起源的前兆，也必定意味着流动性的下降。

除了文化适应形态，我们还希望了解文化的进化，即当前研究的石器材料所代表的文化在人类文化演进中所处的阶段：它是直立人的文化？前智人的文化？还是现代人的文化？与这个阶段相关联的人类认知水平如何？此外，还有社会意义、象征与结构上的意义等方面的问题。

人类学家、民族学家关心的问题大多是与社会相关的,而这恰巧是考古学研究,尤其是旧石器时代考古研究所忽视的。石器所代表的活动有着怎样的社会意义?象征与结构上的意义类似之,我们知道人类的文化,尤其是旧石器时代晚期以来的文化,是充满象征性的。屠宰一头牛可能并不仅仅是为了吃,可能是某个仪式的组成部分。就像河南郑州赵庄遗址在一堆石器上发现一头象的头骨,这些石器都是从数千米之外运来的,有数百千克之重①,它们很可能代表某个仪式。

第五,从石器考古出发,追问人的本质。石器考古深入人类历史的最早阶段,这就让我们有机会思考人的本质问题。不少学者将之归为社会性,即人类的社会认知②;还有人将之归为想象力,或者好奇心,不一而足。对人类石器时代的研究还会促使人思考人的意义:我们会追问人从动物状态发展到现在,人之存在的意义是什么;还会追问人之世界的本来面目,什么是人的世界。这些问题都是一些深入哲学层面的问题。哲学家在讨论这些问题的时候,常常也需要利用石器考古的成果。类似之,追根溯源,我们还可以探索中国文化的根脉,追问中国旧石器时代的发展与后来的历史有着怎样的联系。

这些不同层次的问题,从低到高,逐渐脱离了石器材料,但仍然与石器研究相关。在考古学研究中,一个好的问题甚至比好的回答还要重

---

① 郑州市文物考古研究院、北京大学考古文博学院:《新郑赵庄:旧石器时代遗址发掘报告》。

② Clive Gamble, John Gowlett and Robin Dunbar, *Thinking Big*: *How the Evolution of Social Life Shaped the Human Mind*(London: Thames & Hudson, 2014)。

要！所谓好的问题，就是处在学科的内外关联中，对学科发展起最大促进作用的问题。

二、石器考古的理论问题

石器考古能够解决什么问题，取决于所运用的理论、方法、材料及其组织方式。让石器说话的可能性就是由这四个方面决定的，单纯依赖哪一个方面都是不够的。对于不少研究者而言，似乎只要有第一手石器材料，就算实现了目标，然而，石器不会自己说话。无论有多少石器材料，都是如此。材料是静态的，而我们要了解的古人生活是动态的。这两者之间存在着难以逾越的鸿沟，需要我们架起桥梁。在架桥的工作中，理论是对可能性与原理的探索，这里有拱桥、悬索桥等，适应的条件各不一样；方法是实现可能性的手段，桥梁工程负责具体问题；材料是桥梁的构成成分；所有这些还需要很好地组织起来，才能架起一座桥梁。

我们先来看理论问题。当前考古学理论中有不少范式与视角，其中最重要的有三种：文化历史考古、过程考古、后过程考古。它们分别适合解决不同的问题。文化历史考古侧重于建立史前史的时空框架，同时讨论不同地区之间的关系。其理论前提是，文化是标准或规范，相同文化的人遵循同样的方式制作石器，石器工业的面貌因此能够保持一致；不同文化的人会采用不用的方式制作石器。这种规范是约定俗成的，如果一个人不这么行动，他就可能被群体视为异类，不能为群体所认同。文化的改变通常与气候环境的改变、外来人口的迁入或者文化上的传播有关。文化历史考古形成于 19 世纪末 20 世纪初，它主要解决时空框架问题，而难以研究古代社会生活问题。文化历史考古假定一个文化（即考古学文化）代表一个社会群体。由于旧石器时代石器工业的面貌可能在很大区域内都保持一致，如阿舍利工业分布在非洲、欧洲，以及西亚与南亚的广大地区，很难将其视为一个群体的产物。不像新石器时代以陶器组合为中心，结合聚落、墓葬等其他特征，确实可以划分出有限范围的群体单位。有趣的是，文化历史考古范式仍然在旧石器时代考古中使用，考古学者仍然假设不同石器工业与不同的人群相关。这里我们可以看到。一旦范式确立，它在不同学科内的不同领域中就都有强烈的影响力，即便是旧石器时代考古领域并不能像新石器时代考古那样利用"考古学文化"概念。

20 世纪中后期，过程考古兴起，它至今仍然是旧石器时代考古中占主导性的范式。过程考古把文化看作人适应外在环境的手段，文化是人特有的能力。人没有猛兽的利齿，但可以用石器实现同样的目的；人不能像猎豹那样迅速奔跑，但是可以投掷工具，无须直接与猎物搏杀，就能实现捕猎的目的。文化是不断进步的，也就是说文化是进化的；文化发展是与环境条件相辅相成的，由此形成文化生态。在一定的文化生态条件下，人类的文化适应会形成相应的形态。文化适应的目的就是让人类更好地生存与繁衍。从过程考古的角度看石器，石器代表的就不再是人群或地方文化特色，而是文化适应的形态。以细石叶技术为例（参见第十二章），它代表的是一种高度流动的狩猎采集生计（更偏向于狩猎），与末次盛冰期前后日益稀疏的资源相关，此时人类的流动性达到了前无古人的巅峰。过程考古特别关注人类的适应过程（机制），它借助狩猎采集者的民族学研究，从中提炼规律性的认识。过程考古学家甚至不满足民族志的信息，亲自参与民族考古调查，从考古学角度去获取第一手资料。

过程考古之后兴起的后过程考古对旧石器时代考古的影响相对要小一些，远不如它在历史考古领域的贡献。按照后过程考古的预设，人生活在物质世界中，同时赋予了物质世界意义。反过来，人运用物质及其文化意义构建社会秩序。它不再仅仅关注器物的实际功能，而是更关注其所附带的意义。器物是表达意义的载体。石斧不只是石斧，而且是男性的身份象征。后过程考古不是一种研究主张，而是一系列类似主张的统称。处在这个大范畴的如能动性考古，特别关注物质的能动性，就像一栋建筑，它在发挥居住功能之外，还可能影响人的感受，影响人的行为规范。类似之，还有物质性考古，所谓物质性，就是物在人与物长时间的互动中形成的稳定的社会属性。比如玉石，它在中国文化背景中已经形成了一种稳定的社会属性，成为礼仪中的重要物品。后过程考古的重要意义在于，它超越了过程考古把人当成动物或者机器的研究方式，关注到人的本质属性——能动性，即人能够改造世界。尽管目前石器考古中还不容易运用后过程考古的理论成果，但是它有关人运用物来构建自身身份、社会秩序的理论认识，已经深刻影响了旧石器时代考古，尤其是有关旧石器时代晚期革命的认识（参见第十章）。这场革命的关键意义正在于改变了人与物的关系。

在石器考古中运用得较多的还是与生态理论、进化论相关的理论。考古学研究的生态学范式侧重于关注人与环境的关系，其中包括环境考古、文化生态、人对环境的影响、进化论考古、考古学与政治生态的相互作用等[①]；而与进化论相关的理论包括双重遗传理论、进化心理学、人类行为生态学、进化论考古、合作与多层选择等。不难发现两者有相当多的交集，这两种范式都非常关注狩猎采集者研究，而这也正是石器考古研究的主要对象，只不过石器考古要用物质遗存来研究史前时代的狩猎采集者。生态与进化论考古（又称达尔文考古）范式通常基于狩猎采集者研究，确立一些具有普遍性的原理，然后把这些原理用于史前时代的狩猎采集者。当然，这里会存在一些争议，还是古今是否一致的问题，在生计层面争议较少，但如果上升到社会组织与意识形态层面，就会有较多的不同意见，这也是生态与进化论考古更多限制在人与环境的关联、生计方式等方面的主要原因。对于石器考古研究者而言，需要熟悉这些理论，过去数十年来，这些理论在石器考古研究中发挥了重要的作用，其中部分理论模型能够进行量化统计，让石器考古研究深入了一个层次。

理论是探索的工具，是我们把握石器材料背后所存在意义的依据。我们常常困惑于这样一种情况：石器材料很丰富，分类、测量、统计工作都已经完成，但我们还是不知道石器材料与古人有什么关系。此时我们

[①] D. R. Yesner, "Ecology in Archaeology," in *Handbook of Archaeological Theories*, eds. R. Alexander Bentley, Herbert D. G. Maschner, and Christopher Chippindale, pp. 39–55.

就需要依赖普遍的联系（理论原理），否则无法开展研究。理论原理如果运用恰当的话，能够帮助我们发现石器材料中暗含的重要信息。比如，我们在中国北方地区旧新石器时代过渡时期流行的锛状器中看出当时文化适应上存在的矛盾（参见第十四章）：究竟是要走向定居，还是继续保持流动，这对于当时这个地区的人们来说是难以抉择的事情。旧新石器时代过渡时期，是人类文化适应方式的转型期，人们在测试不同的可能性，也就是广谱适应；一旦确定某个方向有比较大的潜力，就可能出现强化利用这个方向的资源。表现在考古材料上，前者是类型更加多样的遗存，后者是突出利用某种资源。具体到石器材料上，前者意味着石器的功能单位①会前所未有的丰富，后者意味着某一类型的功能单位得到前所未有的发展。基于理论，我们可以做出这样的推断，即只要理论前提没有问题，推断就应该是成立的，然后，我们可以用考古材料去进一步检验。更多的情况是，我们因为头脑中有这样的理论认识，就更有可能注意到考古材料存在的相应特征，否则，即便材料摆在眼前，我们还是会视而不见。

考古学理论在不断发展，这也就意味着认识石器的可能性越来越大，我们可能从材料中获取更多样的信息。比如，考古学理论研究开始关注旧石器时代人类社会的发展状况，从社会形态的角度把石器与古代社会结合起来，于是我们就从石器中揭示出相关的社会信息。发展这个方面的研究是相当困难的，毕竟石器材料太过于零碎。甘博的《欧洲旧

---

① 把一件石器的边刃划分为若干等份，然后观察其使用痕迹，观察到的使用痕迹，就是一个功能单位。

石器时代社会》是一个不错的尝试[①],目前中国旧石器时代考古领域缺乏此类研究。当代与心智发展相关的理论研究也带动了旧石器时代的研究,旧石器时代漫长的时间范围里,人类的心智发生了重大的变化,从接近于猿的状态逐渐演变为人的状态,石器研究有助于我们认识人类心智的发展过程。类似的视角还有性别考古。早期人类社会的两性关系究竟如何?是父系的还是母系的?抑或根据不同地方的条件而各有不同,就像我们在民族志中看到的?决定婚姻形态的因素又是什么?我们习以为常的认识是,狩猎采集者的基本劳动分工是男性狩猎、女性采集。这样的分工是从什么时候开始的?进化心理学认为,这种区分由来已久,由此男性与女性的空间感知能力都有差别。这种差别在人类性别社会关系演变过程中是一成不变的吗?性别考古的视角可以从另一个角度丰富石器考古研究。新的理论视角会带来新的研究领域,新的理论层出不穷,都可能为石器考古带来新的启示,开辟新的研究领域。

在石器考古中运用理论,一个特别值得强调的方面,就是要发展演绎推理。大多数理论并不是直接为石器考古准备的,其中并没有针对石器考古的变量,所以,我们在运用这些理论的时候就必须进行演绎,直到演绎出能够在石器考古中衡量的变量。前文以旧新石器时代过渡问题为例进行了推导,经过一系列中介概念(如广谱适应、强化利用等),最终落到具体的石器材料上。对于一些研究者而言,总是期望理论拿来

---

① 克里夫·甘博:《欧洲旧石器时代社会》,陈胜前、张萌译,上海古籍出版社,2021。

就能用，然而，这是不切实际的，于是他们就抱怨理论没有用。理论是需要不断演绎才能为石器考古所使用的，比如经济学上的资源禀赋理论（或称要素禀赋理论），它本来是用来解释发展中国家或地区如何实现产业升级的，该理论也可以用于解释农业为什么起源，即在宾福德所定义的采食者与集食者两种模型中①，集食者更有可能产生农业。于是，我们就去寻找更多采取集食者策略的狩猎采集者，我们可以预测在旧新石器时代过渡时期，那些强调集食者策略的狩猎采集者更有可能率先出现农业起源。集食者策略表现在石器材料上，将会是更多利用本地原料，会出现更加耐用的工具，石器修理中边刃修理将会多于面修理（制作诸如两面器那样的定型工具）。正是通过这样逐步的演绎，我们进而将经济学理论与考古材料结合起来。

理论是石器考古中不可或缺的部分，它是研究的出发点之一，跟从石器材料出发是同等重要的。然而，这是当前中国史前考古研究中非常欠缺的方面。某种意义上，本书研究刻意突出了理论研究的重要性，并把它用于石器考古的实践中，希望能够凸显理论的价值。

三、石器考古透物见人的方法

所谓方法，是实现目标的手段。石器考古的目标是"透物见人"，而这个目标是由一系列环节组成的过程，每个环节都有相应的方法。没

---

① L. R. Binford, "Willow Smoke and Dogs' Tails: Hunter-Gatherer Settlement Systems and Archaeological Site Formation," *American Antiquity* 45（1980）: 4-20.

有哪种方法能够包打天下，解决所有问题。所以，尽管不同方法之间似乎有些矛盾，不同时期各有流行的方法，但是，如果按照透物见人的目标来衡量，它们都是完成这一任务的组成部分。当然，方法的发展与理论主张的提出也是密切相关的，有了相应的目标，才会去努力发展相应的方法。从这个角度说，理论与方法又是一体的；事实上，英语的表达"approach"，就是把这两者包含在内。不论是理论还是方法，都是实现透物见人目标的途径。这里将按照透物见人的顺序，或者说难度，介绍石器考古所能利用的方法。

第一，石器考古最基础的方法就是技术类型学。第一章已经介绍了技术类型学的一些基本概念，技术类型学是基于石器生产的技术与形制特征进行分类，把不同层级的分类赋予不同的概念，如组合、工业、传统，等等。运用石器技术类型学的关键如下：首先，需要熟悉石器生产的不同技术及它们表现在石器材料上的特征。石器生产的技术并不多，可以说屈指可数，但是要真正把握这些技术的特征，又不是很容易的事情，需要研究者在学习前人积累的知识的基础上，自己动手操作，从而体会到不同技术在石器生产上的特征，即不同技术适用于不同石制品的生产，同时，对原料也有特定的需要。其次，需要熟悉石制品的分类体系。最粗略的分类是把石制品分为工具与废片，工具就是有使用或加工痕迹的石制品，废片就是没有这样的痕迹的石制品，废片并不必定是片状的，其中还有断块。最后，就是对工具、废片做进一步分类。有关废片的分类，前面介绍过SRT方法，可重复性比较好。比较麻烦的是工具的分类，因为大多数分类都是基于形制，而不是基于真正的使用功能做出的判断。尤其是一件器物经过修型改造后，比如一件残断的石镞，尖部又做了一定的修理，似乎是想改造成刮削器。这件器物应该叫作石镞，还是刮削器？这些都是石器工具分类的模糊之处。目前学术界保持着这种看起来有些粗糙的分类原则，因为它能够较好地包容石器生产的自由度与多样性。

石器技术类型学中存在三个重要的争议。第一个争议是，石器生产是为了得到石片还是为了得到某个定型的工具。比如砍砸器，这是一种极简单的石器工具，似乎并不需要修型，生产石片的过程就会导致这样的产品，于是，砍砸的功能只是石片生产之后的衍生品。那么，在这样的情况下，我们把砍砸器视为一种石器技术传统，是否合适？第二个争议是著名的莫斯特难题，即我们能不能将石器组合或者工业与特定的人群对应起来。技术类型学的分类结果暗含着这样一个假设：一定范围内的人群会生产能够标志其身份特征的石器产品。这种身份特征可能是人类种群，比如直立人、尼安德特人等，也可能是一个区域的社会群体。从目前的研究来看，绝大多数研究者并不赞同在旧石器时代晚期之前运用这一假设。第三个争议是关于类型的客观性的，即石器类型是客观存在，还是研究者为了研究方便而主观赋予的。这个问题并没有显而易见的答案。

第二，目前我们判断石器功能的基本方法还是使用痕迹分析，尤其是微痕分析，再就是残留物分析。石器的使用痕迹并不只有微痕，还有大痕迹,这在磨制石器上表现得非常明显。大痕迹的重要性其实要高于微痕,因为它们决定石器使用的主要功能。我们进行石器功能分析时需要结合两者,不能只见树木不见森林,一头扎进对微痕的观察中,反而忽视了那些肉眼可见的大痕迹。微痕分析的观察对象可以分为微小剥离痕(edge damage)、磨光面(polish)、线状痕(striation)、磨损(abrasion)、破损(breakage),有些研究者把残留物(residue)也算在这个范畴内。石器使用会导致刃缘部分剥离下来微小的石片,留下石片疤,这就是微小剥离痕。片疤的大小与用力的程度、加工的对象关系较为密切。微小剥离痕采用10倍放大镜就可以观察到。如一些细石叶上就可以通过放大镜观察到密集连续的小片疤,而这在肉眼状态是很难发现的。磨光面是指石器因为使用引起的刃部表面形态的变化,这通常需要使用内藏照明设备的高倍率显微镜才能观察到。现在有了超景深显微系统,可以观察较大范围(超过1毫米的连续长度)的磨光面,还可以观察磨光面上的纹理。磨光面的特征与石器加工的对象有较强的关联。线状痕是指具有直线状外观的使用痕迹,它反映石器工具运动的方向。磨损与破损,严格意义上,并不算是微痕,而是较大的使用痕迹。以夏家店下层文化大山前遗址出土的"石铲"(其实并不是石铲)为例,磨损的长度可以到数厘米,并导致刃口不再平直,而是明显倾斜。磨损能够较好地反映使用时间长度;破损则与使用强度相关,使用强度太大、使用方式不当或者使用区域不合适,都可能导致器物破损。

当然,仅仅依靠微痕分析是不足以判断石器功能的。微痕分析的关键问题并不在于显微技术，而在于整个的方法论。也就是说，石器功能分析需要结合一系列其他的方法，才能更有效地解决问题。残留物分析也是同样如此。残留物分析利用遗留在石器表面尤其是其缝隙中的加工对象的残屑，判断曾经使用石器从事过的加工活动。目前在新石器时代考古中，分析石磨盘、磨棒以及其他食物加工工具上的残留物，获得了不少有价值的信息[1]。残留物主要包括植物的淀粉颗粒、植硅体，还有动物的血渍[2]。前两者研究的成功案例比较多，后者较少，还有一些争议。可以想见，随着科技考古手段的不断发展，从石器工具上提取到的生物遗留信息会不断增加。残留物分析获取的是石器使用的最直接证据，但是，石器废弃阶段的使用有可能掩盖其原初的功能。残留物分析本身也不足以解决石器的功能问题，它可以与微痕分析相互补充。

第三，中程研究的方法。在石器考古中，我们最感苦恼的是如何理解石器遗存的意义。我们希望能有一座桥梁，跨越石器与古人之间的鸿沟。建立这样的桥梁一直是考古学家的梦想，但是我们不得不承认，石器与古人之间并没有这么一座简单的桥梁，即使是比喻也不存在（比喻的对象通常是指普遍的原理）。但是，就像现实中我们建设

---

[1] 刘莉、希恩·贝斯泰尔、石金鸣、宋艳花、陈星灿、杨旭、刘岩：《中国北方地区旧石器时代末次盛冰期人类对植物性食物的利用》，《南方文物》2017年第4期；杨晓燕、郁金城、吕厚远、崔天兴、郭京宁、刁现民、孔昭宸、刘长江、葛全胜：《北京平谷上宅遗址磨盘磨棒功能分析：来自植物淀粉粒的证据》，《中国科学（D辑：地球科学）》2009年第9期；刘莉、王佳静、陈星灿、李永强、赵昊：《仰韶文化大房子与宴饮传统：河南偃师灰嘴遗址F1地面和陶器残留物分析》，《中原文物》2018年第1期。

[2] S. C. Gerlach, et al., "Blood Protein Residue on Lithic Artifacts from Two Archaeological Sites in De Long Mountains, Northwest Alaska," *Arctic* 49 (1996): 1-10.

一座跨越峡谷的桥梁一样,我们会先架设一座辅助桥梁,或称工作桥梁,帮助我们修建正式的桥梁。中程研究就是这样的工作桥梁,它能够为我们开展石器分析提供很好的辅助。当前中程研究的主要途径是民族考古与实验考古,这两个方法在石器考古中已经形成了一系列丰富的成果。石器的民族考古的代表性工作是有关澳洲、美洲土著石器的研究[1],其他地区如非洲、新几内亚有少数案例。在欧洲殖民者进入澳洲与美洲时,这两个大陆的人群还在使用石器,其中澳洲土著主要使用的是打制石器,美洲地区则以磨制石器为主。古尔德对澳洲西部沙漠地区土著石器组合的研究带来了非常丰富的有关石器制作的细节信息,而这些信息往往是无法从考古遗存中得知的,比如土著采用牙咬的方式修理石器,他们没有考古学家所说的那么详细的石器分类,仅仅把石器分为锐的与钝的两种类型[2]。民族志与民族考古的优点是能够提供近似于原境的石器工具的使用状态,尤其澳洲与美洲土著的材料。这一类材料是非常宝贵的,因为随着土著与外界的接触,近似于原境的状态不再存在,晚近的澳洲土著在打制石器的时候已经开始使用铁锤,同时使用其他金属工具。在这个方面,西方学者做了较多的工作,是可以借鉴利用的。中国没有殖民历史,学术史上不曾有这样的工

---

[1] F. D. McCarthy, *Austrian Aboriginal Stone Implements*(Sydney: The Austrian Museum Trust, 1976); C. Miles, *Indian and Eskimo Artifacts of North America*(Chicago: Henry Regnery Company, 1963); H. Stewart, *Indian Artifacts of the Northwest Coast*(Seattle: University of Washington Press, 1973).

[2] R. A. Gould, D. A. Koster, and A. H. L. Sontz, "The Lithic Assemblage of the Western Desert Aborigines of Australia," *American Antiquity* 36(1971): 149-169.

作。目前比较有效的方法是通过译介把这些珍贵的信息引入中国考古学中。

考古学是一门不能直接研究人类行为的社会科学①，它所面对的是物质遗存，如何理解物质遗存与人类行为之间的关系就成了考古学的"秘密"。中程理论是建立这种联系的有效途径，其中民族志与民族考古的信息是不断递减的，但另外一类信息是可以不断增加的，那就是实验考古的信息。石器作为最坚固的物质遗存，其物理性质具有良好的稳定性；与此同时，人体的体质特征也具有良好的稳定性。基于这两重稳定性，石器实验考古就能保持较好的古今一致性，即古人采用某种方法可以生产石器，今人采用类似的方法也同样可以生产出相似的石器。有关石器实验有不少研究②，还有系统的综述③，如约翰逊（Johnson）曾系统追溯过石器实验的早期历史。对于石器考古研究而言，石器实验是石器考古的基本技能。2009 年，我们在发掘湖北郧县余嘴 2 号旧石器时代遗址时，同步展开了石器的打制实验，这项工作对于我们判断一些标本的人工属性帮助极大。如一些粉砂岩石块风化后，痕迹模糊，就其外形而言，非常像砍砸器，但是经过制作与使用实验，我们可以确定，它们不是石器，因为用粉砂岩制作的砍砸器根本不能用于砍砸。其后，我们在

---

① 布鲁斯·特里格:《考古学思想史（第二版）》,陈淳译,第 26 页。

② J. C. Whittaker, *Flintknapping*: *Making and Understanding Stone Tools*（Austin: University of Texas Press, 1994）; P. M. Desrosiers（ed.）, *The Emergence of Pressure Blade Making*（Berlin: Springer, 2012）; G. C. McCall, *Pusing the Envelope*: *Experimental Directions in the Archaeology of Stone Tools*（New York: Nova Science Publishers, 2011）.

③ L. L. Johnson, et al., "A History of Flint-Knapping Experimentation, 1838−1976," *Current Anthropology* 19（1978）: 337−372.

多地开展石器实验,深切体会到不同石器制作技术的复杂程度,同时还体会到打制石器的"节奏"①,熟练的石器打制者会花更多的时间进行观察与准备,确定合适的台面、打击点以及引导剥片的棱脊,然后集中力量进行尽可能精准的打击。

当前不仅在考古学研究的专业领域,而且在考古爱好者中,都有不少精于石器实验的能手。对于考古学研究者而言,石器实验不仅是解决问题的利器,也是发现问题的绝佳手段。我们正是在余嘴2号旧石器时代遗址的石器实验过程中发现,砍砸器(参见第六章)很难说是一种定型的工具,更不适合将之称为一种传统,因为其制作极其简单,体现出非常强的权宜性色彩。我们还发现,这里出土的带三棱尖手镐的尖部没有修理痕迹,不是人工修理所得,其形态来自毛坯。后来在陕西洛南、吉林松花江边实验中验证了我们的观察,通过摔碰大型砾石(重于5千克)就可能获得带三棱尖的断块毛坯,稍稍加工就是一件手镐。摔碰大型砾石可以产生一系列石器工具的毛坯,从大石刀、薄刃斧、手斧、砍砸器、手镐到石球,正好是所谓"类阿舍利石器工业"组合的所有工具类型。石器实验的有效性不仅体现在打制石器上,同样体现在磨制石器上(参见第五部分)。

第四,多学科的方法。在当代考古学研究中,多学科的方法是考古学透物见人的有效手段。科学技术的发展日新月异,能够帮助石器考古获取新的信息,有的是直接的,有的是间接的。^{14}C以及其他一些绝

---

① 陈胜前:《旧石器时代的"文凭"》,《大众考古》2016年第12期。

对测年技术的出现就对考古学研究产生了重大的冲击,在此之前,考古学研究,包括石器考古在内,主要目的都是弄清楚年代。石器技术类型学的分期排队、确认典型器物(把石器当成标准化石)、高度关注地层剖面与伴生动物化石,如此等等都是为了解决这一问题。绝对测年技术让这个问题迎刃而解,而且让世界上不同地区能够在同一时间框架内进行比较,我们由此知道非洲是早期人类的故乡。与测年技术同样重要的是计算机技术。石器材料是非常琐碎的,通常我们研究的石器组合中,90%以上的都是废片。早期的石器研究基本只研究石器工具,而忽视废片,缺乏有效的工具手段是一个主要原因。计算机的出现把这个问题变简单了,对于人工来说堪称大量的数据,用计算机来处理不过是小菜一碟。按照宾福德的说法,放射性碳测年技术与计算机技术的应用推动了过程考古的形成①。从这个意义上说,多学科的方法深刻地改变了考古学。

对于石器考古而言,当前影响巨大的多学科的方法有古 DNA 研究、同位素考古以及地球化学分析等。古 DNA 研究包括从古代遗存(人骨、牙齿以及其他相关遗存,甚至可以包括沉积物)以及现代人群中提取 DNA,PCR 扩增后进行分析,追溯演化路径,比较不同人群的关系。1987 年,斯特格林(Stringer)等由此提出著名的"夏娃假说",认为所有现代人都起源于非洲,可以通过 DNA 追溯至距今 20 万年前后的一

---

① 路易斯·宾福德、科林·伦福儒:《路易斯·宾福德访谈》,陈胜前译,《南方文物》2011 年第 4 期。

位非洲女性，后来现代人从非洲向世界各地扩散，替代了当地人群，并且没有与当地人群混血①。2010年，新的DNA研究承认扩散开来的现代人与尼安德特人存在混血②。古DNA考古产生了大量的研究，甚至无须借助考古学的证据，尤其是石器考古的证据。如果现代人真的是从非洲走出来的，石器考古能否提供证据？如果不能的话，又是为什么？是否说明石器考古存在重大缺陷，或者说明石器与人种或人群特性之间没有必然的联系？如果真的是这样的话，我们经常通过石器文化面貌的相似性来探讨人群的相互影响，是否根本就不能成立？类似之，同位素考古能够提供古人饮食结构的证据，还可以判断古人栖居地曾经发生过的变化，比如对欧洲"奥茨冰人"的研究③，同位素考古以及其他多学科的方法提供了大量有趣的信息。地球化学分析可以直接用于石器考古，主要帮助我们进行石器原料溯源，从而判断原料来源的远近。长距离物品交流是现代人社会行为的重要特征。在中国东北的东部地区，就存在一个以黑曜石为中心的交换网络，原料的地球化学分析就是研究的基础。

中国旧石器时代考古的主要奠基人裴文中曾说，旧石器时代考古是四条腿走路，即旧石器时代考古、古生物学（尤其是古脊椎动物学）、古人类学、地质学（尤其是第四纪地质学），把多学科的方法看作旧石器时

---

① R. L. Cann, M. Stoneking, and A. C. Wilson, "Mitochondrial DNA and Human Evolution," *Nature* 325（1987）: 31-36; C. B. Stringer and P. Andrews, "Genetic and Fossil Evidence for the Origin of Modern Humans," *Science* 239（1988）: 1263-1268.

② D. Reich, et al., "Genetic History of an Archaic Hominin Group from Denisova Cave in Siberia," *Nature* 468（2010）: 1053-1060.

③ W. Muller, et al., "Origin and Migration of the Alpine Iceman," *Science* 302（2003）: 862-866.

代考古的基础。当代旧石器时代考古关联学科的范围大大扩展，特别值得注意的是狩猎采集者的人类学研究，还有文化与进化生态学。再者，如古脊椎动物学、第四纪地质学已经与考古学交叉形成了新的学科：动物考古学与地质考古学（还有环境考古学）。多学科的方法通常以自然科学原理为基础，具有较好的古今一致性，因此能够在考古推理中发挥重要的作用。古今一致性是多学科的方法之合理性的基础，这使它比中程理论更可靠，多学科的方法也是当代中国考古学研究中发展最为迅速的领域。古今一致性同时还意味着超越了历史与地域的限制，使多学科的方法具有非常好的全球普适性，相关研究在国际学术界更容易被接受。目前存在的关键问题是，如何把多学科的方法与考古学有效结合起来。在两者结合上长期存在"两张皮"现象，多学科的方法提供鉴定报告，而没有深入考古学问题中。随着交叉学科的形成，以及越来越多的有考古学教育背景的研究者投身于交叉学科，这一现象不再显得那么突出了。

除了上述方法，石器考古领域还在发展新的方法，比如模拟、大数据分析等。除了发展科学维度上的方法之外，石器考古还在考虑社会考古方面的方法，这种方法在理论上更接近后过程考古，即把石器及其制作技术看作人的能动性的体现，人的能动性不仅体现在运用石器去解决基本生存问题，还体现在运用石器去解决社会问题乃至塑造意识形态。海登就曾注意到石器技术中存在威望表达的成分[1]，如细石叶技术，部分

---

[1] B. Hayden, "Practical and Prestige Technologies: The Evolution of Material Systems," *Journal of Archaeological Method and Theory* 5 (1998): 1-55.

产品技巧高超,带有一定的炫技成分。在意识形态领域,玉器在中国传统意识形态构建中发挥了重要的作用,中美洲地区则用黑曜石产品加工出各种形状奇异的礼仪用具。

四、石器考古分层－关联的方法论

1. 理论基础

过去十多年来,我们在石器考古的研究实践中逐渐形成了一套方法论,我们称之为"分层－关联的方法论"。这套方法论与我们在考古学理论上的研究具有同构性,即认为考古学研究"透物见人"是一项具有很大跨越性的工作,因此需要分为多个层次(或阶段)来实施。考古学的研究对象是人的产物,最终目的还是研究人本身,而人是生活在关联中的,考古学推理同样如此,只有在多层次的关联网络中才可能理解人类的物质遗存,理解人类行为。从关联的角度说,考古学研究分为科学与人文两个范畴,前者所谓的关联是以逻辑为中心的,后者所谓的关联是以切身的体验与理解为中心的,两者是相互补充的关系。然而,在当代学术研究中,科学具有绝对的垄断性,从人类行为到物质遗存,再从物质遗存到人类行为,都需要有逻辑的因果关系。考古学的目的就是要寻找其中存在的原理、机制或规则。

当然,在一定意义上,人与物之间关系的普遍性是存在的,比如狩猎采集群体围绕火塘生活,火塘的规模会限制围坐的人数;同时,由此而产生的距离也会限制围坐的人数,人与人日常谈话的距离很少会超过 5 米，否则就听不清；当人数超过 5 之后，就很容易分裂为两个谈话群①。这是进化人类学家邓巴的认识，具有较好的普遍性。但是，我们还需要认识到人生活在文化意义中，文化意义的形成是历史的产物，不同时代、不同社会可能存在不同的文化意义，人们的衣食住行不仅受到基本物理、生物规则的限制，还会受到文化意义的影响。处在文化情境中的个体并不必然遵循文化的约束，他可能发挥主观能动性，打破社会习俗，如霍德（Hodder）在东非进行民族考古调查时发现，当地的妇女有时会故意打破空间上的社会规则②。社会越复杂，文化意义也越复杂，从而发展出一系列文化规范，如新石器时代的墓葬习俗，每个地区都可能有独特的葬俗，并且长期存在。

在了解分层－关联的方法论框架之前，还需要理解范式的约束。分层－关联的方法论主要是从功能的角度出发的，侧重的是逻辑线索（科学的），但为人文的视角保留了空间。长期以来，中国考古学研究为文化历史考古范式所主导，这种范式的主要任务是建立史前史的时空框架，其依赖的文化观是作为标准或规范的文化③，而不是作为适应的文化，这就导致在该范式中，研究很难去探讨人类的行为特征。我们不妨比较一下中国新、旧石器时代考古研究，可以帮助我们理解范式的约

---

① 罗宾·邓巴：《社群的进化》，李慧中译，四川人民出版社，2019，第 15-30 页。

② I. Hodder, *Symbols in Action: Ethnoarchaeological Studies of Material Culture* (Cambridge: Cambridge University Press, 1982), pp. 83-86.

③ G. S. Webster, "Cultural History: A Cultural-Historical Approach," in *Handbook of Archaeological Theories*, eds. R. Alexander Bentley, Herbert D. G. Maschner, and Christopher Chippindale, pp.11-27.

束。文化历史考古范式源于新石器时代考古，其核心是"考古学文化"概念，通过比较陶器风格的相似性，从而判断两个考古学文化之间的相互影响。当文化历史考古范式形成之后，这样的研究逻辑也影响到旧石器时代考古，尽管"考古学文化"概念并不适用于旧石器时代，但研究者还是把石器当作陶器，频频探讨两地石器文化之间的相互影响。也正因为如此，石器考古从什么样的范式出发是至关重要的。这里采用的是一种处在过程考古与后过程考古之间的范式，它辩证地看待过程考古与后过程考古，而不是将两者简单对立起来；同时它也是包容性的，承认文化历史考古是石器透物见人研究的重要组成部分，是其中的一个基础环节。考古学研究的不同范式其实代表不同层次、不同侧重方面的研究，都是以透物见人为目的。

透物见人是考古学研究的中心，贯彻这一任务的核心主题是考古推理，因为考古材料本身不会说话，它本身并不是人类行为，需要通过考古推理，恢复它与人类行为之间的关系。就考古推理的范畴而言，可以分为宏观与微观两个方面。前者包括演绎、归纳、类比三种推理逻辑。后者则如同刑侦破案，首先需要到现场获取准确的时空信息，对于考古信息而言，既包括平面上的，也包括剖面上的；其次是进行多学科的材料分析；再次是提出假说，这里需要基于从前的理论模型，从而缩小推理的范围；最后是在更多、更新的材料中进行验证[①]。当然，这是比较理想的状况。实际上，考古学家对物质遗存的理解远不如生活在现在的刑

---

① 陈胜前：《考古推理的结构》，《考古》2007年第10期。

侦专家对现代生活的理解,对于距今几万年乃至上百万年前的生活,我们是非常陌生的,需要参照许多学科的研究成果,尤其是人类学、社会学、历史学甚至是灵长类行为学的研究成果。还需要强调的是,考古学家研究的目的要比刑侦专家的破案目的更复杂,他们不仅想了解物质遗存所代表的人类行为,更希望深入地了解人类历史发展的其他方面,比如社会演化、文化意义的形成,等等。也正因为考古学家是如此"贪婪",透物见人的研究是一个没有止境的探索活动,是一个复杂的过程,需要通过众多层次或环节的研究才能完成。

考古学研究透物见人的过程至少可以分为五个层次或环节[①]:第一个层次是围绕物质遗存的基本时空特征展开的,建立起时空框架,这是下一步研究的基础。早期的金石古物学因为没有准确的时空信息(遗物通过盗墓或者继承获得),很难进一步进行研究,时空的关联是准确提取所有其他信息的前提。第二个层次是探讨考古材料的形成过程,不同的废弃、改造过程会极大地影响考古信息的构成,从而影响到考古推理。第三个层次是建立物质遗存与人类行为之间的关联,这也是狭义上所说的透物见人。如上面所说,考古学家研究的目的并不止于了解古人的行为,这就涉及第四个层次,即与人类行为、社会、历史、文化等相关的研究。最后,达到所有学术研究的归宿,进入第五个层次即哲学层次,关注本体论、认识论与价值论,得到思想观念层面的认识。回顾考古学史,我们不难看出考古学发展在

---

① 陈胜前:《考古学研究的"透物见人"问题》,《考古》2014年第10期。

改变时代观念上的作用，包括改变神创论、种族主义等错误的思想。

五个层次的推理不是单向的：一方面，可以从经验走向抽象，我们称之为归纳；另一方面，可以从抽象走向经验，我们称之为演绎。考古推理是双向的，两者的关系不是由研究者的偏好决定的，而是由考古推理的属性决定的。鉴于物质遗存与人类行为之间的差距太大，尤其是在史前考古领域，所以需要中程理论这样的辅助桥梁。中程理论实际是类比推理，它能够为考古学家重建过去提供一种可以参考的模板。需要注意的是，它是参考的模板，而不是真实的过去。考古学重建过去仍需立足于考古材料，而不能如卢博克时代那样仅凭民族志就去重建史前史。而忽视中程理论，以为类比缺乏充分的古今一致性，不值得利用，则又走向了另外一个极端。没有这种模板，从残缺零碎的考古材料中是不可能得到完整的人类过去的。就这一点而言，古生物学可以作为考古学的参照，两个学科研究的都是残缺材料，古生物学利用现生生物作为参照，同时利用生态、进化等原理，因此，根据一颗牙齿、一根羽毛的印迹，也可以得出重要的研究成果。

归纳推理是从下而上的，演绎推理是从上而下的，类比推理可以称为平行的。三种推理各有优劣，不能相互替代。归纳推理的关键在于尽可能获取更多样、更有代表性的材料，高度同质化的材料，虽然数量众多，但对于归纳推理帮助有限；还需要注意的是，能够从经验材料中提炼出抽象的概念，否则所谓的归纳仍然只是材料特征的识别（pattern-recognition）。以考古学文化这个概念为例，它指的是一定时空范围内相似遗存特征的总和，用以指代共享某些相同文化标准的社会群体单位。这个概念借鉴了人类学的"文化"概念，它超越了物质材料特征，进入了"文化"概念层面。有了这个概念，考古学家就可以去研究史前人群（尽管这样的人群不一定是族属意义上的人群）。演绎推理的好处是可以超越经验材料的局限。考古学研究的人，不论是古人还是今人，都会符合某些有关人的普遍法则，如进化论与生态学，还有能动性理论以及某些社会关系理论，考古学家可以从这些理论出发进行演绎。演绎推理的关键是需要合适的理论前提，因为前提一旦不成立，后续的推导就不可能正确。再就是能够从理论原理推导出可以在经验材料层面进行检验的假说。以细石叶技术起源研究为例（参见第十一章），它就是从进化与生态理论出发，并结合古环境变迁得出假说，并在后来的考古发现中得到检验。类比推理的关键在于相关性，相关性越强，类比的可信度就越高，如石器的实验考古，在技术层面其可信度是比较高的；相关性还表现在行为背景关联上，直接历史法是类比推理中可靠性较高的，因为历史文化背景关联具有较好的一致性。对于考古学研究而言，把史前考古研究与历史时期考古研究打通是有帮助的，这样的话，就有可能运用直接历史法。

2. 石器考古分层 - 关联的框架

石器考古分层 - 关联的方法论分为四个层次，是一个递进的结构，层层深入，从石器的形态特征研究逐渐深入古代社会研究。每个层次的研究又分为若干步骤或方面，初始研究得出的结论较为宽泛，随着研究的深入，结论趋于明确，同时也更加深入。

研究的第一个层次从石器的基本形态特征开始。我们在面对一种有待研究的石器材料时，第一步是分类、测量与描述。分类的起点是地层，作为研究对象的石器材料应该大致是一个时期的，否则就不可能通过石器研究回到使用石器的时代，也不可能通过石器去了解当时的社会。然后基于原料、形制进行分类。同一类型的工具往往采用的是相同或相似的原料，相同或相似的原料不一定只生产一种类型的工具。因此，基于原料的分类更宽泛，要放在前面进行。按形制分类是一项困难的任务，因为任何器物的形制特征都是多样的，究竟什么样的特征具有分类的意义，需要基于研究者的理解。特别需要指出的是，研究者分类的目的很大程度上决定了分类标准的选择。研究者如果只是想区分两种文化，那么就会选择形制差异明显的特征；而如果研究者的目的是判断石器的功能，那么他就会去寻找与功能相关的特征进行分类。比如，我们曾在内蒙古林西白音长汗遗址发现了许多"石铲"，这一命名主要基于其扁薄的外形，而不是基于对功能的判断。我们如果熟悉铲与锄的功能区别以及由此导致的形制特征差异，那么就会发现这些"石铲"中有一部分并不是石铲，而是石锄。由于我们一开始并不知道石器明确的功能，所以分类可能带有探索的意味，并且有可能出现多样的分类方案。

分类后就需要测量与描述，还可能以之为基础进行统计分析，了解石器的变化范围。无论从事怎样的研究，这些工作都是需要做的。当然，如果目的清楚，那么测量指标的设定就会更合理，就会针对某些有特殊意义的指标进行测量。比如，旧新石器时代过渡时期出现的锛状器，与刃部相对的尾端通常有减薄处理，目的是便于安柄，所以尾端的厚度与加工形态就成了重要的测量与描述的对象。锛状器在使用过程中其刃部会不断被修理，器身长度会不断缩短，直至无法使用，因此器身长度就是一个重要的测量指标；器身长度与宽度的比值可能更有说服力，能够更好地反映器物的耗尽状态，因为一件更宽的锛状器需要更粗大的木柄，捆扎所占的器身长度也更长。通过测量统计可以发现一些例外情况，这些例外情况往往是需要解释的。比如，我们在研究内蒙古喀喇沁旗大山前遗址夏家店下层文化石铲的时候，发现数件超长的标本，其长宽比也超大，重新考察这些标本后发现，它们都是处在毛坯状态的石铲。这样的器物或可以用于祭祀（不需要实际使用），或只是当作备料。再比如，我们在研究旧石器时代打制石球时，发现丁村遗址出土了一些超过平均值大小的石球，专门考察后发现，它们都是由石灰岩制作的。石灰岩相对于石英岩密度更小，由此我们可以推断，古人对于石球的重量更加敏感，哪怕石球稍大一点，也要保证石球的重量。测量统计跟分类一样，也是发现问题的过程，我们不能只是为了分类而分类，为了测量而测量。

通过对形制的观察、测量与分类，我们就可以确定器物的基本特征，知道这大致是一类什么石器，然后需要做的是工艺设计分析。所谓工艺设计分析，就是根据对器物功能的推测，从工艺设计的角度分析其可能性。一类石器如果具备某种功能，就应该有相应的形制特征。这种对应关系尽管并不严格，但还是存在基本的限制，不可能用一件小小的刮削器去砍砸，同样不可能用一件石磨棒去切割，器物基本的工艺设计特征限制了器物可能的使用范围。通过工艺设计分析不大可能准确地把握器物的功能，但由此可以把器物的功能限制在一定的范围内，让我们知道可以朝什么方向去探索。如果这是一种切割工具，那么就去寻找与切割相关的形制特征（如刃口的位置、修理方式）、使用痕迹等。后文专门讨论的大山前遗址夏家店下层文化石铲就是一个例子，从工艺设计的角度看，如果用作铲，那么使用动作应该是直上直下的，石铲刃缘的崩损在正反两面应该大致相当，刃缘的形态应该是正锋。然而，我们观察到考古标本并非如此，它是偏锋的，崩损也不对称，绝大部分崩损只见于一面。这不是说我们的工艺设计分析错了，而可能是考古标本的命名错了，它不可能用作铲。工艺设计分析从基本的物理原理出发，这样的原理具有非常好的古今一致性，可靠性高，也非常有效，对于器型稳定的磨制石器工具而言尤其如此。

确定了器物大致的功能范围，下一步是观察器物的使用痕迹，不仅包括需要用显微镜才能观察到的微痕，还包括肉眼或放大镜就能观察到的使用痕迹。如果可能的话，还可以包括残留物的提取。当然，并不能根据残留物的证据给器物功能下定论，因为石器在其生命史上使用功能可能会发生改变。当石器刚刚被制作出来的时候，它是因应一定的目的而制作的，由此形成了其原初功能，也是它的主要功能。在史前时代，人类的技术还不够发达，几乎所有的工具都不是只有一种用途，于是在石器的主要功能之外，还可能有衍生功能，如石斧除了用于砍伐之外，还可能用于敲击，必要的时候还可以用于刮削、切割甚至挖掘。当工具破损或者即将耗尽的时候，人们不再爱惜它，可能会存在一些破坏性很强的使用，比如用石斧去琢制正在制作的石器。从原初功能到衍生功能，再到废弃阶段的破坏性使用，石器的功能至少存在三个阶段的变化，对于磨制石器而言尤其如此。其制作投入大，形制稳定，是为某种经常进行的活动制作的，存在明显的主要功能，当然不否认它也会存在衍生功能，在废弃阶段还可能有一些功能上的变化。因此，当从器物上提取到残留物的时候，我们要注意这可能是器物最后使用阶段的遗留，并不一定能够代表其主要功能。相比而言，器物的使用痕迹是长期使用的结果，更有说服力。以内蒙古通辽哈民忙哈遗址出土的炮弹型石杵为例，其使用痕迹说明它是用以敲砸植物根茎的，根茎具有相当的硬度，由此才会留下粗糙的磨痕；而且，这样的资源数量比较多，所以才会需要形制如此稳定的器物。也正因为如此，尽管遗址的石器上提取到香蒲的证据，我们仍然认为这种石器工具更可能是加工蕨根的。

  器物的使用痕迹能够帮助我们判断器物的使用方式、加工材料的对象。比如，用作铲与用作锄，其使用方式显著不同，使用痕迹也有明显的区别：用作铲，使用动作直上直下，器物两面的使用痕迹对称；而用作锄，则正好相反，使用痕迹是不对称的，一面长，另一面短。就石器工具的加工对象而言，哈民忙哈遗址出土的石镐（报告中称之为"石耜"），其刃缘的使用痕迹非常粗糙，就像是豪猪啃咬过一样，这样的条痕主要分布在器物的一面，长度可达三四厘米，这样的使用痕迹指示的加工对象非常明显，那就是挖掘沙地。这两个例子中石器的使用痕迹都是肉眼可辨的，还有一些石器的使用痕迹只能用显微镜才能看到，主要是那些使用时间不长的打制石器，尤其是使用石片。旧石器时代的石片石器，许多是即用即弃，缺少明确的器型，而且一器多用的现象很普遍，所以我们在同一件器物上可能会看到不同的使用痕迹。使用痕迹分析是对工艺设计分析的进一步验证，结合两者，就可以基本确定器物的功能。当然，这样的功能判断还只是初步的，还需要进一步验证，有关功能的意义还需要深化，后续层次的分析就是要完成这些任务。

不少石器研究限于对石器形制的分析，部分研究深入到功能领域，但是了解一种器物的功能并不是研究的结束，恰恰相反，它只是开始。对器物功能的判断还需要进行验证，这是研究的第二个层次。验证的方式主要有两种，一种是石器实验，另一种是民族志或民族考古的佐证。基于器物观察、测量、工艺设计分析与使用痕迹分析所得的功能仍然只是一个范围，并不是完全确定的。以前文提到的夏家店下层文化石铲为例，通过分析后，知道它不是用作铲，而是用作锄。然而，锄有许多种，它是用作翻地的锄？还是用作除草的锄？这就需要进一步的实验验证。我们的实验表明是后者，尤其在雨后土壤微微潮润的时候，使用起来十分方便，效率几乎可以与铁锄媲美。有农村生活体验的人知道，雨后往往正是除草的好时机。实验显示，这种石锄无法用作翻地，由于器物太薄（平均厚度只有六七毫米），又是石质的，缺乏韧性，用力稍大，就会震断。石器实验检验不同的使用可能性，可以进一步明确石器的使用可能性。

另一种验证方式并不容易获得，但一旦获得，就有极好的佐证效果。还是以上面所说的石铲为例。我们在云南少数民族所用的工具中发现一种手锄，其刃口形态与我们所研究的石铲极为相似，都是偏锋斜刃。虽然云南少数民族使用的是铁锄，但是形态的高度相似表明存在相同的使用方式。类似的例子还有锐棱砸击石片的制作与使用，我们在北美印第安土著中找到证据，那里叫作女人刀，是女性使用的工具，与我们从考古材料中推导出来的结论相当一致。当然，由于文化背景不同，地理环境、时代都有差异，不能简单地把考古材料与民族志或民族考古材料等同对待，这里比较的是功能使用，是具有跨文化可比性的方面。而且，我们只是将其作为佐证，而不是当作主要证据。如果有这样的材料，自然是锦上添花；如果没有，也并不影响整体的结论。通过两个方面的验证，我们就可以把石器功能进一步明确化，在推理上更进了一步。

研究的第三个层次是考虑同一时段不同遗址的变化，考虑同一遗址中其他的石器构成，考虑该地区不同时段的变化，还需要把所研究的石器与当地的环境条件联系起来。时空关联上的拓展有助于去寻找石器与古代社会的关系。继续用我们熟悉的石铲例子来说明，与石铲共存的还有所谓的"石锄"（其实并不是石锄，研究后发现是一种耘土的工具）。在辽西地区先秦考古学文化中，石铲是从夏家店下层文化时期才开始有的，不同的遗址都有发现，更早的红山文化时期以亚腰形（或称舌形）的石耜为特征；赵宝沟文化时期的也是如此，不过尺寸略小；比红山文化晚的小河沿文化时期的农业工具更不发达，连房址都很少发现（还有争议）。这就说明这种工具类型是在夏家店下层文化时期才开始出现的，也就是说，是在这个时期出现了农业的中耕生产，即以前的原始农业更加粗放，播种后的田间管理比较少，但是夏家店下层文化时期人们开始注意到中耕除草的环节。再结合其石器组合中的其他工具来看，就会发现当时还会用所谓的"石锄"耘土，即把大土块拍碎，还可能用来开沟垄、引水灌溉。夏家店下层文化有形制多样的石刀，甚至有石镰刀（曾经发现残段的标本），这说明收割的规模前所未有。类似的证据还见于研磨工具，这个时段出现了大型的石磨盘、石磨棒，石磨盘磨面大且厚重，是更早时期石磨盘重量的数倍到上十倍，这说明当时研磨加工食物的任务量空前。如此等等的证据都指向当时已有较为发达"精耕细作"的原始农业。如果不拓展时空上的关联，就不可能发现这样的联系，也不可能获得这样的认识。

结合自然环境条件同样是深入认识的有效手段。在石铲研究中，我们在当地广泛开展实验考古的工作，我们注意到辽西丘陵地带，山坡上分布的多是黄土，土壤结构松散，实际上并不需要耘土工具。但是在河谷地带，由于河流搬运的原因，其土壤中有更多黏土成分。黏土的颗粒更细,黏性强,加之河谷中水源丰富,植被茂盛,根系发达,因此,挖掘的时候,土壤多呈块状,这个时候就需要用工具来拍碎土块。河谷地带取水方便,可以引水灌溉,于是就需要开沟垄、引水灌溉的工具。把石器工具与当代的自然环境条件结合起来,就发现了当时人们已经从坡地转向了河谷。这是重大的变化,河谷地带土壤虽然肥沃,而且还有灌溉之便,但是黏重,耕作的劳动强度大,需要更大的劳动投入。若非土地紧缺,抑或需要更大的产量,古人是不愿意进行更辛苦的劳作的。就研究方法而言,若要发现耕作条件的差异,是需要切身的考察与体验的,不然就不可能发现两种耕种地域的差别。与此同时,对于研究者而言,熟悉所研究的生活(农业生产)是非常必要的,年轻一代的考古学家多在城市中长大,缺乏农村生活的体验,由此也缺乏相关的知识关联,不会往相关联的方向思考。这无疑是一个不足,但这是可以学习的。就像我们现在所有人都不熟悉旧石器时代的狩猎采集生活一样,我们可以通过阅读民族志、参观民族博物馆、学习民族考古的经典研究来获取相关的知识,避免在不熟悉所研究生活的情况下去研究这种生活。

关联是广泛的,需要不断拓展与深入。在了解了上述层次的信息后,研究的第四个层次就是深入到所研究的古代社会本身,这时就需要结合当时当地其他方面的历史发展状况,探讨石器研究所包含的更深层次的意义。这属于画龙点睛的一步,点出石器研究所透射的社会历史意义。这个意义有多深远,取决于关联的大小与深浅。就这一点而言,石器研究就像一句话，这句话究竟有多么精辟，很大程度来自它所关联的情境；脱离这个情境，这句话就可能是空洞的废话。我们可以继续用石铲的例子来谈，夏家店下层文化时期，辽西地区的社会发展状况可以用一个词来形容，那就是"群龙无首"。经过多年的考古调查与发掘，我们现在发现这个时期缺乏中心城址，但每个聚落似乎都非常注意防卫，如大山前遗址就位于一个孤立的山丘上，周边坡度较大，便于防御，发掘较为充分的二道井子遗址[①]、三座店遗址[②]等也都是如此。在这个地区，一些地势险要的地方往往都有夏家店下层文化的遗存。"群龙无首"意味着社会秩序的缺失，冲突频繁。为了打仗，就必须有专门的组织者、士兵，就必须有足够的粮食供给。由于不同群体之间的社会关系紧张，人们耕种的范围受限，要在有限的范围内获取更多的生产剩余，就必须推行精耕细作农业，必须选择更加肥沃的土壤，这也就是这个时期的人们开始利用河谷土地的重要原因，原始农业达到了一个前所未有的成熟阶段。这是通过关联该地区既有的考古背景所获得的认识。如果我们扩大关联的范围，比如更进一步放在这个时期中国文明演化进程中来看，或者放在世界不同地区的文明化进程中来看，可能又会得到新的认识。关联是没有止境的，这也就意味着研究可以不断深入下去。

四个层次的研究，一方面是不断深入，另一方面是关联信息的范围

[①] 曹建恩、孙金松、党郁：《内蒙古赤峰市二道井子遗址的发掘》，《考古》2010年第8期。

[②] 郭治中、胡春柏：《内蒙古赤峰市三座店夏家店下层文化石城遗址》，《考古》2007年第7期。

越来越宽广，是一个把渊与博结合起来的方法。经过多年的实践，我们发现这个方法论在逻辑上是较为完善的，也相对较好操作。每个层次都由不同的步骤组成，不同的步骤都有相应的目标，可以按部就班地实施。同时，这个方法论又是开放的，它可以把不同的信息纳入其中，使研究可以不断深入。这也意味着，它不是一个工序操作手册，而是一个需要心领神会的社会科学研究策略。研究者只有不断积累对石器使用者及其所处社会的理解，才有可能发挥这个方法论的作用。

第四章　石器考古"透物见人"的概念构建

考古学以人类过去行为的实物遗存为研究对象，因此透物见人是考古学研究的中心任务，是考古学区别于其他学科的基本属性。如何实现透物见人，是考古学理论研究的主要问题。实物遗存（除去极少数带有文字信息的遗存）本身并不会说话，并不能告诉我们它们所代表的信息，而必须通过考古推理才可能了解。从这个角度说，透物见人必定是一个论证的过程，即研究者需要证明所提出的认识是可靠的，从而把考古学研究与小说、志异、传说等区别开来。推理论证的过程需要综合运用演绎、归纳与类比三种逻辑[①]。目前国内考古学研究偏重于采用归纳逻辑，以考古材料分析为中心，强调多学科的信息提取，在此基础上进行归纳，由此特别关注新材料的发现与新方法的运用，相对而言，较为忽视其他两种逻辑，而这两种逻辑同样是考古推理与考古学理论建设中不可或缺的。概念是考古学理论的核心，也是考古推理论证的基础，考古推理过程中必定要运用概念。即便是运用归纳逻辑，推理的出发点仍然需要概念来定义考古材料的特征，其终点则需要以提炼出来的概念收

---

① 陈胜前：《考古学研究的"透物见人"问题》，《考古》2014 年第 10 期。

尾。但是，概念来自何处？哪些概念更有意义？如何构建概念？目前对这些问题还缺乏必要的探讨，为了避免讨论过于泛泛，这里拟以旧石器时代考古为例展开讨论，以期从一个角度阐明考古学透物见人推理过程中概念构建的必要性及其可能途径。

一、概念与考古推理

这里有必要从回顾考古学术史开始，考察概念构建对于考古学研究的意义。现代考古学兴起的基础是科学，其中包括崇尚理性、追求真理、尊重客观、符合实际的科学精神[①]，还包括注重实地考察、实验验证、逻辑推理的科学方法。正是基于这样的基础，19世纪中后期，现代考古学的框架基本形成，以皮特-里弗斯（Pitt-Rivers）为代表的考古学家逐步发展出较为规范的发掘方法。不过，真正标志现代考古学诞生的还是一系列理论概念的提出，其中最有名的莫过于"三代论"：丹麦人汤姆森（Thomsen）首先提出石器时代、青铜时代、铁器时代三个时代的分期方案，用这三个时代概念来定义北欧史前史；其后，卢博克又从石器时代概念中分化出旧石器时代与新石器时代两个概念[②]，至此人类史前史有了基本的概念划分，一直沿用至今。三代论的重要意义在于，它赋予实物遗存材料年代学的意义——不同的时代有不同的标志性实物遗存。通过实物遗存确定古人所生活的时代，反过来了解不同时代所具

---

① 高奇：《科学方法实践》，王义豹译，清华大学出版社，2005，第22页。
② 布鲁斯·特里格：《考古学思想史（第二版）》，陈淳译，第117页。

有的基本物质条件，这应该说是透物见人的第一步。早期考古学家构建出来的时代概念成为随后发展起来的考古地层学与类型学开展研究的前提。若没有"三代论"这样的理论，研究者就无法定义实物遗存材料，也不知道研究目标何在，自然也就没有必要去发展相应的方法。

到了20世纪初，考古学家面临的问题是年代分期日益细致，同时注意到除了不同时代会有不同特征的物质遗存之外，即便是同一时期，不同区域也会有不同特征的物质遗存。不过，尽管他们了解物质遗存的特征日益丰富，但是有关古人，他们的了解仍然很少。当时正值欧洲民族国家兴起，人们迫切需要知道这些古代遗存是谁留下来的，"考古学文化"概念由此应运而生。"文化"概念来自人类学，泛指一个人群所具方方面面特色的总和。考古学用物质遗存特征组合来代表文化，并进一步用分布在一定时空范围内具有相同或相似特征的遗存组合来指代一个人群。实际运用中，自然而然地与有史记载的族群联系起来，尽管这种对应关系并不一定准确。后来的研究表明，族属的物质遗存表征是高度多样的，并不一定都体现在同样的遗存特征上[①]。但是，有了"考古学文化"概念，考古学家就可以研究古代人群，把物质遗存与古代人群联系起来，考古学一定程度上实现了透物见人的目的。若没有"考古学文化"概念，那么考古学家的工作就仍然只是分期排队，无法更深入地研究古人。

---

① 希安·琼斯：《族属的考古——构建古今的身份》，陈淳、沈辛成译，上海古籍出版社，2017，第135-141页。

以"考古学文化"概念为中心,以考古地层学与类型学为支撑,形成了考古学上的文化历史考古范式。这一范式仍然是当代中国考古学研究的主导范式,尤其是在新石器时代至夏商考古领域,它在构建中国史前史的时空框架上发挥了重要作用[1]。苏秉琦在此基础上提出区系类型理论[2],俞伟超、李伯谦等进一步发展出文化因素分析方法[3]。20世纪80年代后期开始,以之为基础,中国考古学转向研究中华文明起源这一重大课题[4]。文化历史考古范式在新石器时代至夏商考古领域如此成功,对旧石器时代考古与历史时期考古等分支领域也产生了强烈的影响,渗透于其中。在旧石器时代考古领域,广泛运用的组合、技术、工业、传统等概念,都与该范式相关,其中石器工业概念类似于考古学文化,不同的石器工业与人群可以建立起对应的关系。但是,旧石器时代的狩猎采集人群高度流动,深受自然资源供给(种类、密度、季节性等)的影响。决定石器工业形态的因素多种多样,并不完全取决于人群的属性,这导致了宾福德与博尔德之间的著名争论[5],成为旧石器时代考古难以解决的

---

[1] 陈胜前:《文化历史考古的理论反思:中国考古学的视角》,《考古》2018年第2期。
[2] 苏秉琦、殷玮璋:《关于考古学文化的区系类型问题》,《文物》1981年第5期。
[3] 俞伟超:《楚文化的研究与文化因素的分析》,载楚文化研究会编《楚文化研究论集》第1集,荆楚书社,1987;李伯谦:《论文化因素分析方法》,载李伯谦:《中国青铜文化结构体系研究》,科学出版社,1998。
[4] 苏秉琦:《辽西古文化古城古国——兼谈当前田野考古工作的重点或大课题》,《文物》1986年第8期。
[5] F. Bordes and D. de Sonneville-Bordes, "The Significance of Variability in Paleolithic Assemblages," *World Archaeology* 2, no.1 (1970): 61-73; L. R. Binford, "Interassemblage Variability—The Mousterian and the 'Functional' Argument," in *The Explanation of Culture*, *The Explanation of Culture Change: Models in Prehistory*, ed. C. Renfrew (London: Duckworth, 1973), pp.227-254.

"莫斯特难题",即石器组合或工业与人群究竟是什么关系①。从这个争论中,我们不仅可以看到概念关联因素的差别,还可以看到概念构建对学科研究的影响。下面就旧石器时代石器技术的研究来讨论概念构建的重要学术意义。

二、旧石器时代考古的概念构建

旧石器时代考古的概念构建始于对打制石器人工属性的识别,从而建立起"石器"(或称石制工具、石制品)这个概念。这个概念本身就包含着对古人行为的推断,即石器是古人行为的结果,或者说,在历史的某个阶段人类使用过石器。旧石器时代考古起源于19世纪中后期,此时三代论已经形成,所谓旧石器时代就是指比三代论所指石器时代更早的时代。这个概念的出现标志着对人类演化的肯定:人类并非神的创造,而是演化的产物。从广阔的时代关联中来看旧石器时代考古的概念构建,就会发现看似并不起眼的"石器"概念的出现代表着思想的重大变迁,标志着一个新时代的到来。反过来看,当时之所以能够接受"石器"概念,也是一系列社会变迁与思想运动的结果。考古学与时代发展相互推动,考古学的概念构建并不是凭空出现的。

旧石器时代考古起源之后首先遇到的问题是时代的划分。早期的研究者借助与石器伴生的古生物化石来判断年代,莫尔蒂耶开创了采用特

---

① 路易斯·宾福德:《追寻人类的过去:解释考古材料》,陈胜前译,第58—80页。

定石器技术类型判断年代的先河①。与石器技术相关的概念，如莫斯特技术、梭鲁特技术等，不仅具有时代意义，而且包含着对古人制作石器方式的推定。相比于更早的制作手斧的阿舍利技术，生产特定形状石片的勒瓦娄哇技术更复杂，而之后的石叶技术能够生产标准化的石刃，其技术控制的准确性更高。石器技术演化路径中暗含着人类文化演化从简单到复杂的进步观念，这与启蒙主义以来的思潮是一致的。从石器研究中我们可以看到，如果只是关注石器的大小、形制、质地等器物本身所具有的特征，那么就不可能与古人建立联系。在识别石器的人工属性后，首要任务就是确定石器的年代，也就是古人的年代。即便是现在，准确了解石器的年代仍然不是很容易完成的任务。旧石器时代考古以技术类型学为中心，建立起一系列概念，形成旧石器时代考古的年代序列，其标志就是一系列技术类型学的概念。

石器工业概念把石器遗存与古代人群联系起来，确定了人群活动的时空边界。但是，石器工业与人群的关系是一个未经证明的假设。反过来，用人群的交流来解释石器工业的变化，则进一步扩大了立足于该假设的推断范围。过程考古正是在这个背景下发展起来的，如宾福德赴阿拉斯加考察因纽特人，试图更清楚地把握狩猎采集者的活动与物质遗存之间的联系模式②。实际上，在过程考古兴起之前，考古学研究就已经开始关注如何重建古人的生活方式了，如柴尔德（Childe）的《欧洲文

---

① 布鲁斯·特里格：《考古学思想史（第二版）》，陈淳译，第118-123页。
② L. R. Binford, *Nunamiut Ethnoarchaeology*（New York: Academic Press, 1978）.

明的曙光》(*The Dawn of European Civilization*)就是按照这样的框架组织的[①]。但是，以考古学文化为中心，以考古地层学与类型学为支撑的范式，即便辅之以多学科的分析方法，也并不足以重建古人的生活方式。表现在旧石器时代考古中，就是以石器工业为中心，以石器的技术类型学、地层学为支撑的研究范式（即文化历史考古），无法有效地建立石器遗存与古人活动之间的联系，更无法充分理解其深层的历史意义。

这里我们不妨以细石叶技术的研究为例进行说明。如果采用文化历史考古范式，就更可能从人群迁徙与文化传播的角度来理解细石叶技术，即细石叶技术可能来自阿尔泰－西伯利亚地区，因为该地区具有细石叶技术所需要的一些技术要素，如修理台面的技术。按照传播论的逻辑，阿尔泰地区相应的石器技术可以追溯到非洲，那里是现代人起源的中心，自然也是先进石器技术的发明与扩散中心。这种解释暗含着只有某个特定的人类群体才可能发明技术，其他群体是无能为力的，这与陶器、动植物驯化、金属冶炼、文字等在不同地方多次被发明的历史事实是相背的。按照过程考古范式，从文化适应的角度分析细石叶技术，细石叶是标准化的石刃，轻便易携带，便于维护，具有较为广泛的使用范围，特别适合高度流动的生活方式，以应对不确定的资源分布[②]。标准化、便携性、可维护性等概念由此产生，并可以与其他石器技术进行比

[①] 戈登·柴尔德：《欧洲文明的曙光》，陈淳、陈洪波译，上海三联书店，2008。

[②] 罗伯特·G. 埃尔斯顿、杰夫·班廷汉姆：《北亚的细石器技术：旧石器时代晚期与早全新世的风险最小化策略》，陈胜前译，载罗伯特·G. 埃尔斯顿：《小工具　大思考：全球细石器化的研究》，史蒂文·L. 库恩主编，陈胜前译，第155-178页。

较。立足于这些概念，还可以分析史前狩猎采集者的流动性。流动性是狩猎采集者获取资源的根本保证，他们在流动中确定资源的位置（并不一定马上利用）。旧石器时代人口分布稀疏，狩猎采集者还在流动中建立其社会网络，建立婚姻关系[1]。流动性作为一个中心概念，把石器研究与古人行为联系起来了。

如果进一步考察细石叶技术的兴衰，就可以把细石叶技术与旧新石器时代过渡（包括农业起源在内）这个重大问题联系起来。就中国华北地区而言，细石叶技术的衰落与农业起源直接相关。我们现在知道，在旧石器时代晚期晚段，也就是在末次盛冰期来临前夕，狩猎采集者为了应对日益稀疏的资源分布，开始采用细石叶技术。但是，细石叶技术最终盛极而衰，狩猎采集者在提高流动性以应对资源变化的同时，开始强化利用某些资源，如粟、黍之类可以驯化的植物，农业随之起源[2]。从细石叶技术研究中我们可以看到，发展合适的概念不仅有利于把握该技术与人类行为之间的联系，还可以从更广阔的关联中发现其历史（或演化上的）意义。过程考古强调文化进化论、文化过程（机制）以及文化生态学，流动性这个核心概念把微观研究与宏观研究结合起来了。

考虑到狩猎采集者的流动形态，宾福德曾经提出采食者（forager）与集食者（collector）的区分；一般地说，前者是让人去就食物，后者

---

[1] 路易斯·宾福德：《追寻人类的过去：解释考古材料》，陈胜前译，第95-136页。

[2] S. Q. Chen and P. L.Yu, "Intensified Foraging and Roots of Farming in China," *Journal of Anthropological Research* 73（2017）：381-412.

是让食物来就人，由此形成两种不同的居住组织结构，导致不同的物质遗存分布形态，对石器组合的构成也有明显的影响[①]。集食者有更多功能单纯的遗址（special-purpose sites），人们在这里会成批处理某种资源，需要集中使用某类工具，工具使用强度也会增大，可能需要反复修理。而在中心营地，由于居留时间较长，资源消费活动多样，所以需要更多样的器物类型。而对于采食者而言，他们的遗址较为简单，居留时间短，不容易被发现。但是，如果人们反复光顾（如有泉水的地方），也可能留下较为丰富的堆积，即便如此，其石器组合类型仍然不会如集食者的中心营地那样丰富。宾福德从这组概念出发，进一步推断石器组合的形态特征，从而实现对物质遗存与人类行为之间关系的理解。除了宾福德的分类，类似的区分还有伍德伯恩（Woodburn）提出的"及时回报"与"延迟回报"[②]，白金格（Bettinger）提出的"旅行者"与"处理者"[③]，普莱斯（Price）等人提出的"简单狩猎采集者"与"复杂狩猎采集者"[④]，如此等等。这些区分分别强调狩猎采集者生活的不同方面，从这些概念出发，都可以去推断石器组合的形态特征。

---

① L. R. Binford, "Willow Smoke and Dogs' Tails: Hunter-Gatherer Settlement Systems and Archaeological Site Formation," *American Antiquity* 45（1980）: 4-20.

② J. Woodburn, "Hunter-Gatherers Today and Reconstruction of the Past," in *Soviet and Western Anthropology*, ed. A. Gellner（London: Duckworth, 1980）, pp.95-117.

③ R. L. Bettinger, *Hunter-Gatherers: Archaeological and Evolutionary Theory*（New York: Plenum Press, 1991）, pp.101-103.

④ T. D. Price and James A. Brown（eds.）, *Prehistoric Hunter-Gatherers: The Emergence of Cultural Complexity*（Orlando: Academic Press, 1985）.

狩猎采集者以流动采食为生，资源的获取具有不确定性，不同地区不同条件下的风险并不相同。为了预防不确定的风险，狩猎采集者需要提前做好准备，这一点古今没有什么不同。提前准备的策略很多，如储备；表现在石器上，可以包括原料的预备、原料的精选、石器的精致加工等。目的只有一个，就是把必需的劳动提前。由此形成石器分析常用的一组概念：权宜性技术（expedient technology）与预备性技术（curated technology，或译为精致技术）[1]。前者是即用即弃，基本不需要考虑提前准备的问题，后者正相反。当然，很少石器设计制作如此极端，它们代表两个极端，研究者通过分析石器技术与组合，就可以推断狩猎采集者的文化适应状况，进而探讨产生变化的原因，如气候变化引发的资源变化，或者技术本身的发展。人类石器技术的演变存在一种趋势，即时间深度的考量不断延长。利用权宜性技术与预备性技术这两个概念，我们在石器分析上就又获得了一个新的维度。换句话说，即便都是从流动性概念出发，也完全可以产生不同的分析维度。

随着旧石器时代考古研究的发展，研究者不满足于在一般生活方式上了解古人，而是进一步去探索社会、意识形态等更复杂的领域。按照考古推理的阶梯[2]，从技术、社会到意识形态，研究难度是不断增大的。研究者开始构建新概念去探索这些领域，如甘博立足于欧洲旧石器时代

---

[1] L. R. Binford, "Organization and Formation Processes: Looking at Curated Technologies," *Journal of Anthropological Research* 35 (1979): 255-273.

[2] C. Hawkes, "Archaeological Theory and Method: Some Suggestions from the Old World," *American Antiquity* 56 (1954): 155-168.

相对较为丰富的材料去研究当时的社会面貌，他采用了场所（locale）、地方（place）等新概念[1]。同样是指空间，这些概念更强调人的参与，尤其是文化意义上的渗透，更近似于后过程考古的范畴。在对社会演化的分析中，他采用亲密网络、效用网络、扩展网络等概念[2]，把尼安德特人与现代人的社会属性区分开来，相比于现代人，尼安德特人还没有摆脱面对面交往的依赖，表现在物质遗存上就是象征物（艺术品）罕见，外来物品少，来源地更近，等等。旧石器时代考古遗存本来就稀少，而且材料精细度有限，是很难去研究社会演化状况的，正是通过概念的构建，铺砌了一条可行的路径，形成了新的研究领域。

类似之，研究者采用诸如操作链概念去研究旧石器时代的人类（心智）认知问题。表现在石器研究上，操作链与打片序列有许多相似性，如肖特从一种学术民族主义的立场出发，认为应该采用美国学者自己早在19世纪末就提出的"打片序列"概念[3]。但是，学术界普遍倾向于采用"操作链"概念，不仅因为这个概念有更深厚的哲学底蕴——它立足于结构主义思想，更在于它可以帮助我们去探索史前人类的认知水平，甚至有助于识别特定社会群体的边界[4]。比较两个概念，可以发现，尽管它们所指的具体内涵十分相似，但是概念所依托的关联性会深刻影响概念的生命力。

---

[1] 克里夫·甘博：《欧洲旧石器时代社会》，陈胜前、张萌译，第69-90页。
[2] 同上书，第53-56页。
[3] M. J. Shott, "Chaîne Opératoire and Reduction Sequence," *Lithic Technology* 28（2003）: 95-105.
[4] 科林·伦福儒、保罗·巴恩主编《考古学：关键概念》，陈胜前译，第26-31页。

回顾旧石器时代考古透物见人过程中的概念构建，可以归纳出以下四个特征：

其一，现代考古学诞生以来，考古学研究其实一直是以透物见人为目标的，但是其中存在范围与层次的区分。一个基本的发展趋势是，透物见人的范围越来越广，层次越来越深入，从确定石器的人工属性、判断年代、识别人群的边界，到了解古人的生计活动，再到了解古人当时的社会组织与意识形态。

其二，透物见人需要跨越物质遗存与古人之间的鸿沟，这中间涉及许多环节，它们构成连续的推理链条，其中任何一环都是不可缺少的。每个环节都需要相应的概念构建，因此部分概念（如流动性）更接近动态的人类社会，有的概念（如权宜性技术）更接近物质遗存。更接近动态人类社会的概念是具有普遍性的理论认识，可以从这里出发进行演绎，发展假说，预测实物遗存材料的特征。

其三，概念的创新意味着研究领域的扩大、研究路径的更新。概念运用存在边际效应递减的情况，如"石器工业"概念，在初期构建旧石器时代的时空框架上颇有效率，但用它去重建古人的生活方式则勉为其难，此时就需要构建新概念。

其四，在旧石器时代考古的概念中，一个概念除了本身包含的意义之外，还会有更深远的关联意义，这种意义通常与人类演化史相关。合适的概念（如"操作链"概念），不仅能够描述现象，还能够有效扩展现象的关联，以实现见微知著、窥一斑而知全豹的目的。

三、概念构建的基本途径

从旧石器时代考古研究实践中我们看到了概念构建的重要意义,如何发展概念、实现概念的创新成为随之而来的问题。我们以细石叶技术研究为例进行说明。概念创新的一条基本路径就是民族考古学,以流动性为中心的系列概念都来自狩猎采集者研究。对于旧石器时代考古研究而言,狩猎采集者研究的重要性不弱于历史文献之于历史时期考古研究的重要性。它们的作用也是类似的,都有助于理解物质遗存。有所不同的是,历史文献之于物质遗存是直接历史,狩猎采集者研究提供的是参考框架,其中可能存在古今不一致的情况。也正因为如此,狩猎采集者研究注重理论的提炼,而不是孤立事实的类比,这也就是所谓"中程理论"建设。理论提炼的好处就是,能够带来一些可以为旧石器时代考古研究所利用的概念工具,如采食者-集食者模型、权宜性技术与预备性技术,等等。

对于旧石器时代考古而言,材料通常十分零碎,研究者距离所研究的时代久远,很难直接体会到当时的生活,具体如何捕猎、屠宰、加工石器、处理采集到的食物,甚至包括人们在微观空间上如何坐、卧,这些活动如何表现在物质遗存上,如此等等的问题都需要借助狩猎采集者研究,它是我们判断考古材料所代表之行为意义的一把钥匙[①]。当年宾福德与博尔德展开争论后,宾福德选择了去阿拉斯加,他的目的就是观察

---

① 路易斯·宾福德:《追寻人类的过去:解释考古材料》,陈胜前译,第137-194页。

人类行为是如何转化为物质遗存的。他没有拘泥于对现象的观察，而是从中提炼出具有概念意义的模型，这些研究也成为他的学术遗产中引用频率最高的部分①。20世纪80年代当他到英国讲学的时候，科林·伦福儒（Colin Renfrew）对此感到十分惊讶，没想到考古学研究还可以这样开展②。当前，狩猎采集者研究已经成为一个单独的研究领域，研究范围非常广阔，从以文化生态为中心转向以行为生态、进化生态为主，并引入更加丰富的研究视角，这些研究给旧石器时代考古带来了众多可用的概念。当然，狩猎采集者研究是更接近人的方面，代表更加理论化的部分，可以从这里出发展开演绎推理，进一步发展中介概念。

中程理论并不限于狩猎采集者研究，在旧石器时代考古研究中，石器的实验考古也是十分有意义的，这条研究路径更接近物（石器），能够有效地帮助我们理解石器的制作过程、使用方式。实验考古一方面可以帮助我们确认石器技术概念，另一方面也有助于我们发现石器技术的意义。比如，实验研究显示：锐棱砸击法是一种技术门槛比较低的石片生产技术，即便打制石器经验十分有限的女青年也可以操作，但这种技术十分浪费原料，只能在特定区域使用；锐棱砸击石片在处理鱼获上很有效率，这得到遗址伴随出土的鱼骨化石以及地理位置的支持，它可能

---

① G. M. Feinman and T. D. Price, "The Archaeology of the Future," in *Archaeology at the Millennium: A Sourcebook*, eds. G. M. Feinman and T. D. Price (New York: Kluwer Academic/Plenum Publishers, 2001), pp. 475-496.

② 科林·伦福儒：《序》，载路易斯·宾福德：《追寻人类的过去：解释考古材料》，陈胜前译，《序》第2页。

代表旧新石器时代过渡时期男女分工的新变化①,有重要的文化适应的意义。中程理论还包括当代与历史时期的物质文化研究,其中直接历史法有较好的古今一致性,是特别有价值的;当代物质文化研究如拉什杰(Rathje)的垃圾考古②,为分析遗存的废弃提供了很好的概念框架。简言之,中程理论的精髓就在于概念构建,为考古材料分析提供必要的概念支持。

除了中程理论带来概念创新之外,前文在回顾旧石器时代考古概念发展史时已经提及另一条有效的途径,那就是从范式变迁的角度来实现概念创新。从文化历史考古到过程考古,核心概念纲领发生了重要的变化。在文化历史考古范式中,如"考古学文化"概念中所说的文化是作为标准或规范而存在的,即同一群体的人自动遵循相同的形式或路径去生产器物③。而在过程考古范式中,文化是功能的,是作为人身体之外应对生活挑战的手段而存在的,主要概念是文化适应。过程考古吸收了文化生态学、功能主义人类学的观点④,实现了核心概念纲领的重大变化,由此带来了相关支撑理论方法、研究目标等方面的重大变化,学科发生

---

① R. Z. Liu, et al., "Alternative Adaptation Strategy during the Paleolithic-Neolithic Transition: Potential Use of Aquatic Resources in the Western Middle Yangtze Valley, China," *Quaternary*, March 28, 2020, doi: 10.3390/quat3030028.

② 威廉·拉什杰、库伦·默菲:《垃圾之歌》,周文萍、连惠幸译,中国社会科学出版社,1999。

③ G. S. Webster, "Cultural History: A Cultural-Historical Approach," in *Handbook of Archaeological Theories*, eds. R. Alexander Bentley, Herbert D. G. Maschner, and Christopher Chippindale, pp.11-27.

④ 布鲁斯·特里格:《考古学思想史(第二版)》,陈淳译,第291-316页。

了范式变迁。类似之，后过程考古对过程考古的超越也是如此，它把文化看作人的表达，文化体现了人的能动性。范式变迁会带来一系列概念的变化。比较文化历史考古、过程考古以及后过程考古，我们会发现其主要概念存在非常大的区别。

当然，需要注意的是，学科范式的变迁并不是轻易就会发生的，它与学科内外背景关联的变化密切相关，外部关联包括社会背景、时代思潮与相关学科的发展，而内部关联包括学科内部理论、方法与实践之间的张力[1]。从当代考古学的发展来看，三大主流范式合理并存，同时还存在一些类似范式的探索，如生态、进化论、能动性、马克思主义等。除此之外，还有许多新的视角，如物质性、性别、心智等[2]。范式变迁带来的启示是，概念创新既可能来自学科之外，也可能来自学科之内。考古学作为一门处在自然科学、社会科学与人文科学之间的交叉学科，需要充分利用好这种交叉性，在学科范式与视角上不断探索，那么，我们就有可能不断得到新概念，从而推动学科的发展。

前文没有特别提及的是概念创新的第三条途径，那就是考古材料本身。通过归纳既有的发现，可以提炼出概念，如在中国旧石器时代考古中，"莫维斯线"就是一个引起广泛关注的概念[3]，它描述了旧石器时代欧亚大陆东西两侧石器面貌上的差异。尽管不断有一些例外发现，如

---

[1] 陈胜前：《中国考古学研究的范式与范式变迁》，《中国社会科学》2019 年第 2 期。

[2] R. Alexander Bentley, Herbert D. G. Maschner, and Christopher Chippindale (eds.), *Handbook of Archaeological Theories*.

[3] H. L. Movius, "The Lower Paleolithic Cultures of Southern and Eastern Asia," *Transactions of the American Philosophical Society* 38 (1949): 329-420.

百色盆地①、洛南盆地②以及最近发现的四川稻城皮洛遗址③，但是这个总体格局似乎仍然没有改变。日益复杂的格局需要更好的解释，文化历史考古中固有的传播论越来越不足以解释既有的发现。相对而言，过程考古从文化适应、文化进化等角度进行的解释更有说服力。文化跟人的生理特征一样处在演化进程中，其发展有一定的随机性④，正是在随机性的基础上进行自然选择，由此在中国出现了间断分布的莫维斯西侧的石器工业。"莫维斯线"概念只是描述了考古材料的特征，而没有进行解释，算不上真正的透物见人。如果认为它也是透物见人过程的一部分的话，可能是因为它暗示了欧亚大陆东西两侧史前人群不同的适应水平，甚至存在不同的人类种群——东部种群在认知能力上较为落后，或是因为缺乏文化交流，文化上更加落后⑤。而这样的假设并没有得到充分的证明，因为西侧采用"先进"技术的尼安德特人、丹尼索瓦人也没有成为现代人的祖先（只有少量的混血）。

类似于"莫维斯线"概念，通过归纳提炼出来的概念普遍存在的问题是，其中暗含一些假设，这些假设是不明确的，甚至研究者本人都可

---

① 广西壮族自治区博物馆编《百色旧石器》，文物出版社，2003。

② 陕西省考古研究院、商洛地区文管会、洛南县博物馆编著：《花石浪（I）——洛南盆地旷野类型旧石器地点群研究》，科学出版社，2007。

③ 李韵：《四川稻城皮洛遗址获重大发现——这些手斧何以惊动考古界》，《光明日报》2021年9月28日第8版。

④ A. Bentley, et al., "Darwinian Archaeologies," in *Handbook of Archaeological Theories*, eds. R. Alexander Bentley, Herbert D. G. Maschner, and Christopher Chippindale, pp. 109-132.

⑤ H. L. Movius, "The Lower Paleolithic Cultures of Southern and Eastern Asia," *Transactions of the American Philosophical Society* 38 (1949): 329-420.

能没有意识到。再者，通过归纳提炼出来的概念，仍然需要运用术语，而术语本身可能是理论的产物，比如"考古学文化"概念，它在文化历史考古中得到普遍的运用，我们把一定时空范围内具有相同或类似特征的物质遗存称为一个考古学文化。其中"文化"概念来自人类学，是"人类学之父"泰勒用以描述人类物质与精神生活面貌的概念[1]。考古学家采用这个概念的时候，一方面，修改了文化的内涵，文化成为一个可以划分的单位，而不再是整体性的；另一方面，文化成为特定人群的物质标志。这些前提条件都暗含在"考古学文化"这个概念中。从这个角度说，归纳的概念也是理论的产物，正如科学哲学家汉森（Hansen）所言，事实本身也带有理论[2]。总而言之，尽管考古学家可能是从考古材料出发，通过归纳提炼出概念，但是他们或明或暗，仍然需要依托某些理论基础，并不存在纯粹的概念。

综上所述，考古学透物见人的概念构建至少有三条途径：以中程理论建设为中心的概念构建、从更加普遍的理论出发以演绎为中心的概念构建、从考古材料出发以归纳提炼为中心的概念构建。需要指出的是，三条途径又是从物到人推理的不同环节，演绎更接近人这一极，归纳则指向物这一极，中程理论以跨越人与物之间的鸿沟为目的。三条途径都需要运用，这样才有可能获得透物见人推理不同环节所需要的概念。

---

[1] 爱德华·泰勒：《原始文化》，重译本，连树声译，广西师范大学出版社，2005。
[2] N. R. 汉森：《发现的模式》，邢新力、周沛译，中国国际广播出版社，1988，第23页。

四、小结

概念构建是透物见人的中心环节，成功的研究往往以标志性的概念为代表。创新概念能够引领研究，回顾旧石器时代考古的概念发展史，可以看到这样的效果。再者，还可以看到概念所涉及的关联性，概念的意义并不局限于自身的含义，还可以进一步透射出历史意义。从考古学研究的实践中，我们可以得到三条构建概念的途径，三条途径之间存在互补关系。当然，概念构建不等于透物见人，还需要建立概念与材料之间的有效联系。概念构建只是透物见人推理的一个环节，一个不可或缺的环节，一个需要特别关注与研究的环节。

第二部分

旧石器时代早中期石器研究

第五章　旧石器时代早中期石器考古问题

旧石器时代早中期涉及的重大问题就是人类的起源，具体到石器研究，则会细分为许多问题。不同研究者所强调的方面不同，有的强调狩猎（食肉）的重要性，有的强调技术的进化，克里夫·甘博等人在《大思考：社会生活的演化如何改造人类的心智》(*Thinking Big : How the Evolution of Social Life Shaped the Human Mind*)中则强调社会认知的起源[①]。在正式进入对具体石器考古材料的研究之前，有必要了解这个领域的重要问题。这些问题是吸引研究者的动力，也是研究的理论背景。每个问题都包含着前人的研究，因此包含着理论预设。旧石器时代早中期涉及的问题众多，这里所能覆盖的只是一些与石器考古相关、个人认为比较重要的问题。我并不指望全面覆盖，而是希望为后面对具体材料的讨论提供必要的背景。

一、石器的起源

不论在哪一个讨论框架中，石器的起源都是一个避不开的问题。石

---

① Clive Gamble, John Gowlett and Robin Dunbar, *Thinking Big : How the Evolution of Social Life Shaped the Human Mind*.

器作为保留下来的人类工具证据，具有无可争议的明确性。相比而言，骨质工具证据不仅少，而且存在较大的争议。况且石质工具需要一定的制作与加工，体现出早期人类明确的意图，即要把一件石块制作成符合需要的工具。即便是最简单的石器工具，也涉及手、眼、脑乃至整个身体的协调，并不是轻而易举就可以实现的。石器的出现代表人类正式走向依赖工具生存的开始。我们知道，如黑猩猩这样的灵长类也能在一定程度上使用工具，甚至是制造工具；而如狒狒这样的灵长类也能生活在开阔地带而无须制作与使用工具。这一正一反两个例子说明的是，一方面人类的生存开始依赖工具，另一方面人类生存并不必然需要工具。石器仿佛游戏中的外挂，它让人类拥有了其他物种难以匹配的优势。狮子的牙齿再锋利，也不可能如石器那样经久耐用，可以不断替换，还可以针对不同的需要改变形制。也正因为如此，我们把石器的使用与制作看作人类文化的开端，而不是把任何使用或制作工具的行为都视为文化。黑猩猩加工一根细树枝去吊白蚁，更早期人类加工一件石块以获得用于切割的石片或者用于砍砸的大型石器，两者看起来非常相似，都是加工制作，但两者的难度相差甚远，尤其是从结果来看。石器在不断演化，从简单粗糙到复杂精致，而黑猩猩的工具似乎停留在了一个阶段。其中暗含着一个推断：石器的出现代表人类整体从体质到文化全面发生的演化，而且出现了整体性的跃升——形成了一种复杂性积累发展的文化。

目前关于谁是最终的石器制作者还有不少争议，已有的最早石器证据似乎指向南方古猿惊奇种①,距今250万年前,还有观点认为是能人。距今340万年前,埃塞俄比亚的迪克卡(Dikika)遗址发现若干带有砍割痕迹的动物骨骼化石,似乎指向石器使用,但是这里没有发现共生的石器,有关这个发现还有不少争议②。从DNA研究的角度讲,距今310万年前,是人类祖先演化的一个加速阶段,之前只有2个基因位点发生变化,之后至少有18个基因位点发生变化。与此同时,南方古猿出现了适应分化,南方古猿纤细种形成,还有至少3个南方古猿的粗壮种。这些证据似乎可以指向一个推测:在距今300多万年前(具体年代受制于测年技术的精确度,不能确定),人类的演化产生了飞跃,其中的推动因素可能就是石器的起源。

当然,这里仍然有问题需要解决,人类祖先早在距今六七百万年前就与黑猩猩分道扬镳,为何要等到300万年后才出现石器?这里可能存在两种使用石器的方式:一种是偶然性的、情境性的,如僧帽猴偶尔也会使用石块,这些石块剥离石片后宛如人类祖先制作的石器,这样的使用只是暂时解决一些问题,并没有产生明显的进化后果;另一种是习惯性的、依赖性的,而且是关联性的,即与人类祖先的生计、社会与意识都密切相关,已经镶嵌到人类文化中。从前者到后者是一个从量变到质变的过程。距今310万年前,可能就是质变产生的时间。此时,石器的

---

① B. Asfaw, et al., "Australopithecus Garhi: A New Species of Early Hominid from Ethiopia," *Science* 284 (1999): 629-635.

② Z. Alemeseged, et al., "A Juvenile Early Hominin Skeleton from Dikika, Ethiopia," *Nature* 443 (1999): 296-301.

形态未必产生根本性的变化，但是使用频率会有所不同，更关键的是，结果已经形成了。早期人类生活在热带稀树草原环境中，由于这种环境存在明显的旱季与雨季，旱季会有一些动物死亡，另外，草原上的火灾也会导致一些动物死亡，再就是食肉类动物捕食后会留下一些残余的动物骨骼。这些情况都会为早期人类利用动物尸体提供一些机会，他们需要切割工具，还需要砍砸动物骨骼的工具，骨髓能够提供蛋白质与脂肪。热带稀树草原高度季节性的气候有利于根茎植物的生长，雨季时储备水分以备旱季之需，这也就为早期人类利用它们提供了有利条件，由此，需要有挖掘的工具。可以直接采用石器（如手镐、手斧），还可以加工出挖掘棒一类的工具。生活在热带稀树草原环境中，如果试图利用动物尸骸以及植物根茎、坚果，那么石器就是非常必要的工具。早期人类种群中，并不是所有的分支都选择了这样的资源利用方式，南方古猿粗壮种就没有，身体相对纤细灵巧的种群另辟蹊径，选择了一种不断强化利用的方式，越来越依赖肉食与根茎，越来越依赖石器，如此循环往复，人类的石器时代真正到来。

  目前的问题还是证据较为有限。早期人类的牙齿微磨痕一定程度上能够指示食性，同位素分析也能够提供一些证据。石器及其加工的对象自然是非常理想的证据，只是对于最早期的人类而言，还非常稀少。考古学家希望能够发现早期人类的中心居址，也就是曾经流行的中心地模型，狩猎采集的人类会把食物带回中心营地，然后一起分享。这样的假设可能对于距今三四百万年前的远古人类是不成立的。现代高等灵长类如黑猩猩就没有中心营地。没有中心营地，也就意味着远古人类在一个地方活动的时间长度有限，难以留下考古学上可以看见的遗存。当早期人类真正进入石器时代后，我们可以看到人类肉食显著增加，人类的肠胃系统发生了明显的改变，小肠所占的比例占到 2/3，相比而言，现代灵长类的大肠部分要占到 2/3。从这个角度说，人类的肠胃系统更接近食肉类。另外，如果利用根茎的话，成年人每小时几乎可以获得 2 000 大卡的热量，而且孩子、老人也可以参与。植物利用与肉食是可以相互弥补的，植物性食物最少的时候正好是尸食的机会最多的时候。不论是肉食、根茎利用还是坚果的处理，都需要用到石器，但石料并不是到处都有，而且石头并不适合长距离携带。此时，与其携带石器工具长距离行动，而且不知道是否能够用上，还不如把食物带回到石头集中的地方。还有一种可能，那就是早期人类会反复光顾有石料的地方，从而把这里变成人类活动密集的地方，也就是所谓的中心营地。换句话说，石器的起源促进了人类活动的中心化，而中心化会导致更频繁的社会交往、更复杂的交流。反过来，社会化的加强又会导致石器技术知识的积累、发明与传播。

早期的石制技术无疑是简单的，其目标产品是制作某种具体石器工具，还是仅仅为了生产石片？研究者对此有争议，托斯认为目标产品应该是石片，所谓的砍砸器其实是用于生产石片的石核。不过，就早期人类的需要而言，切割、砍斫、敲砸、挖掘等都是需要工具的行为。至于什么是目标产品，并不是一个重要的问题，真正重要的是石器使用行为所产生的结果。长期的石器使用行为会导致早期人类的手部形态发生变化,由此具有更好的抓握能力,还有身体的协调配合能力,能够有效地运用力量,包括选择合适的原料、准确的打击位置,还有迅速地施加足够的力量,从石核上剥离石片。长期的石器使用行为会在人体骨骼上留下证据。从物质遗存现场的角度说,也会留下相应的证据。由于石头的密度大,不适合经常性地大量携带,比较理想的状况是经常生活在石料供给比较充足的地方。如果这个条件不能满足的话,可行的策略就是搬运一部分石料到经常有资源利用的地方,这就构成了工具的预备(curation),由此会出现集中发现的石制品与备料,这也是在早期人类遗址中已观察到的现象。它们所反映的是人类对石器工具的依赖,人类的生存已经不能离开石器工具!有关早期人类的石器制作,相关研究甚多,左右利手研究就是一个典型的问题。早期人类石器制作中是否存在右利手现象?通过石器研究是否可以考察这一问题?研究者通过天然石皮的朝向[1]、半锥体的形态特征来判断[2],有的甚至可以通过未经扰动的石制品空间分布特征加以判断[3],也有研究者反对这种可能[4]。

---

[1] N. Toth, "Archaeological Evidence for Preferential Right-handedness in the Lower and Middle Pleistocene, and Its Possible Implications," *Journal of Human Evolution* 14 (1985): 607-614.

[2] G. Rugg and M. Mullane, "Inferring Handedness from Lithic Evidence," *Laterality* 6 (2001): 247-259.

[3] A. Bargallo, et al., "Identifying Handedness at Knapping: An Analysis of the Scatter Pattern of Lithic Remains," *Archaeological and Anthropological Science* 10 (2018): 587-598.

[4] L. Ruck, et al., "Determining Hominid Handedness in Lithic Debitage: A Review of Current Methodologies," *Lithic Technology* 0 (2015): 1-18. DOI: 10.1179/2051618515Y.0000000009.

石器制作可以分解为许多姿势与步骤①。研究者还发现技术传递过程中通过教导去学习比单纯模仿效率高得多②，而教导过程就涉及语言的发展，语言成为必需的条件。长期的石器使用与生物特征形成了共同演化③，进而产生了人类演化的重大变化。

二、石器技术的演化模式

在石器材料研究中，首先涉及的理论问题就是石器技术的演化模式。自绝对年代测定技术尤其是钾氩法断代出现后，我们能够确定数百万年以来人类活动遗存的年代，进而可以进行全球遗址的比较。克拉克由此写作了第一部世界史前史著作，其中他提出了著名的石器技术演化的五种模式：模式Ⅰ流行于旧石器时代早期早段，以砾石石核与石片石器为主；模式Ⅱ流行于旧石器时代早期晚段，以两面器为特征，两面器通常被称为手斧，可以用大石片或石核制作，模式Ⅱ技术又称阿舍利技术；模式Ⅲ属于旧石器时代中期，其标志性特征是修理台面、剥离石片，通常称为勒瓦娄哇技术；模式Ⅳ属于旧石器时代晚期，其标志性特

---

① A. Cueva-Temprana, et al., "Gestures during Knapping: A Two-perspective Approach to Pleistocene Technologies," *Lithic Technology* 44（2019）：74-89. https://doi.org/10.1080/01977261.2019.1587255.

② T. J. H. Morgan, et al., "Experimental Evidence for the Co-evolution of Hominin Tool-making Teaching and Language," *Nature Communications* 6：6029. DOI：10.1038/ncomms7029 www.nature.com/naturecommunications.

③ A. J. M. Key and S. J. Lycett, "Investigating Interrelationships between Lower Paleolithic Stone Tool Effectiveness and Tool User Biometric Variation: Implications for Technological and Evolutionary Changes," *Archaeological and Anthropological Science* 10（2018）：989-1006.

征是石叶技术，采用间接打制生产标准化的石片——石叶；模式V属于中石器时代，以细石器为基本特征，也包括其他用于复合工具的石质组件[①]。五种模式的划分把旧石器时代分为前后相继的阶段，从而形成了以石器技术为中心的年代框架：石器技术具有时代指示意义。

克拉克强调石器技术的统一性特征，在他之前，莫维斯（Movius）已经注意到石器技术存在地区的区分，克拉克并非不清楚这一点；而且他也了解到，即便在欧洲，模式Ⅱ技术也并非在所有地区都有分布，如东欧地区就没有该技术。克拉克的分类方案是以非洲及欧亚大陆西侧，尤其是以欧洲西部旧石器时代石器技术序列为中心建立起来的。当时的一个客观情况是，世界其他地区旧石器时代考古材料的发现还比较少。实际上，不同地区的年代序列并不一致，非洲的手斧最早可以追溯至距今176万年前[②]，非洲的石叶技术可以早到距今50万~30万年前。克拉克的五种模式中暗含着石器技术的不断进步，从简单的直接打制到复杂、多样的间接打制，石器技术的准备程度、标准化程度不断提高，石器原料的选择也越来越精细。五种模式的石器技术具有一种逻辑发展过程，从简单打片到两面加工，再到修理台面的石片生产，沿着这个脉络，就有了石叶与细石器的生产。克拉克的五种模式还暗含着不同地区存在着类似的路径，这也就是他坚持采用这种统一性方案的主要原因，尽管他知道不同

[①] G. Clark, *World Prehistory in New Perspective*, 3rd edition（Cambridge：Cambridge University Press，1977）.

[②] F. Diez-Martin, et al., "The Origin of the Acheulean：The 1.7 million-year-old Site of FLK West, Olduvai Gorge（Tanzania），" *Scientific Reports* 5（2015）：17839. Doi：10.1038/srep17839（2015）.

地区存在一定的差异。从当前考古材料的状况来看，通过石器技术指示年代已经不成立；空间上的一致性也不存在。简言之，克拉克的五种模式作为时空框架的基础已经不存在。但是，在没有新的模式取代它们之前，这五种模式仍然是从整体上把握世界旧石器时代石器技术基本面貌的概念体系，通过剑桥大学这个教育平台，在学术研究中广泛应用。这个体系在中国旧石器时代考古中影响巨大，一直是研究者展开讨论的前提。

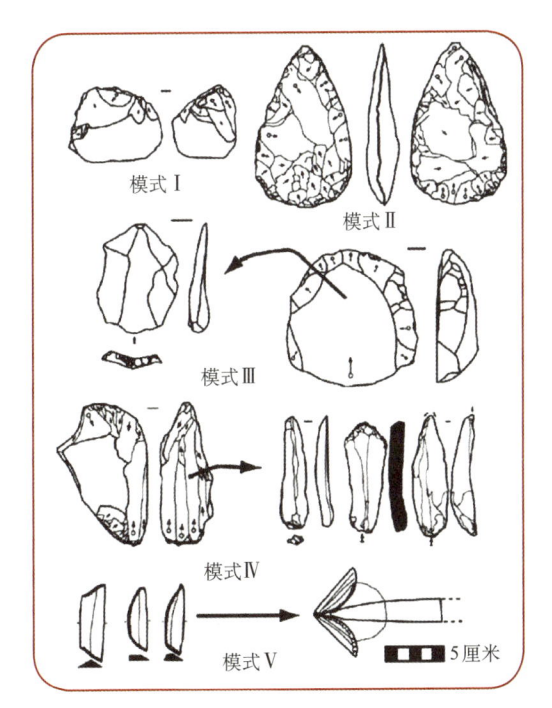

图 5-1 克拉克五种模式的内在逻辑

资料来源：J. J. Shea, "Lithic Modes A-I: A New Framework for Describing Global-scale Variation in Stone Tool Technology Illustrated with Evidence from the East Mediterranean Levant," *Journal of Archaeological Method and Theory* 20（2013）：151-186.

2013年希尔（Shea）基于新的材料基础，提出另一个分类体系，把人类所有利用石制品的方式都考虑进来，包括最早与晚近（新石器时代乃至历史时期）的时期。最早阶段，人类主要利用石头进行敲砸，就像我们在黑猩猩群体中看到的一样。在这种使用中，偶尔可能从石头上崩落下来石片，如果连续使用的话，就有可能产生连续的片疤，片疤具有明显的打击痕迹，如打击点、半锥体、同心波、放射线等。希尔将之命名为模式A。模式B以砸击石核（bipolar cores）为特征；模式C的标志是砾石石核或非等级石核（pebble cores/non-hierarchical cores）；模式D的标志是修理石片（retouched flakes）；模式E是延长的石核工具（elongated core tools）；模式F-G为等级石核；模式H-I为刃缘磨制或通体磨制的石器。这九种模式按照石器制作方式可以分为三组：模式A采用敲砸的方式；模式B-G采用打片的方式；模式H-I为磨制。打片的模式又可以进一步分为非等级石核（模式C与模式E）、修理石片（模式D）、等级石核（模式F和模式G）。等级石核与非等级石核的区别通过石核边缘的剖面很容易识别。后者多为单面石核，只从一条边上剥离石片。希尔的分类体系较为复杂，也不那么容易理解，其暗含的假设与克拉克的并无本质的不同，只是覆盖的范围更大。这个分类体系能否被学术界广泛采用，还有待观察。

石器材料是否可以建立统一的分类体系？在一个区域内是有可能的，在全球范围内则比较困难。理论上说，分类体系覆盖范围越广，分类就会越概略。宾福德1979年曾经提出一个非常简单但实用的分类体系，他把石器技术分为两种：权宜性技术与预备性技术①。宾福德认为从预备性到权宜性之间是连续分布的。预备性工具基于未来可能的需要进行生产、维护、预备以及循环使用；权宜性工具是用后即弃。就石器而言，前者规整，能够实现多功能的目的；后者不规整，仅限于完成当时特定的事务，比如随手捡起一块石头敲砸坚果，或者利用一块石片切割，用完后就扔掉。这样的技术都是围绕即时的需要发生的，没有前期的准备。而预备性技术正相反，它是为将来可能的使用准备的。权宜性技术是低成本的技术，预备性技术成本更高，预备性越强，成本越高。

从民族志来看，同一群体可能既有权宜性技术，也有预备性技术，如澳洲土著（其木质工具很精致）。不同群体对待石器技术的方式也很不一样，巴布亚新几内亚的朗达人（Langda）石锛制作非常讲究，岛上另外一个群体对于石器技术则十分随意，跟生态环境没有什么关系（两个海岛的环境相差无几），只是一种随机的选择而已②。班福思（Bamforth）曾针对预备进行过专门的讨论③，回答为什么会出现预备性技术，他认同基于时间压力的观点④。班福思基于民族志与北美考古材料

---

① L. R. Binford, "Organization and Formation Processes: Looking at Curated Technologies," *Journal of Anthropological Research* 35 (1979): 255-273.

② M. Vaquero and F. Romagnoli, "Searching for Lazy People: The Significant of Expedient Behavior in the Interpretation of Paleolithic Assemblages," *Journal of Archaeological Method and Theory* 25 (2018): 334-367.

③ D. B. Bamforth, "Technological Efficiency and Tool Curation," *American Antiquity* 51 (1986): 38-50.

④ R. Torrence, "Time Budgeting and Hunter-Gatherer Technology," in *Pleistocene Hunters and Gatherers in Europe*, ed. G. Bailey (New York: Cambridge University Press, 1983), pp. 11-22.

指出，原料属性以及分布会显著影响预备性的两个方面：维护性与循环使用。同时，班福思还指出预备性技术与权宜性技术的区分过于简化。当然，个案不能代表整体的趋势，同时，考虑这个问题需要结合关联背景，包括整个的工具组合（如果有竹木工具，情况可能会有所不同）。排除影响因素，单纯以权宜性与预备性来衡量石器技术，则是一个可行的维度。

有关预备性技术的争论不少，争论的焦点就是究竟什么算是预备[①]。把石料预先搬运到经常使用的地方，对石器进行初步的加工（加工程度越高，预备性自然也就越强），这些是常见的石器预备性技术。它是相对于权宜性技术而言，但要严格区分两者是困难的，所谓权宜性通常也是相对的。比如，流动性降低后的狩猎采集者，会更多采用本地的原料，使用权宜性技术，但他们的技术并不简单，也并非没有预见性。甚至正好相反，因为有很好的预见性，知道可能需要做什么，所以采用权宜性技术——没有必要那么复杂。因此，权宜性技术与预备性技术的区分并不是简单二元划分的，这个问题的主要方面在于预备性技术，从人类演化的历史来看，预备性的确不断提高，换个说法，叫作时间深度延长，即不能只考虑当时的需要，还需要考虑几天、一个月乃至一年的需要（应对季节性带来的资源分布不均匀问题）。预备性的真正含义是劳动的提前支出，国内旧石器时代考古学界通常将预备性技术翻译为"精

[①] M. J. Shott, "An Exegesis of Curation Concept," *Journal of Anthropological Research* 52 (1996): 259–280.

致性技术"，这个译法只适用于某些情况，而没有包含预备性技术的全部内容。采用权宜性技术与预备性技术的分类体系，有助于考古学家分析石器技术与人类适应之间的关系。

如果从适应的角度看石器技术，克拉克的五种模式也并非不可以使用，我们可以从便携性、可维护性、效用（比如狩猎的致死性）、弹性（适应面宽窄）、耐用性等维度进行考察，我们可以把磨制石器（可以称为模式Ⅵ）加入其中，一起进行比较。通过比较可以看出，从模式Ⅰ到模式Ⅴ，石器技术的便携性、可维护性、弹性乃至效用[①]都是不断提高的。但是从打制石器到磨制石器则存在显著的转换，石器制作不再强调便携性、可维护性、弹性，转而强调耐用性；效用方面，由于石器功能也发生了显著的变化，可比性不强。打制石器的发展方向多围绕狩猎展开，包括猎物屠宰、皮毛加工等；而磨制石器是以砍伐、研磨、挖掘等活动为中心展开的。克拉克的五种模式可以分为三大类，模式Ⅰ、Ⅱ为一类，模式Ⅲ为一类，模式Ⅳ、Ⅴ又为一类。模式Ⅰ、Ⅱ缺少真正的狩猎工具，古人类更可能采用的是机会狩猎（opportunistic hunting）方式，是邂逅式的，而不是有效狩猎（effective hunting），即主动的、有计划的捕猎。模式Ⅳ、Ⅴ显然属于有效狩猎，可能利用远程投射工具（如投射器、弓等）。模式Ⅲ处在中间过渡状态，比较难以界定，因为有的旧石器时代早期石器组合也是以石片为代表，如泥河湾盆地的马圈沟遗址；

[①] 效用涉及的因素比较多，它尤其与石器技术的复杂程度相关，复合工具的效用明显高于单一材料的工具，石片安柄后，不论是用于切割还是用于刮削，较之用手直接捏着石片操作效率会明显提高。再比如弓箭技术，箭头所用的石料很少，效用很大。

较晚的如距今 10 万年前后的许家窑遗址也是以石片为主（伴随有适合近距离投掷的石球）①。以功能属性来衡量石器技术的发展变化，可以把克拉克的五种模式利用起来，从以技术类型学为中心转为以文化适应为中心。

三、中国旧石器时代的开端

中国旧石器时代的开端无疑是一个重要问题，它不仅关系到中国旧石器时代考古的时间范围，还关系到人类起源与扩散这一重大问题。19 世纪末荷兰军医杜布瓦（Dubois）赴印度尼西亚寻找人类起源的证据，杜布瓦是一名进化论者，但是他与达尔文不同，认为亚洲更可能是人类的起源地，达尔文基于现生灵长类的证据，更倾向于认为非洲是人类的故乡。经过多年的寻找，杜布瓦在爪哇岛还真的发现了直立人的化石。当时由于缺乏有效的绝对断代的手段，学术界不大认同他的发现。杜布瓦并不是支持亚洲是人类起源地的唯一学者。20 世纪初正是亚洲腹地探险的时代，欧亚大陆地域辽阔，数倍于非洲大陆，自然环境多样，再加上青藏高原特殊地理景观的影响，不少学者相信人类更可能从亚洲起源，包括北京猿人（又称中国猿人）的主要研究者魏敦瑞②。周口店遗址发现的人类化石引起了全球轰动，似乎支持了亚洲人类起源论。当时的

---

① 贾兰坡、卫奇、李超荣：《许家窑旧石器时代文化遗址 1976 年发掘报告》，《古脊椎动物与古人类》1979 年第 4 期。

② 诺埃尔·T. 博阿兹、拉塞尔·L. 乔昆：《龙骨山——冰河时代的直立人传奇》，陈淳、陈虹、沈辛成译，上海辞书出版社，2011，第 66 页。

非洲除了汤恩幼儿的化石之外，人类化石的发现远不如欧亚大陆丰富。但是后来非洲发现了形态更原始的人类化石，尤其是绝对测年技术的发展，证明非洲才是人类真正的起源地。尽管欧亚大陆面积广大，但是热带稀树草原的面积有限，而这正是早期人类的主要栖居地。后续研究的主题变成了人类何时走出非洲，是否存在走回非洲的可能，即亚洲地区是否在早期人类演化进程中发挥了作用。亚洲人类起源论并没有销声匿迹，亚洲地区也有古猿的演化，如腊玛古猿、西瓦古猿等，它们可能是所有大猿与人类的共同祖先，或认为腊玛古猿与西瓦古猿是雌雄性别二态，是向南方古猿与非洲猿类方向进化的一个代表类型[1]。简言之，亚洲可能在更早阶段参与到人类演化进程中。

现有的材料显示，人类可能早到距今200多万年前就已经走出非洲，主要的证据是格鲁吉亚的德马尼西人，这个年代比直立人出现的年代还早，因此，当时走出非洲的可能是匠人，也可能是能人。近年来，中国蓝田遗址的发现也支持人类早在距今200万年前就走出了非洲，并到达了中亚。蓝田遗址在若干个地层中都发现了石器，并经过系统的测年，最早含石器的年代已经超过了距今212万年前[2]。数十年前发现的蓝田人化石形态特异，原以为是受到地层的挤压产生了变形，现在看来，它的形态本来就很原始，是否属于直立人存疑。最早中国旧石器时代的起始年代一直在变化中，教科书上一直把距今170万年前的元谋人当作

---

[1] 吴汝康：《古人类学》，文物出版社，1989。

[2] Z. Y. Zhu, et al., "Hominin Occupation of the Chinese Loess Plateau since about 2.1 million years ago," *Nature* 559（2018）: 608-612.

中国历史的开端，但是元谋人的发现比较早，该遗址并没有经过系统的发掘，人类化石（人牙）与石器的原生层位没有留下可以重新检验的证据，后续测年的数据也有较大的变化。单纯就材料的可靠性而言，不那么理想。类似之，探索中国旧石器时代开端的材料有山西芮城西侯度、匼河等地点，其发现可以追溯到1959年，西侯度地点的年代据古地磁测年为距今180万年前，最新的测年（^{26}Al/^{10}Be 埋藏年代断代）早到距今243万年前[①]。西侯度、匼河等地点的出土材料出自夹砂砾石层，并非原生层位，石制品上的磨蚀痕迹明显，导致年代与人工属性存疑。

泥河湾盆地也有关于最早中国旧石器时代的发现，其中马圈沟遗址第Ⅲ层的年代可以早到距今166万年前，或认为超过200万年[②]。马圈沟遗址属于湖相堆积，保存条件较好，地层连续，这是中国旧石器时代纬度最高的遗址（40°N）。马圈沟石器组合以燧石原料为主，主要石制品类型为刮削器、凹缺刮器、砍砸器、石锤、石核、石片等，部分石片形态如同石叶，显示出原料的重要影响。其他宣称距今200万年前后的遗址还有安徽繁昌人字洞、湖北建始龙骨洞[③]等。有关这些遗址的争议颇多，目前还不能予以确认。

目前争议的焦点集中在两个方面，一个是所谓的石制品是否为人

[①] G. J. Shen, et al., "Isochron ^{26}Al/^{10}Be Burial Dating of Xihoudu: Evidence for the Earliest Human Settlement in Northern China," *L'anthropologie* 124（2020）: 1-26.

[②] R. X. Zhu, et al., "New Evidence on the Earliest Human Presence at High Northern Latitudes in Northeast Asia," *Nature* 431（2004）: 559-562.

[③] H. Li, et al., "Longgudong, an Early Pleistocene Site in Jianshi, South China, with Stratigraphic Association of Human Teeth and Lithics," *Sci. China Earth Sci* 60（2017）: 452-462.

工所为，另一个是地层问题，这直接影响到测年数据的可靠性。一般来说，对于旧石器时代考古学家而言，识别石制品的人工属性并不是困难的事情。但是，当石制品的年代早到距今200万年前且经过水流搬运后，人工痕迹就变得模棱两可了。自然状态下，砾石碰撞也会产生类似于人工打击的痕迹，只有当打击反复出现、疤痕连续、深入并且有明显的目的性的时候，才有较高的概率是人工所为。如西侯度遗址的石制品很少看到连续疤痕，目的性也不明显（如修理一段刃口或者连续剥离石片）。如人字洞、龙骨洞石制品的人工属性更难以确认，人字洞采用铁矿石作为石料，这是后来旧石器时代遗址中极为罕见的，另外，还发现骨制品与象牙制品，同样争议较多。解决石制品与骨制品是否人工所为，一个切实的方法是进行实验研究。最早的中国旧石器时代遗存就像是旧石器时代考古学皇冠上的明珠，许多人都希望能够摘取，但是要让结论得到公认，首先必须有切实可靠的材料。相比而言，蓝田与泥河湾石制品的人工属性很少受到质疑，不仅因为保存较好，更因为其中至少有若干件石制品有无可挑剔的人工特征。地层问题跟人工属性问题一样尖锐，理想的材料应该有原生地层，有的遗址虽然名称为洞穴，但可能只是裂隙而已。即便是洞穴堆积，由于洞穴沉积具有突然性，一次坍塌就可能导致高低起伏的洞穴平面以及不同高度的空隙，从而导致在按照水平层来划分地层时存在巨大的年代误差。

除了上述问题，关于中国最早的旧石器，值得关注的问题还有：人类为什么以及是如何走出非洲的？他们又是如何去欧亚大陆的温带地区生活的？关于前一个问题，有研究者曾提出"撒哈拉泵"假说予以解释[①]。按照这个假说，人类祖先如匠人、能人，随着适应的成功，种群规模扩大，就需要扩大栖居空间。北部非洲大部分地区为撒哈拉沙漠所占据，但在气候适宜期，这里有可能适合人类祖先生活，于是一些种群被资源吸引进入其中。随后气候恶化，这些种群难以后退（让出的栖居空间已经被占领），只能向北、向东寻找适宜栖居地，由此进入欧亚大陆，撒哈拉就像抽水泵一样，把人类种群从非洲扩散到欧亚大陆。这个假说不仅可以解释更新世早期乃至上新世之末的人类扩散，也可以解释现代人的扩散。人类祖先进入欧亚大陆后，面对的生态环境是既有机遇也有挑战：一方面，这个地带的生态位还没有被其他物种利用，人类祖先是白天型物种，适合开阔地环境，由此，他们可能有丰富的资源可以利用；另一方面，温带环境季节性强，冬季寒冷，时间持续数月，而此时能够利用的植物资源只有根茎与种子，另外就只能依赖狩猎，人类祖先要想在温带地区生存下去，就必须建立起新的适应方式。当然，欧亚大陆环境多样，既有温带森林草原，也有热带环境。从这里，我们可以看出，石器技术是弹性的，人类祖先会根据不同地区的条件改变技术。

四、手斧之谜

在中国旧石器时代考古中，手斧是一个被长期争论的话题。中国旧

---

① N. Roberts, *The Holocene: An Environmental Hisitory*, 2nd edition (Oxford: Blackwell, 1998).

石器时代的石器材料中是否存在手斧,涉及如何定义手斧,以及如何理解手斧的意义。手斧有时又被称为两面器,典型意义上的手斧应该具有以下特征:(1)两面加工且片疤超过中线;(2)边缘全部加工,没有残留的天然石皮;(3)呈基本对称心形或杏仁形;(4)长度与厚度超过一定范围,相对于一般石片而言,手斧属于大型石器。如果严格按照这个定义,非洲旧石器时代最早阶段的手斧也不能被称为手斧,也正因为如此,一些并不完全符合这个定义的石器也被称为手斧。如广西百色盆地的手斧,底缘仍然保留有天然石皮,陕西洛南的手斧则不够对称。有研究把丁村的大三棱尖状器也称为手斧[①],相比而言,这样的"手斧"则太厚了。典型的手斧采用燧石为原料,如果进一步采用软锤修理的话,可以被加工成非常精致的石器工具。目前在中国旧石器时代考古材料中还没有找到这样的手斧。缺乏大块的燧石是原因之一;但中国并不是所有的地方都没有大块的燧石,只是相对少见,这也是事实。目前有关典型手斧的定义来自欧洲旧石器时代考古,其中暗含着欧洲中心论的思想,手斧未必都需要按照欧洲的标准来定义。手斧从距今176万年前出现到距今10万年前消失,分布范围遍布欧、亚、非三大洲,时空分布可谓极为广大,形制差别也非常大。但是即便如此,东亚还是很少有手斧分布,只是在局部地区如中国广西百色盆地、陕西洛南盆地以及朝鲜半岛偶有发现,且不那么典型。

---

① S. X. Yang, et al., "Is the Dingcun Lithic Assembly a 'Chopper-chopping Tool Industry' or 'Late Acheulian'?" *Quaternary International* 321(2014):3-11.

为什么会有手斧这样一种器物？它是古人有意识地制造的，还是考古学家为了便利而做的定名？这是我们首先需要回答的问题。考古学家把这样一种形态多样、时空分布极为广阔的器物称为手斧，并由此发展出阿舍利传统、模式Ⅱ技术等以手斧为中心的石器概念。的确，这让人禁不住会质疑，手斧及其所属的概念是考古学家的构建。但是，又不能否定的是，手斧作为一种器物，在形制与技术上具有客观存在的广泛一致性。至于说它是否可以代表一种文化传统，戴维森（Davidson）与诺贝尔（Noble）曾提出疑问，认为如果真的是一种文化传统的话，就不可能在极大的时空范围内保持一致，更可能是原料形制导致的打片习惯所致[1]。莱希特（Lycett）与古勒特（Gowlett）重新检验所谓的阿舍利传统，他们的判别分析表明非洲手斧与欧洲手斧存在很大的差别，但还是承认手斧的技术蓝图比较一致，具有一定的作为传统的意义[2]。丹尼尔（Dennell）回顾亚洲所有有关手斧的考古发现，近东手斧与南亚手斧比较典型，但东亚手斧不够典型，年代也较晚，环境背景往往不是很清楚[3]。不管怎么说，手斧作为一种具有普遍性的器物还是能够成立的。

紧接着产生了另一个问题：即便考虑受到原料、传统等方面的影

---

[1] I. Davidson and W. Noble, "Tools and Language in Human Evolution," in *Tools, Language and Cognition in Human Evolution*, eds. K. R. Gibson and T. Ingold (Cambridge: Cambridge University Press, 1993), pp. 363-388.

[2] S. T. Lycett and J. A. Gowlett, "On Questions surrounding the Acheulean 'Tradition'," *World Archaeology* 40 (2008): 295-315.

[3] R. W. Dennell, "The Acheulean Assemblages of Asia: A Review," in *The Emergence of the Acheulean in East Africa and Beyond: Contributions in Honor of Jean Chavaillon*, eds. R. Gallotti and M. Mussi (Vertebrate Paleobiology and Paleoanthropology, https://doi.org/10.1007/978-3-319-75985-2_10).

响，古人为什么会制作手斧？目前学界的共识是，手斧是一种通用的工具，它可以用来砍伐、切割、挖掘甚至敲砸，还可以当作石核生产刃缘锋利的石片。实验研究[①]与微痕研究[②]都支持这样的认识。还有人认为手斧可能用于投掷[③]，是狩猎的重要工具。正是因为这种广泛的适应性，研究者们倾向于认为它与开阔环境的适应相关，如百色盆地因为受到陨石坠落事件的影响，当地的植物景观由森林变成了开阔地，由此需要类似于手斧的通用石器[④]，它就是最早的瑞士军刀，每一种功能也许都不那么突出，但功能众多，相对便于携带，可以应对不同的实际需要。类似之，考古学家还用这样的理论解释石叶、细石叶工具的起源。手斧技术是一种早期的尝试，它相对于砍砸器这样的权宜性工具，在选料、设计、加工上都有更多的劳动投入，反映了古人对可能的需要相对更长远的考虑与准备。相比于砍砸器、手镐、薄刃斧、石球等同一时期存在的石器工具，手斧能够担当所有这些工具能够完成的任务，而且更加轻便。因此，手斧的产生可以解释为古人类需要一种多功能且相对轻便的石器工具以适应多样的功能需要。

但是，这一解释并不能完全解决手斧的形制特征问题。就手斧的对

---

① N. Toth, "The First Technology," *Scientific American* 256, no.4（1987）: 112-121.

② L. H. Keeley, *Experimental Determination of Stone Tool Uses: A Microwear Analysis*.

③ E. O'Brien, "The Projectile Capabilities of an Acheulian Handaxe from Olorgesailie," *Current Anthropology* 22（1981）: 76-79; W. Calvin, "The Unitary Hypothesis: A Common Neural Circuitry for Novel Manipulations, Language, Plan-ahead, and Throwing?" in *Tools, Language, and Cognition in Human Evolution*, eds. K. Gibson and T. Ingold, pp. 230-250.

④ Y. Hou, et al., "Mid-Pleistocene Acheulean-like Stone Technology of the Bose Basin, South China," *Science* 287（2000）: 1622-1626.

称性，孔恩（Kohn）与米森（Mithen）曾经提出象征性假说[1]，认为手斧的对称性具有性选择的功能。打制一件具有较好对称性的手斧，首先，制作者需要找到足够大且质地合适的原料；其次，制作者要能够从上面开片，打制下来大小足以制作手斧的毛坯，可以是石片，也可以是断块；最后，制作者要有足够的打制技巧，控制好打制的力量，除去多余的石料。对称性是对打制者的考验，因为毛坯本来就不是厚薄均匀的，薄的一侧实现两面加工并不难，但是厚的一侧也要打制出与另一侧同样厚薄的刃缘，非常具有挑战性。我们在实验中主要通过交替转换打击来减薄厚的边缘，稍有不慎，就可能减薄太过，也可能无法剥离石片。对于石器打制者来说，能够生产一件手斧，的确可以代表石器打制水平达到了一个新的高度。能够打制一件标准手斧的人，一定要有足够的力量，有良好的身体协调性，还要有必要的认知能力。正是基于这样的原因，米森等人认为手斧代表成年男性的性吸引力，如同我们今天的文凭。按照这个假说，非洲旧石器时代遗址中出土的大量手斧超过了实际需要，是古人练习打制的结果。米森等人的解释很有吸引力，用手斧作为性吸引力的符号，是人类文化演化的结果，用文化特征替代生物特征，符合人类演化的趋势。

维恩（Wynn）提出一个观点，认为手斧没有象征性，不过是模仿（mimetic）文化的产物[2]，但这个观点无法回答对称性问题。梅钦

---

[1] M. Kohn and S. Mithen, "Handaxes: Products of Sexual Selection?" *Antiquity* 73 (1999): 518-526.

[2] T. Wynn, "Handaxe Enigamas," *World Archaeology* 27 (1995): 10-24.

（Machin）等人通过实验研究提出，手斧可以进行屠宰，但这不能全面解释其对称性设计，只能解释其前部的对称性，而不能解释整体的对称性[①]。手斧制作的难点就在于实现对称性，把厚缘减薄有相当的难度。我们在实验制作时发现，手斧的加工必须先解决这个问题，然后再去修理本身就较薄的边缘，否则在厚的一端减薄打片的时候，较薄的一端会发生断裂。关于手斧的象征性问题，目前仍然没有达成一致意见，因为手斧并非到处都有分布，尤其是具有高度对称性的手斧。在没有手斧的地方，如何实现性选择？手斧消失后，人类社会还是会有性选择。性选择并不完全是个体化的事情，米森等人的观点有把近现代社会的观念推广到远古时代之嫌，那个时候的性选择可能涉及群体的关系，而不仅仅是个体的事情。个体有性选择的自由是近现代社会的现象，而不大可能流行于旧石器时代。在那个时代，个体的生存必须高度依赖群体，把手斧制作视为个体性选择特征的表现，的确值得怀疑。

五、莫维斯线难题

莫维斯，美国著名旧石器时代考古学家，哈佛大学教授，皮博迪考古学与民族学博物馆旧石器时代考古部主任，美国科学院院士（1957年）。1937—1938年莫维斯参加了东南亚早期人类考古的野外探险工作，在综合东亚、东南亚旧石器时代早期材料时，他注意到，东亚与东南亚

[①] A. J. Machin, et al., "Why are Some Handaxes Symmetrical? Testing the Influence of Handaxe Mmorphology on Butchery Effectiveness," *Journal of Archaeological Science* 34（2007）: 883-893.

的旧石器组合存在明显不同于西欧、非洲与南亚的石器组合的特征①。于是，他提出存在一条分界线，东南亚与东亚是"砍砸器/砍砸工具文化"（choppers/chopping tools culture），而西方则是"手斧文化"。莫维斯强调砍砸器文化区完全缺乏两面加工的阿舍利型手斧（即最典型的、形制对称的手斧）以及勒瓦娄哇技术（即预制石核台面生产特定形状石片的技术）。1965年考古学家康恩（Coon）首先把莫维斯的划分命名为"莫维斯线"②。当时学术界认为，整个旧石器时代东亚与东南亚地区都流行砍砸器文化，整个史前史阶段都很少变化。

20世纪70年代考古学家格拉汉姆·克拉克写了第一部《世界史前史》，把人类旧石器时代的石器技术划分为五种模式③：最古老、最简单的模式Ⅰ以石核、石片、砍砸器为主，模式Ⅱ是手斧技术，模式Ⅲ是预制台面生产石片技术，模式Ⅳ为陡向加工、间接打击生产的石叶技术，模式Ⅴ是细石器技术。克拉克把它们与时代对应起来，模式Ⅰ、Ⅱ对应旧石器时代早期，模式Ⅲ对应旧石器时代中期，模式Ⅳ对应旧石器时代晚期，而模式Ⅴ对应中石器时代。国内外学者接受克拉克的分类后，结合莫维斯的划分，也认为中国旧石器时代属于砍砸器文化传统，属于模式Ⅰ，一直都没有发展到模式Ⅱ阶段，非常落后，是人类文化演化过程的角落（backwater）。后来虽然在中国以及朝鲜半岛、东南亚都发现

---

① H. L. Movius, "The Lower Paleolithic Cultures of Southern and Eastern Asia," *Transactions of the American Philosophical Society* 38（1949）: 329-420.

② D. S. Coon, *The Living Races of Man*（New York: Alfred A. Knopf, 1965）.

③ G. Clark, *World Prehistory in New Perspective*, 3rd edition.

了一些类似于手斧的两面加工的石器工具,如中国的丁村、蓝田、洛南、百色,朝鲜半岛的全谷里、汉南盆地,印度尼西亚的桑吉兰,等等,但是这些遗址出土的手斧数量毕竟有限,也不是非常典型,并没有从根本上动摇莫维斯线。

有关莫维斯线存在的原因,最早莫维斯认为与当地人种的原始性有关,由于这涉嫌种族主义,莫维斯修正自己的观点,认为西部的手斧文化没有传播到东方。井川-史密斯(Ikawa-Smith)将当前的解释归纳为四种[①]:第一种解释认为这与原料相关,大块优质原料的缺乏导致制作大型两面器困难。当然,要说整个东亚与东南亚地区都缺乏优质原料则是牵强的。第二种解释认为这与地理阻隔相关,丹尼尔提出,由于青藏高原与南亚、东南亚热带雨林难以穿越,所以欧亚大陆西部的手斧文化没有传播到东部[②]。然而,欧亚大陆北侧森林草原地带是可以通行的,同时这也无法解释部分地区存在的手斧文化。第三种解释来自蒲柏(Pope)的"竹子假说"[③],蒲柏注意到莫维斯线与竹子的分布线基本重合,而民族志与实验证据都表明竹子是很有效的切割工具,因此砍砸器文化中重要的不是石核工具,而是石片,砍砸器更可能是用来生产石片的石核。但是布罗姆(Brumm)提出东亚、东南亚旧石器时代的群体并不都生活在

[①] F. Ikawa-Smith, "Movius Line," in *Encyclopedia of Global Archaeology*, ed. C. Smith (New York: Springer, 2014), pp. 5059-5065.

[②] R. Dennell, *The Palaeolithic Settlement of Asia* (Cambridge: Cambridge University Press, 2009).

[③] G. G. Pope, "Bamboo and Human Evolution," *Natural History* 10 (1989): 48-57.

有竹子的环境中,雨林与石器技术的复杂性没有必然的联系,如中南美雨林也有复杂的石器技术①。第四种解释认为,经过传播后技术会丢失,因为新迁入人群规模小,又需要时间熟悉当地原料。但这种解释无法解释东亚、东南亚不同地区、不同时代两面器技术的反复出现。

四种解释可以归纳为"传播论"与"文化适应论"两种,其中传播论是相对过时的解释方法,在考古学理论领域遭到较多的批评。而"竹子假说"的证实还需要更多的证据,目前通过扫描电镜观察动物骨骼上的痕迹已经有所发现。从目前的材料来看,莫维斯线似乎代表两种不同的石器制作策略,西部更强调生产定型器物,东部更强调剥片,两者之间存在交叉以及众多的变体。莫维斯线东部的欧亚大陆北部已经广泛发现勒瓦娄哇技术,而所谓的模式Ⅰ技术在东亚与东南亚一直被使用到新石器时代,没有理由认为此时的文化还很落后。因此,与其说莫维斯线是对既有材料的粗略归纳,不如说它是一定研究阶段的历史产物。

六、中国旧石器时代石器工业传统

中国旧石器时代石器工业传统可以用八个字来归纳:大小粗细,南北东西。张森水把中国旧石器时代石器工业传统分为南北两个主工业以及若干个区域性的石器工业②。南方以砾石砍砸器工业为主,器型粗

---

① A. Brumm, "The Movius Line and the Bamboo Hypothesis: Early Hominin Stone Technology in Southeast Asia," *Lithic Technology* 35(2010): 7-24.

② 张森水:《管窥新中国旧石器考古学的重大进展》,《人类学学报》1999 年第 3 期。

大，从旧石器时代早期一直持续到旧石器时代晚期；即便在旧石器时代晚期乃至新石器时代的石器组合中，砾石砍砸器也是其中的组成部分，由此形成所谓的砾石砍砸器传统。北方的主工业是石片工业，又称小石器，也是从旧石器时代早期到其晚期持续存在，即便石叶、细石叶石器，它们其实也是石片。这是中国旧石器时代石器工业传统的首要特征，南北石器有大小之分。北方的石器工业传统还可以进一步分为两个体系（参见下文），也是一大一小。北方的石器工业传统从旧石器时代早期到其晚期，逐渐精细化，细石叶技术的出现代表石器细小化的巅峰。南方的石器工业到了旧石器时代晚期出现石片化，也有从大变小、从粗变细的趋势。所谓"东西"，主要指中国旧石器时代石器工业传统的外来影响，如水洞沟、金斯太、呼玛十八站、通天洞所代表的勒瓦娄哇技术，显然来自欧亚大陆西侧，它们是旧石器时代东西方交流的"风向标"。还有研究把中国旧石器时代的类阿舍利技术追溯到欧亚大陆西侧。因此，东西问题成为中国旧石器时代石器工业传统讨论的中心问题之一。这里侧重于讨论南北两个石器工业的主要传统。

1. 中国南方砾石砍砸器传统

所谓中国南方通常是指秦岭淮河以南地区，但是就旧石器时代石器工业传统而言，这里的南方应该把西南地区（即云贵川）去除。1989年出版的《中国远古时代》在综述中国旧石器时代石器工业时还没有排除西南地区，稍早出版的《中国旧石器文化》也没有注意到这个问题。2004年出版的《中国考古学研究的世纪回顾·旧石器时代考古卷》明确地把西南地区与长江中下游地区区分开来。西南地区地形复杂，相对封闭，其石器工业面貌自成体系，与长江中下游地区存在较为明显的差异。因此，这里所说的中国南方砾石砍砸器传统不包括西南地区。这一工业传统的基本特征是以河流砾石为原料生产石器，其中砍砸器的分布最为普遍，所以称之为砾石砍砸器传统，并非这个工业只有砍砸器。西方考古学通常称之为砍砸工具传统（choppers/chopping tools tradition），也是强调砍砸器这一代表性的特征器物。

河流砾石多样，适合制作砍砸器工业石器的砾石重量有一定的限制，至少需要重于1千克，最重一般不超过10千克，常用的砾石毛坯为2～3千克。之所以有这样的限制，主要的制约因素是人类手掌的大小以及力量。旧石器时代人类的力量可能大于现代人，毕竟他们天天都在劳作，但是手掌的变化并不大。一旦砾石砍砸器的大小超过手掌能够抓握的程度，使用效率就会大幅度降低。接近10千克的砾石已经很难握持掌控，我们的实验研究显示（参见第六章），这样重量的砾石通过直接打击，是较难剥离石片的；即便能够剥离，也需要很大的力量，显然，这不是每一位石器制作者都具备的，对于女性而言尤其如此。但是，如果采用摔击的方式，则比较容易开片，而且部分女性也可以做到。一旦开片，砾石的强度就会显著降低，再经过几次摔击，就可以得到一系列石器毛坯。超过10千克的砾石在摔击的时候难以有效的把控，所以，我们把 10 千克看作砾石砍砸器毛坯的上限。从 10 千克到 1 千克，这样重量的砾石分布在河流的特定河段，河流有足够的流速能够搬运这样重量的砾石。通常在河流流速急剧降低的地方，砾石会集中分布。这样的地方往往是河流从山区进入平原的地方，近乎丘陵，地形有一定的起伏，但不陡峭，便于人类活动；而且兼有平原（往往是河网、湖沼地带）与山区的资源，资源类型丰富。可以称之为狩猎采集者的最佳栖居地。长江中下游地区有不少这样的栖居地，如湖北郧县、陕西汉中、安徽宁国、湖南澧县等。从这个角度说，砾石砍砸器工业是对当地资源条件的适应，有这样便利的资源，随之产生了相应的应用。

南方砾石砍砸器工业的构成，不同地区实际上有所不同，虽然统称为同一个石器工业传统。一般地说，南方砾石砍砸器工业常见的器物类型有砍砸器、手镐、大石片，以及用大石片制作的刮削器。如秦岭地区，包括洛南盆地、汉中盆地、丹江口库区（也是一个盆地），存在一个类似阿舍利的石器工业，其器物类型除了砍砸器、手镐、大石片工具之外，还有薄刃斧、石球、手斧等器物[①]。其中部分石球形制浑圆、表面光滑，已经具有很高的加工程度，需要投入大量的劳动才可能实现（参见第八章）。其石器组合中除了有这些大型石器，还存在少量的石英石器，其器型较小（可能与石英砾石毛坯大小有关）。长江中游的湖南沅水、澧水一带先后发现数以百计的旧石器地点，还有安徽水阳江流域及

---

① 陕西省考古研究院、商洛地区文管会、洛南县博物馆编著：《花石浪（Ⅰ）——洛南盆地旷野类型旧石器地点群研究》。

其毗邻的浙江长兴太湖流域，也有一系列地点被发现[①]。这两个地区的石器组合中石球并不多，器物类型的变化不如秦岭地区丰富，主要变化体现在砍砸器上。房迎三曾经将之分为砍器、尖状器、尖状-砍器[②]，其中尖状器近似于后来所说的手镐。几年前在广东磨刀山发现一批砾石砍砸器，器型更加粗大，器型简单。相比而言，广西百色盆地的砾石砍砸器工业更丰富，甚至发现了类似于手斧的两面器工具[③]，但是没有发现石球。福建三明的灵峰洞距今20万年（铀系法测年），其石器工业虽然也属于砾石砍砸器传统，但砾石砍砸器的形态与其他地区有明显的区别，少见其他地区以扁圆砾石为毛坯制作的砾石砍砸器[④]。从目前的材料发现来看，不同地区砍砸器工业的形态特征很大程度上与当地的原料供给关系密切。

有关南方砾石砍砸器工业传统的主要问题在于年代。南方地区多为红壤地带，缺少适合断代的材料，目前的断代手段如光释光、铀系法、古地磁等，所得年代往往具有较大的争议。南方旧石器时代晚期石器工

[①] 袁家荣：《湖南旧石器时代文化与玉蟾岩遗址》，岳麓书社，2013；房迎三：《安徽省宣州市陈山旧石器地点1988年发掘报告》，《人类学学报》1997年第2期；房迎三、黄蕴平、梁任又、陈勇、彭道起：《安徽宁国毛竹山发现的旧石器早期遗存》，《人类学学报》2001年第2期；房迎三、杨达源、韩辉友、周旅复：《水阳江旧石器地点群埋藏学的初步研究》，《人类学学报》1992年第2期；浙江省文物考古研究所、长兴县文物保护管理所：《七里亭与银锭岗》，科学出版社，2009。

[②] 房迎三：《试论我国旧石器文化中的砍器传统》，《东南文化》1990年增刊。

[③] 广西壮族自治区博物馆编《百色旧石器》；广西壮族自治区自然博物馆编著：《广西百色盆地枫树岛旧石器遗址》，科学出版社，2014。

[④] 福建省文物局、福建博物院、三明市文物管理委员会编著：《福建三明万寿岩旧石器时代遗址：1999—2000、2004年考古发掘报告》，文物出版社，2006。

业趋于石片化、小型化，所用原料也更精细，更多为燧石。即便是文化面貌较为明确的遗址材料，如浙江长兴银锭岗遗址上层材料，推定年代为晚更新世早期，文化年代早到旧石器时代中期①。整个南方地区，虽然调查发现称为旧石器时代的地点数以百计，但是真正经过系统发掘与研究的遗址屈指可数，尤其缺乏用多学科手段进行深入合作研究。因此，我们目前对南方砍砸器工业传统的了解并不充分，对这一石器工业传统经历的阶段变化知之甚少。以锐棱砸击石片为例，迄今为止最早的在福建三明灵峰洞遗址出土，在湖北的峡江地区、湖南西部也有发现。我们的研究显示这种技术是旧新石器时代过渡时期的特征。它也会跟砍砸器共出，分布区域就是狩猎采集者偏好的山前地带。从旧石器时代晚期到旧新石器时代过渡时期，小石片石器反而减少，这就导致我们可能混淆旧新石器时代过渡时期遗址与旧石器时代早中期遗址。

2. 中国北方石片工业传统

中国北方石片工业传统的提出，是针对南方砾石砍砸器传统而言的。20世纪40年代莫维斯提出，东亚地区属于砍砸器/砍砸工具文化，并假定它是同质的，长时段内缺少变化。后来研究者在中国北方发现了一系列旧石器时代考古遗存，并对周口店中国猿人遗址（第1地点）出土的石制品进行了系统研究，提出中国北方的石器工业面貌不同于南方②。不

---

① 浙江省文物考古研究所、长兴县文物保护管理所：《七里亭与银锭岗》。
② 张森水：《中国旧石器考古学中的几个问题》，载何介钧主编《长江中游史前文化暨第二届亚洲文明学术讨论会论文集》，岳麓书社，1996。

过,有关中国北方旧石器时代工业或文化的面貌,最早的归纳并非强调它属于石片工业。1972年,贾兰坡最早对中国北方的石器工业进行概括,他提出"华北旧石器时代文化的发展至少有两个传统,其中一个是'匼河-丁村系',或称为'大石片砍砸器-三棱大尖状器传统'……另一个传统是'周口店第1地点(北京人遗址)-峙峪系'(简称第1地点-峙峪系),或称为'船头状刮削器-雕刻器传统'"①。以石片为毛坯制作的工具大多尺寸较小,因此石器工业通常也被称为北方小石器传统或"小石器文化类型"②。后来有研究者提出中国旧石器时代早期存在两种石器技术:北方与西南地区是石片技术,南方是砾石石核技术③。

1985年《中国猿人石器研究》出版,这是第一部系统研究北方典型旧石器时代遗址石器工业的著作,其中就注意到周口店第1地点石器工具以石片工具为主,所占比例超过70%,另外使用石片的比例占10%左右④。石器组合以各种刮削器为主,另有尖状器、砍砸器、石锥、雕刻器等,没有手斧。原料主要是脉石英,兼有水晶、砂岩与燧石。打片方法以砸击法为主,另有锤击法与碰砧法,没有预制台面的打片技术(图5-2)。较第1地点晚的周口店第15地点的石制品也经过系统研究,石制品面貌与第1地点的类似(图5-3),但更精致,刮削器的数量更多,

---

① 贾兰坡、盖培、尤玉桂:《山西峙峪旧石器时代遗址发掘报告》,《考古学报》1972年第1期:第54页。

② 张森水:《中国旧石器文化》。

③ C. Shen and X. Gao, "East Asia: Paleolithic," in *Encyclopedia of Global Archaeology*, ed. C. Smith, pp. 2302-2315.

④ 裴文中、张森水:《中国猿人石器研究》。

占到工具组合的93%①。泥河湾盆地发现有中国北方地区数量最多、年代序列最完整的旧石器时代遗址群，距今约160万年前的马圈沟遗址，出土石制品111件，完整与非完整石片占70%，石制品普遍缺乏二次加工。同样属于旧石器时代早期的飞梁、岑家湾遗址出土的石制品可以拼合，其中飞梁有9组、岑家湾有49组，拼合研究很好地还原了打片过程，打制者在打片过程中为了获取最佳台面角，不断转换台面②。石片工业一直是泥河湾盆地众多旧石器时代遗址的基本特征，包括较晚阶段的典型遗址，如板井子、许家窑、西白马营等。旧石器时代晚期北方石片工业为标准化的石叶与细石叶工业所取代。

由于缺乏预制台面打片或者说勒瓦娄哇技术，中国北方石片工业通常还是被视为克拉克的模式Ⅰ技术，跟南方砾石砍砸器传统属于同一类型，也就是莫维斯线以东区域的类型。如果南方砾石砍砸器如后来研究者所言③，实际强调的是石片生产，而非石核工具，那么我们就可以说南方也是石片工业。也就是说，整个莫维斯线以东区域都是偏重于石片生产的，与以西区域偏重于器物类型的生产有所不同。石片作为权宜性工

---

① X. Gao, "Core Reduction at Zhoukoudian Locality 15," *Archaeology, Ethnology & Anthropology of Eurasia* 3（2000）：2-12.

② 谢飞、李君：《拼合研究在岑家湾遗址综合分析中的应用》，《文物季刊》1994年第1期。

③ F. Ikawa-Smith, "Introduction: The Early Paleolithic of East Asia," in *Early Paleolithic in South and East Asia*, ed. F. Ikawa-Smith（Hague: Mouton, 1978）, pp. 1-10; K. Schick, "The Movius Line Reconsidered: Perspectives on the Earlier Paleolithic of Eastern Asia," in *Integrative Paths to the Past: Paleoanthropological Advances in Honor of F. Clark Howell*, eds. Robert S. Corruccini and Russell L. Ciochon（Englewood Cliffs: Prentice Hall, 1994）, pp. 569-594.

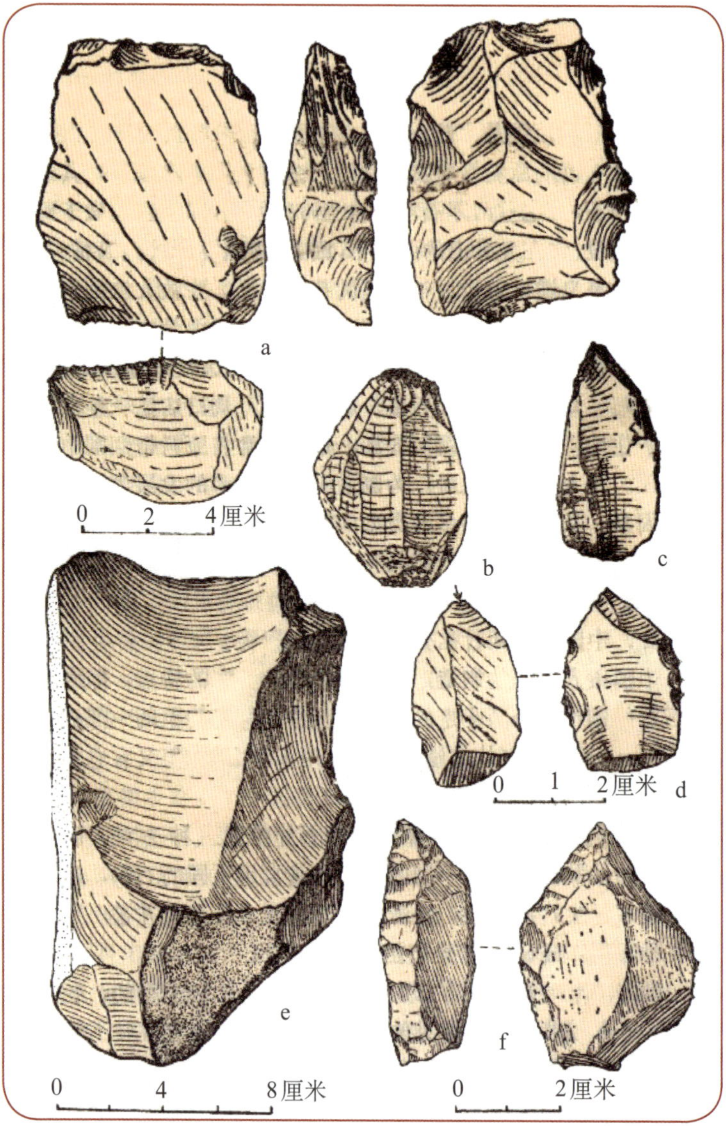

图 5-2 周口店第 1 地点石制品

注：a. 修理台面的石核；b. 砸击石核；c. 砸击石片；d. 雕刻器；e. 碰砧石核；f. 刮削器。

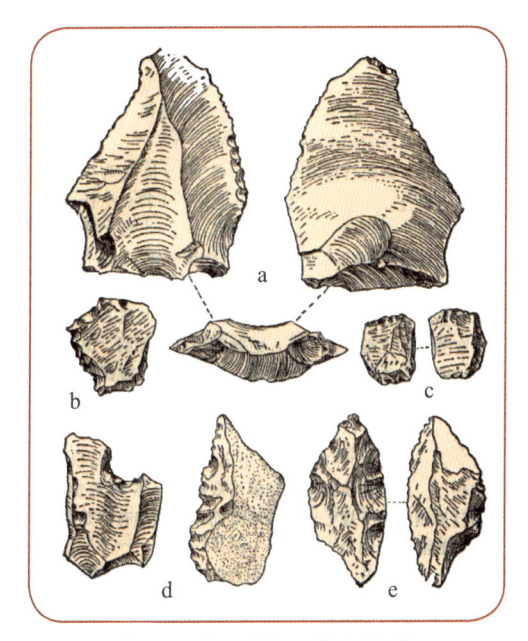

图 5-3　周口店第 15 地点石制品

注：依张森水《中国旧石器文化》图 28 改绘。
a. 锤击石片；b. 单凸刃刮削器；c. 砸击石片；d. 单凹刃刮削器；e. 单直刃刮削器。

具，直接使用或者用于加工其他的有机工具如竹木、骨质工具等，可以实现与石质成型同样的效果。

七、旧石器时代中期问题

是否存在旧石器时代中期，是中国旧石器时代考古研究的重要问题之一。中国旧石器时代考古的诞生深受法国旧石器时代考古的影响，主要的奠基人裴文中先生曾留学法国，因此，直接按照欧洲的年代体系划分中国旧石器时代考古材料，而不是基于中国考古材料本身的特征进行划分。高星1999年根据中国旧石器时代考古材料的状况进行分析，指出中国所谓旧石器时代中期的材料少，特征不明显，尤其是与早期没有显著的区别，因此在材料基础没有改变之前，建议采用早晚两期的划分方案。原来的分类方案暗含着一种假设，那就是旧石器时代早期石器工业的制作者是直立人，旧石器时代中期对应早期智人，旧石器时代晚期对应晚期智人，也就是现代人。这一方案看起来很完善，但是没有充分的材料基础。

相比而言，早中晚三期的旧石器分期方案在欧洲与非洲地区能够得到考古材料的支持。欧洲旧石器时代中期以莫斯特工业为标志，早期则以阿舍利工业为特征，部分地区虽然没有手斧，但还是与莫斯特工业有明显的区别。莫斯特工业的标志性特征是勒瓦娄哇技术，也就是一种通过预备台面生产特定形状石片的技术，其中第一剥片（又称勒瓦娄哇石片）形制特殊。勒瓦娄哇技术是石叶技术的前身，这一技术反映了古人在石器生产上已经具有一定的规划能力。莫斯特工业包含不同的类型，其中阿舍利传统的莫斯特工业仍然含有手斧，有的莫斯特工业有修理精致的刮削器。就不同的莫斯特工业的区分，博尔德曾有过详细的研究，并由此得出一个颇有争议的结论，他认为不同的莫斯特工业代表不同的人群。而宾福德明确表示反对，认为不同的莫斯特工业更可能与不同的活动类型相关，而不能代表不同的人群[①]。但是，在欧洲旧石器时代

---

① F. Bordes and D. de Sonneville-Bordes, "The Significance of Variability in Paleolithic Assemblages," *World Archaeology* 2, no.1（1970）: 61-73; L. R. Binford, "Interassemblage Variability—The Mousterian and the 'Functional' Argument," in *The Explanation of Culture*, *The Explanation of Culture Change: Models in Prehistory*, ed. C. Renfrew, pp.227-254.

考古研究中，宏观而言，莫斯特工业是与特定人群对应的，那就是尼安德特人。尼人是冰期生活在欧亚大陆西侧的早期智人群体，他们适应冰期寒冷的气候，由于植物性食物相对缺乏，尼人对肉食存在较大程度的依赖，其石器工业反映的就是这样的文化适应方式。不过，尼人的演化经历过漫长的过程，早到距今 30 万年前，尼人的祖先（前尼人）已经出现，典型的尼人于距今大约 7 万年前后出现，距今 2.8 万年前后消失。从欧洲地区的材料来看，莫斯特工业与尼人的确有一定的相关性。

非洲的旧石器时代虽然也有早中晚三个时期，但是名称有所不同，分别是石器时代早期（Early Stone Age，简称 ESA）、石器时代中期（Middle Stone Age，简称 MSA）、石器时代晚期（Late Stone Age，简称 LSA）。在非洲发现了世界上最早的石器，因此其旧石器时代的开端要早于欧亚大陆。非洲石器时代中期，也就是 MSA，其开始时间也与欧亚大陆不同。按照目前的研究，MSA 的开始时间是一个时间范围，即距今 30 万～20万年，由此通常将距今 25 万年视为 MSA 的开始时间。这个时间与现代人起源的时间大致对应。非洲 MSA 的结束时间也是一个时间范围，即距今 5 万～3 万年。不同地区有所不同，南非地区，MSA 持续到距今 2.5 万年前，甚至更晚。非洲 MSA 还可以进一步分为早晚两个阶段，以距今 10 万年为界。早期阶段的标志性特征是采用勒瓦娄哇技术生产尖状器，可能用作手掷标枪的枪头，同时还有一些边缘修理的石片工具，如刮削器、凹缺刮器、锯齿刃器等。到了晚期阶段，地区多样性明显增加，如南非以减薄的两面修理尖状器以及琢背石叶为主要特征，东非则是琢背石叶技术，北非阿特林（Aterian）工业的标志性器物是带梃的尖状器与两面修理的尖状器。非洲 LSA 以细石器为主要特征，但也是不同地区存在较大的区别，有的地区完全没有细石器技术。更有意义的特征在于 MSA 的晚段开始出现艺术品，代表人类在认知与社会组织上出现了重要的飞跃。非洲 MSA 还是现代人走出非洲的时期，按照古 DNA 研究，现代人取代了欧亚大陆的土著人群，可能与当地土著有少量的混血。

在非洲可以看到 MSA 阶段石器工业与现代人的大致对应，也可以看到 MSA 阶段人类认识上的重大变化，但是在现代人走出非洲的扩散过程中，石器工业却很难成为可靠的证据。很显然，在欧亚大陆地区，我们并没有看到两面修理的尖状器、琢背石叶技术的扩散过程，至少在东亚地区没有看到，尤其是在中国南方到东南亚一带，尽管从古 DNA 研究知道至少在旧石器时代晚期已经完成了人群的取代。显然，把石器技术与生物学意义上的人种对应是靠不住的。相对于人类演化上的其他关键变量，如语言、精神（意识形态），石器技术明显没有那么重要。即便是在人类的技术中，石器也只是其中的一个小部分。比如说，如果采用复合工具，能够安柄，能够采用黏接剂，则是否进行精致的两面修理就并不那么重要（如果只是用于切割的话）；如果采用有机工具（竹木骨角），也可以部分替代石器工具。我们似乎可以这么来认识石器工业与现代人起源之间的关系，现代人所依赖的文化组成具有完整的系统结构，包括技术、社会、意识形态三个层面，而在此之前的人类文化适应，在社会与意识形态两个层面的发展还比较弱①；而且，即便是在技术层面，石器工业的重要性也显著下降。

比较欧洲与非洲的旧石器时代的中间阶段，其含义是完全不同的。欧洲地区旧石器时代中期（Middle Paleolithic，简称 MP）与旧石器时代晚期（Upper Paleolithic，简称 UP）的石器工业是早期智人与现代人的区别。库恩（Steven Kuhn）曾利用宾福德对预备性技术与权宜性技术的划分来分析意大利旧石器时代中期（莫斯特工业）与旧石器时代晚期的石器技术，发现前者缺乏明显的计划，对长期的需要考虑不足②。当然，当代人群的计划性基于不同的文化与情境，变化也非常之大。旧石器时代中、晚期狩猎采集人群利用资源的方式可能有所不同。还有研究运用操作链的方法探讨旧石器时代中、晚期的区别，发现现代人与尼人存在差别。就此也有不同意见，如巴尔-约瑟夫（Bar-Yosef）与凡·皮尔（van Peer）批评操作链的方法过于形式化，好像可以读懂远古石器制作者的心智，但实际是不可能的③。特尔克（Turq）等人通过大量的拼合来研究旧石器时代中期遗址，发现尼人也存在多样的流动性④。不过，总

---

① 社会与意识形态也可以从技术角度来理解，比如语言就是非常有效的社会技术，能够极大提高个人之间交往的效率，也可以提高社会知识的传递效率；不同精神构成形成不同效率的意识形态层面的技术，比如宗教信仰就可以对人产生巨大的影响，宗教还可以与社会结合起来，形成更加巨大的影响力。

② S. L. Kuhn, "On Planning and Curated Technologies in the Middle Paleolithic," *Journal of Anthropological Research* 48（1992）：185-214.

③ O. Bar-Yosef and P. van Peer, "The Chaîne Opératoire Approach in Middle Paleolithic Archaeology," *Current Anthropology* 50（2009）：103-131.

④ A. Turq, et al., "The Fragmented Character of Middle Paleolithic Stone Tool Technology," *Journal of Human Evolution* 65（2013）：641-655.

体上，旧石器时代中、晚期的区分是比较明显的，主要表现在工具上：（1）器物多样性增多与标准化提高；（2）时间进程中变化速度加快，原料与器物搬运的距离变远；（3）骨角等有机工具变多。欧洲旧石器时代中期石器组合更多利用本地原料，比例在90%至100%之间；相比而言，旧石器时代晚期的原料与石器搬运不仅更常见，而且距离更远。

比较非洲、欧洲旧石器时代中间阶段的发展，中国乃至东亚、东南亚的状况更接近于欧洲，只是由于目前材料发现较少以及研究上的不足，对早期智人阶段的石器工业了解有限。已知国内材料中，较为明确属于旧石器时代中期的是泥河湾的许家窑遗址，这个遗址发现了大量石制品与动物化石，尤其是马的化石多，因此许家窑人有"猎马人"之称。石制品以小型石片石器为主，同时还发现了1 000多件石球。实验研究显示，这些石球系直接手持投掷使用，是一种埋伏狩猎时用的工具（参见第八章），但是石球的投掷距离与打击力量有限，并不足以直接杀死如野马这样的大型食草动物，只能让其受伤，最后还是需要近距离搏杀才能擒获猎物。这种捕猎方式跟尼人的捕猎方式是非常相似的，反映了同一个时代类似的进化水平。有理由认为东亚、东南亚地区也有一个早期智人的发展阶段，只是形态上不如尼人那样特化，所以至今没有识别出来。从这个角度看，"旧石器时代中期"概念目前还是可以保留的，它可能代表中国早期智人发展阶段，要完全回答这个问题，还需要更多的材料与研究。

八、小结

涉及中国旧石器时代早、中期的问题还很多,就人类自身的历史而言,较之近现代考古学形成之前,我们的认识的确提高了不少。我们不再把人类的产生看作神的创造,开始从进化论的视角理解人类的由来,更重要的是,我们有了一种切实可靠的手段,即通过物质遗存去研究人类的历史,这就是考古学的本质。当然,要实现这个目的,还需要许多学科的帮助。在这个巨大的工程中,石器研究只是其中极小部分的一点努力,但又是必不可少的,因为早期人类的物质遗存中,石器是最经久的,也是最常见的。就石器研究本身而言,我们又深深感到知道得太少,人类过去数百万年的历史还充满了奥秘。通过石器研究能够获取的信息还有很大的提升空间。因此,一方面,我们似乎感到了学科发展的危机,石器研究遇到了发展的瓶颈;另一方面,我们又感到了机遇,一场新的革命似乎正在来临。所谓存在的问题,通常包括两个层面:一个是针对前人研究的,即还存在什么问题;另一个是针对未知的,即怎么去探索。下一步将针对具体的材料展开研究,希望能够站在前人的肩膀上,更上一层楼。

第六章　砍砸器研究

2009年夏，我第一次到湖北郧县主持发掘余嘴2号旧石器时代遗址，这是一个南水北调抢救性考古发现项目，发掘面积500平方米。遗址的发现并不丰富，总共出土334件石制品，这些石制品大多分布在一个砾石条带上，这一砾石条带可能是古代阶地的遗留。发掘期间，我同步开展石器实验，因为有些考古标本上的问题难以回答，比如有些粉砂岩的石块非常像砍砸器，器物表面风化严重，很难做出准确判断，而通过实验，我可以很确定地说粉砂岩不大可能用来制作砍砸器。出土石器组合中主要的石器工具是砍砸器，部分砍砸器的使用刃口有很深的凹陷，似乎经过反复使用；还出土了两件三棱尖手镐。围绕砍砸器与手镐，我们做了大量的实验，有些问题得到了解决，有些问题仍然无法回答。从这里的工作开始，我带领学生到陕西洛南盆地考察，这里与湖北郧县同属于秦岭地区，王社江老师带队曾经在这里发现了大量的旧石器材料。在洛南盆地的材料中，我们不仅看到了大量的砍砸器、手镐，还看到了手斧、薄刃斧以及高度磨圆的石球。我们在洛南继续进行石器实验工作，研究对象从砍砸器、手镐，进一步扩展到手斧与石球。实验的地点扩展到松花江边（那里石料丰富）以及山西襄汾的大崮堆山。经过大量的石器实验，并结合对考古标本的观察，我们可以就这几类石器讨论更深入的内容。这些石器同属于一个石器组合，为同一时期的人群所用，可以代表旧石器时代早中期一个阶段人类的生活面貌。这里采用的视角更多是功能-过程考古的，侧重于讨论石器背后所代表的文化适应。

旧石器时代考古发掘中，结合当地的原材料开展实验研究，是必不可少的研究手段[1]。它对于了解石制品的原料特性、制作技术、功能以及人类选择原料的策略能够提供宝贵的参考，同时让我们尽可能避免先入为主、照抄其他地区的经验等研究缺陷。因此，2009年夏秋在发掘湖北郧县余嘴2号旧石器地点时，我们进行了较为系统的实验工作，并和遗址出土物进行对比，得到了切实的感受与认识；与此同时，这些研究也促进了对相关问题的深入思考。20世纪80年代中期，实验考古开始在中国旧石器时代考古实践中应用，对一些常见石器类型如砍砸器、刮削器和尖状器都进行了初步系统的实验研究[2]。袁家荣的砍砸器实验研究结果说明，砍砸器主要是用于砍伐竹木、修制竹木器，也可以用来肢解大型动物，但敲骨吸髓、挖掘植物根茎的效率不高[3]。这些研究在一般意义上探讨了石器的制作工艺和使用功能，没有结合特定遗址的状况，但是

---

[1] G. H. Odell, *Lithic Analysis*（New York：Kluwer Academic/Plenum, 2004）.

[2] 袁家荣：《砍砸器的实验研究》，硕士学位论文，北京大学，1985；王幼平：《雕刻器实验研究》，载北京大学考古系编《考古学研究（一）》，文物出版社，1992；李卫东：《燧石尖状器实验研究》，载北京大学考古系编《考古学研究（一）》。

[3] 袁家荣：《砍砸器的实验研究》，硕士学位论文，北京大学，1985。

针对特定遗址的具体问题而展开的。

一、材料、方法与实验过程

余嘴 2 号旧石器地点位于湖北省郧县安阳镇余嘴村，2004 年由中国科学院古脊椎动物与古人类研究所李超荣带队调查发现，2009 年委托吉林大学边疆考古研究中心进行发掘，发掘面积 500 平方米，出土石制品 334 件，砾石条带 1 处（图 6-1）。石制品的构成以废品（包括断片、断块、碎屑与打片砾石）为主，真正的石器工具只占 11%，石核与较完整的石片占 10%。工具组合中包括有手镐（2 件）、薄刃斧（2 件）、砍砸器（22 件）、刮削器（8 件）、尖状器（3 件）（图 6-2）。石制品原料以石英为主（占 68.9%），兼有砂岩（15.9%）、角页岩（11.7%）、石英砂

图 6-1　发掘中的砾石条带

岩（2.1%）等。这些原料在砾石条带中都能找到，没有外来原料。在遗址周边的原料调查中发现，存在燧石砾石，虽然数量稀少，质地不均匀。石制品中没有发现燧石的成分。刮削器、尖状器中没有角页岩，而是以石英为主；而砍砸器中则很少有石英，主要是角页岩与石英砂岩。

砍砸器以形状可以分为两种类型，一种为尖刃（仅1件），其余为直刃（图6-2）。若按重量来划分，则有7件重量不超过500克，6件为500～1 000克，其余9件超过1 000克，最重的砍砸器超过2 100克。这里的实验选择直刃砍砸器（或称端刃砍砸器）作为研究对象。

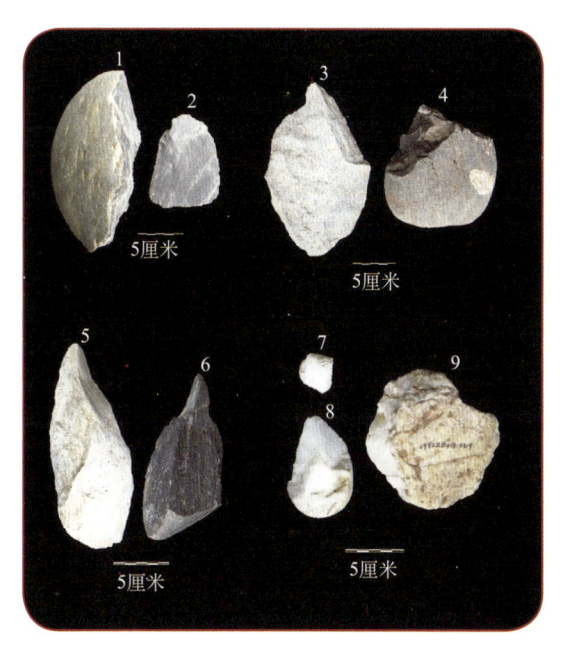

图6-2 湖北郧县余嘴2号旧石器时代遗址出土的石器工具

注：1、4.砍砸器；2、3.大石片/石刀；5、6.手镐；7、9.石核；8.尖状器。

实验分为复制实验和使用实验两部分,目的是希望通过实验了解砍砸器的选料、制作、使用过程中的主要影响因素,为解释遗址出土材料提供佐证。实验的步骤如下:

第一,原料的选取。所用石料一半取自湖北郧县余嘴2号地点附近阶地,另一半取自该遗址发现的砾石条带。前者长期暴露在地表,后者处在埋藏环境中。岩性与当地主要石料对应,以石英、石英砂岩、砂岩、角页岩为主,有少量石英岩和燧石。原料分类如下(表6-1):

表 6-1 复制实验原料分类

	砂岩	石英	石英砂岩	石英岩	角页岩	页岩	燧石	共计
砾石带原料	6	13	15	1	13	1	1	50
阶地原料	14	7	15	3	10	0	1	50

打制方法主要采用锤击法和碰砧法,直接打击砾石,然后对原料及成品进行详细的测量,并记录实验中观察到的现象。复制实验量化指标如下:

石　锤:编号、质地、长、宽、厚、重量、破损方式、使用次数。

砍砸器:编号、质地、长、宽、厚、刃角、重量、打击方法、打击次数、修理方式、石锤号、石片数、断片数、碎屑数。

第二,使用实验为砍伐树木,材料为遗址附近的枸树枝。选取三组复制的砍砸器进行使用实验,分别观察砍砸器的重量、厚度和石料类型对其使用效率的影响。使用后清洗砍砸器刃口,用30倍放大镜观察使用痕迹。实验分组情况如下(表6-2):

表 6-2 使用实验分组

原料	砂岩	角页岩	石英砂岩	石英	石英岩	燧石
刃角	35°	55°	60°	60°	69°	/
重量（克）	650	1 160	1 500	1 620	1 750	2 100

二、复制实验结果分析

复制实验获得成品 62 个，成功率 62%。根据实验记录来分析失败原因，可以发现：68% 的失败品是因为砾石原料本身有节理。此外，我们还发现如下三个因素对砍砸器的制作有影响：

其一，原料的大小：原料太小，初步打片后，便无法继续加工，刃部未能形成。原料太大时，为获得适宜大小，需剥去更多石片，因此刃部会越修越陡，结果是不宜使用，且更耗时耗力。故原料应大小合适，以方便手握为度。

其二，原料的形状：复制实验所选原料形状多为宽薄形，比较成品与失败品的长宽指数和宽厚指数，并无明显差异。遗址出土的砍砸器也基本为宽薄型，仅长宽指数部分略小（图 6-3）。实验标本中，少数标本边缘较厚，边缘接近 90°，没有合适的打片台面，加工失败。由此可见，加工砍砸器时，砾石原料的边缘形态影响砍砸器的制作。边缘角度较小、较薄的原料更易加工。

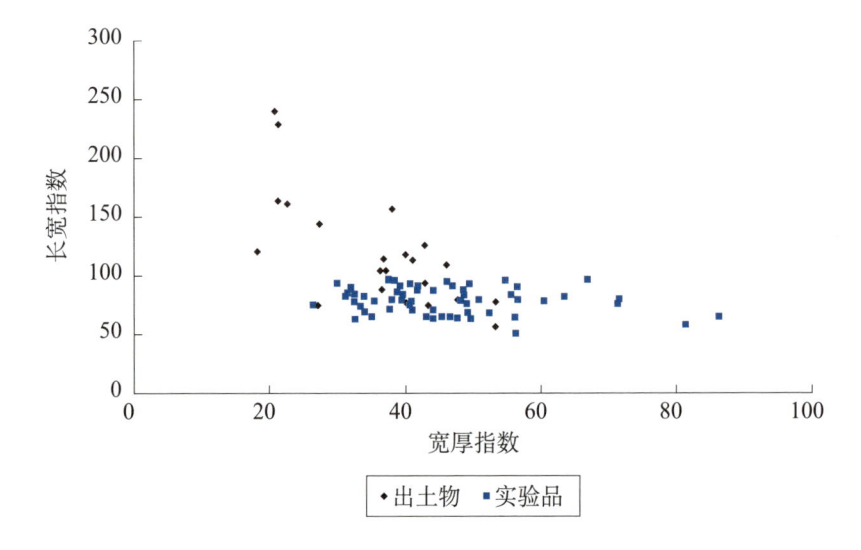

图 6-3　砍砸器长宽指数和宽厚指数分布

其三，原料质地：复制实验共选用 7 种原料，包含当地的主要石料。其中页岩只有 1 例，原因是该样品在选取原料时被误认作角页岩，但打制时发现变质程度较低，应属于页岩。燧石也仅有 1 例，因为此种原料当地也属少见，遗址出土的石制品中没有这种原料，但为更详尽地了解不同石料的特性，故也将之纳为实验原料。各原料加工成功率见表 6-3。角页岩、石英砂岩、砂岩和石英成功率较高，说明这几种石料都较易加工成砍砸器，但砂岩在打制过程中刃部易开裂。遗址出土的砍砸器中，原料以角页岩为主，兼有石英砂岩与石英。发掘过程中，曾发现 2 件砂岩器物形态似砍砸器，由于风化较为严重，人工痕迹模糊，暂定为砍砸器。通过实验，尤其是使用实验后，将其否定。

表6-3 复制实验不同石料成功率

	砂岩	石英	石英砂岩	石英岩	角页岩	页岩	燧石
成品	12	12	19	1	17	0	1
失败品	8	8	11	3	6	1	1
成功率	60%	60%	63%	25%	74%	0	50%

三、使用实验结果分析

1．不同刃角对比实验

本组砍砸器原料皆为角页岩。从砍树枝的效率来看，E27（刃角69°）效率最高，但因为砍砸器太厚，不易手握，影响使用舒适度，不得不缩短持续使用的时间。E12（刃角60°）效率最低，使用时因其太厚，需双手持握，且刃口曲折。E83（刃角60°）、E91（刃角55°）效率居中。从石器耗损情况来看，E92（刃角35°）耗损最大，效率较低，故砍砸器刃角不宜过小，否则容易损坏。除E91（刃角55°）无崩损外，其他砍砸器皆有少量碎屑崩落，实验显示砍砸器的刃角55°较为适宜（表6-4）。

表6-4 刃角对比实验结果

编号	刃角	加工树枝直径（毫米）	砍击次数	砍击效率	石器耗损
E92	35°	43	141	0.30	3断片、18碎屑
E91	55°	43	78	0.55	无
E83	60°	43	126	0.34	6碎屑、粒径较小
E12	60°	43	194	0.22	3碎屑
E27	69°	43	60	0.72	16碎屑

注：砍击效率=加工树枝直径/砍击次数（表示每次砍击的树枝直径，数值越大，效率越高）。

2. 不同重量对比实验

本组实验选取大小各异的砍砸器进行。从砍击效率来看,大致可分为三组,E69 效率最高,E70 效率最低,E13、E99 和 E24 居中。石器耗损除 E37 外,差别皆不大(表 6-5)。实验显示砍砸器的重量以 1 500～1 750 克较为适宜。

表 6-5　重量对比实验结果

编号	重量(克)	加工树枝直径(毫米)	砍击次数	砍击效率	石器耗损
E37	650	36	85	0.42	3 碎屑
E70	1 160	36	84	0.43	无
E99	1 500	32	32	1.00	无
E69	1 620	35	28	1.25	无
E13	1 750	36	33	1.09	细屑
E24	2 100	35	43	0.81	无

3. 不同原料对比实验

复制实验显示(表 6-6),燧石的效率最高;石英的效率其次,但受其结晶均匀程度不一的影响,稳定性较差。用石英制作砍砸器的成功率同石英砂岩较接近,皆为 60%。石英岩的砍击效率最低,但其稳定性较好,受风化、磨蚀影响较小,使用期限较长,缺点是石料致密,加工难度较大。效率居中的石料中,砂岩因为是粒状结构,使用后刃部极易崩损磨圆,迅速丧失锐利的刃口,无法继续使用,实验显示它不适合作为砍砸器的原料。石英砂岩和角页岩的使用效率相差不大，但角页岩的制作成功率较石英砂岩更高，虽然都有加工时易因解理断裂的缺点，但是角页岩的使用崩损呈阶梯状，刃口薄，更锋利，这可能是遗址出土的砍砸器多采用角页岩的原因之一。

表6-6　原料对比实验结果

编号	石料	加工树枝直径（毫米）	砍击次数	砍击效率	石器耗损
E85	砂岩	36	52	0.69	无
E82	燧石	36	31	1.16	无
E79	石英岩	33	66	0.50	无
E64	石英砂岩	32	48	0.67	无
E25	角页岩	32	47	0.68	无
E90	石英	25	25	1.00	无

四、与遗址出土物的对比

通过使用实验我们发现，砍砸器刃部的实际使用宽度有限，常常局限于一小段，即刃部中段，刃部两端的部位通常没有利用，或利用率极低。在放大镜下观察，只有局部刃缘有使用痕迹。故我们根据从刃部观察到的使用痕迹情况，测量了实验品刃部的使用宽度，同时测量了余嘴2号地点出土的砍砸器刃部的使用宽度，将两者进行比较（图6-4）。从中可以看出，实验品和出土物的刃部使用宽度范围大致重合，有少数出土物的刃部使用宽度较窄，这是因为该出土物本身尺寸较小，刃部较窄。

图 6-4 刃部使用宽度比较

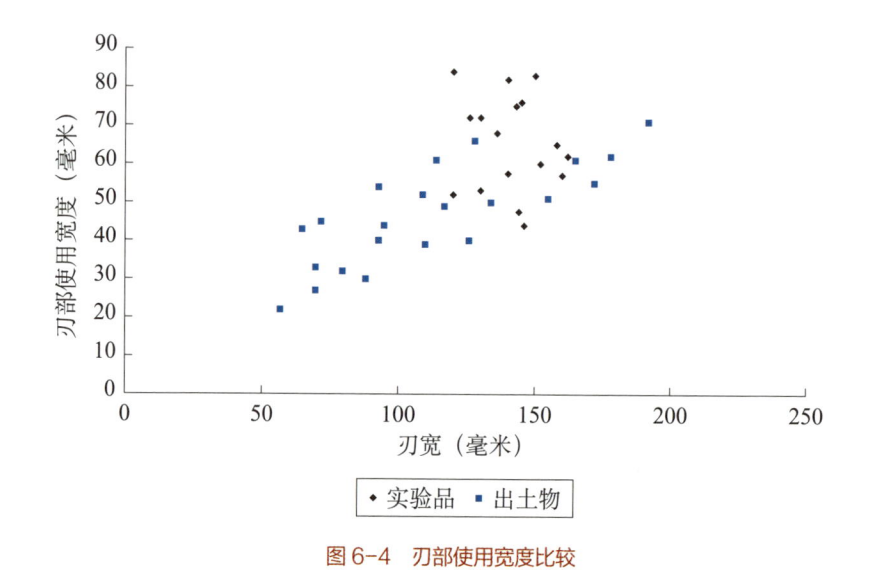

刃部使用宽度局限在一定范围内的原因:

第一,刃部使用宽度与物体的接触面积以及所加工物体的表面积有关。如果被加工物体的表面积越大,那么砍砸器的刃部使用宽度就越大;由此可以进一步推测,遗址出土的砍砸器的加工对象大部分是表面积不大的物体,或者砍砸器没有和所加工物体有较大面积的接触。这里的使用实验中,加工对象是树枝,使用者在劈砍树枝时,刃缘和树枝单次接触的宽度理论上不会超过树枝直径,但使用者劈砍的着力点不可能每一次都落在同一位置,故刃部使用宽度会有一定的扩展。

第二,刃部中段能保证和所加工对象有足够的接触面。如果使用时施力略有偏差,着力点偏向两端的话,和加工对象的接触面就会变小,所以使用者在使用时也会下意识地调整,将着力点控制在一定范围内。

第三,我们在做使用实验时发现,把砍砸器刃部中后段作为着力点更省力,尤其是在刃部较宽的情况下。根据杠杆原理,动力 × 动力臂 = 阻力 × 阻力臂:

$$F1 \cdot L1 = F2 \cdot L2$$

阻力臂大于动力臂时,费力,减小打击动作运动的距离;阻力臂小于动力臂时,省力,但打击动作距离更长。砍砸器大多形态短宽(仅讨论直刃砍砸器),使用时的持握方式主要分两种:一种是掌心置于器身尾部,另一种是掌心置于器身一侧。两种情况的施力点都在器身的尾部或靠后。当着力点落于刃部前端时,阻力臂大于动力臂,较着力点落于中段或靠后时更费力(图6-5)。

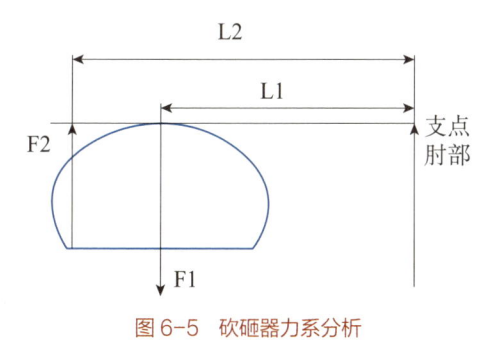

图 6-5 砍砸器力系分析

第四,砍砸器刃部的形态也有影响。砍砸器的刃口多呈缓弧形,个别的呈一字形,且刃缘多有曲折。在和所加工对象接触时,最先受力的是刃缘突出的部分。在遗址中发现的砍砸器,部分刃缘略呈凹弧形,这种情况下,最先着力的地方就会有两处。使用者也可能在使用时根据刃缘形态有选择地把握,让着力点偏向这个稍凹的部分。

五、讨论：砍砸器的意义

1. 作为权宜性工具的砍砸器

所谓权宜性工具是那种用完即弃的工具，不做细致修理加工，更不会携带远行，典型代表如使用石片。砍砸器是否权宜性工具？从实验过程来看，制作砍砸器仅需选择大小、形状、质地合适的原料，不需要准备台面、预制石核等。制作实验过程中，运用石锤进行打击的次数通常不到 10 次即可完成一件砍砸器，打片过程是所有石器类型中最简单的。它采用单面加工，连续打击，无须考虑转向；刃缘或直或尖，或凹或凸，要求并不严格；器物保留大部分天然砾石面，形状亦不严格，重量、大小变化亦不大。另外，在原料的选择方面，不寻求利用质地最优良但较稀少的石料，而是就近利用较为合适的石料。因此，就这些方面而论，砍砸器应该属于权宜性工具。

当然，权宜性工具也可能被反复光顾同一地点的古代人类重新使用，或改作他用，从而导致权宜性工具反复使用、多种用途痕迹并呈的状况，这也是一种值得注意的状况。余嘴 2 号地点出土的 22 件砍砸器中，仅有 2 件完好无损，其他皆有某种程度的损坏，可能就与这种使用状况有关。这处旧石器地点位于砾石条带附近，制作石器的原料非常丰富。从石制品不同的保存程度来看，古人可能多次使用过这个地方，部分砍砸器可能被多次使用过，直到损坏为止，但是其即用即弃的性质并没有改变。

2. 关于砍砸器传统

砍砸器研究中,最受关注的问题莫过于砍砸器传统的问题。自从20世纪30年代著名的莫维斯理论被提出后[1],西亚、欧洲及非洲地区的"手斧文化圈"和东亚、东南亚地区的"砍砸器文化圈"两个平行发展的文化传统就成为多年来学者关注的重点之一[2]。这个理论是建立在当时莫维斯观察到的欧洲、西亚和东南亚的石器特征的总结上的,反映的是两个不同的东西方文化传统。今天的旧石器时代考古发现较当时已经丰富数倍不止,砍砸器是否还能构成一个传统?

纵观近年来的旧石器研究,在莫维斯理论问题上,一方面,学者们从研究手斧入手展开辩论,着重讨论的是中国是否有手斧,莫维斯线是否存在,而对在大量旧石器时代遗址中发现的砍砸器没有给予相应的重视。另一方面,部分学者从石片-砍砸器传统入手。贾兰坡认为,中国境内旧石器时代的石器基本上都属于石片文化传统[3],且提出了华北"两大传统",即大石片砍砸器-三棱大尖状器传统(匼河-丁村系)和船头状刮削器-雕刻器传统(周口店第1地点-峙峪系)。裴文中认为,在旧石器时代早期,砍砸器只是石器中的一个类型,而且它的数量总是

---

[1] H. L. Movius, "The Lower Paleolithic Cultures of Southern and Eastern Asia," *Transactions of the American Philosophical Society* 38(1949):329-420.

[2] Y. Hou, et al., "Mid-Pleistocene Acheulean-like Stone Technology of the Bose Basin, South China," *Science* 287(2000):1622-1626.

[3] 贾兰坡、盖培、尤玉桂:《山西峙峪旧石器时代遗址发掘报告》,《考古学报》1972年第1期。

比刮削器少,因而很难称之为砍砸器传统①。20世纪90年代,部分学者开始提出南北存在特点不同的工业系统。房迎三提出,在我国包括长江流域在内的广大南方地区,存在着一种砾石石器/砍器文化,砍器是其中最有特色的工具②。张森水提出,中国南北方各存在一个旧石器主工业。北方主工业以石片石器为主,其中刮削器是主要类型,砍砸器和石球等重型石器数量不多。南方主工业中的石制品以大型的为主,因用砾石为石器的毛坯在组合中占比高,故有砾石工业之称;石器中重型石器远多于轻型石器,以砍砸器为主要类型③。

以上研究主要从砍砸器在石器类型中的地位来判断其是否能构成一个传统,但文化存在复杂性和多样性,单纯用石器类型分析来划分文化传统还存在一定的问题。自然环境、物质生活资料来源、埋藏环境等因素都有可能影响我们对石器文化的观察、分析和研究④。砍砸器是石器组合中最基本的工具类型,它贯穿石器时代的始终,从石器技术起源到石器技术消失;在世界各地、各个时期的石器组合中都或多或少地存在。砍砸器这种广泛的时空分布特征显然与两个因素有关:一方面,砍砸器是一种技术相对简单的工具,容易制作,是典型的权宜性工具;另一方面,砍砸器可以满足古代人类砍伐、砸击等普遍的工具行为要求,它不可或缺。

① 裴文中、张森水:《中国猿人石器研究》。
② 房迎三:《试论我国旧石器文化中的砍器传统》,《东南文化》1990年增刊。
③ 张森水:《管窥新中国旧石器考古学的重大发展》,《人类学学报》1999年第3期。
④ 陈哲英:《山西旧石器时代》,《史前研究》1988年辑刊。

但同时值得注意的是，砍砸器是中国南方与东南亚的石器组合的主体成分，贯穿整个旧石器时代，并延伸到新石器时代。砍砸器的这种时空分布特征形成了明显的地域特色，这也就是"砍砸器传统"这一术语存在的基本理由。这种局面为什么能够存在？有学者认为与使用有机工具如竹子有关①。竹木工具实际是主要的工具形态，只是没能保存下来而已。砍砸器就如同斧子在高科技的现代一样，因为不是主导工具，形态也就基本保持稳定。即便我们所有的现代高科技工具都没有保存下来，也不能由此就把斧子视为现代社会的技术传统，它只是一个被幸运地保存下来的技术要素。因此，是否应该把保存下来的砍砸器视为整个旧石器时代中国南方与东南亚的传统，需要进一步考虑。

我们说到石器的技术传统，其内涵中通常包含形式化的结构，比如左右对称的手斧、带有凹槽的克鲁维斯尖状器、楔形细石核，如此等等。形式具有超越功能的性质，也就是说实施手斧的功能并不必然需要左右对称，作为尖状器使用，也不是非要在底端修出凹槽，生产细石叶的石核完全可以不是楔形的。砍砸器不具备这种形式化的结构，超越其功能的加工修理是不存在的。因此，在这个角度上，砍砸器作为一个传统有些勉强。

尽管目前还没有一个很好的概念来替代砍砸器传统对旧石器时代石器组合时空特征的归纳，但是我们必须明白这个概念中存在着许多牵强的内涵，需要我们在未来的研究中加以注意。

---

① G. G. Pope, "Bamboo and Human Evolution," *Natural History* 10（1989）: 48-57.

3. 作为一种适应的砍砸器

石器的形态与人类对环境的适应有紧密的关系。一般认为，处在开阔地环境中，资源斑块分布不均匀且分散时，人们会选择更接近标准化的工具，以适应在流动狩猎采集中多样的工具需求（参见第十二章）。比如，选择用手斧或两面器，百色盆地的两面器现象就被归为由陨石坠落事件导致的开阔地形成所致[1]，类似的技术还有细石叶技术[2]。而当处在资源较为集中的环境，人们会选择相对专业或特化的技术，以充分利用当地的资源条件。施科帕茨（Schepartz）等人认为，中国南方与东南亚的古代人类生活在较高的地带，利用低地地区是较晚的事[3]。季风气候条件下，海拔400米以上的高地是更开阔的林地，食草动物更丰富，环境也更稳定[4]，也符合人类对稀树草原景观的追求[5]。

如果确如蒲柏所言砍砸器主要为加工竹木工具的基础工具，古代人类的主要技术进步就并不体现在砍砸器技术上，所以砍砸器的器物形态

---

[1] H. L. Movius, "The Lower Paleolithic Cultures of Southern and Eastern Asia," *Transactions of the American Philosophical Society* 38（1949）: 329-420.

[2] G. G. Pope, "Bamboo and Human Evolution," *Natural History* 10（1989）: 48-57.

[3] L. A. Schepartz, et al., "Upland Resources and the Early Palaeolithic Occupation of Southern China, Vietnam, Laos, Thailand and Burma," *World Archaeology* 32（2000）: 1-13.

[4] C. Higham, *The Archaeology of Mainland Southeast Asia*（Cambridge: Cambridge University Press, 1989）; P. Bellwood, "Southeast Asia before History," in *The Cambridge History of Southeast Asia*, ed. N. Tarling（Cambridge: Cambridge University Press, 1992）, pp.55-136.

[5] 戴维·巴斯：《进化心理学》，熊哲宏、张勇、宴倩译，华东师范大学出版社，2007。

一成不变。在这种开阔林地环境中竹木资源丰富，随处可得，而且竹木工具较之石器有更轻便、更易于携行等优势。民族学材料也显示，在中国南方少数民族地区，广泛存在各种竹木工具，不仅有木耒、木耜这类挖掘工具，木臼、木杵这类食物加工工具，竹筐、竹筒等各种盛器，而且连切割屠宰工具也用竹子制作，如傣族宰牛的竹刀，刃口先用火烧，刮掉焦炭层，再用油炸，刃口锋利耐用[①]。只是在砍伐加工竹木时，才需要砍砸器这样的石器。

的确，这种工具即用即弃的特征，以及技术形态长久不变，与上述推断是吻合的。与此同时，值得注意的是，如我们在余嘴2号地点所见，大部分砍砸器的使用强度很大，以至于废弃后不可用，可能与人类反复对该地点的利用有关，人们循环使用砍砸器。总而言之，砍砸器可能体现的是一种开阔林地地带人们强调竹木等有机工具的适应方式。

六、小结

在余嘴2号地点开展的砍砸器实验表明：（1）从原料来看，砂岩不适合制作砍砸器，石英岩最合适，但最难加工，角页岩次之，再次是石英。复制实验表明，燧石其实也很适合，只是原料不如其他几类岩石丰富。余嘴2号地点的古人没有采用燧石，可能与图方便有关，不愿费工夫去寻找这种优质石料。（2）从打制技术来看，对大型毛坯采用碰砧

---

① 宋兆麟、黎家芳、杜耀西：《中国原始社会史》，文物出版社，1983。

法更有效，锤击法的优势在于打击的位置更准确，对于中小型坯材更适用。（3）从使用来看，鉴于砍砸器握持姿势、力轴的方向都存在一个最佳的范围，加之其重心固定，砍砸器的边刃也存在一个最佳的长度。从原料选择的就地取材到制作技术的相对简单，都表明砍砸器是一种权宜性工具，它不具备常见石器传统的形式化的结构，时空分布上具有高度的普遍性，将之视为一个石器技术传统，理由还不够充分。

第七章　手镐研究

这里以秦岭地区出土的手镐为研究对象。所谓秦岭地区，是指以秦岭为分水岭的南北地带，包括南坡的汉水上游与北坡的洛河上游等流域。手镐是秦岭地区常见的一种旧石器时代工具类型，是这一地区独特的阿舍利石器组合的组成部分之一[①]。目前有关其制作技术的研究还非常缺乏，一般假定它是用河流砾石采用锤击法直接打制的，但是这样的假定并没有实验基础。同时，我们还假定它是一类单独的器物类型，与其他石器工具是平行的关系，没有什么关联，最多只在形制上存在某些相似性。我们不知道手镐的制作是否与其他石器工具制作相关，如果有的话，又有着怎样的关联，以及它们为什么会出现在同一石器组合中。本项研究运用实验考古的方法探索手镐，尤其是三棱尖形手镐的制作技术，以及采用此种技术后对制作其他石器工具的影响。实验研究中同时还考虑性别因素的影响。

[①] 陕西省考古研究院、商洛地区文管会、洛南县博物馆编著：《花石浪（Ⅰ）——洛南盆地旷野类型旧石器地点群研究》。

一、作为中程研究的实验考古

考古学的目标是要从静态的考古材料去了解动态的人类过去行为[①]。考古材料本身不会说话，仅仅从考古材料出发是不够的，于是就需要发展中程理论沟通考古材料与人类行为。除了考古研究之外，也就是"从下而上"或"从古及今"的研究，我们还需要"从上而下"或"从今及古"的研究，民族考古、实验考古、历史考古甚至当代物质文化研究[②]都可能提供重要的参考框架。实验考古是其中最具有普遍性的途径。

实验考古尤其适用于研究石器技术，不仅因为古今人类所加工的石料可以是同样的，而且因为古今人类的运动方式与体质条件基本一致，尤其是直立人出现后的时期。尽管古今人类在力量、技巧与认知水平上存在不小的差异，不过其实这些差异同样存在于当代人群中，而且这些差异并没有达到彼此无法衡量的程度。现代人操作困难的石器技术，对于古人同样不容易。正是这种技术层面良好的古今一致性使得石器实验研究一直是理解石器制作过程的基本途径。

石器实验考古 19 世纪就已经开始，在 20 世纪 70 年代达到高峰[③]，

[①] L. R. Binford, *In Pursuit of the Past: Decoding the Archaeological Record* (London & New York: Thames & Hudson, 1983).

[②] V. M. LaMotta and M. B. Schiffer, "Behavioral Archaeology: Toward a New Synthesis," in *Archaeological Theory Today*, ed. I. Hodder (Cambridge: Polity Press, 2001), pp. 14–64.

[③] L. L. Johnson, et al., "A History of Flint-Knapping Experimentation, 1838–1976," *Current Anthropology* 19 (1978): 337–372.

至今仍旧很流行。因为技术层面的同一性比较好,所以大量的研究立足于此,从打片技术的重建①到使用微痕②,提供了大量的参考信息。然而,由于文化历史背景以及文化生态背景的差异性,石器实验考古还是具有限定范围。从考古材料研究的问题出发,通过实验研究重新回到考古问题中,切实地解决具体的考古研究难题③。石器实验考古除了结合考古材料研究之外,再结合当地的文化生态与文化历史关联,就可能在针对特定地区与问题的研究中发挥出巨大作用。我近些年来的研究实践促使我得出这样的认识。

约翰逊曾回顾百余年来石器实验的历史,她深感困惑的是后来者很少注意到前人的工作,她将之归因于研究者与实验者之间的鸿沟④。这是因为石器实验是一种需要切实参与和用心体验的研究过程,研究者若不亲自动手去做,是很难真正领会实验者的观察与心得的。实验者的切身参与导致一种对定性研究之重要性的强调。而在实验考古中结合控制性实验的定量方法得到更广泛的提倡与应用。实际上,这两者是石器

---

① D. E. Crabtree, "An Introduction to Flintworking" (Occasional Papers 2, Idaho State University Museum Pocatello, 1972); B. Cotterell and J. Kamminga, "The Formation of Flake," *American Antiquity* 52 (1979): 675-708.

② G. H. Odell, "Micro-wear in Perspective: A Sympathetic Response to Lawrence H.Keeley," *World Archaeology* 7 (1975): 226-240; L. H. Keeley, *Experimental Determination of Stone Tool Uses: A Microwear Analysis*; S. A. Semenov, *Prehistoric Technology*, translated by M. W. Thompson.

③ D. S. Amick, et al., "The Potential of Experiments in Lithic Technology," in *Experiments in Lithic Technology*, eds. D. S. Amick and R. P. Mauldin (Oxford: BAR International Series 528, 1989), pp.1-14.

④ L. L. Johnson, et al. "A History of Flint-Knapping Experimentation, 1838-1976," *Current Anthropology* 19 (1978): 337-372.

实验考古中不可分割的两个方面。本项石器实验研究就是结合两者进行的。

二、秦岭地区的手镐：定义与特征变化

要准确地给予手镐一个定义并不容易，回顾学术史就发现，它与手斧的定义有重叠[①]。对于博尔德来说，典型的手镐是大大延长的两面器，截面厚，通常呈四边形或三角形[②]。塔沃索（Tavoso）将之定义为三棱尖的单面器，但是他认为三棱尖是通过从两面打击一块有角的砾石或石片而形成的[③]。有些手斧因为尖部非常明显，又经过两面加工，所以被称为"类手镐的手斧"[④]。形制上与手镐相似但名称不同的工具，还有大三棱尖状器、尖刃砍砸器、大尖状器、啄掘器[⑤]等。现在学者大多认为手镐是不同于手斧、薄刃斧的一类工具，都是阿舍利工业组合的组成部分，或统称为大型砍切工具。

从目前中国的发现来看，手镐的分布相当广泛，除了秦岭地区[⑥]之

---

① A. Debénath and H. L. Dibble, *Handbook of Paleolithic Typology*.

② F. Bordes, *Typologie du Paléolithicque ancient et moyen*, 2 vols（Delmas Bordeaux: Mémoires de l'Institut Préhistoriques de l'Université de Borduaux1, 1961）.

③ A. Tavoso, *Le Paléolithique inférieur et moyen du Haut-Languedoc*, Edues quaternaries 5（Paris: Institut de Paléonotologie Humaine Paris, 1978）.

④ A. Debénath and H. L. Dibble, *Handbook of Paleolithic Typology*.

⑤ 黄慰文、祁国琴：《梁山旧石器遗址的初步观察》，《人类学学报》1987年第3期。

⑥ 陕西省考古研究院、商洛地区文管会、洛南县博物馆编著：《花石浪（I）——洛南盆地旷野类型旧石器地点群研究》；陈胜前、陈慧、董哲、杨宽：《湖北郧县余嘴2号旧石器地点发掘简报》，《人类学学报》2014年第1期。

外，湖南[①]、广西[②]均有较多的发现。近年来，广东也有发现，目前所见手镐非常粗大，多为单面修理[③]。安徽[④]、浙江[⑤]、福建[⑥]、江西[⑦]也有报道，但数量较少。北方地区山西南部的丁村遗址出土过非常典型的大三棱尖状器（现在是《人类学学报》封面的插图标志）[⑧]，就是典型的手镐。据称东北地区也有发现。与中国东北地区毗邻的朝鲜半岛发现过手斧、手镐等具有阿舍利特征的大型工具[⑨]。从时代上说，延续的时间非常长，典型的阿舍利工业组合从 1.7 Ma[⑩]一直持续到 0.3/0.25 Ma[⑪]。而在中国，最

[①] 袁家荣：《湖南旧石器时代文化与玉蟾岩遗址》。
[②] 广西壮族自治区博物馆编《百色旧石器》；P. Zhang, et al., "Acheulean Handaxes from Fengshudao Bose Sites of South China," *Quaternary International* 223-224（2010）：440-443。
[③] 广东文物考古研究所：《广东南江流域旧石器时代考古调查取得重要突破》，《中国文物报》2013 年 5 月 24 日第 8 版。
[④] 房迎三：《长江中游地区的旧石器考古》，载吕遵谔主编《中国考古学研究的世纪回顾·旧石器时代考古卷》，科学出版社，2004。
[⑤] 浙江省文物考古研究所、长兴县文物保护管理所：《七里亭与银锭岗》。
[⑥] 福建博物院编著：《莲花池山遗址：福建漳州旧石器时代遗址发掘报告（1990～2007）》，科学出版社，2013；福建省文物局、福建博物院、三明市文物管理委员会编著：《福建三明万寿岩旧石器时代遗址：1999～2000、2004 年考古发掘报告》。
[⑦] 李超荣、徐长青：《江西安义潦河发现的旧石器及其意义》，《人类学学报》1991 年第 1 期。
[⑧] 山西省考古研究所编著：《丁村旧石器时代遗址群：丁村遗址群 1976—1980 年发掘报告》，科学出版社，2014。
[⑨] Yung-jo Lee and Jong-yoon Woo, "Suyanggae: Why so Important（III）-with Focus on Handaxe,"载高星、李隆助主编《北京猿人 80 周年纪念：第 14 届垂杨介与她的邻居们国际学术研讨会》，海洋出版社，2013。
[⑩] K. Kuman and R. J. Clarke, "Stratigraphy Artifact Industries and Hominid Associations for Sterkfontein Member 5," *Journal of Human Evolution* 38（2000）：827-847.
[⑪] J. D. Clark, "Variability in Primary and Secondary Technologies of the Later Acheulian in Africa," in *A Very Remote Period Indeed: Papers on the Paleolithic Presented to Derek Roe*, eds. S. Milliken and J. Cook（Oxford: Oxbow Books, 2001）, pp. 1-18.

早似手镐的发现可以追溯到在蓝田遗址[①]与西侯度遗址[②]发现的大尖状器，尽管目前就其年代与性质还有争议。湖南旧石器时代晚期的条王岗遗址[③]也有发现似手镐，广西甚至在新石器时代遗址中还能看到似手镐。从秦岭地区目前的材料来看，旧石器时代晚期为石片工业所取代。

秦岭地区的手镐材料目前最为系统的报道来自陕西洛南盆地，手镐都发现于旷野遗址的调查与发掘中[④]，系统发掘的龙牙洞遗址的石制品数量数以万计，但是没有手镐发现的报道[⑤]。洛南盆地的手镐分为普通手镐与三棱尖形手镐两种，原料为石英岩、石英砂岩和细砂岩。关于其制作技术，研究者认为普通手镐一般用大型石片或扁平砾石加工而成，加工方法类似于加工尖状器的方法。普通手镐的截面不规则；关于三棱尖形手镐，研究者认为毛坯与普通手镐相同，刃缘两面修理加工[⑥]，与塔沃索的观点相同[⑦]。从洛南盆地的材料我们得知，三棱尖形手镐平均厚度为69.54毫米（N=107），大于普通手镐的平均厚度57.26毫米（N=124）[⑧]。

---

① 戴尔俭：《陕西蓝田公王岭及其附近的旧石器》，《古脊椎动物与古人类》1966年第1期。

② 贾兰坡、王建：《西侯度：山西更新世早期古文化遗址》。

③ 袁家荣：《湖南旧石器时代文化与玉蟾岩遗址》。

④ 陕西省考古研究院、商洛地区文管会、洛南县博物馆编著：《花石浪（I）——洛南盆地旷野类型旧石器地点群研究》。

⑤ 陕西省考古研究院、洛南县博物馆编著：《花石浪（II）——洛南花石浪龙牙洞遗址发掘报告》，科学出版社，2008。

⑥ 陕西省考古研究院、商洛地区文管会、洛南县博物馆编著：《花石浪（I）——洛南盆地旷野类型旧石器地点群研究》。

⑦ A. Tavoso, *Le Paléolithique inférieur et moyen du Haut-Languedoc*, Edues quaternaries 5 (Paris: Institut de Paléonotologie Humaine, 1978).

⑧ 陕西省考古研究院、商洛地区文管会、洛南县博物馆编著：《花石浪（I）——洛南盆地旷野类型旧石器地点群研究》。

这样的厚度表明，它不可能像普通手镐那样由石片或扁平砾石直接制作而成，而是来自更厚的断块，其砾石毛坯的尺寸更大。要获得如此厚度的断块毛坯，直接打击是不可能实现的。在秦岭南坡地区郧县余嘴的发掘中，我们注意到这里三棱尖形手镐除了有一个明显的尖刃外，还有一条边刃，同样有修理痕迹，显示出多用途的特征[①]。三棱尖形手镐的尖部很少有修理疤痕，并没有显示出反复修理的特征（图7-1）。

图 7-1　湖北郧县余嘴 2 号旧石器时代遗址手镐

三、手镐实验

针对手镐的实验研究是一个反复尝试的过程，一开始就进行控制性

---

① 陈胜前、陈慧、董哲、杨宽：《湖北郧县余嘴 2 号旧石器地点发掘简报》，《人类学学报》2014 年第 1 期。

的实验研究实际上是不现实的,因为问题也是在实验过程中才发现的。整个实验研究包括四次实验,下面分别简述实验目的、过程与结果。

1. 第一次实验

这次实验是2009年在秦岭南麓湖北郧县余嘴2号遗址进行的,当时我们正在发掘这个遗址。遗址中发现了一个砾石条带,并发现较多的砍砸器以及两件三棱尖形手镐。为了更好地把握石制品的技术类型,我们利用砾石条带中发现的砾石实验复制砍砸器与手镐。砍砸器的实验相当成功,制作这种器物非常简单,加工那些扁圆形的砾石,锤击法、碰砧法均可,这表明砍砸器是一种典型的权宜性工具。但是,复制手镐的实验失败了,我们无法采用锤击法或碰砧法直接生产出具有三棱尖的手镐。发现于余嘴2号遗址的三棱尖形手镐的尖部很少有修理痕迹,这种尖部不是通过反复修理得到的,我们在实验中能够实现后者。

我们还注意到这两件手镐除了有一个明显的尖部外,还有一个适合砍斫的侧边刃缘(图7-1)。手镐的尺寸较之砍砸器明显更小,重量更轻。修理工作都是围绕三棱尖进行的,器型规范,跟高度权宜性的砍砸器有明显的区别。这种明显的矛盾使我们当时怀疑这种器物有可能是一种女性使用的工具,甚至可能是男性专门为女性制作的具有象征意义的工具。它适合挖掘,同时也可以兼做砍斫工作,虽然不如砍砸器好用。失败的实验使我们认识到,手镐的三棱尖不是能够通过直接锤击加工获得的,它很可能是砾石断裂后形成的。至于是自然还是人工原因形成的，我们并不确定。我们也不知道采用什么样的人工方法能够得到这样的三棱尖。

2. 第二次实验

这次实验是 2014 年夏天在秦岭北坡龙牙洞遗址附近的洛河河漫滩上进行的。龙牙洞遗址以出土极为丰富的石制品而闻名，其中包括许多手镐、薄刃斧、手斧等。我们尝试用两种方法制作手镐。第一种方法是直接打击法，原料为河漫滩上长方形的扁平砾石（长 20 厘米以下，宽 15 厘米以下），用石锤（大小、重量以操作者握持舒适为原则，重 800 克左右）、地质锤打击。一种形式是把砾石放在打击者的左侧大腿上，另一种形式是直接把砾石放在石砧上。这种方法所需要的打击力量很大。砾石边缘圆滑，缺乏可以利用的台面，需要多次反复用力打击才能打下第一块石片。垫在大腿上打击，对打击者的腿部冲击很大，溅起的石屑割伤了打击者的胳膊与大腿。由于有腿部的缓冲，生产出来的石片较薄、平直。而垫在石砧上打击所获石片更厚、更大。采用交互的修理方式可以得到尖刃，但无法得到三棱尖。实验生产出来的手镐要小于所见到的绝大多数考古标本。总的说来，直接打击生产手镐，制作成本高，需要大量用力的打击修理（最多近百次），效果也不理想，无法得到三棱尖形手镐。

第二种方法为摔击法。河漫滩上石料极为丰富，我们选取一些较大的砾石，平均长宽为 20～30 厘米，厚度为 10 厘米左右，重量为 10 千克左右。这是经过一些尝试后的选择,太重不好控制,太轻打击效果不佳,因为自身重量小。摔击的方法是:实验者站在离石砧 2～3 米的地方,位置稍高于石砧——石砧是有突起棱脊或尖部且稳定的大石头,用力把砾石摔向石砧的突出部位。洛河河漫滩上大量的原料为石英岩,质地均匀,一般反复摔击数次就会产生剥片,往往沿砾石边缘一次产生两个石片,打击点粗大。一旦开始剥片,砾石的强度就遭到削弱,在随后的摔击中整块坯料就可能分崩离析,平均不用 10 次就可以完成摔击。然后,可以从剥离的石片、断块中选取石器工具的毛坯(图 7-2)。有三棱尖部的石块稍作修理即成为标准的手镐;有一条横线刃缘的块状毛坯可以修理成薄刃斧;大型石片可以修理成大石刀或者手斧。初步的实验表明,在原料丰富且足够大的地方,采用摔击法可以得到具有三棱尖的手镐毛坯,以及其他工具的毛坯,方法非常简单,较之第一种方法省力得多。

图 7-2 摔击实验产生的毛坯

3. 第三次与第四次实验：控制性实验

前两次实验均为探索性实验，作为实验者，我们并不确切知道实验过程与结果会如何，所以也就无法设计控制性实验。与此同时，这两次实验参与的人数太少，郧县实验只有1人，洛南实验只有3人，且没有女性参加。在野外发掘与调查期间同步进行实验，时间也是一个主要的制约因素，不利于进行控制性实验。但这两次实验都是在秦岭地区利用当地的原料进行的，具有不可替代的价值。

控制性实验的地点位于吉林省吉林市松花江的河漫滩上，此处位于秦岭地区东北2 000余千米之外，原料跟秦岭地区的有所不同，虽然大小相差不大，但秦岭地区的石料多为质地更优良的石英岩，此处更多是角页岩，也有石英岩，还有砂岩、火成岩等。影响实验的因素有四个。第一个因素是石料的质地。不过，这里我们暂不考虑石料质地的影响，所有同等大小的砾石经历一系列自然搬运过程能够形成现在的大小与形状，就实验而言，我们就假定它们是同等的，虽然肯定存在质地上的影响。第二个因素是砾石的形状，尽管我们尽可能选择扁长的砾石，但实际上每块砾石都不一样，对摔击实验也是有影响的。我们的实验者包括6位成年男性（包括我自己，不过我主要是作为观察者，摔击次数较少）、4位成年女性，分为3组同时进行。第三个因素是石砧，不同形状与稳定性的石砧会影响到撞击的效果。第四个因素是实验者。摔击实验虽然是一项非常简单的活动，但并非不需要技巧。有的实验者以前从未从事过石器实验工作，这导致第三次实验更多是一次练习。实验者需要熟悉吉林当地的原料、实验场地，以及进行必要的技巧练习。

排除上述影响因素，我们主要控制原料的大小，测量每一块即将进行摔击实验的砾石的重量，及其最大长、宽与厚度，记录产生第一次有效断裂所需要的摔击次数。所谓有效断裂，就是指产生至少长度大于5厘米的石片或断块。总摔击次数以20次为限。如果摔击了20次还不能完全摔碎，就放弃（记录首次摔开次数为20次）；如果提前全部摔开，则记录最后的次数。每次摔击后，收集长度大于5厘米的石片与重量超过0.5千克的断块，由于飞溅，太小的碎片难以寻找，而且过小的毛坯不能制作手镐、薄刃斧、手斧等大型工具。摔击完成后，统计所有毛坯中适合制作三棱尖形手镐、薄刃斧、手斧与大石刀、砍砸器毛坯的数量，同时按大小统计石片与断块的数量：中型石片（5～15厘米）、大石片（15厘米以上）；中型断块（0.5～1千克）、大型断块（1千克以上）。

我们10位实验者总共摔击了77件砾石，总共摔击了993次。由于石料的关系，成功率不如洛南盆地的实验，但结果还是有意义的（图7-3）。如果摔击的目的就是获取三棱尖的毛坯，那么这一方法的生产效率就太低了，成功率不足4%。考虑到不是所有的毛坯都肯定能够修理出来手镐，所以实际效率可能更低。但是，我们如果从工具链的角度看，即摔击砾石生产的不仅是三棱尖形手镐的毛坯，同时还可能得到薄刃斧、手斧、砍砸器的毛坯，则成功率提升至8.6%。值得强调的是，对于石器制作者而言，石片就是可以直接使用的工具，民族志材料早已

图 7-3 利用摔击产生的毛坯制作的手斧

注意到这一点①,所以也可以考虑将石片作为工具链的有效成分。即使不考虑小石片(实际上更便于手握使用),成功率也已经提升至 22%。那些形状不甚规则的断块,虽然不能直接成为某种工具的毛坯,但是因为已经断开,可以成为生产石片的石核,如果需要的话。较之直接从圆滑的砾石上生产石片要省力得多。把这些产品都加起来的话,成功率超过 53%,即每摔击 1 次,都有超过一半的可能性获得可以利用的产品(图7-4)。如果考虑秦岭地区更加优良的原料质地的话,这个成功率还可能更高。相比而言,就像在第一次实验与第二次实验中看到的,采用锤击法直接打击,不仅冒着受伤的威胁,需要的打击次数更多,投入的打击力量更大,也就是制作成本更高,而且每次只能生产一两样产品,即小石片与大石器成品。因此,采用摔击法,从工具链的角度看,它是一种

---

① R. A. Gould, D. A. Koster, and A. H. L. Sontz, "The Lithic Assemblage of the Western Desert Aborigines of Australia," *American Antiquity* 36(1971): 149-169.

更高效的方法。它对于石器打击者的技术要求并不高，举起砾石，摔向石砧，如此而已。我们的实验者大多没有生产石器的经验，他们经过一次练习就可以做到这样的程度，古人应该做得更好一些。

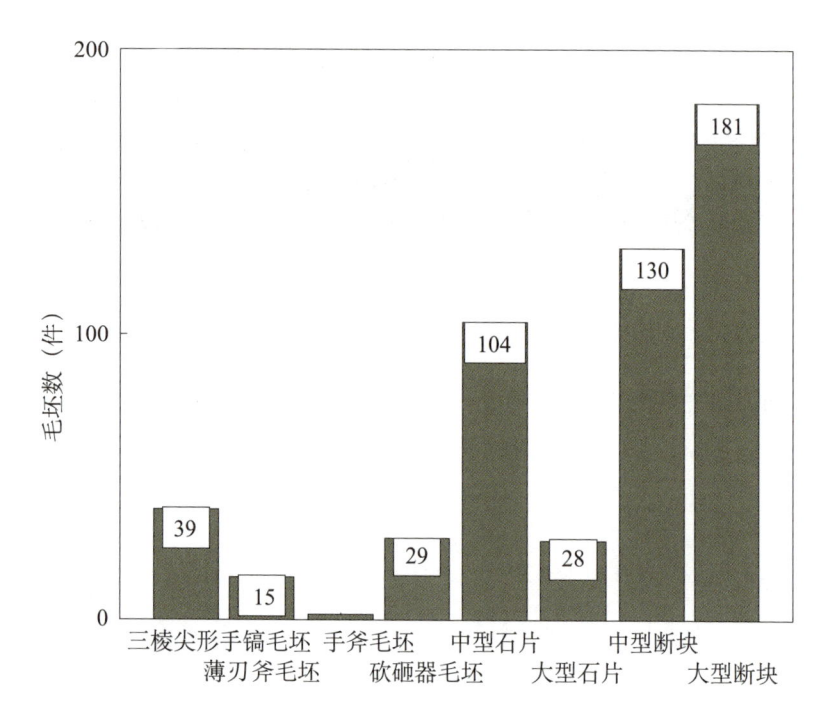

图 7-4　摔击所产生的不同类型毛坯的数量

摔击法的好处就是简单易行，产品多样，最重要的是可以生产一些大型毛坯；唯一的障碍就是砾石的重量。岩石的物理强度是一定的，当其他条件一致时，砾石的重量越大，砾石撞击石砧的力量也就越大，也就更容易破裂。但是，一个人能够举过头顶的砾石重量是有限制的。实验中，男性研究生能够举起近 30 千克的砾石过头顶并投掷出去。一般地说，就实验者而言，感觉比较舒适的砾石重量为 10～15 千克，当然不同性别与个体有所不同。实验中，男性摔击的砾石平均重量为 10.9 千克，女性摔击的为 6.4 千克。如果经过一段时间的训练，摔击砾石的重量应该还可以提高。首次摔开的次数差别不大，女性所需要的次数略多于男性（图 7-5）。摔击过程中两性的差别主要是力量上的。另外，由于男性摔击的砾石更大，所以能够得到的工具毛坯就更多。实验结果显示，男性在 667 次打击中共生产了 64 件工具毛坯（成功率为 9.6%），女性在 326 次摔击中生产了 21 件工具毛坯（成功率为 6.4%）。因此，我们有理由认为摔击法更适合男性，当然，女性同样能够运用这一方法生产工具毛坯。如果采用锤击法直接打制，即便是男性，也感到困难，对于

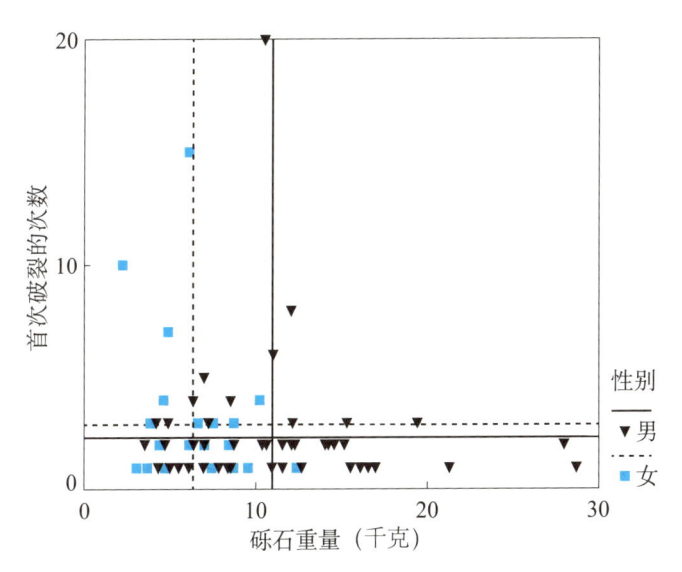

图 7-5　性别因素对摔击结果产生的影响

女性而言，就几乎是不可能完成的任务。在这个意义上，摔击法作为两性都可以运用的方法，反而缩小了性别之间的差异。

当然，摔击法的弊端也是很明显的，那就是结果难以预料。线形回归分析显示，工具毛坯的生产成功率跟砾石的重量、长度与厚度比例有关（表7-1），其中跟重量的关系更显著一些（p=0.089），跟长度与厚度比例虽然相关度比较高，但并不是很明确。跟摔击的次数、砾石宽度等因素没有明显的关系。统计结果与我们在实验中的观察是一致的，更重或者长而稍薄的砾石，更容易摔开。但是总的来说，影响摔击过程的因素众多，原料的质地、摔击的力度、砾石与石砧碰撞的角度、砾石受到撞击的位置等都会影响到成功率。

表7-1 摔击法相关变量的回归分析

	非标准化系数		标准化系数	t值	p值
	B	标准误	Beta		
截距	1.431	2.188		.654	.515
砾石的重量	.062	.036	.211	1.723	.089
总投掷数	-.020	.029	-.084	-.698	.487
首次破裂的投掷数	-.023	.062	-.044	-.373	.710
砾石宽厚比	-.539	1.149	-.343	-.469	.640
砾石长宽比	-.511	1.393	-.135	-.367	.715
砾石长厚比	.422	.822	.367	.514	.609

注：因变量为工具毛坯总数。

四、讨论：实验的意义

秦岭地区阿舍利工业组合包括手斧、薄刃斧、手镐、大石片以及石球等代表性器物类型，在洛南盆地手镐的数量仅次于刮削器与手斧的数量。但值得注意的是，手镐在中国的分布范围非常广，不仅见于秦岭地区，而且整个南方都有分布，华北的山西南部、东北地区也有分布；持续时间甚至到新石器时代。按照中国旧石器时代工业传统的划分，南方流行砍砸器工业，也成为模式Ⅰ技术[1]。让人困惑的是，手镐这类工具跨越不同的工业传统持续存在；同时，我们还注意到，秦岭地区尤其是洛南盆地存在鲜明的地域特色，其典型的阿舍利工业组合并没有见于其他地区，典型的手斧仅偶见于广西百色盆地[2]。在这个意义上说，秦岭地区的阿舍利工业组合是一个地域性现象。可能存在某种因素促成了这种地域性特征的形成。

摔击技法又称"扬子技法"，这一术语是由"锐棱砸击法"转变而来[3]。从秦岭地区的材料来看，摔击法并不是制作手镐的唯一技术，运用锤击法直接打击、反复修理是可以生产普通手镐的。但是，三棱尖形手镐不是采用反复修理的技术得到的，其毛坯本身就带有完整的三棱尖，这样的毛坯往往是摔击得到的断块。我们的实验研究很确定地表明，摔

---

[1] G. Clark, *World Prehistory in New Perspective*, 3rd edition.

[2] Y. M. Hou, et al., "Mid-Pleistocene Acheulean-like Stone Technology of Base Basin South China," *Science* 287（2000）：1622-1626.

[3] 高星、裴树文：《三峡远古人类的足迹：三峡库区旧石器时代考古的发现和研究》，巴蜀书社，2010。

击法可以有效地得到三棱尖断块。要获得如此厚度的断块毛坯，直接打击是不可能实现的，采用摔击的方法最为简捷。与此同时，这一方法也为其他工具生产毛坯。摔击法把洛南盆地整个阿舍利工业组合的几乎所有工具类型都联系起来了。摔击法需要较大型的砾石原料，一般要超过10千克。这样大小的原料往往不是河流中下游地区能够提供的，秦岭地区是河流上游地区，盛产质地优良的大砾石。这也是摔击法能够出现在这一地区的原因。

手镐的加工是围绕尖部进行的，尤其是三棱尖形手镐，是先生产出带三棱尖的断块毛坯，然后修理成三棱尖形手镐。这也就是说，古人实际上知道要制作工具的基本形态，他们的脑海里有手镐这一工具的思维模板。类似之，罗诺夫（Ronov）也曾注意到薄刃斧的制作是围绕一个横向的使用刃口展开的，所有的修理工作均与该刃口密切相关，这表明早期人类已经意识到需要具有这种刃口的器物[①]。从这个角度说，手镐的制作就是为了利用其尖端，将之归为大型砍切工具，忽视了这类工具的生产的特殊意义。

采用摔击法生产三棱尖形手镐的断块毛坯降低了手镐制作的技术门槛，能够举起10千克左右的砾石的人就有可能生产出三棱尖形断块毛坯，将这样的毛坯加工成手镐，较之直接用浑圆的砾石加工要容易得多，因为有明显有棱角的台面可以利用。我们的实验显示，男性在摔击

[①] V. Ronov, "Cleavers: Their Distribution Chronology and Typology," in *A Very Remote Period Indeed: Papers on the Paleolithic Presented to Derek Roe*, eds. S. Milliken and J. Cook, pp.105-113.

砾石上更有优势,但是女性同样能够摔击成功。而就是同一批女性,她们完全无法采用锤击法直接打击砾石生产手镐。这也就是说,如果运用摔击法的话,她们也可能得到其他大型砍切工具,如适合制作手斧的毛坯,并不需要男性来专门制作这类工具。所谓象征的手斧[①],也是可以由女性制作的。

五、小结

实验研究表明,三棱尖形手镐的尖部可以通过摔击较大的砾石获得,而几乎不可能通过直接锤击打制获得。摔击砾石生产带三棱尖的手镐毛坯的同时,还可能得到具有横向刃缘的薄刃斧毛坯、用以制作大石刀与手斧的大石片毛坯以及砍砸器毛坯。对于秦岭地区而言,摔击法是一个完整的石器生产的操作链,初始的摔击可以检查石料的质量,随后对优质原料的摔击可以生产出数种工具的毛坯,而这些工具正是秦岭地区似阿舍利石器组合的主要组成成分。摔击法支持权宜性工具的生产,虽然手镐、薄刃斧、手斧等工具形制规范。运用摔击所得的毛坯能够较为迅速便捷地生产这些工具,这解释了我们最初观察到的矛盾现象。实验中,女性参与者同样能够生产以上工具毛坯,但是程度上与男性参与者有区别,最主要的区别是女性参与者摔击的力量不如男性,所摔击的砾石更小更轻一些。目前还无法证明性别象征

[①] M. Kohn and S. Mithen, "Handaxes: Products of Sexual Selection?" *Antiquity* 73 (1999): 518-526.

意义，因为女性同样能够生产手镐这样的工具。手镐大小的区别可能与不同性别的生产者有关。整个实验研究还表明，虽然控制性实验经常得到考古学家的倡导，但需要强调的是，实验同时也是一个发现问题、探索问题解决途径的过程。相比而言，控制性实验更长于检验。因此，保持石器实验的弹性，而不是将其唯一化，认为唯有如此才是科学的途径，石器实验研究将可能更好地帮助旧石器时代考古学家发现与解决有趣的科学问题。

第八章 石球研究

石球是一种旧石器时代广泛分布的石器工具类型，见于非洲、欧洲与亚洲，从发达的奥杜威工业到典型的莫斯特工业，其中都有发现[1]，新石器时代乃至历史时期采矿遗址中偶尔也有发现，不过这里仅限于讨论旧石器时代的石球。威洛比（Willoughby）整理研究非洲发现的石球后将其分为两类，即打制石球与琢制石球，并将其制作过程分成四个阶段[2]。其后有若干实验研究探索石球形成的技术过程，如萨诺尼（Sahnouni）等人利用石灰岩原料进行实验研究，发现经过不断打片的石核最终有可能形成石球[3]。德茨-马丁（Diez-Martin）等人的观点近似之，认为奥杜威工业的终端产品是石片，石球是石片加工后的产物[4]。而

---

[1] B. Hayden, "What were They Doing in the Oldowan? An Ethnoarchaeological Perspective on the Origins of Human Behavior," *Lithic Technology* 33 (2008): 105-139.

[2] P. R. Willoughby, "Spheroids and Battered Stones in the African Early Stone Age," *World Archaeology* 17 (1985): 44-60.

[3] M. Sahnouni, et al., "An Experimental Investigation into the Nature of Faceted Limestone 'Spheroids' in the Early Paleolithic," *Journal of Archaeological Science* 24 (1997): 701-713.

[4] F. Diez-Martin, et al., "Were Olduvai Hominins Making Butchering Tools or Battering Tools? Analysis of a recently Excavated Lithic Assemblage from BK (Bed II, Olduvai Gorge, Tanzania)," *Journal of Anthropological Archaeology* 28 (2009): 274-289.

最近尤斯托斯（Yustos）等人的实验研究指出，砸击法是加工块状砾石毛坯的最有效的方法，而采用类似动作的敲砸食物行为可能导致形成石球[1]。有关石球功能的研究开始得更早，所提出的可能功能包括用作投掷石[2]、流星锤[3]、棒头[4]、石锤[5]、砸骨工具[6]、植物处理工具[7]等，还可能用作礼仪用具，象征意义大于实用价值[8]。

但是，现有的研究还不能很好地解释为什么会存在两类石球？它究竟是古人有意制作的还是经过长期使用无意形成的？为什么石球的制作会选择这些原料？为什么其大小与重量会如此一致？石球这类器物的起

---

[1] P. S. Yustos, et al., "Production and Use of Percussive Stone Tools in the Early Stone Age: Experimental Approach to the Lithic Record of Olduvai Gorge, Tanzania," *Journal of Archaeological Science: Reports* 2 (2015): 367-383.

[2] J. D. Clark, *The Prehistory of Africa* (London: Thames & Hudson, 1970); L. S. B. Leakey, *The Stone Age Cultures of Kenya Colony* (Cambridge: Cambridge University Press, 1931).

[3] L. S. B. Leakey, *The Stone Age Cultures of Kenya Colony*; J. D. Clark, "The Stone Ball: Its Association and Use by Prehistoric Man in Africa," in *Aces du Congrès Panafricain de Préhistoire II, Alger, 1952*, ed. L. Balout (Paris: Arts et Métiers Graphiques, 1955), pp.403-417.

[4] J. D. Clark, *The Prehistory of Africa*.

[5] K. Schick and N. Toth, "Early Stone Age Technology in Africa: A Review and Case Study into the Nature and Function of Spheroids and Subspheroids," in *Integrative Paths to the Past: Paleoanthropological Advances in Honor of F. Clark Howell*, eds. Robert S. Corruccini and Russell L. Ciochon, pp.429-449.

[6] G. Isaac, "The Earliest Archaeological Traces," in *Cambridge History of Africa*, Vol.1, ed. J. D. Clark (Cambridge: Cambridge University Press, 1982), pp.157-247.

[7] P. R. Willoughby, *Spheroids and Battered Stones in the African Early and Middle Stone Age*, Cambridge Monographs in African Archaeology 12 (Cambridge: BAR International Series 321, 1987).

[8] N. Walker, "Through the Crystal Ball: Making Sense of Spheroids in the Middle Stone Age," *South African Archaeological Bulletin* 63 (2008): 12-17.

源与消失在人类的文化演化上究竟有着怎样的意义？如此等等的问题都期待更深入的研究。本项研究试图对以上问题进行一些探索。它以中国所发现的石球为研究对象，在了解考古材料的基础上，结合实验研究，把握石球制作的技术过程及技术难点；并通过实验和同一石器组合中其他器物类型也就是手斧的制作加以比较，了解两者制作成本上的差异；然后通过投掷实验来检验其大小与形状的意义；最后根据考古材料分析与实验的结果，讨论石球在东亚地区旧石器时代文化适应演化上的意义。

一、方法

在过去几年的石器研究中，我们注意到要理解一类石器的功能及意义，不仅需要对考古材料进行分类测量、使用痕迹观察、工艺设计分析，还需要通过实验考古加以验证，并从民族学材料中寻找佐证；在此基础上，再结合考古器物组合、自然地理环境以及文化演化背景的分析，能够更好地把握该类石器的功能及其在文化适应演化上的意义，我们把这三个层面分析相结合的方法归纳为"石器分析的分层-关联方法"。实验考古是其中一个不可缺少的环节，它可以帮助我们建立可控制变量，验证我们对石器功能与技术过程的判断，缩小判断的范围。

石球实验先后在安徽宁国水阳江边、陕西洛南花石浪附近洛河支流的河漫滩上以及山西襄汾丁村大崮堆山上进行。这三地都有石球的发现，尤其是在洛南盆地，曾经发现数以千计的石球。丁村的实验主要是为了检验不同岩性的影响，徒手投掷实验在安徽宁国进行。实际上，我们还曾在吉林大学南区校园开展用网兜投掷石球的实验，但是用网兜投掷石球需要较高的技巧且非常危险，未能获得有效的数据。除了研究宁国、洛南与丁村发现的考古材料，我们同时还考察了陕西、湖南等地发现的旧石器时代材料，同时也考察了新石器时代遗址（如半坡遗址）出土的石球材料。

二、中国旧石器时代石球材料

中国最早发现的石球见于周口店遗址，分别从 4 个层位发现了 8 件石球，相对于数量众多的石器组合而言，石球在周口店遗址考古发现中所占的比例非常小[1]。迄今为止，我们从已出版文献中找到 80 处遗址有石球发现，分布在 15 个省份，都位于中国东半部。值得注意的是，大部分省份的发现数量并不多，但若干遗址与区域有非常集中的发现，如山西与河北交界的许家窑遗址，出土超过 1 000 件石球[2]。山西襄汾的丁村遗址[3]、内蒙古的金斯太遗址中层也有近百件石球出土[4]。

---

[1] 裴文中、张森水：《中国猿人石器研究》。
[2] 贾兰坡、卫奇：《阳高许家窑旧石器时代文化遗址》，《考古学报》1976 年第 2 期；贾兰坡、卫奇、李超荣：《许家窑旧石器时代文化遗址 1976 年发掘报告》，《古脊椎动物与古人类》1978 年第 4 期；Y. Liu, et al., "Early to Late Pleistocene Human Settlements and the Evolution of Lithic Technology in the Nihewan Basin, North China: A Macroscopic Perspective," *Quaternary International* 295（2013）：204-214。
[3] 山西省考古研究所编著：《丁村旧石器时代遗址群：丁村遗址群 1976—1980 年发掘报告》。
[4] 王晓琨、魏坚、陈全家、汤卓炜、王春雪：《内蒙古金斯太洞穴遗址发掘简报》，《人类学学报》2010 年第 1 期。

陕西的洛南盆地①与汉中盆地②也发现了大量的石球，不过大多是从旷野遗址中调查获得的。湖南的澧水流域③、安徽的水阳江流域④都有较为丰富的发现。

目前，绝大多数含石球的遗址都属于旧石器时代早中期，还有一些宣称属于旧石器时代晚期后来发现还是属于旧石器时代早中期的遗址⑤。较为确凿属于旧石器时代晚期的遗址如甘肃刘家岔遗址⑥，发现石球21件，其大小与重量（重量为100～615克）明显小于、轻于旧石器时代早中期的石球。进入新石器时代，仰韶文化时期的半坡遗址曾发现有石球，高度磨圆，大小与重量同样明显小于、轻于旧石器时代早中期的石球⑦。据民族志与地方史记载，西藏与西北地区的放牧者也曾经使用石球⑧，大小与重量如新石器时代的石球。按照大小，史前石球似分为两个明显的类型：旧石器时代早中期的石球，旧石器时代晚期及以后的石球。这里讨论前者。

---

① 陕西省考古研究院、商洛地区文管会、洛南县博物馆编著：《花石浪（I）——洛南盆地旷野类型旧石器地点群研究》。
② 王社江、孙雪峰、鹿化煜、戈双又、张改课、邢路达、卓海昕、俞凯峰、王颀：《汉水上游汉中盆地新发现的旧石器及其年代》，《人类学学报》2014年第2期。
③ 袁家荣：《湖南旧石器时代文化与玉蟾岩遗址》。
④ 房迎三、黄蕴平、梁任又、陈勇、彭道起：《安徽宁国毛竹山发现的旧石器早期遗存》，《人类学学报》2001年第2期。
⑤ 李超荣：《石球的研究》，《文物季刊》1994年第3期。
⑥ 谢骏义：《甘肃环县刘家岔旧石器时代遗址》，《考古学报》1982年第1期。
⑦ 中国科学院考古研究所、陕西省西安半坡博物馆：《西安半坡——原始氏族公社聚落遗址》，文物出版社，1963。
⑧ 《中国少数民族社会历史调查资料丛刊》修订编辑委员会编《藏族社会历史调查（三）》，民族出版社，2009。

从既有的发现来看，石球发现丰富的地点多位于中小型盆地（上千平方千米左右）与河流宽谷这种半开阔地带。原因比较简单，这里有丰富的、大小合适的原料，而且人类徒步行动相对方便，不像河流上游崎岖的高山峡谷，也不像河流下游需要依赖舟楫的水网地带。威洛比注意到石球分布还有一个明显的特征，就是都与水有关，或者近河，或者近泉水[①]。正是因为这样的分布特征，沃克（Walker）提出石球的制作可能与跟求水仪式相关[②]。中国的石球分布也符合这一规律。

所用原料存在较大的差异，包括砂岩、石英、石灰岩、石英岩、硅质岩等（图 8-1）。石球所用原料与当地出产的石料密切相关。当然，古人也根据当地原料的性质有所选择，我们后面的实验研究也证明了这一点。就石球的大小与重量而言，发表的材料中大多没有罗列单个石球大小与重量的数值，从我们能够收集到的数据统计来看，石球的平均直径稍大于 90 毫米，中值为 92.7 毫米（图 8-2）；平均重量为 984 克，中值为 1 042.5 克（图 8-3）。石球直径与重量的相关性分析显示两者强烈正相关，集中度高，也说明石球的形制相对规整。从我们考察过的石球材料来看，石球大小、重量均相当一致，没有见到发表材料中所提及的极大或极小的情况。

[①] P. R. Willoughby, *Spheroids and Battered Stones in the African Early and Middle Stone Age*, Cambridge Monographs in African Archaeology 12.

[②] N. Walker, "Through the Crystal Ball: Making Sense of Spheroids in the Middle Stone Age," *South African Archaeological Bulletin* 63（2008）: 12-17.

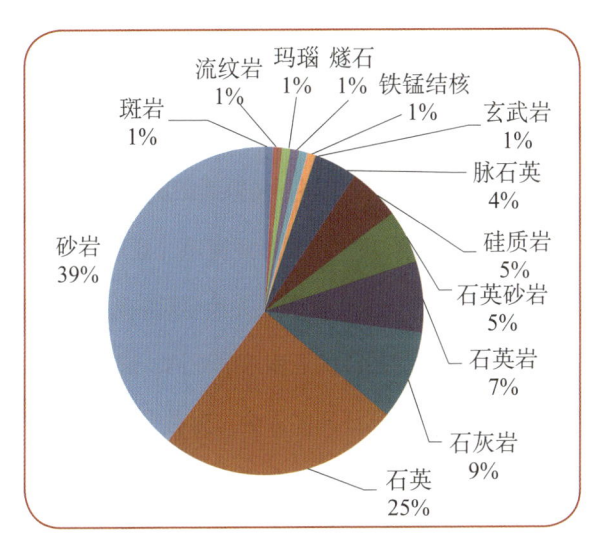

图 8-1　中国旧石器时代石球的原料构成

注：样本共 109 件。

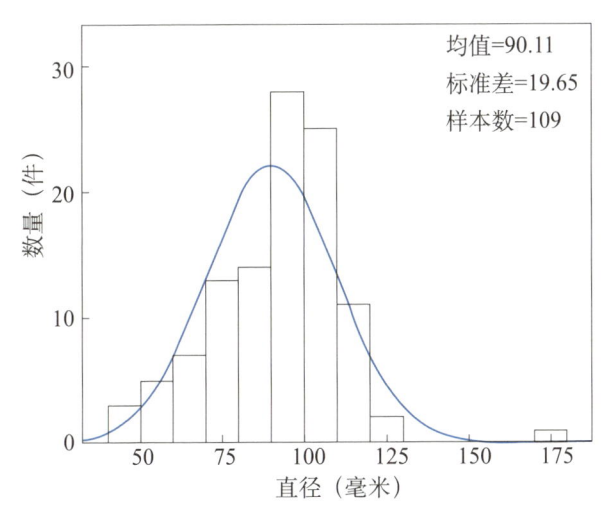

图 8-2　中国旧石器时代石球大小的统计

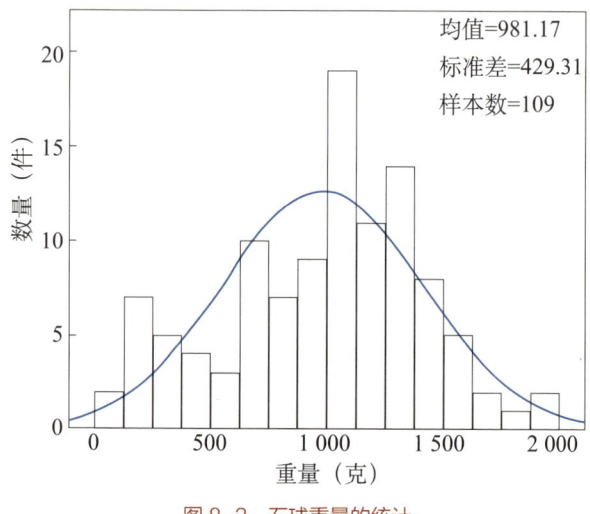

图 8-3　石球重量的统计

从石球的加工程度来看，李超荣分析了许家窑遗址出土的石球，确定其中球体滚圆、加工精细的石球 387 件[①]，大部分石球加工相对粗糙。其他遗址发现的石球也存在加工程度差异，经过琢制、球体滚圆的石球相对较少，大多带有打制的疤痕。值得注意的是，打制石球与琢制石球之间并没有截然的区分，是一个渐变的过程。从成品石球的形态来看，石球是经过精细加工的产品，需要投入相当的时间才可能实现。

三、实验研究

石球实验持续有学者在做，或检验持续打片过程对石核形态的影

---

① 李超荣：《石球的研究》，《文物季刊》1994 年第 3 期。

响[1]，或检验技术过程与操作链[2]，或检验技术方法与功能使用[3]。实验目的决定研究者所采用的方法与所收集的数据。本项实验侧重于检验：（1）原料属性对石球以及手斧的影响；（2）石球制作的技术过程与技术难点；（3）制作滚圆石球（打制后再琢制）与有疤石球（仅打制）各自所需要的时间，并与手斧的实验制作进行对比；（4）不同投掷者徒手投掷同等重量的石球与砾石在距离上的变化。这些实验提供了量化的数据，一定程度上可以弥补此前研究存在的不足。

1. 原料的选择

从已发表的文献中我们知道石球的原料多样，从质地较软的石灰岩到坚韧的石英岩都有使用。但是，实验表明，质地较脆的原料如石英更适合用来制作石球，尤其是在琢制阶段，易碎的石英更有可能加工成高度滚圆的球体。石英的不足之处就是太脆，加工过程中容易发生用力过度，导致毛坯断裂。类似的原料还有砂岩、石灰岩，所以在加工质地较软或较脆的原料时，用力要轻，随之时间也就延长。

---

[1] K. Schick and N. Toth, "Early Stone Age Technology in Africa: A Review and Case Study into the Nature and Function of Spheroids and Subspheroids," in *Integrative Paths to the Past: Paleoanthropological Advances in Honor of F. Clark Howell*, eds. Robert S. Corruccini and Russell L. Ciochon, pp.429-449.

[2] 李超荣：《石球的研究》，《文物季刊》1994年第3期；仪明洁、高星、裴树文：《石球的定义、分类与功能浅析》，《人类学学报》2012年第4期。

[3] P. S. Yustos, et al., "Production and Use of Percussive Stone Tools in the Early Stone Age: Experimental Approach to the Lithic Record of Olduvai Gorge, Tanzania," *Journal of Archaeological Science: Reports* 2 (2015): 367-383.

实验还发现，同样是石英岩，颜色不同，打片属性差异明显。实验中我们注意到深色石英岩质地更加坚韧，非常难加工，而浅色石英岩的脆性要好得多。很显然，古人也注意到了这一点，在实地观察到的洛南、汉中地区的石球中，发现两地石球都是用浅色石英岩制作的，相对而言，石核、石片、手斧等其他类型的石制品更多以深色石英岩为原料。

此外，实验显示，在打片过程中，石英岩并不是各向同性的，它可能在某个方向上脆性非常好，容易剥离石片，但在另一个方向上则困难得多，深色原料尤其如此。目前，我们还不能确定这是否与石英结晶的方向有关，石英岩作为一种变质岩，变质程度存在差异。这样的属性可能会影响到需要两面加工的石器工具类型，如手斧。我们注意到洛南发现的部分手斧底部圆钝，并没有如典型手斧那样加工成锐缘。目前学界对手斧的定义比较多样，有时把两面加工手镐也称为手斧[①]。原料属性可能是一个重要的影响因素。

2. 毛坯的选择

按照常识，选择与石球大小相当、已经大体呈圆形的砾石稍稍加工应该是最省力的。然而，这种常识是错误的。这样的砾石外表光滑，缺乏可以施力的台面，打片困难。相反，砾石破碎后形成的有足够体积的

[①] K. Kuman, "The Acheulean Industrial Complex," in *Encyclopedia of Global Archaeology*, ed. C. Smith, pp.7-18.

断块更适合用来制作石球。道理很简单，因为断块表面粗糙，台面多，台面角小，容易打片加工，反而能更快捷地加工成类球体。我们在实验中比较了砾石与断块两种毛坯，不仅前者难以加工，而且还需要花费更多的时间寻找这样的砾石。虽然河滩上满是砾石，但是要找一件仅仅稍大于石球而且大致呈圆形的砾石并不容易，相反摔碎一块大砾石，选择其中一个体积足够的断块是容易做到的。

更重要的是，获得石球断块毛坯的过程同时还有其他收益。把 10 千克左右的大砾石往大石砧上摔碰，可以得到一系列毛坯：大型石片可以用来制作石刀、手斧，带三棱尖的毛坯可以用来制作手镐，带铲形刃的毛坯可以用来制作薄刃斧，大断块则可以用来生产石球；最后，加工修理工具的同时还可能得到大量可以直接使用的石片。也就是说，通过摔碰，能够形成一个系列工具的原料毛坯，我们称之为工具链。洛南类似阿舍利的石器组合中所有工具类型都可以用摔碰砾石所得的毛坯制作。摔碰的好处还不止于此，实验还表明成年女性同样能够摔碰砾石，一旦得到合适的毛坯，女性也能制作手镐、手斧[1]。

经过反复实验，我们发现，若仅仅是为了制作石球，那么完全可以选择长条形的大砾石，将其摔成两段，由此得到两件制作石球的毛坯。我们选择了三块这样的砾石，通过摔碰得到六件毛坯，然后全部都成功制作成了石球（图 8-4、图 8-5、表 8-1）。当然，摔击更大的砾石能够

---

[1] S. Q. Chen and W. J. Chen, "A Chain of Tools: An Experimental Study on Picks of the Qinling Region," *Quaternary International* 400（2016）: 93-99.

得到更多可以制作其他石器工具的毛坯。我们选择摔碰的砾石的最小厚度是 10 厘米,从而保证得到的石球毛坯有足够的厚度。摔碰砾石具有较大的不确定性,摔碰者一般难以控制毛坯的形态。当然,其中也有技巧,而技巧是可以通过练习获得的,实验后期我们有时可以把扁圆的砾石成功摔成两片,成为制作手斧的理想毛坯。虽然摔击砾石不能准确地把握每一件毛坯的形态,但毛坯的大致类型还是可以确定的,几乎可以肯定最后会产生(或者说剩下)大的断块,可以用于生产石球。

图 8-4　六件石球的毛坯

图 8-5　六件成品石球

表 8-1　六件石球的制作时间

实验标本号	制作断块时间（分）	断块毛坯重量（克）	打制成型时间（分）	打制成型石球重量（克）	琢制时间（分）	琢制后重量（克）
21A	2	3 200	29	1 060	/	/
21B	2	3 495	30	1 379	/	/
22A	2	3 500	30	1 378	/	/
22B	2	3 500	50	1 237	60	1 156
23A	2	3 000	15	765	/	/
23B	2	2 885	35	1 272	90	1 117
平均值	2	3 263.3	31.6	1 181.8	/	1 136.5

3. 技术方法、打片序列与时间成本

我们拿到的石球断块毛坯通常都在 3 千克左右，实验之初我们是把这样重量的断块放在大腿上，然后用石锤锤击打片，大腿承受击打的力量，发现很难坚持下去，于是我们很自然地把断块放在石砧上进行加工，尤斯托斯等人将之称为砸击法[①]。的确如他们所言，这是加工石球毛坯的有效方法，但是它与我们通常所言的加工脉石英的砸击法是有区别的。如周口店遗址古人是用石锤把脉石英石块拍碎，加工者没有方向的选择。而加工石球的砸击法是把毛坯放在石砧上，用石锤从石球石块毛坯上打下石片，看起来类似于砸击，但加工者有方向的选择，所以它又

---

① P. S. Yustos, et al., "Production and Use of Percussive Stone Tools in the Early Stone Age: Experimental Approach to the Lithic Record of Olduvai Gorge, Tanzania," *Journal of Archaeological Science*: Reports 2（2015）: 367-383.

有点类似于锤击法。

值得强调的是,这种方法并不是唯一的。在石球加工过程中,会出现这样一种情况:石球接近成型,但石球毛坯还是太重,比如重1 600克(考古标本中石球平均重量为984克)。由于毛坯的形态接近浑圆,可用的台面已经非常少,如果继续运用上述方法进行打击,只会使得毛坯更加浑圆,更难有效减重。此时,最有效的方法是碰砧法,双手握持石球毛坯在石砧边缘用力磕碰,直到剥离一块较大的石片下来,进而产生新的台面。就剥离大石片的效果来看,碰砧法要比上面所谓的砸击法有效得多。当然,这种方法也有风险,那就是不容易控制石片的大小与形态,容易出现用力过度的情况。简言之,在石球生产的不同阶段,有效的方法并不一样,生产毛坯需要摔碰法,打制石球的过程中则需要用到砸击、碰砧等方法。

按照威洛比的研究,石球的形态加工被分为四个阶段:多面体、类球体、球状体、石球[1]。如果从完整的操作链来看,还应在前面加上获取原料的阶段,还有生产毛坯的阶段。虽然河滩上到处都是砾石,但是要找到大小、厚度合适的大砾石并不那么容易,实验中我们寻找这样一块大砾石所花费的时间从数分钟到20分钟不等。生产毛坯的时间并不长,一般两三分钟就能完成,摔碰的次数少的两三次,多者二三十次。由于摔碰所得的产品还包括可以制作其他石器工具的毛坯,所以可以分摊石

---

[1] P. R. Willoughby, "Spheroids and Battered Stones in the African Early Stone Age," *World Archaeology* 17 (1985): 44-60.

球加工上的时间成本。

从毛坯到多面体或类球体需要较长的加工时间，经过多次实验，我们可以把时间控制在半小时内。而要进一步加工成高度滚圆的球体就需要琢制，我们采用的方法包括握持石球毛坯在石砧上磕碰，用两个石球毛坯相互磕碰，以及用石锤在石球毛坯上敲砸，效果差别不明显。真正有意义的差别在于所施加力量的大小与所能利用台面的角度。当毛坯越来越接近圆形的时候，台面角度的作用就越来越小。施加力量越大，造成球体表面突起部分粉碎性破裂的面积也就越大。当然施力需要有所控制，否则石球会从中间裂开。琢制过程大约需要2小时[①]，不同的原料所需要的时间有差异（图8-6）。石英较脆，需要的时间稍短；石英岩更坚韧，需要的时间更长。

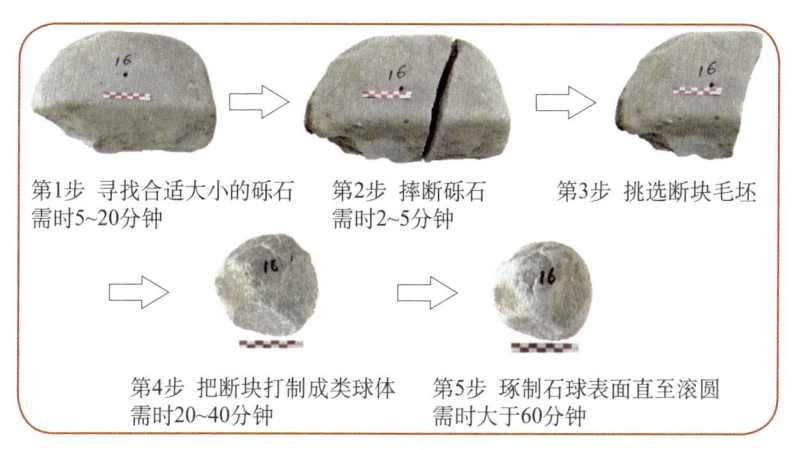

第1步 寻找合适大小的砾石 需时5~20分钟
第2步 摔断砾石 需时2~5分钟
第3步 挑选断块毛坯
第4步 把断块打制成类球体 需时20~40分钟
第5步 琢制石球表面直至滚圆 需时大于60分钟

图 8-6 石球加工程序

---

① 这是个估计值，实验标本中我们琢制时间最长的为90分钟，受制于在打制球体阶段的圆度，滚圆程度并不是很理想。琢制时间几乎是个无限值，2小时几乎是最低要求。

石球加工技术的难点在于有效减重，从毛坯的 3 000 克到成品的 1 000 克，需要减重 2 000 克，由此需要剥离大量的石片。李超荣[1]与萨诺尼等人[2]的实验都介绍了所剥离石片的数量，甚至形状。但是，不同状态下剥离石片的难度是不一样的。毛坯越接近球体，台面角度就越大，所能有效利用的台面就越少，要剥离石片，需要的打击力量也就越大。而施加力量过大的话，又可能将石球打碎，导致加工失败。如前文所提及的，当石球接近球体但又超重时，就必须采用碰砧法进一步减重，这对于力量的控制有更严格的要求，因为控制不好的话，很可能导致前功尽弃。

因此，在实验过程中，打制者需要反复观察可以利用的台面，然后确定位置，再准确进行打击。不能随意打击，这样容易导致毛坯过早成为类球体，由此无法得到大小合适的石球。随意打击还会破坏一些本可以很好地利用的台面，反而会延长制作石球的时间。从选择台面，到考虑台面角度的大小，再到控制需要打击的力度与精确性，都表明打制石球需要熟练的加工技术，比我们此前所做的砍砸器实验与手镐实验都要复杂。如果再加上琢制所耗费的大量时间，制作滚圆的石球所需要投入的技术与时间成本是相当可观的。

4. 与手斧制作的对比

我们在做石球制作实验的同时也进行了手斧制作实验。洛南盆地的

---

[1] 李超荣：《石球的研究》，《文物季刊》1994 年第 3 期。

[2] M. Sahnouni, et al., "An Experimental Investigation into the Nature of Faceted Limestone 'Spheroids' in the Early Paleolithic," *Journal of Archaeological Science* 24（1997）：701-713.

考古材料中有手斧，不同旷野遗址共发现230余件[1]，绝大部分以大石片为毛坯，两面加工，修理出尖部，但底端圆钝，缺乏刃缘。洛南手斧与石球所用原料存在较为明显的区别，手斧多采用深色石英岩，而石球采用浅色石英岩。如前文所言，打制实验显示深色石英岩更坚韧，脆性不如浅色石英岩，古人显然也明白两者之间的差异。

洛南盆地的手斧制作实验主要由一位研究生完成，他共进行了52个样本的实验，成功制作了23件手斧，平均每件标本制作花费24分钟。石球实验主要由我完成，打制过程平均花费时间超过半小时。考虑到研究生的熟练程度不如我，手斧的实际制作时间可以更短。比较石球制作与手斧制作，制作石球耗时更长；若考虑到石球的琢制过程，则石球的制作时间远长于手斧的制作时间（图8-7）。

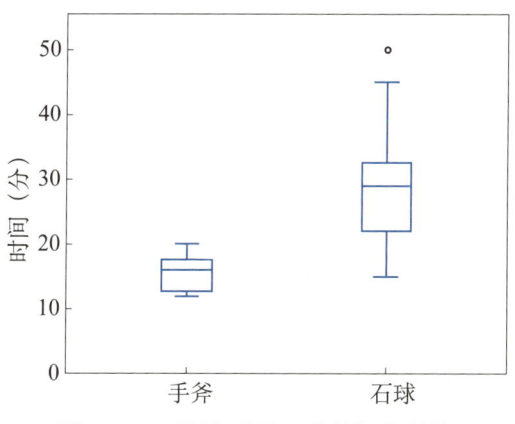

图8-7　石球制作时间与手斧制作时间比较

---

[1] 陕西省考古研究院、商洛地区文管会、洛南县博物馆编著：《花石浪（Ⅰ）——洛南盆地旷野类型旧石器地点群研究》。

考虑不同实验参与者的熟练程度以及石料因素的影响，我们在山西襄汾大崮堆山利用角页岩进行对比试验。实验均由一人进行，采用同样的原料。需要注意的是，山西襄汾丁村遗址虽然发现有石球，但是采用原料并非角页岩，而是石灰岩。石灰岩原料并不见于角页岩原料产地大崮堆山，而是来自汾河河谷，于遗址中发现的石球都是以制成品带入的，遗址中没有发现石灰岩的石片①。同样，在丁村遗址发现了用角页岩制作的两面修理的手镐（又称三棱尖状器），有研究者称之为手斧②。制作实验显示，质量优良（深色）的角页岩大石片毛坯可以生产出手斧。打制过程的关键在于石片厚缘的减薄，需要沿着侧边修理出锐缘，两面交替加工。手斧修理过程中，打片的控制要比石球更严格，需要注意每一次剥离石片的大小与深浅，剥离石片过小容易形成断坎，用力过大又容易导致断裂或过深的片疤。实验人制作 1 件手斧平均耗时 15 分钟。

采用角页岩同样可以制作石球，平均制作时间仍然为半小时，不包括琢制时间。与制作手斧相比，制作石球需要的打击力量更大，但对打击准确性的要求不如制作手斧，也就是说石球制作过程的容错率更高。其主要风险在于用力过大可能导致石球毛坯裂成两半。原料选择上，石球也不如手斧苛刻，脆性稍差（浅色）的角页岩也可以用来

---

① 山西省考古研究所编著：《丁村旧石器时代遗址群：丁村遗址群 1976—1980 年发掘报告》。

② S. X. Yang, et al., "Is the Dingcun Lithic Assembly a 'Chopper-chopping Tool Industry' or 'Late Acheulian'?" *Quaternary International* 321（2014）：3-11.

制作石球。有趣的是，尽管角页岩能够制作石球，但是古人还是选择更容易制作的石灰岩，而且将之琢制成高度规整的圆形。实验对比显示，尽管制作石球的技术精细程度可能不如手斧，但是所花费的时间要远超手斧。

5. 投掷使用

石球的功能是什么，目前仍然是一个悬而未决的问题。这里我们也不能给予一个明确无疑的回答，但是可以结合实验以及考古背景信息，将其功能限制在一定的范围内。前文的实验研究显示，形制规整石球的制作时间成本远高于手斧，因此，古人不可能把石球当成权宜性工具，仅仅使用一次就废弃掉。只有反复使用，投入的大量制作时间才是值得的。从洛南遗址、丁村遗址的材料来看，石球都是用最简便的材料制作的，从而降低制作难度，看不出存在非实用的目的。石球的发现还存在集中发现的情况，如许家窑遗址伴生有丰富的马科动物化石，仅牙齿就发现 4 000 余枚[1]。因此，我们有理由推测这类工具具有狩猎功能。

为了验证石球的投掷功能，我们设计了一个实验，制作了不同重量的石球，同时采集了近似重量的河流砾石，是我们在河滩上能够找到的尽可能浑圆的砾石。我们组织了不同体质条件的男性与女性来轮流投掷，

---

[1] 贾兰坡、卫奇：《阳高许家窑旧石器时代文化遗址》，《考古学报》1976 年第 2 期；贾兰坡、卫奇、李超荣：《许家窑旧石器时代文化遗址 1976 年发掘报告》，《古脊椎动物与古人类》1978 年第 4 期。

每件标本投掷 3 次,测量投掷距离,然后进行统计(图 8-8)。从统计结果来看,基本趋势是重量越大,投掷距离越近;石球因为形制更规整,同等重量的情况下,投掷距离要比自然砾石远。同时,存在一个有趣的现象,自然砾石的投掷距离随着重量较为均匀地下降;而实验石球的投掷距离的下降更接近抛物线,显示实验石球投掷距离的变化存在一个最佳的重量,这个重量在 1 000 克左右。投掷距离最远的实验者是我们强壮的司机,他有较大的投掷力量与较好的投掷技巧,但他并不知道我们实验的目的,只是尽可能地往远处投掷,因此,实验结果有一定的说服力。

图 8-8　用于投掷实验的砾石与石球

对于投掷技巧相对熟练者而言,石球重量的影响更加显著,不论用石球还是用砾石,所有实验人对 1 100 克左右的重量更为敏感。非常巧合的是,如前文所述,考古材料统计到的石球平均重量非常接近这个重量,这个重量的石球平均直径稍大于 9 厘米。为什么这个大小与重量的石球最多?我们注意到一项体质人类学研究,是对成年男性手掌大小的调查①，研究者测量了来自 14 个中国城市的 2 600 名成年男性的手掌宽度与虎口距离，绝大多数男性的这两项测量值都在 9 厘米左右。也就是说，直径 9 厘米的石球是男性能够有效抓握的最大范围。如果古人的手掌与现代人的相差不大的话，我们就有理由相信这样大小的石球是由人直接抓握使用的。

实际上，我们也做了石球网兜投掷实验。我们知道男性链球运动员能够把 7 260 克的金属球投掷到超过 86 米远的地方（世界纪录）②，但是我们同时还发现，这种系绳投掷对技巧的要求很高，没有经过专业训练的我们无法发挥出系绳投掷的优势，无法控制投掷方向与实现最远投掷距离。另外需要注意的是，民族志与历史记载系绳或网兜投掷的石球要轻得多，一般为 400～600 克，多呈柠檬形，这样扔出去的时候，石球可以旋转③。其投射类似于线膛枪射出的子弹，更准确；同时，利用系绳或网兜加速，石球投出的速度更快，能够投得更远；石球的飞行速度更快，杀伤力也更大。

旧石器时代早中期的石球都比较大，真正实现小型化是在旧石器时代晚期，此时人类可能有了投掷工具。很难想象旧石器时代早中期人类

---

① 刘璠等：《国人手部测量正常值范围探讨》，《中华手外科杂志》1993 年第 3 期。
② 参见百度百科"链球"词条，其中详细罗列了链球世界纪录的变化，1913 年世界纪录还不到 58 米，1986 年提高到 86.74 米，技巧的提高是重要的影响因素。
③ B. Isaac and G. Isaac, "Unexpected Trajectories: A History of Nieuean Throwing Stones," *Journal of Polynesian Society* 120（2011）: 369-401; D. Rosenberg, "Flying Stones—The Slingstones of the Wadi Rabah Culture of the Southern Levant," *Paléorient* 35（2009）: 99-122.

能够采用系绳或网兜方式投掷重达 1 000 克的石球,滚圆的石球表面并没有系绳的设计,而网兜的制作需要编织技术,其出现也是在旧石器时代晚期[①]。由于石球的发现早到奥杜威工业,再结合我们失败的实验,可以进一步确认旧石器时代早中期的石球使用者还没有掌握需要较高技巧的系绳或网兜投掷方法,而是徒手抓握投掷的。

四、讨论:旧石器时代早中期石球可能代表的文化适应

石球的技术特征与使用实验表明,古人很可能是直接用手抓握石球投掷的。结合实验与石球的考古出土关联,我们可以提出这样的可能:许家窑遗址发现的石球是用于狩猎马科动物的。古人制作了这些石球,并将它们预备在遗址中,这里可能是马科动物经常光顾的地方(饮水或者舔盐的地方)。当猎物来到合适距离的时候,猎人群起而攻之。实验研究也显示,规整的石球可以投掷到更远的距离,而且从原理上说,形制规整石球的空气动力学特征也更稳定,更可能准确命中目标。

古人在不狩猎的时候可以进一步加工石球,让其更加滚圆。复制实验显示,把断块打制成多面体或近似球体属于一个阶段,这个阶段需要较大的打击力量以及一定的打片技巧,一般需要男性来操作,耗时平

[①] J. M. Adovasio, et al., "Upper Paleolithic Fiber Technology: Interlaced Woven Finds from Pavlov I, Czech Republic, c.26, 000 BP," Paper presented at The Society for American Archaeology, st. Louis, 1996.

均不到半小时；而把多面体毛坯琢制成规整的石球需要数倍于此的时间，这个过程相对而言不需要太高的打片技巧与很大的打击力量，女性也可以胜任，由此群体中的男女成员都可以参与石球的制作。这也就意味着，古人可以把平时的劳动存储起来，也可以把不同性别的劳动存储起来，表现形式就是更加规整的石球，还有更多数量的石球。预备在一处，集中使用，这是一种典型的预备性技术[1]，代表古人社会劳动的组织性以及规划的时间长度，即这一时期人们的狩猎活动有了更好的组织性与预见性。从另外一个角度说，投掷活动也有利于语言的发展[2]，这些都为旧石器时代晚期爆发式的文化发展创造了条件。

马科动物运动迅速，而石球只是钝器，所以只有命中要害或者连续集中打击，才有可能将其击倒。因此，大量储备石球这类武器，就显得十分必要。而且同时集中攻击同一头动物，才是最有效的。但是，尽管石球的尺寸已经达到手掌抓握的最大极限，但由于是徒手投掷，石球出手速度相当有限，打击力量不足，所以即使是集中攻击，也可能不足以杀死如野马这样的动物，而更可能只是让猎物受伤，行动减缓。此时，猎人们仍不得不上前与猎物近距离搏杀，最后完成猎杀。如果猎物受伤不够严重，反抗就可能会很激烈，猎人就可能受伤。许家窑遗址发现过

---

[1] L. R. Binford, "Organization and Formation Processes: Looking at Curated Technologies," *Journal of Anthropological Research* 35（1979）: 255-273.

[2] W. Nobel and I. Davidson, *Human Evolution, Language and Mind: A Psychological and Archaeological Inquiry.*

部分人类化石，显示出与尼安德特人有一定的相似性[1]，两者属于同一时代的人类。尼安德特人的化石研究显示，骨骼上的伤痕类似于现代牛圈骑手身上的伤痕[2]。许家窑人如果采取上述狩猎方式，就很可能受到如尼安德特人那样的伤害。这样的狩猎方式与旧石器时代晚期利用长程投射武器狩猎（如用投掷器投掷标枪）相比，风险更高。再者，旧石器时代晚期的石叶、细石叶工具便于携带、维护，有利于猎人的流动，石球不具备这样的优势。利用石球狩猎只能局限在有限的范围内，相对更依赖机会，更像是守株待兔。

五、小结

通过以上的实验研究，我们注意到：在原料的选择上，制作石球较为理想的材料是较软的石灰岩或脆性好的浅色石英岩；在毛坯的选择上，断块比近似于球体的砾石更适合制作石球，生产断块毛坯的同时还可以得到其他工具的毛坯；相对于手斧而言，制作石球更耗时，石球是高时间成本工具。我们还注意到，石球的平均大小、重量与男性手掌的大小存在明显的相关性，这表明石球很可能是由人直接用手抓握使用的。我们的投掷实验也显示，形制规整的石球更有利于投掷，处在平均大小、重量的石球能够获得更远的投掷距离。结合考古材料中石球集中

---

[1] 吴茂霖：《许家窑遗址 1977 年出土的人类化石》，《古脊椎动物与古人类》1980 年第 3 期。

[2] T. D. Berger and E.Trinkaus, "Patterns of Trauma among the Neanderthals," *Journal of Archaeological Science* 22（1995）：841-852.

发现的状况，我们提出，如果石球用于狩猎，那么跟旧石器时代晚期的狩猎相比，其狩猎距离将会比较近，风险更高，更依赖机会。当然，上述研究仅就中国已发现的旧石器时代早中期石球而言，用于狩猎可能只是石球的功能之一，可能并不是唯一的功能。投掷实验还不够充分，期待以后开展更系统的研究。

第三部分

旧石器时代晚期石器研究

第九章　中国晚更新世人类的适应变迁与辐射

晚更新世对于人类发展而言是一个有特殊意义的时期。现代人（anatomically modern human）明显地开始在地球生态系统中建立绝对优势地位，并扩散至除南极洲之外的所有大陆，从高原到海岛、从赤道到亚北极广大的范围内都出现了人类的足迹。现代人的成功指示着人类生物与文化行为上可能发生了关键的变化，以及众多因素可能促进了这种变化，因此许多学科的研究都涉足其中；而且唯有如此，才可能理解这个人类发展史上的飞跃。

自从20世纪20年代萨拉乌苏遗址发现以来，在中国华北地区发现的晚更新世重要遗址还包括许家窑、山顶洞、小南海、峙峪、下川等。但是迄今为止在华北地区发现的有限材料与其辽阔的面积是不相称的，特别是系统的工作少。而当代考古学强调遗址层面的而非遗物层面的研究，所以对于考古材料而言强调严格的科学发掘与整理、完善的科学分析如年代分析、孢粉分析、沉积物分析等，所有这些都要求对一个遗址进行长期而系统的工作。由于历史和发展水平的原因，我国很好的研究材料非常少。简言之，我们现有材料的特征很大程度上制约着进一步的解释。

不过，从宏观尺度来看，基本趋势还是可以看出来的，这里拟从材料较为丰富的区域着手，考察晚更新世人类适应发生的变化。受材料状况的制约，研究不求获取全面的认识，但求基于当前的材料、理论方法获得明确的认识。如不能得到理想的认识，至少希望能够确定问题的症结，进而为今后的研究提供参考。

一、晚更新世人类适应的基本变化格局

就人类的整个文化适应的演化过程而论，斯蒂纳（Stiner）从捕猎效率、消费效率、捕猎的类型等8个维度进行了分析，认为人类的生态空间在距今50万年前、25万年前各出现一次拓展，主要表现为用火的成功和可能存在的狩猎较大动物以及利用滨水资源，而在距今5万年至1万年期间出现了数次迅速的飞跃[1]。但是这些晚更新世人类演化飞跃在考古证据上还显得不那么清楚。目前的研究表明，在距今5万年至1万年期间，人类的行为适应至少发生了两次革命性的变化：其一是旧石器时代晚期革命（Upper Paleolithic Revolution）[2]，人类创造出一系列新的文化技术特征，以至于克莱因（Klein）相信现代人必定在此时发生了生物突变，产生了前所未有的竞争优势如语言能力，所以人类此

---

[1] M. C. Stiner, "Carnivory, Coevolution, and the Geographic Spread of the Genus Homo," *Journal of Archaeological Research* 10（2002）：1-63.

[2] O. Bar-Yosef, "The Upper Paleolithic Revolution," *Annual Review of Anthropology* 31（2002）：363-393.

时能够走出非洲，占领全世界①；其二是食物生产革命（Food Production Revolution），在晚更新世的最后阶段世界上至少两个地区（西亚和中国）有了食物生产的雏形，人类不仅开始了作物的种植、动物的驯化（最早可能是狗的驯化），而且发展出全新的居住方式（定居）和社会组织形态，从而奠定了后来国家文明的基础（文字、城市与国家）。这两次革命有相当的可比性，都意味着生计技术的深刻变化与认知能力的飞跃发展，不过针对前者目前流行单中心起源论，后者则是多中心起源论。

晚更新世人类适应变迁在全世界的范围内既有一定的同步性，也表现出相当的差异性。在晚更新世早期（即早于距今5万年前），新的文化特征主要发现于非洲大陆，属于非洲石器时代中期，如霍韦森斯隘口（Howiesons Poort）、布隆伯斯洞穴（Blombos Cave）的骨角工具②、卡坦达（Katanda）遗址发现的鱼叉③，但是非洲大陆的这类发现并不见于所有同时代的遗址，对这些发现的年代还有不少争议。到晚更新世晚期，特别是旧石器时代晚期（小于距今4万年前），欧洲的记录最为丰富多彩，东南、西南欧在保持一定的文化连续性的同时，大约同时出现了一

---

① R. G. Klein, "The Archaeology of Modern Human Origins," *Evolutionary Anthropology* 1 (1992): 5-14; R. G. Klein, "Fully Modern Humans," in *Archaeology at the Millennium: A Sourcebook*, eds. G. M. Feinman and T. D. Price, pp.109-136.

② C. S. Henshiwood, et al., "An Early Bone Tool Industry from the Middle Stone Age at Blombos Cave, South Africa: Implications for the Origins of Modern Human Behaviour, Symbolism, and Language," *Journal of Human Evolution* 41 (2002): 631-678.

③ D. A. Brooks, et al., "Dating and Context of Three Middle Stone Age Sites with Bone Points in the Upper Semliki Valley, Zaire," *Science* 268 (1995): 548-553.

些旧石器时代晚期的特征[1]。其他地区的旧石器时代晚期都是依据欧洲建立起来的文化体系,西亚如此[2],中国也是如此。西亚的旧石器时代晚期的特征最早出现于博克·塔奇提特(Boker Tachtit,47～46ka)和卡萨尔-阿克尔(Ksar'Akil,45～43ka),比欧洲早7 000～10 000年[3]。

霍菲克(Hoffecker)将欧洲旧石器时代晚期分成早、中、晚3个阶段,即EUP、MUP和LUP[4]。EUP与MUP以尼安德特人的消失为界;旧石器时代晚期的技术发明在欧洲旧石器时代中期的文化中找不到,而在非洲的MSA阶段常见,而且非洲的证据要早3万～4万年之多;这个从非洲传入的组合至少包括:磨制的骨尖状器、骨锥和穿孔贝壳。尼人和现代人的区别可能来自头脑的突变(brain mutation),这种突变在头骨的解剖特征上是看不出来的[5],解剖特征无助于解释人类行为的改变[6]。此外,尽管尼人和现代人使用的可能是同样的旧石

---

[1] L. G. Straus, "The Upper Paleolithic of Europe: An Overview," *Evolutionary Anthropology* 4 (1995): 4-16.

[2] O. Bar-Yosef, "Eat What is There: Hunting and Gathering in the World of Neanderthals and Their Neighbours," *International Journal of Osteoarchaeology* 14 (2004): 333-342.

[3] O. Bar-Yosef, "The Upper Paleolithic Revolution," *Annual Review of Anthropology* 31 (2002): 363-393.

[4] J. F. Hoffecker, "Innovation and Technological Knowledge in the Upper Paleolithic of Northern Eurasia," *Evolutionary Anthropology* 14 (2005): 186-198.

[5] F. D'errico, et al., "Archaeological Evidence for the Emergence of Language, Symbolism, and Music—An Alternative Multidisciplinary Perspective," *Journal of World Prehistory* 17 (2003): 1-70; F. D'errico, "The Invisible Frontier. A Multiple Species Model for the Origin of Behavioral Modernity," *Evolutionary Anthropology* 12 (2003): 188-202.

[6] M. H. Nitecki, "The Idea of Human Hunting," in *The Evolution of Human Hunting*, eds. M. H. Nitecki and D. V. Nitecki (New York: Plenum, 1987), pp.1-9.

器时代中期的石器组合,但是他们的使用方式可能有重大的区别①,即只有现代人才具有使用安柄(Hafting)复合工具的能力和狩猎大型动物所需要的社会凝聚力②。也有学者认为安柄技术可能并不为现代人所独有,但在使用频率和精准程度上现代人有明显的优势③。

旧石器时代晚期革命的实质意义还是要回归到生计方式这个基本层面上看。人类的整体进化趋势是,不断提高大型有蹄类的狩猎成功率、扩大食谱的宽度(如利用小动物),以及通过技术的不断进步来提高捕猎和处理食物的效率,并将之扩充到人类的社会(象征)行为领域④。然而,在旧石器时代中期及以前,尽管在考古遗址中发现了不少大动物的证据,但是很少有称得上狩猎工具的器物。和旧石器时代晚期有石制矛头的标枪相比,存在少数例外,如德国发现旧石器时代早期木标枪⑤,不过这很难说是有效的狩猎较大动物的工具。大动物的狩猎常常被认为是

---

① E. Trinkaus, "Bodies, Brawn, Brain and Noses: Human Ancestors and Human Predation," in *The Evolution of Human Hunting*, eds. M. H. Nitecki and D. V. Nitecki, pp.107-145.

② W. A. Niewoehner, "Behavioral Inferences from the Skhul/Qafzeh Early Modern Human Hand Remains," *Proceedings of National Academy of Science of the United States of America* 98 (2001): 2979-2984.

③ S. E. Churchill, "Hand Morphology, Manipulation, and Tool Use in Neanderthals and Early Modern Humans of the Near East," *Proceedings of National Academy of Science of the United States of America* 98 (2001): 2953-2955.

④ M. C. Stiner, "Carnivory, Coevolution, and the Geographic Spread of the Genus Homo," *Journal of Archaeological Research* 10 (2002): 1-63; M. C. Stiner, et al., "Paleolithic Population Growth Pulses Evidenced by Small Animal Exploitation," *Science* 283 (1999): 190-194.

⑤ H. Thieme, "Lower Paleolithic Hunting Weapons from Germany," *Nature* 385 (1997): 769-771.

旧石器时代晚期的现象[1]，当然不是所有考古学家都这么认为。巴尔-约瑟夫认为，从旧石器时代中期到旧石器时代晚期没有动物考古学的证据支持适应策略的改变，这两个石器组合代表的狩猎采集策略都是由当时当地所拥有的资源决定的[2]，如在西亚利凡特（Levant）地区根本无法区分尼人与旧石器时代晚期现代人的狩猎策略[3]。

这里需要澄清一下"狩猎"这个概念，它应该分成"机会狩猎"和"有效狩猎"，前者也可以称邂逅式的狩猎，是碰运气式，可靠性不高；后者是可控的，即猎人能够主动控制是毙杀还是放弃。如果区分两者，可以认为人类从旧石器时代晚期开始才能有效地狩猎。人类在旧石器时代晚期的狩猎能力有了关键的发展（表9-1），在石器组合的表现上包括精致的石质矛头、箭头、尖状器、镶嵌规整石片或石叶的木质和骨质标枪（用以狩猎）、端刮器（处理皮毛）、雕刻器（加工骨角工具）等；器物的形制更规整、分工更专业明确，石制品的质料也更精良。不过晚更新世人类狩猎能力飞跃发展的更本质的表现应该是社会的组织、计划与合作的加强，以及狩猎信息的交流，这些都依赖于语言的发展，也许可以称之为"第一次信息革命"。旧石器时代晚期人类狩猎能力的大幅度提高同时可以解释人类在旧石器时代晚期大规模的人口扩散和部分地解

---

[1] L. R. Binford, "Were There Elephant Hunters at Torralba？" in *The Evolution of Human Hunting*, eds. M. H. Nitecki and D. V. Nitecki, pp.47-105.

[2] O. Bar-Yosef, "Eat What is There：Hunting and Gathering in the World of Neanderthals and Their Neighbours," *International Journal of Osteoarchaeology* 14（2004）：333-342.

[3] J. D. Speth and E.Tchernov, "Neanderthal Hunting and Meat-processing in the Near East：Evidence from Kebara Cave（Israel），" in *Meat-Eating and Human Evolution*, eds. C. B. Stanfrod and H. T. Bunn（Oxford：Oxford University Press, 2001），pp.52-72.

释晚更新世之末的动物灭绝。

表9-1 晚更新世人类狩猎能力进步的表现与考古记录

人类狩猎能力进步的表现	考古记录
投射工具射击距离的延长,射击准确性的提高,如使用投掷器、弓箭	石箭头、石矛头、规整的石片、石叶、细石叶、尖状器
投射工具的致死性(或称有效停止性)加强,包括更有杀伤力的箭头、枪头、毒药等;处理猎物和制作以及维护工具的效率都相应提高	复合工具;更优质的石料;有机材料;器物形制更加规整;具体器型有:雕刻器(复合工具的开槽)、端刮器(处理皮毛)、锥钻、研磨器
狩猎技巧、知识、经验的增长,这依赖于更长的青少年成长期(更晚的性成熟年龄),更长的寿命(知识的积累)	死亡年龄更大,性成熟期更晚;更佳的健康状况
非实时性的设施(untended facilities)的发明,如陷阱、鹿窖、鱼窖、伏箭等,这些常依赖于群体的组织与合作	设施;更大的遗址规模;更复杂的遗址布局,包括居住、储藏坑、火塘、墓葬、屠宰场、石器制造场等;更明显的季节性利用资源
狩猎信息的交流,这对于季节性的动物群的捕获十分必要	装饰品、艺术品;象征符号;外来的物品

晚更新世人类文化从旧石器时代中期发展到晚期,这种发展有如巴尔-约瑟夫所称的旧石器时代晚期革命,革命由核心区(core areas)向外扩散,启动因素可以是生物进化或者社会经济(技术文化)的突变[①];但也有考古学家认为根本就没有什么革命,而是文化发展的积累导致了新特征的形成[②];还有一派学者认为旧石器时代晚期文化在

---

① O. Bar-Yosef, "The Upper Paleolithic Revolution," *Annual Review of Anthropology* 31 (2002): 363-393.

② S. McBrearty and A. S. Brooks, "The Revolution that wasn't: A New Interpretation of the Origin of Modern Human Behavior," *Journal of Human Evolution* 39 (2000): 453-563; G. A. Clark, "Through a Glass Darkly: Conceptual Issues in Modern Human Origins Research," in *Conceptual Issues in Modern Human Origins Research*, eds. G. A. Clark and C. M. Willermet (New York: Aldine de Gruyter, 1997), pp.60-76.

西亚、中亚、欧洲大体同步出现，其中一部分人认为是当地人群创造的①，其他人则认为是扩散到这里的现代人所为。究竟哪一种说法能够得到中国北方材料的支持？

二、中国北方晚更新世适应变迁与辐射

从整个中国而言，中国北方拥有我国最丰富的考古发现和历史最悠久的研究。中国北方的晚更新世石器工业传统分为大石片砍砸器－三棱大尖状器传统（或称"匼河－丁村系"）与船头状刮削器－雕刻器传统（或称"周口店第 1 地点－峙峪系"）这两种技术工艺类型②。但是已有的研究很少涉及人类行为的变化。晚更新世人类行为发生了革命性的飞跃，单纯从石器技术类型学的角度看是不够的，必须有更广阔的视野；同时，对传统石器组合的分析也需要拓展，需要在有限的材料中获得尽可能多的信息。这里的目的就是从史前狩猎采集者行为重建和文化生态学分析这两个角度出发，考察华北地区晚更新世考古材料，回答晚更新世我国北方地区人类的行为适应究竟发生了怎样的变化，以及这些变化意味着什么，还有导致这些变化的原因，以及归纳中国北方晚更新世史前人类行为适应的模式。

---

① A. P. Derev'anko, *The Palaeolithic of Siberia: New Discoveries and Interpretations*（Urbana: University of Illinois Press, 1998）.

② 贾兰坡、盖培、尤玉桂：《山西峙峪旧石器时代遗址发掘报告》，《考古学报》1972 年第 1 期。

1. 中国北方晚更新世的文化分界：年代与材料

我国北方晚更新世的材料较南方丰富得多，研究的历史也长得多，但是晚更新世早期（大于距今 4 万年前）的材料少而且测年颇有问题。目前在北方地区材料状况最好的是许家窑遗址[1]，许家窑遗址石器组合的显著特征包括：大量的石球；大部分石制品细小；有一些新的器型如拇指盖形刮削器、圆头刮削器、凹缺刮器、原始棱柱状石核等；还可能存在角工具（动物的角柄被有意切割过）；此外，遗址的规模也相当大。这些特征具有比较典型的旧石器时代晚期的文化面貌，但是人类化石材料研究显示出类似于欧洲尼安德特人的特征，同时具有一些类似于北京人的原始特征[2]。贾兰坡、卫奇估计的年代在距今6万～3万年前[3]，但后来的铀系测年将其年代推至距今12万～10万年前[4]，还有测年数据晚到距今近5万年[5]。高星建议取消旧石器时代中期这个阶段，与晚更新世前

---

[1] 贾兰坡、卫奇：《阳高许家窑旧石器时代文化遗址》，《考古学报》1976 年 2 期；贾兰坡、卫奇、李超荣：《许家窑旧石器时代文化遗址 1976 年发掘报告》，《古脊椎动物与古人类》1978 年第 4 期。

[2] 吴茂霖：《许家窑遗址1977年出土的人类化石》，《古脊椎动物与古人类》1980年第3期。

[3] 贾兰坡、卫奇：《阳高许家窑旧石器时代文化遗址》，《考古学报》1976 年第 2 期。

[4] 陈铁梅：《我国旧石器考古年代学的进展与评述》，《考古学报》1988年第3期；陈铁梅、原思训、高世君：《铀子系法测定骨化石年龄的可靠性研究及华北地区主要旧石器地点的铀子系年代序列》，《人类学学报》1984 年第 3 期；陈铁梅、原思训、高世君、王良训、赵桂英：《许家窑遗址哺乳动物化石的铀子系法年代测定》，《人类学学报》1982 年第 1 期。

[5] 关于许家窑的年代，日本学者长友常户（Tsuneto Nagatomo）等在2004年"纪念裴文中先生百年诞辰暨北京猿人第一个头盖骨发现75周年国际古人类学术研讨会"上公布最新许家窑遗址的测年为距今 66±15ka。

期的材料缺乏也有关①。中国旧石器时代中期文化特征的模糊反过来彰显了北方旧石器时代晚期的文化特征——一种近乎涌现式的变化。

中国北方的旧石器时代晚期也是以欧洲为模本建立起来的，起始年代定在距今 4 万年前②。1989 年出版《中国远古人类》时，萨拉乌苏被视为北方小石器传统的代表，年代可能最早，并且可能有石器压制修理技术存在③，但最近其热释光年代提前到旧石器时代中期，即不晚于距今 7 万年前④，大大早于 ^{14}C 测年数据的距今 35ka⑤ 和铀系测年数据的距今 50~37ka⑥，但不及热释光年代的距今 93~124ka⑦。被作为中国北方旧石器时代晚期的起始代表还有两个遗址⑧，即刘家岔⑨和下川富益河⑩，它们缺乏年代测定。目前年代比较可靠的要算山顶洞遗址和水洞沟遗址，

---

① 高星:《关于"中国旧石器时代中期"的探讨》,《人类学学报》1999 年第 1 期。

② C. Tang and P. Gai, "Upper Paleolithic Cultural Traditions in North China," *Advances in World Archaeology* 5（1986）: 339-364.

③ 黄慰文:《中国旧石器时代晚期文化》, 载吴汝康、吴新智、张森水主编《中国远古人类》, 科学出版社, 1989。

④ 黄慰文、董光荣、侯亚梅:《鄂尔多斯化石智人的地层、年代和生态环境》,《人类学学报》2004 年增刊; 尹功明、黄慰文:《萨拉乌苏遗址范家沟湾地点的光释光年龄》,《人类学学报》2004 年增刊。

⑤ 黎兴国等:《河套人及萨拉乌苏文化的年代》, 载《第一次全国 ^{14}C 学术会议文集》编辑小组编《第一次全国 ^{14}C 学术会议文集》, 科学出版社, 1984。

⑥ 原思训、陈铁梅、高世君:《用铀子系法测定河套人和萨拉乌苏文化的年代》,《人类学学报》1983 年第 1 期。

⑦ 董光荣、苏志珠、靳鹤龄:《晚更新世萨拉乌苏组时代的新认识》,《科学通报》1998 年第 17 期。

⑧ C. Tang and P. Gai, "Upper Paleolithic Cultural Traditions in North China," *Advances in World Archaeology* 5（1986）: 339-364.

⑨ 谢骏义:《甘肃环县刘家岔旧石器时代遗址》,《考古学报》1982 年第 1 期。

⑩ 王建、王向前、陈哲英:《下川文化——山西下川遗址调查报告》,《考古学报》1978 年第 3 期。

其中研究者们对山顶洞遗址做过最系统的测年工作[①]；运用加速质谱仪（AMS）测定的年代达到距今 28ka（以 5 730 作为半衰期），下窨的年代为距今 34ka，这和动物群的组成更为一致[②]。水洞沟遗址的研究历史最为长久，近年运用新的方法和国际合作进行了更深入的研究，其年代定在距今 29～24ka[③]。另一处中国北方旧石器时代晚期代表峙峪遗址新的 AMS 年代达到距今 32ka[④]。从目前的材料来看，把我国北方的旧石器时代晚期的起始年代定在距今 30～35ka 比较合宜。

中国北方旧石器时代晚期的石器工业常分为"小石器为主的文化传统"与"长石片-细石器[⑤]为主的文化传统"[⑥]，或者分为"小石器传统"、

[①] 陈铁梅、原思训、高世君：《铀子系法测定骨化石年龄的可靠性研究及华北地区主要旧石器地点的铀子系年代序列》，《人类学学报》1984 年第 3 期；陈铁梅、R. E. M. Hedges、袁振新：《周口店山顶洞遗址年代的加速器质谱法再测定与讨论》，《人类学学报》1989 年第 3 期；陈铁梅、R. E. M. Hedges、袁振新：《山顶洞遗址的第二批加速器质谱 ^{14}C 年龄数据与讨论》，《人类学学报》1992 年第 2 期。

[②] 陈铁梅、R. E. M. Hedges、袁振新：《山顶洞遗址的第二批加速器质谱 ^{14}C 年龄数据与讨论》，《人类学学报》1992 年第 2 期。

[③] D. B. Madsen, et al., "Dating Shuidonggou and the Upper Paleolithic Blade Industry in North China," *Antiquity* 75（2001）: 706-716; 高星、李进增、D. B. Madsen、P. J. Brantingham、R. G. Elston、R. L. Bettinger：《水洞沟的新年代测定及相关问题讨论》，《人类学学报》2002 年第 3 期。

[④] 原思训：《加速器质谱法测定兴隆纹饰鹿角与峙峪遗址等样品的 ^{14}C 年代》，《人类学学报》1993 年第 1 期。

[⑤] 细石叶技术的英文名称非常多，比如 microblade、microliths、microlithic assemblage、microblade assemblage、microlithic technology、microblade technology、bladelets 等。国际学术文献中它们有一定的专指地理范围：microliths 与 microlithic 往往专用于西亚、南亚地区；bladelets 常用于北非；microblade 则专用于东亚、东北亚地区。为区分起见，用细石叶这个概念似乎更妥当。"细石叶技术"和"细石叶组合"的提法都是可以成立的。细石叶技术纯粹是从技术角度讲的，没有时空的限制，凡是运用了细石叶技术的考古遗存都在研究范畴内；相反，我们提及细石叶组合时必须同时伴随有时空的限定，比如旧石器时代晚期山西的细石叶组合、西伯利亚的细石叶组合、新石器时代中国北方草原带的细石叶组合等，也就是说细石叶组合这个概念是从遗存的组合特征角度讲的，和细石叶技术的提法并不矛盾。

[⑥] 张森水：《中国旧石器文化》；张森水：《中国北方旧石器工业的区域渐进与文化交流》，《人类学学报》1990 年第 4 期。

"石叶工业"和"细石器工业"[1],或者分为"以石叶为主要特征的文化系列"、"以细石叶为主要特征的文化系列"和"以石片为主要特征的文化系列"[2];林圣龙[3]还引入克拉克的石器工业技术五种模式的分类法[4],由此归纳说中国北方旧石器时代晚期至少可以拥有石片工业、石叶工业和细石叶工业三个类型。但是现有的划分建立在相对有限的材料基础上,没有足够的理论与相关学科研究的支持。这种分类与环境的特征和变化过程有没有关系?这种分类又意味着怎样的适应行为模式?再者,如果说存在行为适应模式的区别,它们之间的关系又如何?

从对细石叶的技术特征、扩散过程和特定生态联系的分析来看,细石叶技术的起源时间在距今 23～20ka,不大可能更早,它是末次盛冰期来临的产物。目前中国最早的细石叶技术的 ^{14}C 年代为山西襄汾柴寺 77:01 地点的距今 $26.4±0.8ka$ 或大于 4 万年[5],这个年代是个孤例,而且有矛盾之处,值得怀疑。而以水洞沟遗址为代表的石叶工业目前也是一个孤例,分布范围可能局限于宁夏盆地和河套地区。流行于北方的主要是石片工业或者说"小石器传统",它和以细石叶为主的工业有相互衔接的关系。石片工业逐渐为细石叶为主的工业所替代,石片工业最晚存在的年代大约在距今 18ka(不平衡铀系测年),即西白马营遗址[6],有可能更早。至于有更晚

---

[1] 黄慰文:《中国旧石器时代晚期文化》,载吴汝康、吴新智、张森水主编《中国远古人类》。
[2] 李炎贤:《中国旧石器时代晚期文化的划分》,《人类学学报》1993 年第 2 期。
[3] 林圣龙:《中西方旧石器文化中的技术模式的比较》,《人类学学报》1996 年第 1 期。
[4] G. Clark, *World Prehistory in New Perspective*, 3rd edition.
[5] 王令红:《中国远古人类年代学的新进展》,载吴汝康、吴新智、张森水主编《中国远古人类》。
[6] 谢飞、于淑凤:《河北阳原西白马营晚期旧石器研究》,《文物春秋》1989 年第 3 期。

年代数据的山顶洞遗址，其年代已被更正。另一处小南海遗址上面的石器组合（2～3层），距今 11±0.5ka，按安志敏的研究，上面的石器组合与下面的石器组合（6层），距今 19～24ka，没有什么区别，所以放在一起研究了[①]；反过来说，小南海上面的石器组合很有可能是下面扰动上来的。由此，我们可以把北方晚更新世的考古文化序列厘清出来（表9-2）。

表9-2 中国北方晚更新世的主要考古材料

时间 (ka)	阶段	主要遗址
距今 20～10	旧石器时代晚期 旧石器时代晚期晚段	细石叶技术：下川、柿子滩[①]、灵井[②]、大岗[③]、籍箕滩[④]、虎头梁[⑤]、淳泗涧[⑥]、于家沟、薛关[⑦]、柴寺[⑧]、大贤庄[⑨]、黑龙潭[⑩]、昂昂溪[⑪]
距今 35～20	旧石器时代晚期早段	石叶工业：水洞沟[⑫] 石片工业：峙峪[⑬]、山顶洞[⑭]、王府井[⑮]、小南海、小孤山[⑯]、刘家岔、小空山上洞[⑰]、织机洞[⑱]、塔水河[⑲]、西白马营、孟家泉[⑳]
距今 120～35	旧石器时代中期	许家窑、西沟[㉑]、龙牙洞[㉒]、鸽子洞[㉓]、萨拉乌苏

注：① 原思训、赵朝洪、朱晓东、阎金铸、阎雅枚：《山西吉县柿子滩遗址的年代与文化研究》，《考古》1998年第6期；张文君：《山西吉县柿子滩旧石器遗址试掘记》，《考古与文物》1990年第1期；柿子滩考古队：《山西吉县柿子滩旧石器时代遗址S14地点》，《考古》2002年第4期。
② 周国兴：《河南许昌灵井的石器时代遗存》，《考古》1974年第2期。
③ 张居中、李占扬：《河南舞阳大岗细石器地点发掘报告》，《人类学学报》1996年第2期。
④ 河北文物研究所：《籍箕滩旧石器时代晚期细石器遗址》，《文物春秋》1993年第2期。
⑤ 盖培、卫奇：《虎头梁旧石器时代晚期遗址的发现》，《古脊椎动物与古人类》1977年第4期。
⑥ 河北文物研究所、秦皇岛市文物管理处、昌黎县文物保管所：《河北昌黎淳泗涧细石器地点》，《文物春秋》1992年增刊；王恩霖：《河北昌黎淳泗涧细石器遗址的新材料》，《人类学学报》1997年第1期。
⑦ 王向前、丁建平、陶富海：《山西蒲县薛关细石器》，《人类学学报》1983年第2期。
⑧ 王建、陶富海、王益人：《丁村旧石器时代遗址群调查发掘报告简报》，《文物季刊》1994年第3期。

---

① 安志敏：《河南安阳小南海旧石器时代洞穴堆积的试掘》，《考古学报》1965年第1期。

⑨ 葛治功、林一璞:《大贤庄的中石器时代细石器——兼论我国细石器的分期与分布》,《东南文化》1985 年第 1 期。
⑩ 临沂地区文物管理委员会、郯城县图书馆:《山东郯城黑龙潭细石器遗址》,《考古》1986 年第 8 期。
⑪ 黄慰文、张镇洪、缪振棣、于海明、初本君、高振操:《黑龙江昂昂溪的旧石器》,《人类学学报》1984 年第 3 期。
⑫ 贾兰坡、盖培、李炎贤:《水洞沟旧石器时代遗址的新材料》,《古脊椎动物与古人类》1964 年第 1 期;宁夏考古研究所编著:《水洞沟——1980 年发掘报告》,科学出版社,2003。
⑬ 贾兰坡、盖培、尤玉桂:《山西峙峪旧石器时代遗址发掘报告》,《考古学报》1972 年第 1 期。
⑭ W. C. Pei, "The Upper Cave Fauna of Choukoutien," Pal. Sin. New Series C 10 (1940) : 1-100.
⑮ 李超荣、郁金城、冯兴无:《北京地区旧石器考古新进展》,《人类学学报》1998 年第 2 期;李超荣、郁金城、冯兴无:《北京市王府井东方广场旧石器时代遗址发掘简报》,《考古》2000 年第 9 期。
⑯ 张镇洪、傅仁义、陈宝峰、刘景玉、祝明也、吴洪宽、黄慰文:《辽宁海城小孤山遗址发掘简报》,《人类学学报》1985 年第 1 期。
⑰ 小空山联合发掘队:《1987 年河南南召小空山旧石器遗址发掘报告》,《华夏考古》1988 年第 4 期。
⑱ 张松林、刘彦锋:《织机洞旧石器时代遗址发掘报告》,《人类学学报》2003 年第 1 期。
⑲ 陈哲英:《陵川塔水河的旧石器》,《文物世界》1989 年第 2 期。
⑳ 河北文物研究所、唐山市文物管理所、玉田县文保所:《河北玉田县孟家泉旧石器遗址发掘简报》,《文物春秋》1991 年第 1 期。
㉑ 刘源:《山西曲沃县西沟新发现的旧石器》,《人类学学报》1986 年第 4 期。
㉒ 王社江、张小兵、沈辰、胡松梅、张学峰:《洛南花石浪龙牙洞 1995 年出土石制品研究》,《人类学学报》2004 年第 2 期。
㉓ 鸽子洞发掘队:《辽宁鸽子洞旧石器遗址发掘报告》,《古脊椎动物与古人类》1975 年第 2 期。

2. 中国北方的旧石器时代晚期革命

从模糊不清的旧石器时代中期到风格分明的旧石器时代晚期,中国北方古人类的文化面貌发生了革命性的变化,一系列新的特征涌现出来;这次变化和欧亚大陆西侧的西亚和欧洲的旧石器时代晚期具有一定的同步性(表 9-3)。相对于欧亚大陆西侧的旧石器时代晚期革命,中国

表 9-3 中国北方旧石器时代晚期的革新与欧亚大陆西侧的革新的对比

欧亚大陆西侧（Mellars 2005）[①]	中国北方
间接打击的石叶与细小石叶技术	工具普遍地缩小，原料精细化，出现石叶工艺（EUP），如水洞沟遗址
新型的端刮器和雕刻器	新的器型如端刮器、拇指甲状刮削器、雕刻器、琢背石刀等
标准化、时代地域特征化的器物出现	细石叶技术（LUP）产品
复杂、高度成型的骨、角、象牙工具	如小孤山的鱼叉、水洞沟的骨锥、山顶洞的骨针
个人装饰品的出现，如钻孔牙齿、海贝、打磨的石饰、象牙珠等	北方有9处，如山顶洞、小南海、峙峪等；赤铁矿粉（王府井东方广场、山顶洞、水洞沟等）
丰富的艺术品，如雕塑、壁画等	山顶洞的鹿角棒、柿子滩的岩画
象征符号系统的出现，乐器（如鸟骨笛）	东方广场带刻划标本；峙峪有刻划痕迹的标本数百片（是否象征符号，还有待进一步研究）
长距离的物品交换网络	如山顶洞的海贝
长距离的投射技术	如峙峪的箭头、修制精美的尖状器
技术模式的迅速改变	压制修理，间接打击，如细石叶技术的出现
人口密度的增大	更大规模的遗址，更多的地点群
结构更清楚的居址	如水洞沟遗址，包括石器制造场所、居住所；LUP的遗址，如泥河湾盆地的马鞍山遗址
更特化的动物利用	如峙峪遗址大量的羊骨

注：① P. Mellars, "The Impossible Coincidence. A Single-species Model for the Origins of Modern Human Behavior in Europe," *Evolutionary Anthropology* 14（2005）：12-27.

北方的旧石器时代晚期革命要显得更加突然,但石器工业技术上的表现要来得更晚,主要的革新发生于旧石器时代晚期晚段。

相对于更容易保存的石器而言,旧石器时代晚期还可能用这样一些技术,只是还没有考古证据,比如陷阱、渔网、用毒药狩猎捕鱼等。在旧石器时代晚期晚段,可以确定中国北方的狩猎采集者已经开始驯化狗,狗的驯化年代在距今15ka[①],人类利用狗的祖先的历史还要更久。另外,旧石器时代晚期骨角工具开始繁荣,如水洞沟遗址的骨锥、山顶洞遗址的骨针,明确反映出这一时期人类已开始制作皮服;再如小孤山遗址发现鱼叉,清楚表明人类开始利用水生资源。

在旧石器时代晚期的技术革新中,复合工具的发展是一个重要的飞跃。复合工具把有机材料如骨、角、木的韧性和石材的刚性结合起来,并且形成模块式的组合(切割、刮削、雕刻、投掷、挖掘),通过更换石刃或矛头来达到更广泛的适应性和更高的效率。石叶和细石叶技术的产品是以制作复合工具的目的而生产的。细石叶技术产品于 LUP 阶段迅速在中国北方流行,并且扩散到日本列岛和北美的阿拉斯加,这与其使用上的优势是分不开的。细石叶技术为主工业的产生同时表明人类生存环境的扩大,人类开始利用更加边缘的环境;在我国从东北到西南自然过渡带长期存在这种工业也表明了这种工业对于边缘环境的适应,因为这种技术非常适合高度流动的狩猎采集生活。

[①] P. Savolainen, et al., "Genetic Evidence for an East Asian Origin for Domesticated Dogs," *Science* 298 (2002): 1610-1613.

和旧石器时代早中期的技术相比，其晚期的技术文化组合（techno-cultural complex）更加丰富复杂。通过五个维度的比较，即流动性（mobility）、致死性（lethality）、可维护性（maintainability）、适应性（adaptability）和耐用性（durability），可以看出这种变化是飞跃性的。在对这五个维度的分析中，细石叶工业产品表现最为突出，它显示出良好的流动性，即便于携带；致死性高（或者说效率高）；非常好的可维护性，随时可以更换刃口；可以用作多种工具。从技术的成本和效益的角度进行分析，就会发现细石叶技术很高的效益是以耐用程度较低作为成本的。它也反映旧石器时代晚期晚段的人类更加强调工具的可携带性、效用、可维护性和广泛的适应性。

简言之，在中国北方旧石器时代晚期的生计技术进步中，可以看到的基本趋势有：（1）狩猎采集者追求尽可能大的采食地理范围，这反映了资源密度的降低和人口的膨胀，还有他们对资源的确定性的要求（避免一下子找不到食物）；（2）他们追求对多样任务的适应性（高的流动性必然要求如此）；（3）他们追求器物更高的可维护性；（4）他们追求器物的效率，因为资源的季节性、偶然性非常强；（5）他们不考虑器物的耐用性。

在欧亚大陆西侧旧石器时代晚期的遗址中，经常可以看到史前人类利用更广谱的食物资源，其中包括利用一些小动物如兔子，同时还开始利用水生资源，如捕鱼和采集软体动物[1]。在中国北方旧石器时代晚期遗

---

[1] M. C. Stiner, "Carnivory, Coevolution, and the Geographic Spread of the Genus Homo," *Journal of Archaeological Research* 10 (2002): 1-63; M. C. Stiner, et al., "Paleolithic Population Growth Pulses Evidenced by Small Animal Exploitation," *Science* 283 (1999): 190-194.

址中，可以看到一个大致的趋势，即从早期到晚期遗址中发现的动物的个体趋小，动物骨骼的破碎程度加大，动物的种类也趋减。与 EUP 如峙峪、山顶洞、小南海和 LUP 细石叶技术产品为主的遗址做比较，这种趋势还是比较明显的。

除了从技术层面进行分析之外，如果进一步从文化系统的整体效率来比较，旧石器时代晚期的革命性变化还要更加显著。文化系统的整体效率可以由四个层面的内容组成：技术、社会组织、信息传递和信仰。社会组织对于旧石器时代晚期的人类来说，主要表现为个体身份的明确、自我意识的发展和社会交换网络的形成，广泛出现的装饰品和外来物品表明了这一时期人类社会组织上的进步；在信息传递层面，主要是语言的发展，它的物化证据是象征符号（symbolic notation），这个方面在中国北方还不是很清楚，在王府井东方广场、小孤山、峙峪等遗址发现的动物骨骼上的刻划痕迹只是可能与象征符号有关；而对于信仰层面的内容而言，考古学证据表现于艺术品的存在，目前旧石器时代晚期的艺术品最发达的地区在西欧，特别是法国，欧洲发达的旧石器艺术随着最后冰期的结束而消失，它是特定环境的产物[①]，中国北方目前的发现只有山顶洞的鹿角棒和柿子滩的岩画，关于其功能和年代还不能确定。北方的旧石器时代晚期人类适应并非只有一种模式。在 EUP 阶段，我们可以看到至少四种文化适应模式，即水洞沟模式、峙

[①] L. G. Straus, "The Upper Paleolithic of Europe: An Overview," *Evolutionary Anthropology* 4 (1995): 4-16.

峙峪模式、山顶洞-东方广场-小南海模式和小孤山模式。这个区分的标准是生态环境的特征和技术文化的构成。水洞沟模式是一种草原、森林和沙漠交界的环境，生态系统的生产力相对较低，人类的生计完全以狩猎为主，植物性食物相对有限[①]，与之对应的石器组合是强调高度流动的石叶工业；峙峪模式对应的环境生产力更高，基本是草原与森林的交界地带，以草原为主，狩猎资源丰富，采集资源较水洞沟更多，其石器组合更多样；而山顶洞-东方广场-小南海模式是对温带森林环境的适应，其石器组合比峙峪组合还要多样，更不规整，这可能与更多的有机工具选择有关；相比较而言，小孤山模式体现出一种对滨水环境的适应，工具组合中出现鱼叉这样的器物，这样的适应模式往往有更好的稳定性，即在一个区域可以居留更长的时间[②]。从四种模式的分布来看，其环境趋向更湿润，生计内容由以动物狩猎为主逐步过渡到多元的狩猎采集（峙峪模式更强调狩猎），再到利用水生资源的狩猎采集。

LUP 阶段中国北方的技术特征是以细石叶技术为主，这个阶段目前大致可以看出两种生计模式：一种是以下川、虎头梁为代表的生产较大细石叶的模式；另一种是以淳泗涧、马陵山地带的遗址为代表的生产较小细石叶的模式。前者大抵相当于谢飞所提到的"以楔形石核技术类型

[①] 陈胜前：《中国狩猎采集者的模拟研究》，《人类学学报》2006 年第 1 期。

[②] L. R. Binford, *Constructing Frames of Reference: An Analytical Method for Archaeological Theory Building Using Hunter-Gatherer and Environmental Data Sets* (Berkeley: University of California Press, 2001).

为主的分布区",后者相当于"以船形石核技术类型为主的分布区"①。这种区分的意义在于,它们可能加工不同种类的资源,即前者更强调狩猎和植物性食物的采集,后者更可能与水生资源的利用有关。当然这种区分并不是截然对立的,它反映的只是一种宏观的区别。

3. 中国北方晚更新世人类适应辐射的表现形式

晚更新世是人类人口大扩散的时期,同时也是人类的适应地域特征更加明显的时期。这是史前人类适应成功的表现,和所有适应成功的物种——分布范围扩散和形成区域分异的种群——一样。在中国北方,人类适应辐射主要表现在四个方面:(1) EUP 阶段的技术革命和第一次人口扩张;(2) LUP 阶段细石叶技术的产生与扩散和第二次人口扩张;(3) 人类文化适应的地方化,区域适应模式形成;(4) LUP 最后阶段人类食物生产的萌芽和第三次人口扩张。

EUP 阶段的技术革命在前文已经讨论了,装备新技术的史前狩猎采集者开始开拓新的生存空间,利用食物资源密度更低的地区,比如在西伯利亚地区人类在 EUP 阶段已到达 55°N 的地区,人类可能在这个时期第一次进入北美大陆②。对于中国北方而言,史前人类则向资源密度较低

---

① 谢飞:《环渤海地域新旧石器文化过渡问题研究纲要》,载张忠培、许倬云主编《中国考古学跨世纪的回顾与前瞻》,科学出版社,2000。

② T. Goebel, "Pleistocene Human Colonization of Siberia and Peopling of the Americas: An Ecological Approach," *Evolutionary Anthropology* 8 (1999): 208-227; T. G. Schurr and S. T. Sherry, "Mitochondrial DNA and Y Chromosome Diversity and the Peopling of the Americas: Evolutionary and Demographic Evidence," *American Journal of Human Biology* 16 (2004): 420-439.

的西部高原和沙漠地区、北部草原边缘和寒带森林地区扩散。中国北方旧石器时代晚期较之中早期，遗址分布范围明显更大。此时，装备石叶工业的水洞沟文化人群生活于草原、沙漠和森林的交界带；在北方边缘地区的发现还有甘肃的若干遗址如刘家岔，在青藏高原边缘地区的发现还有小柴达木遗址[1]，都显示出人类在这一时期的人口扩张。从整个亚洲的范围上说，亚洲人口辐射的基因中心主要有两个：中亚和西亚[2]。水洞沟遗址石器工业具有莫斯特工业向早期奥瑞纳工业过渡的特征[3]，它有可能是波浪式人口扩散的产物。

细石叶技术在 LUP 阶段产生后迅速扩散到日本列岛、西伯利亚，并在晚更新世之末传播到北美西北端，在技术传播的同时伴随着人口的扩张。在中国北方地区，细石叶技术兴起后，人类的适应范围继续向边缘环境拓展，不过与 EUP 阶段和食物生产起源后的拓展相比，则显得相对有限。在西伯利亚地区，LUP 阶段刚开始时人类到达苔原与泰加林的交界带，末次盛冰期人类在大部分西伯利亚地区消失，于 12.5ka 重返[4]，很可能对我国北方这一时期的旧石器时代文化产生了影响[5]。细石叶

---

[1] 黄慰文、陈克造、袁宝印等：《青海小柴达木湖的旧石器》，载中国科学院中澳第四纪合作研究组编《中国-澳大利亚第四纪学术讨论会论文集》，科学出版社，1987。

[2] T. S. Uinuk-ool, et al., "Ancestry and Kinships of Native Siberian Populations: The HLA Evidence," *Evolutionary Anthropology* 12 (2003): 231-245.

[3] H. Breuil, "Archéologie," in *Le Paléolithique de la Chine*, eds. M. Boule, H. Breuil, E. Licent and P. T. de Chardin (Paris: Masson, 1928), pp.103-136.

[4] T. Goebel, "Pleistocene Human Colonization of Siberia and Peopling of the Americas: An Ecological Approach," *Evolutionary Anthropology* 8 (1999): 208-227.

[5] 吉笃学、陈发虎、R. L. Bettinger、R. G. Elston、耿志强、L. Barton、王辉、安成邦、张东菊：《末次盛冰期环境恶化对中国北方旧石器文化的影响》，《人类学学报》2005 年第 4 期。

技术本身代表着人类在末次盛冰期的适应，它随着末次盛冰期的来临而起源，也随着末次盛冰期的结束而在中国北方的核心区域消失。

前文谈到了中国北方旧石器时代晚期至少存在四种适应模式，它们都和当地的生态环境密切相关。从 EUP 到 LUP，文化适应的地方化趋势进一步加强。如东北森林带的渔猎生计模式逐渐成型，这个趋势在东北晚更新世之末的遗址（如黑龙江昂昂溪遗址）中表现得比较明显，并且一直持续到历史时期。而在森林－草原交界带形成的专业化狩猎则进一步扩散，但是这种生计的稳定性不佳，直到驯化的马传入后才形成比较稳定的畜牧经济。在温带森林区发展出多元狩猎采集经济，强调植物性食物的采集，这一地区后来成为食物生产起源的中心区。

晚更新世之末最为显著的事件就是食物生产的起源，中国北方作为世界上主要的中心之一影响了整个全新世东亚文明的进程。在食物生产的起源过程中，最后冰期的结束和新仙女木事件深刻地影响了人类生计的革命性变化。最后冰期逐渐结束，新的植被景观形成，冰期动物群走向灭绝，在这个过程中，旧石器时代晚期人类的有效狩猎能力加速了冰期动物群的灭绝过程；这反过来对于人类的生计造成相当大的压力，这种压力在新仙女木事件中加剧了，环境的变化是食物生产起源的重要初始条件。

4. 结论

北方是我国晚更新世人类遗存发现最丰富的地区，而当前公布的材料状况制约着我们的解释，许多材料研究历史的曲折导致我们现在再利用这些材料时必须采用更审慎的眼光和更宽阔的视野。比如说，从整个欧亚大陆的旧石器时代文化发展框架中来考虑中国北方的发现，我们相对会更容易理解一些材料中可能存在的失误。此外，研究的角度还可以扩展，特别是可以扩展到行为模式、生态关系上。

晚更新世中国北方和欧亚大陆西侧一样，至少发生了两次革命性的适应变迁：一次是旧石器时代晚期革命，另一次是晚更新世之末的农业革命。中国北方旧石器时代中期的面貌至今不是很清楚，特别缺乏可以确信无疑的代表性遗址，所以中国北方旧石器时代中期向晚期的过渡方式也难以确认；而从另一个角度看，和更早旧石器时代文化的原始面貌相比，中国北方旧石器时代晚期革命新特征的出现呈涌现性，并且经历了至少两个阶段的飞跃，分别在 EUP 阶段和 LUP 阶段。EUP 阶段的代表性特征主要是骨角工具、装饰品和更精细的石器工具组合；LUP 阶段的代表性特征是细石叶技术的起源和迅速扩散。和传统上将几种石器工业并行排列不同，这种划分更强调北方石器工业的演化。在这种演化框架中来看北方石器工业的演变，就更容易理解晚更新世之末连续的文化飞跃。

与此同时，通过对同一时代遗存特征的考察，我们可以发现在 EUP 阶段中国北方至少有四种适应模式；而且，这四种模式在 LUP 阶段更加地域化，特征更加鲜明，其中在山顶洞－王府井－小南海为主的多元狩猎采集经济中发展出食物生产经济。人类在旧石器时代晚期的适应辐射还表现为人口扩散、向极端环境的拓展和技术模式迅速改变。

三、中国南方晚更新世适应变迁的探索

相比于中国北方的情况，中国南方的情况显得模糊很多。首先，我们需要明确南方这个概念，学界所说的南方通常是指青藏高原以东、秦岭－淮河以南地区。这个地区的北界基本没有问题。尽管整个更新世存在众多的气候波动，但是从古动物群的构成来看，南北差异还是非常明显，南方主要以剑齿象－大熊猫动物群为主，而北方还是以温带森林－草原动物群为主。在秦岭－淮河一线南北交界的地带，气候环境变化更加明显，存在一定的混合，不过南北方的区别还是主要的，这也是我们能够把南方单独拿出来进行讨论的前提。但是从南方内部的情况来看，则存在较大的差别，至少可以划分为三个区域：长江中下游地区、西南地区、岭南地区。对于狩猎采集生计而言，这三个区域存在较为明显的区分。长江中下游地区属于亚热带气候，环境较为一致，沿着长江水系，人群相对较容易沟通，对于旧石器时代晚期文化已经比较复杂的狩猎采集者来说尤其如此。西南地区以高原、盆地为主，环境较为封闭，受气候波动的影响相对更小。岭南地区，即现在的两广地区，可以与东南亚地区联系起来，主要以热带环境为主，全年都有植物生长，基本不需要考虑食物储备的问题。这个划分得到旧新石器时代过渡研究的支持，三个区域在旧新石器时代过渡中分别存在不同的路径。如果进一步追溯的话，其差别至少可以上溯到旧石器时代晚期。因此，分区考虑南

方的状况是我们进行探索的又一前提。

有关中国南方晚更新世人类文化适应的讨论还需要解决一个前提问题,那就是我们在讨论谁的适应的变迁。按照古DNA研究,解剖学上的现代人距今5万年前后到达东亚,从南向北,逐渐取代了土著人群[1]。从人类化石的角度看,也有观点认为距今10万年前后东亚地区就已经有了具有现代特征的人群[2],他们是本土人群的连续进化,后来与从非洲走出的现代人有杂交,也是由南向北扩散。前者是走出非洲假说,以前完全否认存在与土著人群的杂交,后来从人类化石中提取到的古DNA表明现代人与土著人群存在杂交[3],不过土著人群DNA的贡献比较小。后者主张连续进化附带杂交,其基本的支持理由就是人类体质与文化演化上明显存在的一致性,即不论在人类体质上,还是在文化上,都看不出明显的人群替代过程。这里附带产生了两个问题:一个是生物基因的替换并不一定反映在诸如铲形门齿这样的特征之上,铲形门齿长期存在于东亚的古人类中,从北京猿人到山顶洞人,似乎是一脉相承的。如果铲形门齿只是表现型,而不是基因型,那么即便有铲形门齿这样的特征存在,土著人群仍然可能已经被替换。体质上如此,文化上就更不用说了。因此,另一个问题是,文化与人群如果

---

[1] B. Su, et al., "Y Chromosome Haplotypes Reveal Prehistorical Migrations to the Himalayas," *Human Genetics* 107(2000): 582-590.

[2] 刘武、吴秀杰、邢松:《现代人的出现与扩散——中国的化石证据》,《人类学学报》2016年第2期。

[3] D. Reich, et al., "Genetic History of an Archaic Hominin Group from Denisova Cave in Siberia," *Nature* 468(2010): 1053-1060.

没有必然的联系的话,即文化更多与当地的生态相关,那么人群替代就并不一定会反映在文化上。人群与文化有一定的关系,这是旧石器时代考古的基石。如果这个基石动摇了,那么旧石器时代考古的许多研究就都不能成立。

我们对当代与历史时期人类群体的观察,是能够确认人群与物质文化之间的联系的,当然,这种联系并不表现在所有的物质材料上,部分材料是所有人群共享的,某些特征上可能存在较为明显的区别。只有处在一定的背景关联中,才可能识别出来。对于旧石器时代考古而言,石器材料是不是这样的材料?或者说,我们认为区别明显的特征是否具有识别群体身份的意义?与古 DNA 研究相反的是,古环境的证据显示,晚更新世至少存在两个阶段,以距今 7 万年左右为界,之前为气候较温暖的间冰期,之后进入冰期,其中距今 2.4 万年前后转为干冷,逐渐进入末次盛冰期[①]。随着环境的变迁,人类可以利用的资源会随着动植物群的改变而改变,人类群体可能会追逐所熟悉的资源而随之迁徙,这可能导致冰期北方人群南下[②],就像历史时期气候寒冷时北方草原群体南下一样。于是,北方的石器技术出现在南方。按照这个观点,人类是从北向南迁徙的,而不是如 DNA 研究所言从南向北。也正因为如此,中国南方晚更新世人类适应的研究就变得格外重要,尽管不一定能够解决上

---

① M. A. J. Williams、D. L. Dunkerkey、P. De Deckker、A. P. Kershaw、T. J. Stokes:《第四纪环境》,刘东生等编译,科学出版社,1997;唐领余、李春海、安成邦、汪卫国:《黄土高原西部 4 万多年以来植被与环境变化的孢粉记录》,《古生物学报》2007 年第 1 期。

② 王幼平:《更新世环境与中国南方旧石器文化发展》。

述矛盾，但至少可以把有关这些问题的讨论推进一步。考虑到材料的状况，这里主要以长江中下游为中心展开讨论。

1. 中国南方晚更新世考古材料与年代

这一小节的主题是探索，之所以说是探索，是因为南方的状况难以把握，最主要的原因是材料较少，测年尤其困难。在南方，^{14}C 测年材料并不容易保存下来，而且其测年范围很难超过 4 万年。近些年发展起来的光释光测年方法在一定程度上缓解了这个问题，但目前的测年数据仍然有限，数据的准确性还有待进一步的检验。正因为这样的原因，大多数材料的年代只是估计的，主要根据发现石制品的阶地位置来判断。阶地的年代只能代表石制品年代的上限，并不能确定其下限，更晚的石制品有可能分布在较之更早的各级阶地。狩猎采集者为了利用不同地带的资源，完全可能这么做，并不一定同一时期的人群限制在同一级阶地上活动。正是基于这样的材料状况，我们只能就南方晚更新世人类适应进行一些探索。有利的条件是，近些年来在局部区域（如汉水上游、澧水流域）的集中工作，已经积累了较为丰富的材料，使得讨论有了必要的材料基础。

长江中下游地区是稻作农业起源的核心区，代表性的遗址有湖南道县的玉蟾岩与江西万年的仙人洞（包括吊桶环在内）。从这两个遗址的发现来看，稻作的起源都可以追溯到距今 2 万年前后，也就是旧石器时代晚期。而且，作为新石器时代其他标志性特征的陶器、磨制石器，在旧石器时代的最后阶段都开始出现。这就带来一个分期的难题，从典型新石器时代文化（如上山文化、彭头山文化）到作物驯化、陶器、磨制石器及其他相关新石器时代特征（如反映流动性降低的聚落结构）出现这段时间，将之统括在旧石器时代晚期中显然是不合适的。在研究农业起源问题时，我称之为旧新石器时代过渡时期[①]。这样的名称与特定的研究任务相关，如果只是从一般分期意义上讲，称之为旧石器时代晚期的最后阶段也是合适的。将来如果有更多的材料发现，也可能如北方地区一样，出现一个旧石器时代晚期晚段的概念，不过，目前的材料还不能充分支持这样的划分。

至于旧石器时代中晚期的划分目前也是较为模糊的，最近二三十年的考古发现带来一个突破性的认识，那就是南方地区，尤其是长江中下游地区存在一个较为明确的旧石器时代中期阶段（表9-4）。晚更新世开始前后，在长江中下游地区出现了以石片工业为代表的新的文化现象，主导旧石器时代早期的砾石石器工业仍然存在，即便是石片工业中也保存有一定数量的如砍砸器这样的大型器物。但是，不管怎么说，出现了石片工业这个新的文化现象，其中包括以中小型石片为主的石器工业和以大石片为主的石片工业[②]。前者的代表性遗存有鸡公山下文化层[③]、条头

---

① 陈胜前：《史前的现代化——中国农业起源过程的文化生态考察》，科学出版社，2013。
② 李意愿：《石器工业与适应行为：澧水流域晚更新世古人类文化研究》，上海古籍出版社，2020。
③ 目前的认识主要是针对4A层5 000余件石制品研究得出的，参见王佳音：《荆州鸡公山遗址石制品生产及遗址结构功能研究》，博士学位论文，北京大学，2012。

岗[①]，还有黄龙洞[②]、犀牛洞[③]、贾湾1号[④]、打鼓岭[⑤]、银锭岗[⑥]等。后者以九道河与井水湾为代表。砾石工业的分布更加普遍，湖南沅水、澧水、道水流域发现有较多的地点[⑦]，江西安义潦河流域也有发现[⑧]。

单纯就旧石器时代中期材料而言，长江中下游地区的材料较北方地区还要丰富，而且材料揭示，在晚更新世，这个地区已经存在多样的石器遗存，而并非只有一种石器工业类型，与旧石器时代早期相对单一的砾石砍砸器工业有较大的区别，其中尤以条头岗遗址的材料最为充分。条头岗遗址位于湖南临澧市道水的二级阶地上，发掘面积为35平方米，有两个文化层，共出土7 345件石制品，其中上文化层6 995件，下文化层350件。经过光释光测年，上文化层距今10万年左右，下文化层早到距今20万年以上[⑨]。但从石制品的文化特征来看，差别并不明显，都是以中小型石片石器为主，石器工具缺乏定型的修理加工。特别值得注意的是，条头岗遗址石制品的原料为燧石与硅质板岩，色泽棕

---

① 袁家荣：《湖南旧石器时代文化与玉蟾岩遗址》。
② 武仙竹、吴秀杰、陈明惠、屈胜明、裴树文、刘武：《湖北郧西黄龙洞古人类遗址2006年发掘报告》，《人类学学报》2007年第3期；武仙竹、刘武、高星、尹功明：《湖北郧西黄龙洞更新世晚期古人类遗址》，《科学通报》2007年第16期。
③ 武仙竹：《神农架犀牛洞旧石器时代遗址发掘报告》，《人类学学报》1998年第2期。
④ 牛东伟、裴树文、仪明洁、马宁：《丹江口库区贾湾1号地点发现的石制品》，《人类学学报》2014年第2期。
⑤ 李超荣、侯远志、王强：《江西新余发现的旧石器》，《人类学学报》1994年第4期。
⑥ 浙江省文物考古研究所、长兴县文物保护管理所：《七里亭与银锭岗》。
⑦ 袁家荣：《湖南旧石器时代文化与玉蟾岩遗址》。
⑧ 李超荣、徐长青：《江西安义潦河发现的旧石器及其意义》，《人类学学报》1991年第1期。
⑨ 李意愿：《石器工业与适应行为：澧水流域晚更新世古人类文化研究》。

表 9-4　中国长江中下游地区晚更新世的主要考古材料

时间（ka）	阶段	主要遗址
距今 40/50 ~ 10	旧新石器时代过渡时期或称旧石器时代晚期的最后阶段	仙人洞与吊桶环①，玉蟾岩，竹马②，奇和洞③，深沪湾（？）④
距今 15 ~ 0.8	旧石器时代晚期	关庙⑤，中岭，兔子洼⑥，樟脑洞，毛家洼⑦，跑马岭⑧，张家营（后山坡）⑨，杜店（I区）⑩，余嘴⑪，肖沟⑫，龙口（上文化层）⑬，水牛洼（上文化层）⑭，鸡公山（上文化层）⑮，横路⑯，仙人洞与吊桶环，三山岛⑰，腊树⑱，西尤⑲，华龙洞⑳，小河口㉑，岩坪，船帆洞㉒，十里岗㉓，袁家山㉔，燕儿洞㉕（？），八十垱㉖
距今 120 ~ 40	旧石器时代中期	条头岗，乌鸦山㉗，九道河㉘，井水湾㉙，沅水、澧水、道水流域诸地点

注：① R. S. MacNeish and J. Libby（eds.），*Origins of Rice Agriculture. The Preliminary Report of the Sino-American Jiangxi（PRC）Project. SAJOR*，Publication in Anthropology No. 13，El Paso Centennial Museum，University of Texas at El Paso，1995.

② 袁家荣：《湖南旧石器时代文化与玉蟾岩遗址》。

③ 福建博物院、龙岩市文化与出版局：《福建漳平市奇和洞史前遗址发掘简报》，《考古》2013年第5期。

④ 范雪春、吴金鹏、黄运明、左子娟：《福建晋江深沪湾潮间带旧石器遗址》，《人类学学报》2011年第3期。

⑤ 王社江、李厚志：《安康关庙旧石器地点》，《考古与文物》1992年第4期。同时报道了中岭地点。

⑥ 周国兴：《湖北房县古人类活动遗迹的初步调查报告》，《考古与文物》1991年第1期。

⑦ 祝恒富：《湖北丹江口市毛家洼旧石器遗址调查》，《华夏考古》2007年第1期。

⑧ 湖北省博物馆：《丹江口市石鼓村旧石器地点调查》，《东南文化》1991年第1期。

⑨ 湖北省博物馆、丹江口市博物馆：《丹江口市石鼓后山坡旧石器地点调查简报》，《江汉考古》1987第4期。

⑩ 吉林大学边疆考古研究中心、湖北省文物事业管理局：《湖北丹江口市杜店旧石器时代遗址发掘简报》，《考古》2013年第11期。

⑪ 吉林大学边疆考古研究中心：《湖北郧县余嘴遗址旧石器时代遗存发掘简报》，《考古》2016

年第 8 期。

⑫ 赵海龙、徐廷、王利、苏作巍:《湖北郧县肖沟旧石器时代遗址发掘简报》,《人类学学报》2017 年第 1 期。

⑬ 王欢:《丹江口库区龙口旧石器遗址的石器研究与讨论》,硕士学位论文,吉林大学,2011。

⑭ 陈全家、陈晓颖、方启:《丹江口库区水牛洼旧石器遗址发掘简报》,《人类学报》2014 年第 1 期。

⑮ 刘德银、王幼平:《鸡公山遗址发掘初步报告》,《人类学学报》2001 年第 2 期。

⑯ 高星、裴树文:《三峡远古人类的足迹:三峡库区旧石器时代考古的发现和研究》。

⑰ 陈淳、张祖方:《三山岛——江苏吴县三山岛旧石器时代晚期遗址发掘报告》,《南京博物院院刊》1987 年第 1 期。

⑱ 韩立刚:《安徽旧石器时代考古发现、研究与展望》,载安徽省文物考古研究所编《文物研究》第 8 辑,黄山书社,1993。

⑲ 韩立刚、叶润清、裴锦如、吴拂、安鑫:《五河县西尤遗址发掘简报》,载安徽省文物考古研究所编《文物研究》第 11 辑,黄山书社,1998。

⑳ 安徽文物考古研究所、吉林大学边疆考古研究中心:《安徽东至县华龙洞旧石器时代遗址发掘简报》,《考古》2012 年第 4 期。

㉑ 袁家荣:《长江中游地区的旧石器时代考古》,载吕遵谔主编《中国考古学研究的世纪回顾·旧石器时代考古卷》。

㉒ 福建省文物局、福建博物院、三明市文物管理委员会编著:《福建三明万寿岩旧石器时代遗址:1999—2000、2004 年考古发掘报告》。

㉓ 封建平:《湖南澧县十里岗旧石器时代晚期地点》,载英德市博物馆、中山大学人类学系、广东省博物馆编《中石器文化及有关问题研讨会论文集》,广东人民出版社,1999。

㉔ 李意愿:《湖南澧县袁家山旧石器遗址黄土层发现的石制品及意义》,载湖南省文物考古研究所编《湖南考古辑刊》第 12 集,科学出版社,2016。

㉕ 湖南省文物考古研究所、石门县博物馆:《石门县燕儿洞旧石器遗址试掘》,载湖南省文物考古研究所编《湖南考古辑刊》第 6 集,1994。

㉖ 李意愿、徐润:《八十垱遗址下层遗存及相关问题探讨》,载湖南省博物馆编《湖南博物馆馆刊》第 12 辑,岳麓书社,2016。

㉗ 封剑平:《澧县乌鸦山旧石器遗址调查报告》,载湖南省文物考古研究所编《湖南考古辑刊》第 7 集,科学出版社,1999。

㉘ 李天元:《湖北枝城九道河旧石器时代遗址发掘报告》,《考古与文物》1990 年第 1 期。

㉙ 裴树文、高星、冯兴无、陈福友、卫奇、朱松林、李国洪、吴天清:《井水湾旧石器遗址初步研究》,《人类学学报》2003 年第 4 期;裴树文、张家富、高星、周力平、冯兴无、陈福友:《三峡井水湾遗址的光释光测年》,《科学通报》2006 年第 12 期。

黄，质地细腻，原料为当地所有，从古河滩上采集可得。以燧石为原料是南方地区旧石器时代晚期石器工业的主要特征，但这一特征显然不是南方旧石器时代晚期特有的，中期已经具有。尽管有优质的原料，但是条头岗遗址的石制品生产仍采用简单的剥片策略，不论是剥片还是修理，都采用硬锤法，不见软锤或压制技术，大部分石器工具的加工程度低，显示出较强的权宜性的特征，只有少数工具有较为精致的加工。条头岗遗址的材料显示，原料并不是限制石器技术发展的因素，这里拥有优质的燧石原料，因此，从原料的角度解释中国南方乃至东亚与东南亚的石器技术特征，理由并不充分。

也正因为晚更新世早期存在条头岗遗址石器材料这样的发现，所以南方旧石器时代晚期的面貌显得并不那么明晰，北方地区有的艺术品、精致石器技术，这里仍付诸阙如。只是在旧石器时代晚期最晚阶段的玉蟾岩与仙人洞遗址才发现了穿孔兽牙、刻纹骨锥等具有装饰功能的产品。长江中下游地区旧石器时代晚期遗址中，出土材料较为丰富的为湖北房县樟脑洞、郧县余嘴、荆州鸡公山上层以及江苏吴县三山岛。樟脑洞出土石制品1 874件，主要原料为黑色硅质岩与石英，石器工具以刮削器为主，以中小型为主。大石器制作粗糙，小石器的制作较为精细，存在似楔形与漏斗形的石核、琢背小刀、拇指盖形刮削器[①]。樟脑洞遗址处在南北交界地带，似乎受到了北方细石叶技术的一定影响，但是其核心技

---

① 黄万波、徐晓风、李天元：《湖北房县樟脑洞旧石器时代遗址发掘报告》，《人类学学报》1987年第4期；李天元、武仙竹：《房县樟脑洞发现的旧石器》，《江汉考古》1986年第3期。

术压制修理或间接打制并没有被引入进来。郧县余嘴遗址是2009年我在发掘余嘴2号旧石器时代遗址时发现的,由魏东等发掘,发掘面积只有两个5米×5米的探方,但石制品发现丰富,揭开表土后就是密密麻麻分布的石片。这个石器组合显然以小型石片为主,主要原料为石英。秦岭南北地区石英原料的质量较好,可以见到大块的石英砾石,而不是脉石英。鸡公山上层与三山岛的材料也都是以小型石片石器为主,原料有所区别,鸡公山上层以石英砂岩、火成岩为主,也有燧石,三山岛则以燧石、石髓、玛瑙等优质石料为主。从已有的发现来看,旧石器时代晚期,尤其是其最后阶段,石器技术具有明显的变化。但是更早一点,与旧石器时代中期的条头岗遗址材料相比,难以看出"革命性"的变化。

2. 文化适应变迁与多样性

从石器材料来看,晚更新世南方呈现出的文化适应样貌与北方存在较大的区别:首先,南方旧石器时代中期已经出现了适应多样性的分化;其次,旧石器时代晚期材料体现出来的变化有限;最后,南方没有看到发生在北方的旧石器时代晚期晚段的文化适应转折,而是在旧石器时代晚期的最后阶段,或者说旧新石器时代过渡时期才发生显著的变化。这是现有材料支持的基本判断,受制于材料,尤其是多学科信息提取的困难,目前的认识显然是相当模糊的。

晚更新世的较早阶段,沅水、澧水、道水流域都发现了数量较为丰富的旧石器地点,类似的情况还有汉水上游地区,数量数以百计。由于断代困难，目前还不能肯定所有这些地点都属于晚更新世，但是已有的测年材料表明，这些材料的年代也不是太早，就在晚更新世前后。通过这些材料我们可以看出，当时人类的活动频率较之旧石器时代早期有明显提高，但是地点之间的分化还不大明显，这显示出这个时期狩猎采集者群体的流动性还缺乏清晰的计划性，更像是宾福德所说的采食者，是人去就食物，而不是让食物来就人[①]。狩猎采集者在不同地点停留的时间相差不大，地点之间的差别很小，留下来的物质遗存都差不多。采用这样的模式，需要的生境具有小范围的丰富性与大范围的一致性。典型的代表就是热带雨林地区，在小范围里，物种极为丰富，1平方米的范围内可能就有超过 20 种的植物；而从大范围来看，情况基本相同，具有广泛的一致性。按照采食者的流动方式，人们在一个地方停留的时间短则几个小时，长也不过数日，能够留下来的物质遗存往往是非常少的，考古上的可见性很低[②]。而今我们之所以能够看到这些材料，更多是因为古人运用了石器，而且部分石器还比较大。

条头岗遗址是个例外，这里不仅发现了数量丰富的石制品，而且所用原料质地优良，更像是旧石器时代晚期的特征，但是测年数据显示其最早的年代已经超出了晚更新世的范围，人类活动的主要时间也在晚更新世早期。条头岗遗址以中小石片石器为主，石器打制技术并不复杂，

[①] L. R. Binford, "Willow Smoke and Dogs' Tails: Hunter-Gatherer Settlement Systems and Archaeological Site Formation," *American Antiquity* 45 (1980): 4-20.

[②] L. R. Binford, *Constructing Frames of Reference: An Analytical Method for Archaeological Theory Building Using Hunter-Gatherer and Environmental Data Sets*.

显示出权宜性的特征。所以，从狩猎采集者流动性组织的角度看，条头岗遗址与沅水、澧水、道水流域以砾石石器为特征的遗址并没有本质上的区别。对于采食者而言，如果人们反复利用同一个有特定资源（如水源、特殊的石料）的地点，就可能形成较为丰富的文化堆积，宾福德称之为来回利用（tethered）的遗址[①]。但就其物质遗存组合而言，总体上仍然是简单的重复。条头岗遗址靠近燧石原料供给地带，古人类可能反复利用这个地方，遗址出土的器物虽多，但是石器工具的加工并不定型，加工精致度也不高，类型也不丰富，可能表明人们每次在这个地点停留的时间并不长，活动的内容基本相似。

条头岗遗址材料的重要意义在于新出现的石片工业，尽管砾石石器工业同样会利用石片，但无论如何都没有达到如条头岗遗址这样中小石片占据主导地位。石片工具与砾石工具利用同一类资源的可能性比较小，当同一个时期出现两种石器工业的时候，有理由认为这个时期的人类分别依赖不同的资源为生，比如说以砾石工业为主的群体可能在狩猎采集生计中更依赖采集，而以石片工业为主的群体更依赖狩猎。当然，这样的判断还需要更多器物功能研究的支持，但至少可以说在晚更新世前后，同一时期的南方古人类在资源利用上已经出现了分化。这不是环境变化导致的，而是人类文化适应的改变，即人类生计弹性扩大，利用的生态位增加。

---

① 路易斯·宾福德：《追寻人类的过去：解释考古材料》，陈胜前译。

从石器材料来看，长江中下游地区旧石器时代中晚期过渡并不显著，但还是有一些新的迹象：首先，石片工业全面扩散，砾石工业消失；其次，也可能是更有意义的，有部分遗址进入新的区域，如鸡公山、三山岛分布在平原区域，这是旧石器时代中期不具备的。对于狩猎采集者而言，最佳栖居地需要石料、燃料、水源（相对干净的水源）便利，因为这三样东西都不适合搬运；还需要行动比较便利，高山峡谷、水网地带都不适合依赖步行的狩猎采集者；最后就是需要有多样且丰富的资源，以满足人们全面的需要。采用这些标准来衡量的话，狩猎采集者的最佳栖居地就应该是山前地带的丘陵与小盆地区域，尤其是河流进入平原的区域，这里砾石堆积，石料十分丰富。旧石器时代中期人群的基本选择就是这样的最佳栖居地，而没有前出到平原区域。旧石器时代晚期人群的活动范围进一步扩大，可以脱离其最佳栖居地生活。从旧石器时代晚期遗址的石器组合来看，仍然是以剥片为主的石片工业，修型策略少见，加工程度不如北方地区。石叶、细石叶一类标准化的石器产品并没有出现在南方，尽管某些产品在形态上与之有些类似，但制作技术还是直接打制。相比于北方地区而言，南方旧石器时代晚期狩猎采集者的流动性还是要更低一些，人类利用的资源更加多样，是一种狩猎、采集并重的混合经济，采集甚至有可能占据更加重要的位置。

到了旧石器时代晚期的最后阶段，这个区域无疑发生了明显的变化，从玉蟾岩、仙人洞等遗址的材料来看，人类利用资源的宽度进一步扩展，开始包括贝类、鱼类、水鸟等水生资源[①]。玉蟾岩遗址出土了丰富的动物化石，经过系统的研究，结果表明人类在这里几乎利用全年不同季节的资源，显示人类的流动性显著降低，并且，至少在距今 1.5 万年前（还可能更早），就已经出现了陶器。这样的变化相对于看起来非常保守的旧石器时代石器工业，显得有点突兀。这一方面可能与我们对旧石器时代人类适应的了解不足有关，另一方面可能受制于石器材料本身的局限，它并不足以充分揭示古人类的文化适应。

3. 总结与讨论

讨论南方晚更新世人类适应，在石器考古的理论上有特别重要的意义。从石器技术角度看，南方旧石器时代从早期到晚期可以说是一脉相承的，砾石石器在新石器时代的彭头山文化中还有广泛使用[②]。如果按照当前流行的现代人走出非洲假说，那么必定可以得出两个推论：一个是现代人的生物基因扩散与文化扩散是两条完全不同的路径，遵循不同的机制；另一个是石器技术的特征更多与区域的文化生态条件相关，而与文化传统关系不密切。无论是什么人群，生活在同一区域，就会采用类似的技术，这也是中国南方石器技术一脉相承的主要原因。现代人的扩散模式会是怎样的？为什么他们在生物基因上如此成功，但是没有把非洲的旧石器时代文化带到东亚来？从整个人类史来说，现代人的扩散与

[①] 袁家荣：《湖南旧石器时代文化与玉蟾岩遗址》。
[②] 湖南文物考古研究所：《彭头山与八十垱》，科学出版社，2006。

替代前后经历的时间并不长；按照欧洲的情况来看，现代人与尼安德特人在欧洲共存的时间不超过 2 万年。而相对于人类有文字的历史来说，2 万年又是相当长的时间。现代人的扩散可能是渐进式的，不知不觉地融入当地的生态条件中，慢慢把土著挤走、吸纳、清除（可能通过传染病的形式），类似于近代殖民化进程，不过过程要缓慢得多。这反过来支持石器技术是适应的，并不存在一个从非洲起源并且一直维系不变的石器文化传统。

从中国旧石器时代早期研究开始，一直流行"莫维斯线"概念，认为人类石器技术上存在两个文化传统：非洲与欧亚大陆西侧是一个传统，东亚、东南亚是另一个传统。前一个传统是先进的、具有创造力的传统，后一个传统是落后的、缺乏创造力的传统，所有的创造都来自西方。这个观念怎么看都像是近现代历史的史前映射。现代人的扩散表明，把石器技术与人种联系起来是不成立的。晚更新世晚期，现代人进入不同的生态环境，从大洋洲的澳大利亚到北极圈中的阿拉斯加，古人采用了不同的石器技术，文化传统上的联系是非常微弱的，相比而言，采用文化生态理论来解释石器技术的特征更加合理。莫维斯线以西的石器技术更多与开阔地环境相关；相比而言，东亚、东南亚地区植被茂密，尤其是在中国南方，需要另外一套适用的石器技术。现代人扩散到这个地区，同样采用了这套石器技术。

石器的形制与功能，也就是文化传统与文化适应，是一种辩证的关系。并不是说形制在任何时代、任何地方都具有文化传统上的意义，尤其是在旧石器时代早中期,当人类的文化还缺乏足够象征性的时候。进入旧石器时代晚期,人类群体的规模扩大,社会边界逐渐明晰,而且此时的人类(现代人)已经具备发展象征性的能力,这个时候石器的形制无疑可能与文化传统联系起来,如中国北方的细石叶技术。即便如此,在中国南方,石器形制所代表的文化传统意义也并不突出,很难将权宜性的石器生产与文化传统联系起来。就像我们讨论枪支的发展一样,如果排除那些表面上的装饰,枪支技术主要受制于技术上的限制与使用上的需要,如钢铁的冶炼与加工、发射药技术、引火技术等,枪支技术本身并不体现为文化传统。当石器技术的操作只有唯一的操作链,即得到河流砾石然后生产石片与砍砸工具或称大型砍切工具,当砾石毛坯较小时直接打制,当砾石毛坯较大时先摔开再打制,没有其他选择的可能。以中小石片为主的石器技术的出现似乎增添了新的可能,这或许可以算作一次大的发展,但就石器的生产而言,仍然是简单的直接打制,只是原料发生了改变。在这样的情况下,石器的功能需要是占主导地位的约束因素,于是从文化适应的角度解释石器技术更能说明问题。

还需要进一步说明的是,石器是文化适应,它也是进化的。这其中存在一般进化与特殊进化[①]。我们如果看石器的进化史,就会发现其中大略存在一个发展趋势:打制石器原料的选择性越来越强,燧石这类硬度高、脆性好的原料越来越受到青睐;石器生产所产生的可利用边刃的数

---

① M. D. Sahlins, "Evolution: Specific and General," in *Evolution and Culture*, eds. M. D. Sahlins and E. R. Serice (Ann Arbor: University of Michigan Press, 1960), pp. 12-44.

量是不断增加的,细石叶技术将其推向了极致。这是大的趋势,也就是一般进化。但具体到每个区域,情况则又有许多变化,形成了独特的发展路径,这是特殊进化。从一般进化的角度看,旧石器时代晚期以前,汉江上游地区流行似阿舍利石器技术,前文的石球研究显示,这个时期人类的狩猎技术还是以近距离的伏击与面对面的搏杀为主;到了旧石器时代晚期,石球显著缩小,复合工具的使用(投掷用网兜)是主要原因,远距离狩猎成为可能,人类的狩猎技术大大提高。同样,条头岗遗址人类采用中小石片生产技术,似乎与旧石器时代晚期石器组合类似,但其中可能存在一个根本的区别,那就是旧石器时代晚期广泛采用安柄技术,其中捆绑材料与技术发展至关重要,能够加工动物筋腱、植物纤维、各种黏合剂是安柄技术的前提。一旦能够安柄,石片所能发挥的作用就可以大大提高。尽管现在有研究认为旧石器时代中期可能已经出现安柄技术,如乌兰木伦遗址[①],但是普遍地、成熟地使用该技术以及其他复合工具技术,还是旧石器时代晚期的现象。工具的复合化是石器技术的一般进化。

就同一时期来看,如在旧石器时代晚期,中国南北方的石器技术就存在明显的差异,尤其是在旧石器时代晚期晚段,北方流行细石叶技术,南方则明显缺乏此类技术。虽然偶尔在一些地点会看到这种技术,

---

① 王志浩、侯亚梅、杨泽蒙、甄自明、刘扬、包蕾、杨俊刚、白林云、张立民:《内蒙古鄂尔多斯市乌兰木伦旧石器时代中期遗址》,《考古》2012 年第 7 期。

如广东南海西樵山[①]、重庆酉阳清源[②]等，但这种技术最终也没有普及。石器技术以某种点状的形态昙花一现，在石器进化史上是存在的，这就是特殊进化。其存在并不需要文化传播，完全可以独立发明，就像陶器在人类历史上被反复发明一样。

晚更新世是人类进化史上的一个关键时期，有关这个时期，还有许多未解的谜团，如现代人究竟是如何扩散的，石器究竟与现代人扩散有什么联系，旧石器时代晚期究竟发生了什么，这些问题其实还不是很清楚。就目前有限的石器材料而言，我们若从文化适应的视角加以考察，那么还是可以看出一些端倪；相反，若只是关注其形制上的意义，那么能够看出来的变化是相对有限的。

[①] 何纪生：《广东南海县西樵山遗址》，《考古》1983年第2期；杨式挺：《试论西樵山文化》，《考古学报》1985年第1期。

[②] 重庆市文物考古所、重庆文化遗产保护中心、四川大学历史文化学院考古学系：《酉阳清源》，科学出版社，2009。

第十章 如何认识旧石器时代晚期革命？

人类进化史上曾经发生过一系列重要变化，其中一些发生在距今5万年至1万年[1]，或称为"旧石器时代晚期革命"[2]。也有不少学者视之为一种过渡，讨论其出现的时间、形式、意义等一直都是旧石器时代考古学与人类演化理论中的焦点[3]，因为这与解剖学意义上的现代人扩散以及所谓"行为现代性"等问题密切相关，与之相关的研究已是汗牛充栋。通过几代学者前赴后继从不同角度展开的不懈探索，"旧石器时代晚期革命"的相关问题日渐清晰。尽管我们现在尚不能确切地回答它们，但我们或许可以知道问题的症结之所在。

当前的焦点问题仍然是旧石器时代考古材料与人类演化理论之间的

---

[1] M. C. Stiner, "Carnivory, Coevolution, and the Geographic Spread of the Genus Homo," *Journal of Archaeological Research* 10（2002）: 1-63.

[2] O. Bar-Yosef, "The Upper Paleolithic Revolution," *Annual Review of Anthropology* 31（2002）: 363-393; O. Bar-Yosef, "The Archaeological Framework of the Upper Paleolithic Revolution," *Diogenes* 54（2007）: 3-18.

[3] L. G. Straus, "The Upper Paleolithic of Europe: An Overview," *Evolutionary Anthropology* 4（1995）: 4-16; J. F. Hoffecker, "Innovation and Technological Knowledge in the Upper Paleolithic of Northern Eurasia," *Evolutionary Anthropology* 14（2005）: 186-198; M. Camps and P. Chauhan（eds.）, *Sourcebook of Paleolithic Transitions*（New York: Springer, 2009）.

矛盾。尽管现代人"走出非洲"假说①已经彻底取代欧亚大陆土著人种假说，让位于"替代并少量混血"假说②，但与土著人种"连续进化并附带杂交"假说③之间还存在较大的差异。旧石器时代考古学如何定义现代人的文化特征成了问题的关键，或者说，旧石器时代晚期所发生的一系列重大变化与现代人的扩散有着怎样的关系。旧石器时代考古学家开始从概念上反思"行为现代性"这一概念，认为它得不到考古材料的支持④，已经不是一个有价值的概念⑤；同样，"旧石器时代晚期"这个来自19世纪法国史前学者的定义，当时只是为了划分人类史前史的时间阶段而提出的，并不一定符合21世纪以人类行为特性为目的的研究⑥。

近些年来，中国旧石器时代考古学在旧石器时代晚期的发现与研究

---

① C. B. Stringer and P. Andrews, "Genetic and Fossil Evidence for the Origin of Modern Humans," *Science* 239（1988）: 1263-1268.

② R. E. Green, et al., "A Draft Sequence of the Neanderthal Genome," *Science* 328（2010）: 710-722.

③ M. H. Wolpoff, et al., "Modern Homo Sapiens Origins: A General Theory of Hominid Evolution involving the Fossil Evidence from East Asia," in *The Origin of Modern Humans: A World Survey of the Fossil Evidence*, eds. F. H. Smith and F. Spencer（New York: Alan R Liss, 1984）, pp.411-484; X. Z. Wu, "On the Origin of Modern Humans in China," *Quaternary International* 117（2004）: 131-140.

④ A. Belfer-Cohen and E. Hovers, "Modernity, Enhanced Working Memory, and the Middle to Upper Paleolithic Record in the Levant," *Current Anthropology* 51（2010）: S167-S175.

⑤ J. J. Shea, "Homo Sapiens is as Homo Sapiens Was," *Current Anthropology* 52（2011）: 1-35.

⑥ G. A. Clark, "Through a Glass Darkly: Conceptual Issues in Modern Human Origins Research," in *Conceptual Issues in Modern Human Origins Research*, eds. G. A. Clark and C. M. Willermet, pp.60-76; G. A. Clark, "Accidents of History: Conceptual Frameworks in Paleoarchaeology," in *Sourcebook of Paleolithic Transitions*, eds. M. Camps and P. Chauhan, pp.19-41; O. Soffer, "Defining Modernity, Establishing Rubicons, Imagining the Other-and the Neanderthal Enigma," in *Sourcebook of Paleolithic Transitions*, eds. M. Camps and P. Chauhan, pp.43-64.

上取得了一系列重要进展，其中包括若干新的考古发现[①]、运用国际流行的技术进行发掘、严格控制考古层位关系，并进行精确测年；还有对旧石器时代晚期重要特征如艺术行为的研究，主要侧重于其技术过程[②]；此外，综合的梳理工作也在不断进行[③]。正因为有这些工作基础，"中国旧石器时代晚期革命"成为可以讨论且需要讨论的问题。在这个讨论中，我们首先需要澄清什么是史前文化的"革命"，进而了解中国旧石器时代晚期革命究竟是一个什么性质的革命，还需要讨论从研究石器材料到认识旧石器时代晚期革命有着怎样的差距，不同的研究范式对于旧石器时代晚期革命的认识有着怎样的影响，最后要弄清楚认识中国旧石器时代晚期革命，我们需要什么样的范式。

一、什么是旧石器时代晚期革命？

考古学上柴尔德提出过两次革命：新石器时代革命与城市革命[④]。这实际上是两次不同性质的革命。前者是整个文化体系的，包括生计方式、

[①] 陈福友、李锋、王惠民、裴树文、冯兴无、张双权、张乐、刘德成、张晓凌、关莹、高星：《宁夏水洞沟遗址第2地点发掘报告》，《人类学学报》2012年第4期；高星、王惠民、关莹：《水洞沟旧石器考古研究的新进展与新认识》，《人类学学报》2013年第2期；王幼平：《嵩山东南麓MIS3阶段古人类的栖居形态及相关问题》，载北京大学考古文博学院、北京大学中国考古学研究中心编《考古学研究（十）》，科学出版社，2012。

[②] 王春雪、张乐、高星、张晓凌、王惠民：《水洞沟遗址采集的鸵鸟蛋皮装饰品研究》，《科学通报》2009年第19期；宋艳花、石金鸣、沈辰：《山西柿子滩旧石器遗址蚌饰品制作工艺研究》，《人类学学报》2011年第2期。

[③] T. Qu, et al., "The Chinese Upper Paleolithic: Geography, Chronology, and Techno-typology," *Journal of Archaeological Research* 21 (2013): 1-73.

[④] V. G. Childe, *Man Makes Himself* (New York: New American Library, 1951).

聚落形态、人口规模与组合、社会关系，甚至还包括意识形态。后者则更多是单线条的，城市的出现意味着政治中心的形成，社会复杂性进入了一个新阶段。而真正的城市革命是工业革命后出现的，此时人类社会的经济结构、人口分布、社会关系等都发生了如新石器时代革命一样的变化。从城市的出现到真正的城市革命，前后相差数千年。就好比驯化之于新石器时代革命，驯化无疑是新石器时代革命的核心，但是从驯化的最早出现到真正新石器时代革命的完成，前后同样相差数千年。所以，这里我们可以把人类历史上的革命分成两种：（1）一种是关键文化特征的出现，它后来带来了人类历史的重大变迁；（2）另一种是全体系的改变，如同新石器时代革命，它是驯化、定居、人口增长、社会复杂性、气候、技术等诸多因素共同作用的产物，不是哪个因素单方面的发展。

旧石器时代晚期革命是什么形式的革命？我们不妨把它与新石器时代革命做个比较，见表10-1：

表10-1　旧石器时代晚期革命与新石器时代革命之比较

特征	旧石器时代晚期革命	新石器时代革命
人地关系的基本特征	氧同位素第3阶段，随后是末次盛冰期，欧亚大陆两侧史前狩猎采集者的适应方式发生明显改变，流动性提高；没有明显的环境动因，人类迅速扩散到除南极洲之外的所有大陆	末次盛冰期结束，气候变暖，稳定性提高，人类采用新的适应方式，人地关系显著改变
生计方式	大动物狩猎，强化利用灵巧的小动物与生长缓慢的动物，利用植物种子，体现出"广谱适应"的特征	动植物驯化开始，从简单食物生产到农业生态系统形成
人口	遗址的数量、密度与规模相对于旧石器时代早中期急剧提高，反映人口有明显的增长	人口增长与农业发展相互促进，人口有爆发性增长

续表

特征	旧石器时代晚期革命	新石器时代革命
居址形态	流动方式与民族学上的狩猎采集者基本相同，存在流动性的分化，旧石器时代晚期早段已出现中心营地与临时营地的分化	定居，出现长期（超过一年）居住的村落，居址布局复杂化
技术	石器原料精细化，加工也更加精良，安柄技术出现（或者说更加普遍）	新的技术组合，包括磨制工具、陶器、建筑等
社会组织	类似于民族学上狩猎采集者的基于性别、年龄的分工开始形成	社会复杂性不断提高，最终国家形成
人与物的关系	人开始用物来表现身份与社会关系，出现礼仪行为，出现艺术的"创造性爆炸"	更复杂，出现新的礼仪形式，出现新的艺术形式
变化的规模	不同地区存在显著差异，有的明显，有的不那么明显	地区间的差异比旧石器时代晚期更大，世界范围内农业仅起源于若干个中心地带

比较这两次革命，不难看出，旧石器时代晚期革命影响的深度不及新石器时代革命，它表现得更突出的方面是认知意义上的。当然，它也在其他各个方面都发现了显著变化，不是单个方面的。某种程度上说，似乎可以称之为一次"亚革命"。

当前研究者似乎更偏好"过渡"这个概念，不仅旧石器时代晚期革命是过渡[1]，就是新石器时代革命也多以"过渡"来称呼[2]。所谓过渡，顾名思义，就是逐渐地变化。将之视为过渡的主要原因有：其一，变化的

---

[1] E. Hovers and S. L. Kuhn, *Transitions before the Transition: Evolution and Stability in the Middle Paleolithic and Middle Stone Age* (New York: Springer, 2006).

[2] T. D. Price and A. B. Gebauer, "New Perspectives on the Prehistoric Transition to Agriculture," in *Last Hunters, First Farmers: New Perspectives on the Prehistoric Transition to Agriculture*, eds. T. D. Price and A. B. Gebauer (Santa Fe: School of American Research Press, 1995), pp.3-20.

时间长,而革命是指迅速的变化。其二,变化是在多个层面、多条线索上展开的,不同层面或线索上的变化速率并不相同,虽然它们之间可能存在着相互关联,但究竟哪个因素起到了决定性作用,或者引发了后来的连锁反应,目前并不清楚。生计方式、人口、居址形态、技术、社会组织、认知等因素之间的关系就是如此。其三,人类进化史上重要的事件很多,工具发明、用火、狩猎、人口扩散、语言起源、社会分工等似乎都可以被称为"革命"。其四,也是最重要的,用"革命"来命名一种变化,容易忽视对长期过程的详细追溯。

当然,"革命"之所以不受偏好,还有另外的隐情。特里格曾指出,考古学的崛起与西方社会中产阶级的形成关系非常密切[1],许多时候它反映的是中产阶级的价值观。如果特里格的观点是正确的,那么"革命"的提法就具有政治上的不正确性。事实上,无论是生物进化,还是人类文化进化,都存在着明显的阶段性特征。当代进化思想中的"间断平衡"观念很好地体现了这种特征,变化存在过渡与飞跃[2]。强调过渡容易将人类进化史线性化、简单化,忽视了两种变化之间的重要区别。强调革命不仅不等于不关注过程,反而会让研究者更注意过程以及影响它的相关因素。对于许多研究者而言,采用某一概念与否多与学术研究主流的共同话语有关,在"主流"之外,保持另一种看法,在不

---

[1] 布鲁斯·特里格:《考古学思想史(第二版)》。
[2] 斯蒂芬·杰·古尔德:《自达尔文以来:自然史沉思录》,田洺译,海南出版社,2008。

同观点之间保持一种张力,对于一门学科的研究是有好处的①。归纳起来说,我们对旧石器时代晚期革命的认识的差异与研究范式有很大的关系。

所谓范式,按托马斯·库恩(Thomas Kuhn)的说法,是指"科学共同体的信念,这种共同的信念建立在某种公认的并成为传统的重大科学成就(如牛顿的万有引力说、达尔文的进化论,等等)的基础上,为共同体成员提供一种把握研究对象的概念框架、一套理论和方法论信条,一个可供仿效的解题范例,它规定了一定时期内这门学科的发展方向和研究途径,同时也决定着共同体成员的某种形而上学信念及价值观"②。实际上,其间的过程是双向的,科学共同体信念的形成也是后面所说的诸多因素在研究过程中相互作用的产物。旧石器时代晚期是过渡或是革命这一问题,是价值观、对进化论的认识、概念框架、理论方法、形而上学的基础(唯物或唯心主义)等因素综合作用的结果。下面的讨论主要侧重于理论方法的视角。

二、技术类型学视角下的中国旧石器时代晚期革命

1. 什么是现代人的石器技术?

旧石器时代考古学家经常面临着一种矛盾的状况:一方面,我们知

---

① 托马斯·库恩:《必要的张力——科学的传统和变革论文选》,范岱年、纪树立译,北京大学出版社,2004。

② T. S. Kuhn, *The Structure of Scientific Revolutions*, 3rd edition (Chicago: University of Chicago Press, 1996), pp.10-11.

道不同时代、地区旧石器时代石器技术组合存在着相当大的变化，很多因素都可能影响组合的特征，其中包括原料、生态、技术、生计方式（狩猎为主还是采集为主）、替代物（如竹子、骨角）等；另一方面，许多旧石器时代遗址中我们能够看到的考古材料也仅限于石器，石器几乎成了旧石器时代考古学家唯一专属的研究对象。

在水洞沟遗址发现的石器组合很好地体现了这种矛盾。水洞沟遗址1920年由法国传教士与古生物学家桑志华发现，它以具有莫斯特工业向奥瑞纳工业过渡特征的石器组合而闻名，这种特征为访华的步日耶所肯定①。后来经过更系统的发掘与研究，加上近年来广泛运用旧石器时代遗址发掘新技术所取得的收获，进一步肯定了当初的发现。水洞沟工业作为位于中国北方西部的石器工业，通常被认为是来自欧亚大陆西侧的技术，它可能来自欧亚大陆西侧人口向东亚的迁徙，是东西方"史前文化交流的风向标"，是最古老的"丝绸之路"②。如果它是来自西方的技术，是否可以将之视为现代人的技术？

可能很少有人会否认水洞沟工业是现代人的技术，但是问题在于这种技术的流行范围限于蒙古高原及其以北区域、中国从东北到西南的自然过渡带，主要分布的自然地理环境为森林－草原交界带，是狩猎采集者中更依赖狩猎的群体所偏好的区域，他们更需要这种能生产具有一定

---

① H. Breuil, "Archéologie," in *Le Paléolithique de la Chine*, eds. M. Boule, H. Breuil, E. Licent and P. T. de Chardin, pp.103-136.
② 侯亚梅:《水洞沟：东西方文化交流的风向标？——兼论华北小石器文化和"石器之路"的假说》,《第四纪研究》2005 年第 6 期。

标准化产品的技术，以适应更大流动性的生活①。中国南方则几乎没有类似的发现。有趣的是，水洞沟遗址近年的发现表明，水洞沟工业之后是一种以小石片工具为主的工业类型，这也是中国北方地区传统的工业类型。该地区直到晚更新世之末才出现细石叶技术，比中原地区要晚1万多年，如水洞沟12号地点的发现②。

如果现代人是从非洲走出来的，他们的优势是否会表现在石器技术上？或者说，表现出的技术优势通过我们现在所用的研究方法无法发现？通过石器技术组合来判断人类群体是相当困难的。在新石器时代以及更晚时段的考古中，人类群体与"考古学文化"有一定的对应关系，至少可以认定一个考古学文化是一个群体的产物③。至于这是一个什么意义上的群体，则需要另外讨论。旧石器时代考古学家希望通过石器风格分析来探索人类群体的身份④，这种方法在某些情况下是有效的，如细石叶技术与移民美洲的纳迪尼（Na-Dené）人之间的关系⑤。就旧石器时代

---

① R. G. Elston and P. J. Brantingham, "Microlithic Technology in Northern Asia: A Risk-minimizing Strategy of the Late Paleolithic and Early Holocene," in *Thinking Small: Global Perspectives on Microlithization*, eds. R. G. Elston and S. L. Kuhn (Archeological Papers of the American Anthropological Association, 2002), pp.103-116.

② 刘德成、陈福友、张晓凌、裴树文、高星、夏正楷：《水洞沟12号地点的古环境研究》，《人类学学报》2008年第4期。

③ 张光直：《考古人类学随笔》，三联书店，2013。

④ A. E. Close, "The Identification of Style in Lithic Artefacts," *World Archaeology* 10 (1978): 223-237.

⑤ D. R. Yesner and G. Person, "Microblades and Migration: Ethnic and Economic Models in the Peopling of the Americas," in *Thinking Small: Global Perspectives on Microlithization*, eds. R. G. Elston and S. L. Kuhn, pp.133-162.

晚期革命而言，通常是运用一系列特征组合来加以区分[①]，石器技术仅仅是其中的一个方面，如更精致的加工、安柄技术（制作复合工具）等，而无法将现代人与某种石器风格对应起来。这可能与现代人的扩散是一个数以万年的过程有关，他们需要适应的环境千差万别，加上石器技术本身又是高度功能化的，它不像装饰品、艺术品那样以象征为主，所以现代人的身份难以用技术类型学的方式表现出来。

2. 中国旧石器时代晚期的出现

习惯上，我们都是从南北两个地区来看中国旧石器时代晚期，这样的格局从旧石器时代早期就已经形成。旧石器时代中期因为一直缺乏具有典型意义的特征，所以存在的合法性受到质疑[②]。中国旧石器时代晚期直接与早期相接，于是，早晚期之间形成鲜明的对照，使中国旧石器时代晚期的出现显得非常突然，具有了革命性的色彩。

但是，从现有考古材料的技术类型学特征来看，中国旧石器时代晚期的开端却相对模糊。以考古发现相对丰富的中国北方为例，目前有四处遗址与旧石器时代晚期的开端有交接，分别是河南的织机洞遗址[③]和灵井遗址[④]、

[①] P. Mellars, "The Impossible Coincidence. A Single-species Model for the Origins of Modern Human Behavior in Europe," *Evolutionary Anthropology* 14（2005）：12-27.
[②] 高星：《关于"中国旧石器时代中期"的探讨》，《人类学学报》1999年第1期；C. J. Norton, et al., "The East Asian Middle Paleolithic Reexamined," in *Sourcebook of Paleolithic Transitions*, eds. M. Camps and P. Chauhan, pp.245-254.
[③] 张松林、刘彦锋：《织机洞旧石器时代遗址发掘报告》，《人类学学报》2003年第1期。
[④] 李占扬：《许昌灵井遗址2005年出土石制品的初步研究》，《人类学学报》2007年第2期。

山西的许家窑遗址①、内蒙古的乌兰木伦遗址②。织机洞遗址早期文化层还是以砾石石器为主，距今5万～4万年前，石器技术组合发生明显的变化，以石英、燧石为原料的石片石器开始占据主要地位。灵井遗址下文化层的石器组合是以脉石英与石英岩为主要原料的小型石片石器为主，兼有类似于许家窑石器工业特征与南方的石器工业特征，整体上，跟周口店遗址的石器工业特征一致。年代争议颇多的许家窑遗址石器组合以细小石器为主，另外包括上千件石球，还出土了漏斗形与原始棱柱状石核、凹刃刮削器、较粗糙的拇指盖形刮削器、雕刻器等，具有旧石器时代晚期特征。近些年发现的乌兰木伦遗址距今7万～3万年，石器组合特征也是以小型石片石器为主，但部分石器对称的修理方式可能反映了安柄复合工具的存在，明显趋薄型石片的存在似乎表明存在软锤技术。这四处遗址可能处在旧石器时代晚期或向其过渡阶段，其石器组合特征中无疑都有新的特征出现，但是它们与中国北方旧石器时代早期以来的石器技术类型特征是基本一致的。如果将之归为克拉克所谓的模式I③显得过于宽泛的话，那么仍然可以说它们属于小石（片）器工业传统。

更晚的典型旧石器时代晚期较早阶段遗址如水洞沟、峙峪④、王府

---

① 贾兰坡、卫奇：《阳高许家窑旧石器时代文化遗址》，《考古学报》1976年第2期；贾兰坡、卫奇、李超荣：《许家窑旧石器时代文化遗址1976年发掘报告》，《古脊椎动物与古人类》1979年第4期。

② 王志浩、侯亚梅、杨泽蒙、甄自明、刘扬、包蕾、杨俊刚、白林云、张立民：《内蒙古鄂尔多斯市乌兰木伦旧石器时代中期遗址》，《考古》2012年第7期。

③ D. L. Clarke, *Analytical Archaeology* (London: Methuen, 1968).

④ 贾兰坡、盖培、尤玉桂：《山西峙峪旧石器时代遗址发掘报告》，《考古学报》1972年第1期。

井①、山顶洞②、小孤山③等，除水洞沟遗址的工业特征具有欧亚大陆西侧石器工业的特点外，其余遗址的石器组合仍与中国北方长期存在的石器工业特征一脉相承。即使是水洞沟遗址，第 2 地点的新材料发现也表明在其类似莫斯特－奥瑞纳石器组合之上，小型石片石器仍占主要地位④。在中国南方，旧石器时代晚期的基本特征就是出现了石片工业，以燧石或石英为主要原料，传统的砾石石器仍然占有重要地位，一直持续到新石器时代早期，如彭头山遗址⑤。简言之，单纯从石器技术类型特征来看中国旧石器时代晚期革命是非常贫乏的，其变化相当有限，开始的时间也难以确定。更关键的是我们不知道究竟发生了什么，石器并不能指示现代人的到来，同样不能说明人类行为上的变化。"旧石器时代晚期"概念是 19 世纪法国史前史研究者为了整理当时的考古材料而提出的，将之按照时空特征、技术形制特征区分为一系列石器工业，如莫斯特工业、奥瑞纳工业，等等⑥。这一划分方法在当时对于整理纷乱的石器材料无疑是具有重要意义的，但是对于 21 世纪的考古学来说，其不足也非常明显，我们需要新的研究范式。

---

① 李超荣、郁金城、冯兴无：《北京市王府井东方广场旧石器时代遗址发掘简报》，《考古》2000 年第 9 期。

② 裴文中：《周口店山顶洞之文化》，中国地质调查所，1939。

③ 张镇洪、傅仁义、陈宝峰、刘景玉、祝明也、吴洪宽、黄慰文：《辽宁海城小孤山遗址发掘简报》，《人类学学报》1985 年第 1 期。

④ 陈福友、李锋、王惠民、裴树文、冯兴无、张双权、张乐、刘德成、张晓凌、关莹、高星：《宁夏水洞沟遗址第 2 地点发掘报告》，《人类学学报》2012 年第 4 期。

⑤ 湖南文物考古研究所：《彭头山与八十垱》。

⑥ G. A. Clark, "Accidents of History: Conceptual Frameworks in Paleoarchaeology," in *Sourcebook of Paleolithic Transitions*, eds. M. Camps and P. Chauhan, pp.19-41.

三、作为适应变迁的中国旧石器时代晚期革命

旧石器时代晚期革命不应该只是一系列特征的组合,这些遗存特征都与人类行为的变化有关,通过遗存特征的变化去了解人类行为的变化,是旧石器时代考古学家的主要任务之一。而这方面的工作是我们当前研究中较为薄弱的方面,通常找到了行为变化的重要证据,但却很少透过考古证据去追溯行为变化的过程与意义。另外,从人类文化适应的角度看,中国旧石器时代晚期革命是一次飞跃性的变化,其成功的标志就是人类文化适应开始辐射到边缘环境以及其他人类此前从未涉足的地区,如美洲,很可能还包括澳大利亚大陆。在整个旧石器时代晚期,人类适应经历一系列的改变,包括分化发展与趋同演化。下面将从这两个方面展开讨论,强调功能适应角度,显然是过程考古范式的研究。通过讨论,一方面希望说明功能适应角度的研究方法;另一方面归纳中国旧石器时代晚期发生的适应变迁,进一步丰富中国旧石器时代晚期革命的内涵。

1. 技术变化的行为意义

旧石器时代晚期考古材料中出现了很多新现象,每一个都需要进行深入的研究。这里希望通过一个案例来说明这个过程。中国旧石器时代晚期诸多特征中,石器安柄技术是重要的一项,它不一定是旧石器时代晚期才出现的[①],但在旧石器时代晚期才得到普遍应用,成为明显的工具

---

① L. H. Keeley, "Hafting and Retooling: Effects on the Archaeological Record," *American Antiquity* 47 (1982): 798-809.

特征。乌兰木伦遗址、萨拉乌苏遗址据称都有安柄技术的痕迹①，水洞沟遗址采用石叶技术生产的产品通常也需要安柄使用，细石叶更是如此，不安柄是无法使用的。要证明石器的确存在为安柄而做的修理加工，形制分析、特征观察、微痕分析与实验研究都是必不可少的。安柄与人类行为变化之间的关系目前很少有讨论，材料研究之后往往戛然而止。

旧石器时代晚期的安柄工具可以包括箭头、标枪头、端刮器（有安柄的加工修理的）、石叶与细石叶，可能还包括部分雕刻器等。澳洲土著还有安柄的锤斧。安柄工具有什么好处？最直接的好处就是省力，问题是：为什么此时会出现这样的工具？省力的设计有助于加工大批量的资源（简称批处理），也就是说同样的体力或时间能够干更多的活。进一步说，就是旧石器时代晚期可以比以前处理更多的关键资源：食物、皮服、工具原料等。这些资源可能对时间敏感，如食物不及时处理很快会腐烂掉，迅速处理就可能更充分地利用资源，甚至可能把用不了的储备起来；也可能对空间敏感，资源只存在于某地，比如优质石料，必须赶紧利用。批处理有什么好处？显然可以减少生存风险，换句话说，叫增加生存优势。生存优势增加意味着人口增加——更适应环境。

省力工具的出现还可能意味着有些人可能要为别人处理资源，由此就会衍生出一系列社会关系的发展，比如可以因此而获得社会威望，有更多的机会繁衍后代；可以与周围的人或群体互通有无，发展交换网络，

---

① 王志浩、侯亚梅、杨泽蒙、甄自明、刘扬、包蕾、杨俊刚、白林云、张立民：《内蒙古鄂尔多斯市乌兰木伦旧石器时代中期遗址》，《考古》2012 年第 7 期；黄慰文：《中国旧石器时代晚期文化》，载吴汝康、吴新智、张森水主编《中国远古人类》。

社会群体的规模可能会扩大。不过，按照萨林斯（Sahlins）的说法，狩猎采集者社会有一种平均主义机制，抑制生产剩余的产生[①]。这样的话，省力工具将会导致人们花更少的时间就能满足生存的需要，节省下来的时间将用来从事非生产性活动。对于旧石器时代晚期的人类来说，也许可以称之为文化艺术社会生活。旧石器时代晚期革命最突出的一个特征就是所谓"创造性的大爆炸"，艺术品、装饰品或象征符号迅猛增长。这些创造是后来的艺术、文字、科学的萌芽，也就是文明的基础。节省时间的行为可能不是平均的，有的人把节省下来的时间继续用于生产性活动，这样的话，另外一些人就有更多的空闲时间了，就可以充当巫师、工匠，专业化分工初现，不同性别、不同年龄的人分别从事不同的工作。当前的研究表明，这样的分工可能是旧石器时代晚期才出现的[②]。

通过安柄工具我们可以把旧石器时代晚期人类的许多行为特征联系起来，我们通过不断拓展的关联在考古材料的发现与人类行为变迁之间架起桥梁，使得细微的考古材料与宏大的学术意义之间不再显得突兀，而贯穿其间的就是功能适应的推理逻辑。

2. 中国旧石器时代晚期人类文化适应的演化

从功能适应角度看中国旧石器时代晚期人类文化适应变迁，所需要

[①] 马歇尔·萨林斯：《石器时代经济学》，张经纬、郑少雄、张帆译，三联书店，2009。

[②] S. L. Kuhn and M. C. Stiner, "What's a Mother to Do? The Division of Labor among Neandertals and Modern Humans in Eurasia," *Current Anthropology* 47 (2006): 953-981.

关注的考古材料特征包括遗址布局、器物组合、动物遗存以及人类遗骸。由于人骨材料罕见，生物特征如同位素、DNA 难以保存或者缺乏研究，所以我们只能侧重于前三个方面来分析。其理论基础就是狩猎采集者的文化生态学与行为生态学。狩猎采集者的基本生存方式是流动采食，失去了流动性，采食也就难以为继，所以流动性是分析狩猎采集生计最核心的变量。通过分析古代狩猎采集者流动性的变化，我们可以推断其适应方式的特点。综合分析遗址布局、器物组合与动物遗存，可以把流动性与适应方式的变化联系起来。

宾福德曾把狩猎采集者的流动性区分为两种：后勤型流动（logistical mobility，即有中心营地支持的）和居址型流动（residential mobility）[1]。前者的居址存在功能分化，分化为中心营地、临时营地、储藏点等；后者的居址分化不明显，人们在一地居住几天后就整体搬走。宾福德认为这代表流动性的两端，狩猎采集者可能两种方式并用。但是，如果我们把狩猎采集适应方式区分出复杂与简单两种类型，那么复杂的狩猎采集适应者就更多运用后勤型流动，他们拥有居住时间较长的中心营地，尤其是在冬季。因为在一地居留时间更长，聚居人口更多，所以他们可以投资更复杂的建筑、更耐用的工具和储藏设施，在遗址中从事更多样的活动，器物组合与遗存类型都会更丰富。与此同时，流动性程度还跟生计方式相关，相对而言，依赖狩猎的流动性最高，最低的是依赖水生资源

---

[1] L. R. Binford, "Willow Smoke and Dogs' Tails: Hunter-Gatherer Settlement Systems and Archaeological Site Formation," *American Antiquity* 45 (1980): 4-20.

尤其是海岸资源的，这种类型的利用最早见于中石器时代。除了水生资源依赖者，流动性较低的复杂狩猎采集者成为最早的食物生产者①。

近年来，河南旧石器时代考古的一系列发现较好地体现了史前狩猎采集者在流动性上的变化。如老奶奶庙遗址的布局与丰富多样的发现很好地体现了中心营地的特点，遗址周围20千米范围内还发现不少地点，地层要薄得多，遗存也少，更像是临时营地②，其中经过发掘的典型临时营地遗址有皇帝口遗址③。而赵庄遗址则更近于专门从事仪式活动的场所，从5千米外运来数百千克的紫红色石英岩，置于古棱齿象的头骨下与旁边④。

值得注意的是，在距今2.2万年左右，细石叶技术出现了，如西施遗址的发现⑤。细石叶技术能够生产轻便、标准化的可用于镶嵌的细石叶，生产细石叶的细石核，尤其是楔形细石核，还兼有多用途工具的功能⑥。这一技术在所有已知的石器技术中最适合流动的生活，它体现了

---

① L. R. Binford, *Constructing Frames of Reference: An Analytical Method for Archaeological Theory Building Using Hunter-Gatherer and Environmental Data Sets*.

② 王幼平：《嵩山东南麓MIS3阶段古人类的栖居形态及相关问题》，载北京大学考古文博学院、北京大学中国考古学研究中心编《考古学研究（十）》。

③ 王佳音、张松林、汪松枝、信应君、刘青彬、高霄旭、赵静芳、王幼平：《河南新郑黄帝口遗址2009年发掘简报》，《人类学学报》2012年第2期。

④ 郑州市文物考古研究院等：《郑州老奶奶庙遗址暨嵩山东南麓旧石器地点群》，《中国文物报》2012年1月13日第4版。

⑤ 王幼平、张松林：《河南新郑赵庄和登封西施旧石器时代遗址》，《中国文化遗产》2011年增刊；北京大学考古文博学院、郑州市文物考古研究院：《中原腹地首次发现石叶工业——河南登封西施遗址旧石器时代考古获重大突破》，《中国文物报》2011年2月25日第4版。

⑥ R. L. Kelly, "The Three Sides of a Biface," *American Antiquity* 53 (1988): 717-734.

史前狩猎采集者在末次盛冰期来临时对环境变化的适应。随着温度的降低，初级生产力下降，资源分布改变，不同资源斑块之间的距离变远，人们的流动性不得不提高；当时华北地区的环境为森林－草原，是最需要流动性的生态地带，最需要细石叶技术，华北地区可能为细石叶技术的起源地。西施遗址、柿子滩遗址[①]、龙王辿遗址[②]超过2万年细石叶技术产品的发现很好地证明这一理论假说。细石叶技术是旧石器时代晚期晚段分布最广泛的技术，从中国华北、东北亚、西伯利亚一直延伸到阿拉斯加与北美西北部。这可能与人类趋同适应演化相关，他们有共同的问题需要解决。将之视为某一族群的遗存难以解释如此广大区域同存同一技术。晚更新世之末，细石叶适应发生分化，太行山以东地区，如新密李家沟遗址中层[③]，与同一时期柿子滩遗址迥然不同，遗址结构、器物组合、动物遗存组合都有差异，它代表流动性下降，这是走向食物生产的第一步；而柿子滩遗址直到早全新世依旧保持着高度流动的生计[④]。到新石器时代中期，食物生产经济又大规模扩散，人类适应方式又趋同（表10-2）。

---

① 柿子滩考古队：《山西吉县柿子滩旧石器时代遗址S14地点》，《考古》2002年第4期；柿子滩考古队：《山西吉县柿子滩遗址第九地点发掘简报》，《考古》2010年第10期；柿子滩考古队：《山西吉县柿子滩遗址S12G地点发掘简报》，《考古与文物》2013年第3期。

② 中国社会科学院考古研究所、陕西省考古研究所：《陕西宜川县龙王辿旧石器时代遗址》，《考古》2007年第7期。

③ 北京大学考古文博学院、郑州市文物考古研究院：《河南新密市李家沟遗址发掘简报》，《考古》2011年第4期；郑州市文物考古研究院、北京大学考古文博学院：《新密李家沟遗址发掘的主要收获》，《中原文物》2011年第1期。

④ 陈胜前：《史前的现代化——中国农业起源过程的文化生态考察》。

表 10-2 中国北方人类适应方式演化的基本形态

阶段与文化类型		时间	考古材料特征	适应形态	典型遗址
成熟的新石器时代		距今<8ka	定居遗址，出现陶器、磨制石器	趋同演化，原始农业开始普及	磁山、裴李岗
新旧时代过渡时期		距今12~8ka	某些遗址出现陶器、磨制石器、集中化的遗址结构	分化演化，部分地区食物生产起源	李家沟、柿子滩、马鞍山、东胡林、转年
旧石器时代晚期晚段		距今23~12ka	细石叶技术在整个北方地区普及，不同地区存在技法上的差异	趋同演化，高度流动的觅食模式	西施、柿子滩、大岗、灵井、下川
旧石器时代晚期早段	水洞沟类型	距今40/45~23ka	石叶工业，产品的标准化	更高流动性的狩猎依赖	水洞沟地点群
	峙峪类型		小石片石器，石镞、安柄工具，动物遗存丰富	偏向狩猎的觅食模式	峙峪、丁村、乌兰木伦
	山顶洞类型		小石片石器出现中心营地遗址功能分化	混合的狩猎采集	山顶洞、东方广场、小南海、老奶奶庙、赵庄
	小孤山类型		小石片石器骨鱼镖	趋向水生资源利用	小孤山
旧石器时代早中期		距今>40/45ka	小石片石器	分化不明显的适应形态	许家窑、灵井、板井子

表 10-2 以考古材料较为丰富的中国北方为例，展示了人类适应方式演化的基本形态。从旧石器时代晚期早段适应辐射到其晚段的趋同，再到新旧石器时代过渡时期的分化，最后到新石器时代的趋同，人类演化史经历了两次旋回。后一旋回也见于长江中下游地区，更早的情况还需要更多的材料发现与分析来证明。功能适应角度可以很好地解释旧石器时代晚期晚段细石叶工业的起源与扩散，也可以解释晚更新世之末向食物生产的适应变迁，还可以归纳旧石器时代晚期早段发生的人类适应

辐射；但是目前它似乎无法解释旧石器时代晚期革命的产生，以及如此多的新文化特征涌现出来的意义。也就是说，它还是无法准确定义旧石器时代晚期革命的性质。

四、讨论：我们需要怎样的研究范式？

与旧石器时代晚期革命相关的一个重要问题就是：解剖学上现代人的扩散能否从石器材料中看出来，人群的迁徙、交流与更替是否会反映在石器工业上？这个问题由来已久，早在20世纪60年代宾福德就与博尔德就石器组合与人群的关系进行过论战[1]。这促使宾福德到阿拉斯加开始民族考古学研究[2]，其研究结果证明狩猎采集者的遗存比从前认识到的更加多样[3]。另外，还有很多学者质疑旧石器时代晚期与现代人之间的关系，认为两者并不等同[4]。当然这不是说石器材料与现代人没有关系，石器与人类认知、人群关系、行为生态、技术投入等关系密切[5]。只是打制石器是实用的工具，影响它的因素众多，如原料、技术、生计等。按

---

[1] F. Bordes and D. de Sonneville-Bordes, "The Significance of Variability in Paleolithic Assemblages," *World Archaeology* 2, no.1 (1970): 61–73; L. R. Binford, "Interassemblage Variability—The Mousterian and the 'Functional' Argument," in *The Explanation of Culture*, *The Explanation of Culture Change: Models in Prehistory*, ed. C. Renfrew, pp.227–254.

[2] 路易斯·宾福德：《追寻人类的过去：解释考古材料》，陈胜前译。

[3] L. R. Binford, *Nunamiut Ethnoarchaeology*.

[4] O. Bar-Yosef, "The Archaeological Framework of the Upper Paleolithic Revolution," *Diogenes* 54 (2007): 3–18; R. G. Bednarik, "The Middle‐Upper Paleolithic Transition Revisited," in *Sourcebook of Paleolithic Transitions*, eds. M. Camps and P. Chauhan, pp.273–282; M. Chazan, "Technological Perspectives on the Upper Paleolithic," *Evolutionary Anthropology* 19 (2010): 57–65.

[5] S. L. Kuhn, "Evolutionary Perspectives on Technology and Technological Change," *World Archaeology* 36 (2004): 561–570.

照中性理论（Neutral Theory）的认识，石器技术的选择可能只是战术，而非战略的①。能够代表人群的石器风格因素研究有过一些尝试②，但一直没有发展出系统的方法。"石器工业"作为对石器技术类型的归纳，更多与欧洲旧石器时代考古学研究早期建立基本时空框架的努力相关。就像柴尔德试图运用"考古学文化"概念梳理欧洲史前人群的迁徙一样③，旧石器时代考古学家也有类似的目的。姑且不说旧石器时代的石器组合离"考古学文化"概念的内涵有多远，即便是新石器与青铜时代运用"考古学文化"概念讨论人群迁徙、交流与替代问题也是困难重重④。人群的归属多大程度会体现在物质材料上，在什么意义上体现出来，这些都是悬而未决的问题。所以，在没有形成新的研究理论方法之前，试图通过石器的技术类型研究来了解现代人向东亚地区的扩散是非常困难的。

从功能适应角度看中国北方旧石器时代晚期革命有比较清晰的意义，旧石器时代晚期早段可以看到明显的适应辐射，不同区域的器物组合分化，这种特征在更早的材料中是鲜见的，可能指示不同的生计方式⑤。它反映旧石器时代晚期人群能够针对不同地区的资源特征发展不同的利用方式。位于西部的水洞沟遗址采用具有一定程度的标准化的石

---

① P. J. Brantingham, "A Neutral Model of Stone Raw Material Procurement," *American Antiquity* 68（2003）：487-509.

② A. E. Close, "The Identification of Style in Lithic Artefacts," *World Archaeology* 10（1978）：223-237；J. R. Sackett, "Isochrestism and Style：A Clarification," *Journal of Anthropological Archaeology* 5（1986）：266-277.

③ 戈登·柴尔德：《欧洲文明的曙光》，陈淳、陈洪波译。

④ 陈胜前：《考古学的文化观》，《考古》2009年第10期。

⑤ 陈胜前：《中国北方晚更新世人类的适应变迁与辐射》，《第四纪研究》2006年第4期。

叶技术，这种技术主要分布在中国从东北到西南的自然地理过渡带（其他地区有零星分布，如朝鲜半岛[①]），跟早中全新世细石叶技术的分布一致。这一地带为森林与草原的过渡地带，对于狩猎采集生计方式而言，适合以狩猎为主的生计；而以狩猎为主的生计相对于依赖采集与渔捞的生计需要更高的流动性，标准化的工具设计显然更加有利。也就是说，打制石器标准化的策略更多是一种适应。而在具有濒水环境的东部地区，水生资源利用开始出现。东西部之间是较为混合的生计，相应的工具组合也较为多样。中国旧石器时代考古学研究中还较少运用到功能适应角度，所以中国北方旧石器时代晚期的适应辐射跟旧石器时代早中期的差异究竟如何，还需要进行更多深入的研究。

采取石器技术类型的视角来看中国北方旧石器时代晚期革命，从已有的材料来看，"革命"几乎不具有实质性的含义。某些通常称为旧石器时代晚期的石器技术类型，如石叶、端刮器、雕刻器、有机工具等，都可以在旧石器时代晚期之前找到与之类似的形态[②]，而中国旧石器时代晚期晚段标准化工具才大规模出现。再者，石器技术类型研究并不能直接告诉我们人类行为的变化方式。功能适应角度有利于解读考古材料所指示的人类行为意义，但仍不足以清晰地界定旧石器时代晚期革命的实质。现有的研究表明，它可能并不是一次如同新石器时代革命那样的

[①] C. Seong, "Emergence of a Blade Industry and Evolution of Late Paleolithic Technology in the Republic of Korea," *Journal of Anthropological Research* 65（2009）：417-451.

[②] O. Bar-Yosef and S. L. Kuhn, "The Big Deal about Blades: Laminar Technologies and Human Evolution," *American Anthropologist* 101（1999）：322-338.

生计方式的革命，人类还处在狩猎采集阶段。但这并不是说旧石器时代晚期革命并不存在。相反，无论是从中国来看，还是从世界其他地区来看，旧石器时代晚期革命的存在还是非常明显的。认知考古学（过程考古学 20 世纪 80 年代兴起的分支）强调，旧石器时代晚期革命可能是认知意义上的[①]。米森（Mithen）解释为旧石器时代晚期数种从前联系较少的心智模块完全沟通，标志着人类进化史上一个新的阶段开始[②]。真正能够标志旧石器时代晚期开始的是个人装饰品、刻划符号、仪式活动等代表象征行为的物质的出现。象征与符号行为更重要的意义首先可能是社会、语言层面的，象征是要向社会其他成员传递某种信息，社会组织有效性的提高无疑有利于群体的生存。平时人们通过仪式活动练习群体的组织，如赵庄遗址所见将数百千克的岩石搬运到几千米之外。另外，信息的便利交流与储存也有助于技术的改良和发明。从认知的角度理解旧石器时代晚期革命，似乎与目前的材料发现更加契合。认知－过程考古范式似乎更适合研究旧石器时代晚期革命这一问题。

如前文所述（表 10-1），旧石器时代晚期革命可能是一种多层次的变化，其中最为突出的是人与物之间关系的变化，人能动地运用物（包括运用技术加工物质，如个人装饰品）来表达身份、社会关系，这代表人之自我意识的出现。考古学家通常将工具的制作与使用视为文化的起源，文化是人适应环境的体外（身体之外）形式，换句话说，它就是人

[①] 科林·伦福儒、保罗·巴恩：《考古学：理论、方法与实践》，中国社会科学院考古研究所译，文物出版社，2004。

[②] S. Mithen, *The Prehistory of the Mind*（London：Thames & Hudson，1996）.

之器官功能的延伸,比如用石片切割代替牙齿的撕咬,用火烤熟食物代替胃部的消化能力,如此等等。但是人能动地运用物来表达自身,就不只是人之器官功能延伸的问题,它是人与物之间关系的再造,即人在物质世界之外重构了一个近似于虚拟的世界,是通过符号、仪式等形式来表达的存在,我们或许可以称之为"精神世界"。这种人与物之间关系的变化不仅仅是一场认知上的革命,考古学家开始需要探讨物质的意义——人赋予了物意义,需要探讨意义的变化(不同情境下意义可能不同),以及人的能动性(人运用物质的意义)。这些都是后过程考古强调的研究对象。一般地说,后过程考古多见于历史时期考古,就像过程考古更多在旧石器时代考古领域获得承认一样,但是随着研究的深入,我们发现在旧石器时代晚期革命这样的问题上,也需要后过程考古的思考,尽管当前展开具体的研究还有不小的困难。目前的研究主要集中在史前艺术分析上,通过它来讨论物质意义的表达[1],现在还有研究拓展至景观[2],以后或许可以延伸至其他物质遗存。要理解旧石器时代晚期革命的性质,后过程考古范式日益成为不可或缺的途径。

五、小结

旧石器时代晚期革命是人类演化史上的里程碑,人类在生计、聚落形态、技术、人口、人地关系、人物关系等方面都发生了重要的变化,

---

[1] I. Hodder, *Symbols in Action: Ethnoarchaeological Studies of Material Culture*.

[2] J. Thomas, "Archaeologies of Place and Landscape," in *Archaeological Theory Today*, ed. I. Hodder, pp. 165-186.

但跟新石器时代革命相比，它的规模较小，最突出的变化表现在人与物之间的关系上。中国旧石器时代晚期革命的研究范式目前主要还是以技术类型学为中心，显然这是不够的。从现有的材料来看，中国旧石器时代晚期的技术类型变化与旧石器时代早中期存在明显的连续性。由于石器研究方法上的困难，石器技术类型与人群属性难以对等，所以很难通过它来回答现代人的扩散，也很难体现旧石器时代晚期革命的性质。相对而言，过程考古学的功能－适宜的视角能够较好地解释技术变化的行为意义、中国旧石器时代晚期早段的适应辐射、晚段的细石叶技术起源，以及晚更新世之末－全新世之初食物生产的起源，但是旧石器时代晚期革命并不完全是一场人类适应方式的革命。晚近发展起来的认知－过程考古学更注重从人类认知与社会关系发展的角度来理解旧石器时代晚期革命，更有利于我们理解旧石器时代晚期革命。而注重研究物质意义、能动性与历史的后过程考古范式能更好地把握旧石器时代晚期革命最突出的特征、人与物之间关系的变化，所以，后过程考古范式应该是我们研究这一问题时值得关注的途径。上述四种范式的研究其实都是不可或缺的，不是相互替代而是补充与叠加的关系，代表旧石器时代考古学研究在不断深入，我们对旧石器时代晚期革命的理解更加透彻。就中国旧石器时代考古学研究而言，我们还需要在技术类型学研究的基础上，拓展研究范式，从而更好地理解史前人类的演化。

第十一章　细石叶技术产品废弃过程研究

细石叶技术是我国旧石器时代晚期首先出现在华北地区的新技术，进入新石器时代后主要分布在长城以外的地带。细石叶技术是一种有利于狩猎采集者高度流动生计的石器技术，它是两面器技术传统和棱柱状石核技术传统相结合的产物，是狩猎采集者对于末次盛冰期（LGM）前后资源变化的适应，还是流动性狩猎采集生计发展的顶峰，LGM 前后起源于华北腹地。在进行理论与生态学角度的讨论后，有必要回到对考古材料的分析上来。然而，在分析考古材料之前，非常有必要了解考古材料的形成过程。以今天人们的生活为例，一个地方废弃后的残留之物和原来的生活场景是无法比拟的，所以就不难理解远古人类的生活遗留经过后期各种因素的干扰以及考古学家的选择性发掘、整理后，和原来的面貌可能相差甚大。因此，研究考古材料的形成过程对于考古学家发展可靠的解释来说是必不可少的步骤。在我国这个方面的研究除了一些介绍之外[①]，很少有具体的开展。我们的目的是抛砖引玉，希望通过对细石叶技术产品废弃的文化过程分析，为这个方面的研究找到一个出

---

① 陈淳：《考古学的理论与研究》，学林出版社，2003。

发点。本章的前面部分在理论研究的基础上对考古材料的分布形态提出了一些预测，后面部分则从点（单个遗址的分析）与面（一个地区的分析）两个角度来分析细石叶技术产品的废弃过程，以验证预测。

一、细石叶技术产品的构成

按照操作链进行追溯，细石叶技术产品的构成可以归结为以下十类[①]：（1）两面器石核毛坯。不同的技术有不同的毛坯，如楔形石核毛坯、船形或漏斗形石核毛坯（棱柱状石核就可以用这种毛坯制作）。（2）热处理痕迹。有的原料必须经过热处理才能生产细石叶，一般是对两面器进行热处理，热处理后的石片或石叶的剥离面会有类似于脂肪的光泽[②]。（3）除皮石片。加工两面器毛坯导致的产品，除了有部分的天然石皮外，石片背面（与石片劈裂面相对的一面）有较多的石片疤痕，显示连续的修理过程。（4）修理石片。两面器毛坯大体成形后，还需要对其边缘进行细致的修理以得到平直的边缘，然后可以剥离第一剥片（我国学者将其称为鸡冠状石片）和打制削片（ski spall，或称雪橇形石片），这类石片大多细小，石片背面密布修理石片疤。（5）打制削片前的摩擦痕迹。在打制削片前，往往需要摩擦毛坯的边缘以得到一个较小的台面，然后从这个台面上打击毛坯石核，剥离削片，所以摩擦痕迹可以见于削片、细石核、第一剥片。（6）削片。为了获得楔形细石核毛坯

[①] T. Kobayashi, "Microblade Industries in the Japanese Archipelago," *Arctic Anthropology* 7 (1970): 38-58.

[②] J. C. Whittaker, *Flintknapping: Making and Understanding Stone Tools*.

的台面，经常会通过剥离一片或数片雪橇形的较大石片来产生台面。削片的形制特殊，是细石叶技术的典型标志之一。（7）第一剥片（lame à crête）。这是剥制下来的第一片石叶，断面一般呈三角形，其背脊是修理后的毛坯边缘，和一般石叶不同。（8）修理台面所导致的石渣。在剥制细石叶的过程中，必须不断修理台面，特别是除掉边缘的突起以保证台面的坚实，这样的石渣非常细小，考古发掘过程中一般忽略不计。（9）细石核。毫无疑问它是细石叶技术最典型的产品，它包括从核坯、刚刚开始剥片到原料几乎耗尽等各个不同阶段的细石核。（10）细石叶。它是细石叶技术的最终产品，它的数量、质量决定细石叶技术水平的高低，它的发现地点、废弃方式决定细石叶技术所代表的生活方式。

这十类产品中，除了热处理痕迹和打制削片前的摩擦痕迹之外，其余都是具体的产品，即具有实体的个体，而不是附加于个体之上的特征。尽管这些特征对于判断细石叶技术存在与否有一定的标志意义，但在研究废弃过程时，将只考虑具体的产品，特别是标志性产品，即细石核和细石叶，当然这不意味着忽视其他产品。必须同时考虑到细石叶技术加工过程中不同阶段产品的废弃地点与方式，才能把握一类细石叶技术产品废弃的特点，以及它所代表的生活方式。与此同时，还必须把细石叶技术产品的废弃放在整个石器组合中来考虑，因为细石叶技术产品并不是一个人群使用的唯一一类石制品，它们只是这个石器组合中的一个部分，比如临时用于砍砸的大型石器，以及没有保存下来的众多有机工具，对石器组合中其他组分的研究比如工具比例、工具种类的研究可以从另外的侧面帮助我们了解细石叶技术产品的废弃；再者，考古遗存的废弃还包括整个遗址的废弃，这是考古学家更加关注的对象，石器组合研究必须放在整个遗址过程研究中才容易理解，才能发掘出更多的意义；最后，还可以考虑整个地区的废弃，或者一种技术形态如细石叶技术的废弃，它们对于宏观把握史前人类生活方式变迁有着不可替代的作用，无疑这些大框架的废弃过程同样会影响到具体细石叶技术产品的废弃。

二、影响细石叶技术产品废弃的主要因素

废弃的文化过程研究主要涉及两个方面：一是遗址废弃前人类活动的特征，也就是说人类曾经在这个遗址从事的活动；二是在废弃过程中人类行为的特征，即他们如何进行废弃，他们的决定受到哪些因素的影响。这两个方面相互关联，前者提供文化背景和材料，后者是在前者的基础上进行的。

狩猎采集者行为模式按宾福德的分类可以分为两种策略[①]：采食者和集食者。集食者每天都要去寻找食物，他们没有长期储备食物的设施。一个地方的资源总是有限的，他们不得不经常搬迁，因此他们的流动性更高，在一个遗址居留的时间比较短，废弃物少，堆积物薄，在考古学上保存和发现的可能性都比较小。而集食者与之相反，他们有中心营地（residential camp），有储备的习惯，他们经常通过派出特定的任务

---

① L. R. Binford, "Willow Smoke and Dogs' Tails: Hunter-Gatherer Settlement Systems and Archaeological Site Formation," *American Antiquity* 45 (1980): 4-20.

小组去获取食物，因此会有野外的临时营地（field camp），他们还会储备材料（cache），在野外有屠宰猎物的地点（butchering site）、狩猎动物的瞭望点（hunting station）等①。很显然，在中心营地可以看到种类更为丰富的废弃物，堆积也相对更厚。比如，从工具的角度看，这里废弃的工具数量更多，最关键的是工具的种类更丰富——代表更多样的活动内容。而临时营地的废弃物种类比较少，堆积也会比较少。集食者经常按季节搬迁中心营地，如北美的印第安人，夏处高爽之地以避蚊虫，冬处河谷、山林以避风保暖。不同季节的营地废弃物会有所不同，有时甚至会让考古学家误认为是两个文化或者两个群体的生活遗存。

就废弃过程中人们的行为特征而言，影响因素众多。一般说来，搬迁是否有计划、是否考虑返回会影响到废弃物的构成与分布。根据这两个变量，理想状态下的文化废弃过程有如下四种情况②：

其一，是有计划的废弃，如果考虑到下一个季节返回的可能，那么可能会留有一些还可以使用的材料，甚至储备材料。这样，遗址中就可能发现不少还可以使用的材料，如石料、工具毛坯等，遗址的活动面会有所清理，遗物有可能集中分布，但遗物与活动区的关系不大密切。

其二，仍是有计划的废弃，如果决定不再返回本地，那么能带走的

---

① L. R. Binford, "The Archaeology of Place," *Journal of Anthropological Archaeology* 1 (1982): 5-31.

② M. B. Schiffer, *Behavioral Archaeology* (New York: Academic Press, 1976); M. C. Stevenson, "Toward an Understanding of Site Abandonment Behavior: Evidence from Historical Mining Camps in the Southwest Yukon," *Journal of Anthropological Archaeology* 1 (1982): 237-265.

东西都会带走,缺少还可以使用的材料,遗址的活动面还可能被破坏,在生活区域可能出现废弃物,遗址的生活区域很混乱。

其三,由于某种原因,遗址迅速地被彻底放弃,人们预期不再返回。这样,遗址中除了可以发现很多有用的东西,还可以发现这些东西分布在原来使用的地方,当然能带走的东西仍然缺乏。

其四,人们因为某些原因——比如去追赶突然到来的动物群——而匆匆离开,只是暂时放弃遗址,预期还要返回。这种情况下遗址的保存状况最好,绝大部分东西都在原位,连部分能带走的东西也会留下来,所以也会存在许多还可以使用的东西。

如前文所述,旧石器时代晚期的细石叶技术代表着一种高度流动的生计方式。而这种工艺主要分布于温带和寒带地区。在这个地带,狩猎采集者必须有一定的储备才能生存,狩猎往往比采集更重要,民族学材料显示他们更多是集食者[①]。因此,这个时期人们应该有中心营地,而且在中心营地的居留时间会随着旧石器时代的结束而显著地延长。不过他们应该有更多的临时营地,社会领地的边界很有可能因为人口的增加、社会组织的发展而更加清楚,所以每个群体的活动范围都受到限制,他们只能在有限的空间范围(通常是几十平方千米)内强化利用资源,这也是农业起源的前奏[②]。也由于人们在有限区域内活动频繁,会留

---

① L. R. Binford, *Constructing Frames of Reference: An Analytical Method for Archaeological Theory Building Using Hunter-Gatherer and Environmental Data Sets*.

② 陈胜前:《中国狩猎采集者的模拟研究》,《人类学学报》2006年第1期;陈胜前:《中国晚更新世—早全新世过渡期狩猎采集者的适应变迁》,《人类学学报》2006年第3期。

下更密集的考古遗存，所以从统计学的角度说，应该有更高的考古发现概率。

我们可以预测中心营地的废弃应该更有计划性，废弃的过程相对更长，也有可能返回，其遗物的分布有更大的变化性。如果发现比较多的还可以使用的材料或者工具，我们就可以认为这是预期返回的有计划的废弃；如果遗物混乱、零碎，我们就可以考虑这是不打算预期返回的有计划的废弃。当然，考古学家最希望发现的还是那种因为某种原因而突然放弃的遗址，大部分遗物都和使用地点关系密切，对考古学家发展解释非常有帮助。临时营地、屠宰地点、狩猎动物的瞭望点废弃的速度要快得多，很少会考虑返回的可能，这种类型的废弃物中可以带走的东西缺乏，遗物也很少会集中分布，但遗物与活动区的关系会得到保留。此外，如果一个遗址被重复使用，破坏就难以避免，尤其是遗址废弃后，儿童玩耍或者偶尔重新利用一些材料，都会影响到从前的布局[1]。那些作为原料产地的遗址，遭到后期破坏的可能性最大。考虑到旧石器时代搬运困难，除非是特别罕见的材料，或者已经做成的工具毛坯，当地一般能够采集到的石料不能作为还可以使用的物品。

细石叶技术的核心产品是细石核和细石叶，相关的副产品主要是两面器毛坯、加工与修理毛坯时产生的大量除皮石片和修理石片，另外有一定使用功能的副产品就是削片和第一剥片，这些产品可以勉强用作雕刻器。两面器本身是一种多用途的器物，既可以用作石核生产石片或加

---

[1] M. B. Schiffer, *Formation Processes of the Archaeological Record*.

工成细石核生产细叶，也可以直接用作工具，有比较长的使用寿命①。多用途的两面器也是器物制作标准化的产物，它本身就是高度流动生计的反映，进入新石器时代后就衰落了②。实际上，修理了边缘的细石核同样可以用作多用途、长寿命的工具。而轻、薄、窄、小但边缘平行的细石叶大多用作复合工具的边刃，通过动植物胶、松脂、蜂蜡或者沥青粘在柄上最为牢靠。民族学材料显示，复合工具的制作中，做柄非常耗时，澳大利亚土著石锛柄要用上20年，北美夏延（Cheyenne）的鹿角柄可以用上5代人，男人总是不愿丢弃他的箭杆，往往在上面做上主人的记号③。因此，遗址中所见往往都是反复修理使用后的废品。镶嵌细石叶制作复合工具必须用火和黏合剂，这个过程只能在营地完成。

总而言之，对细石叶技术遗址的废弃可做如下预测：第一，临时营地数量多，分布更密集，我们更容易发现，这类遗址中遗物种类单纯，数量比较少，分布也不集中，属于迅速且不考虑返回的废弃方式。第二，由于这些狩猎采集者在有限区域内频繁活动，细石叶技术遗址应该常以地点群的形式出现，其中遗物种类丰富、数量众多的地点可能是中心营地，遗物种类单一、数量少的地点则可能是临时营地。第三，在华北地区，随着旧石器时代的结束、新石器时代的到来，细石叶技术遗址应该体现出狩猎采集者流动性的降低，或曰定居能力增强，遗址中遗物

---

① R. L. Kelly, "The Three Sides of a Biface," *American Antiquity* 53（1988）：717-734.

② G. H. Odell, "Investigating Correlates of Sedentism and Domestication in Prehistoric North America," *American Antiquity* 63（1998）：553-571.

③ L. H. Keeley, "Hafting and Retooling: Effects on the Archaeological Record," *American Antiquity* 47（1982）：798-809.

的种类更加丰富，可能包括新石器时代成分，如陶器、磨制石器、房址甚至谷物驯化的证据。第四，细石叶技术代表高度流动的生计，那么，细石核与细石叶的废弃方式就不应限于遗址中，其分布范围应该非常广，遗址的周边地区都会有发现，细石叶的分布还要广泛，成品的废弃应该更多在野外，而非在遗址中。第五，鉴于高度流动的生计，细石叶技术产品的废弃很少会见于同一遗址中，细石核的原料加工可能在遗址外进行，形成毛坯后带入遗址，而毛坯的修理、石叶的生产可能在遗址中进行，因此细石核的废弃应该在遗址中，镶嵌了细石叶的复合工具主要在遗址外使用和废弃。

三、籍箕滩遗址细石叶技术产品的废弃

籍箕滩遗址是一个经过系统发掘的遗址，出土材料相当丰富[①]，其细石核部分我曾整理过[②]。籍箕滩遗址共发掘了3个探方，分别成为T1、T2和T3，其中T1和T2相距近百米。文化层包括T1中层、T2上层与下层、T3上层，共计四个文化层，其中T2下层的遗物最丰富。原发掘简报认为这几个自然文化层出土的石制品基本相同，未做分层研究，但提到下层石料的角页岩成分明显增多，锛状器仅见于下层[③]。鉴于现有材料的限制，我们权且认为其他文化层的遗物都混入了T2下层。下面要

[①] 河北文物研究所：《籍箕滩旧石器时代晚期细石器遗址》，《文物春秋》1993年第2期。
[②] 陈胜前：《泥河湾盆地籍箕滩、西水地遗址楔形细石核的研究》，硕士学位论文，北京大学，1996。
[③] 河北文物研究所：《籍箕滩旧石器时代晚期细石器遗址》，《文物春秋》1993年第2期。

从具有偏差的材料中进行推理，从而了解这个遗址以及细石叶技术产品的废弃过程。

从石制品的整体构成来看（图11-1），断块与碎屑占绝大多数，如果包括石片、断片、残片，则废品的比例更高。因此，可以认为籍箕滩遗址中存在石器的加工和修理，特别是削片的存在，表明该遗址中进行了细石核的加工与细石叶的生产。很显然，废品的产生与这两类活动有关。细石叶技术产品中本身就包括除皮石片、修理石片、修理台面的碎

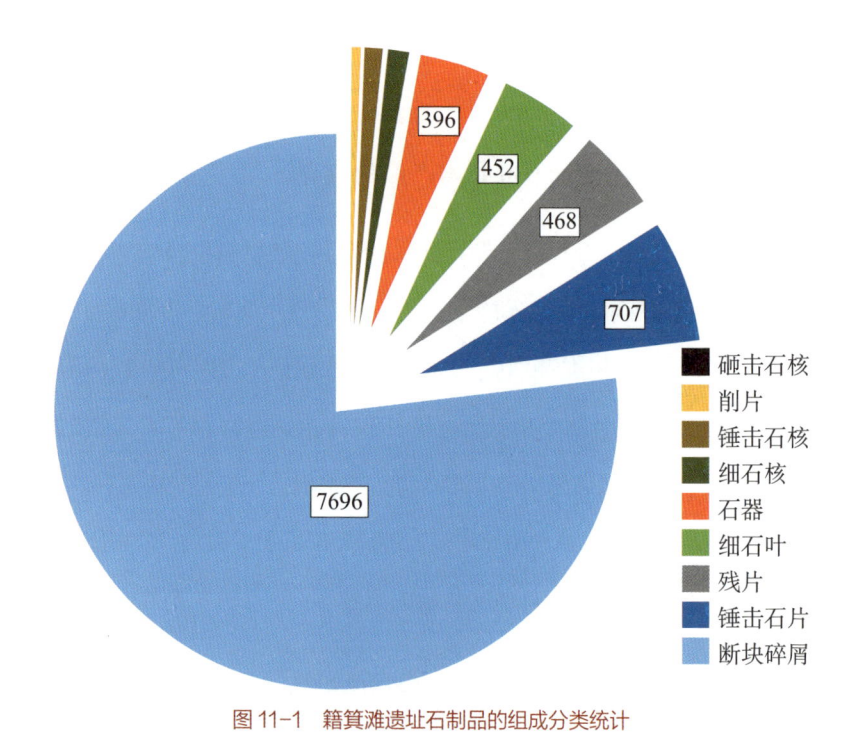

图 11-1　籍箕滩遗址石制品的组成分类统计

注：砸击石核所占比例太小，图上显示不出来。

屑这些废品，如果两面器毛坯也是在遗址中生产的，那么就会有断块出现。籍箕滩细石核的原料就来自附近的河沟，沿河沟往上不到2千米就可以见到该种材料的地质露头（我曾在此调查过）。因此，有理由相信籍箕滩遗址中进行了细石叶技术所有产品的生产，包括两面器毛坯（也就是细石核的预制品）。原料的丰富可能是这个遗址最重要的吸引力，储备原料并不重要，因为这里就是原料的产地。

当然，判断一个遗址居留的长短，石制品的数量不是最重要的指标，如果籍箕滩遗址只是用作石器制造场，有如此之多的废品自然在情理之中；但是籍箕滩遗址中还有相当数量的工具，其中工具的数量远不如工具的种类重要，工具的种类反映的是活动的类型。如果遗址是被迅速放弃的，那么工具的数量大致可以反映该种活动的强度；而如果遗址是被有计划地放弃的，那么工具的保留可能存在较大的偏差，数量就不一定能准确反映活动的强度。籍箕滩的工具组成的突出特点是存在较多的凹缺刮器（图11-2）。凹缺刮器与雕刻器、尖状器一起可以用来加工骨角工具，这表明遗址中还有其他类型工具的生产。刮削器为一般生活多用途的工具。端刮器和石锥可以用作加工动物皮毛，加之籍箕滩遗址中也发现七种哺乳动物化石，并有用火痕迹以及人工砍砸、刻划动物骨骼的痕迹，因此可以认为古人在籍箕滩不仅生产细石叶技术产品，而且进行了多样的生活。石锥和石镞属于轻型、易携带的工具，加工不易，其数量很少正在情理之中，也可以认为籍箕滩遗址中的轻型工具可能被古人随身带走了。

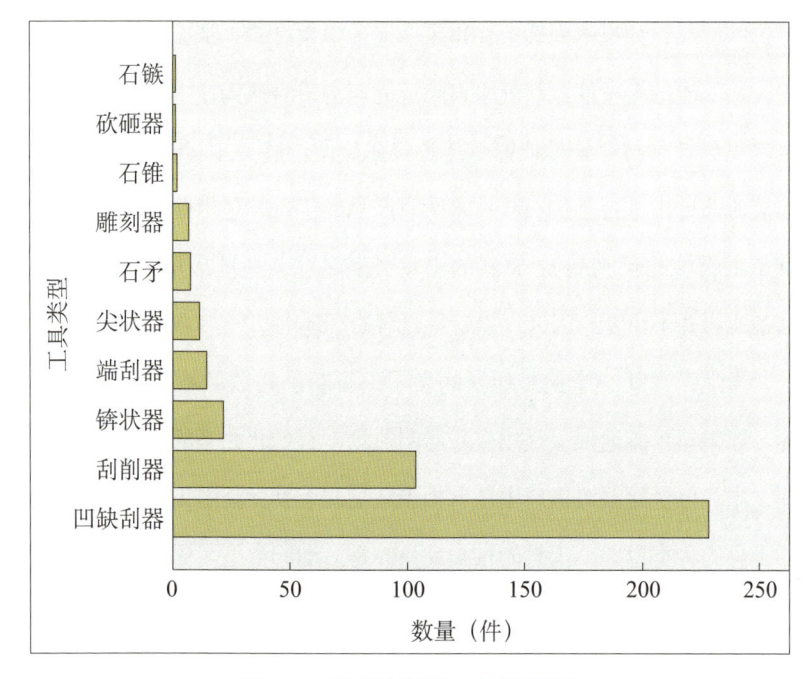

图 11-2　籍箕滩遗址的工具类型统计

籍箕滩的工具组合中最引人注目的是存在较多的锛状器和石矛，这两类工具都属于较大型的工具，加工不易，对于迅速搬迁而言属于不易携带的东西，而如果是有计划的彻底放弃，这些东西就可能被带走，很显然，籍箕滩遗址不属于有计划的彻底放弃。如果考虑到遗址中还有相当数量处在剥制石叶中间阶段的细石核（图 11-3、图 11-4），那么也可以排除预期不返回的可能性，当时的人们正是考虑到以后要返回，所以才会把这些还可以使用的东西废弃在这里。其中细石核属于很轻便又难以加工的石制品，如果搬迁不是很仓促的话，这些正处在细石叶剥制高峰阶段的细石核就不应该废弃掉，所以可以考虑籍箕滩遗址是迅速但预期要返回的废弃方式，当然古人可能由于某种原因并没有按计划返回。

前文已提及原始报告中说锛状器仅见于T2下层，典型的石矛头也主要见于这一层，这一层也是遗物最丰富的层位。单独统计其细石核的发展阶段，发现一个很有趣的地方：和所有细石核材料合在一起的分析结果相比，T2下层处在细石叶剥制中间阶段的细石核明显要多（图11-4），相差近7个百分点，也就是说T2下层所代表的籍箕滩遗址废弃的文化过程是迅速的。锛状器的保留进一步支持这个判断。丰富的遗物则是另一个侧面的证据，迅速而预期返回的遗址留有最多的遗物，所有的遗物往往都还和活动区有紧密的联系，同时它还证明这个遗址中进行过多种多样的活动，有较长的居留时间，故而可以把T2下层代表的籍箕滩遗址看成一个中心营地遗址。而在其他层位时期的籍箕滩遗址可能只作为临时营地使用，遗物比较少，废弃过程是迅速的，这些层位中也有少量处在细石叶剥制中间阶段的细石核（T3的14件细石核中只有2件处在中间阶段，T1的10件细石核中有4件处在中间阶段），比例低于T2下层。如果要做一些区分的话，T3时期的籍箕滩遗址废弃得比较彻底，T1时期的则废弃得比较迅速，由于材料偏少，这种说法的误差可能比较大，结论不如T2下层那么确凿。

中期阶段的细石核剥片面长、剥面宽、叶脊多且匀直；预制阶段为两面器毛坯，初期阶段剥片很少；晚期阶段石核缩小，台面、剥片面缩小，剥制细石叶的不利条件增多。

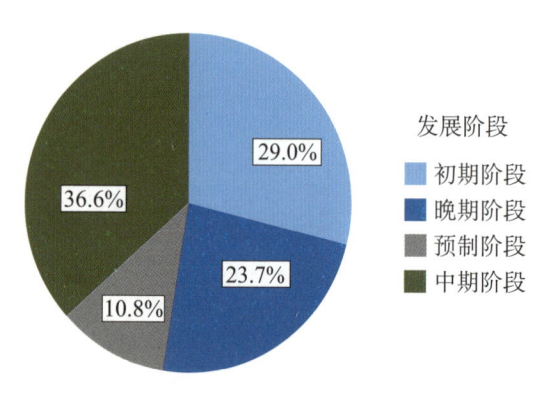

图 11-3　籍箕滩遗址细石核发展阶段的百分比统计

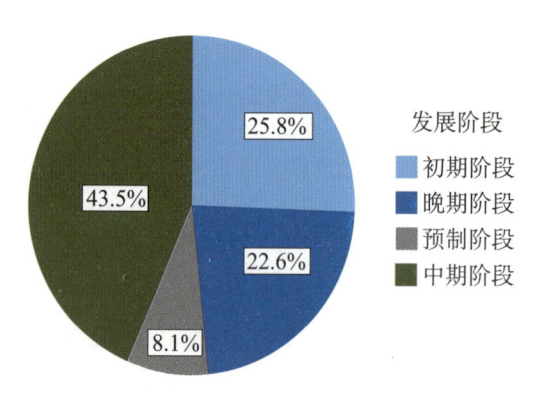

图 11-4　籍箕滩遗址 T2 下层细石核发展阶段的百分比统计

注：共 62 件。

四、华北地区细石叶技术诸遗址的废弃

籍箕滩遗址作为一个经过比较系统发掘的遗址，材料丰富，报道也相对完整，可以进行一定的废弃文化过程分析，这为进一步分析其他细石叶技术遗址提供了一个参考坐标。目前就旧石器时代晚期华北地区细

石叶技术诸遗址而言，做过系统工作的遗址很少，一部分来自地表调查，不同地点的材料往往合在一起进行研究；另一部分来自发掘，但不同层位、不同地点的材料往往也因为特征相似而未加区分；另外，材料的发表不全面，只是选择典型标本报道，遗址组合的全貌不清楚。当然，即使没有考古学家限于当时的认识而导致的失误，要完整获得遗址的所有材料也是非常困难的，因为不是所有的东西都会被遗弃，更不会所有的东西都会得到埋藏，考古学家也不可能准确地找到所有埋藏在地下的材料。换句话说，考古学家注定要面对具有偏差的材料，通过合适的推理，去寻找有用的信息；同时，通过材料的互相对比，特别是与偏差较小的材料进行对比，也可以让我们对材料的偏差有更清楚的认识，也有助于我们在今后的工作中纠正一些失误。

理论上说，如果是中心营地遗址，因为人们在这里活动的时间比较长、活动内容丰富，所以应该有比较多的石制品，石制品中工具比例相对较大、工具类型比较丰富；而如果是临时营地遗址，我们看到的情况就正好相反；如果是屠宰地点，就会有动物的骨骼作证；还有一些类型的狩猎采集者活动地点，因为人们在此活动的时间短，所以被保存下来又被发现的可能性比较小，故而这里基本只需要考虑中心营地和临时营地这两种类型的考古遗存。在目前发表的材料中，因为重视石器工具研究，往往都能提供工具数量和工具类型这两个变量的情况，所以对废弃过程的分析可以从这个角度切入。

从石制品的总量来看（图11-5），计有油房①、大发②、淳泗涧③、高山镇④、下川⑤、丁村⑥、薛关⑦、籍箕滩、孟家泉⑧等遗址的数量超过千件，其中孟家泉遗址高达23 000余件，细石叶技术产品只是其石制品组合的一个部分。按原报告的介绍，这个遗址有上、下两个文化层，下文化层遗物比较少，上文化层有晚期遗物混入，"石制品和动物化石丰富，分布不均匀，常富集于泉眼附近……说明文化层形成后被扰动过，扰乱的原因主要是泉水上下翻动和泉眼位置不断变换"⑨。遗址发现包括4种食肉目动物在内的共计23种哺乳动物化石，也表明人类不是这个遗址的唯一使用者。泉水本身又是特别有吸引力的资源，它不仅吸引人类而且吸引食肉动物，这种环境是不适合作为中心营地的，因为食肉动物在夜晚都是很活跃的，即使是有较好工具的现代狩猎采集者如卡拉哈里的布须

---

① 谢飞、成胜泉：《河北阳原油房细石器发掘报告》，《人类学学报》1989年第1期。
② 高星、尤玉柱、吴志清：《山西榆次大发旧石器地点》，《人类学学报》1991年第2期；李壮伟、王志刚：《山西榆次大发地点的旧石器》，《人类学学报》1992年第4期。
③ 河北文物研究所、秦皇岛市文物管理处、昌黎县文物保管所：《河北昌黎淳泗涧细石器地点》，《文物春秋》1992年增刊；王恩霖：《河北昌黎淳泗涧细石器遗址的新材料》，《人类学学报》1997年第1期。
④ 陈哲英、王清诗、解廷琦：《山西大同高山镇之细石器》，《史前研究》1985年第2期。
⑤ 王建、王向前、陈哲英：《下川文化——山西下川遗址调查报告》，《考古学报》1978年第3期。
⑥ 王建、陶富海、王益人：《丁村旧石器时代遗址群调查发掘报告简报》，《文物季刊》1994年第3期。
⑦ 王向前、丁建平、陶富海：《山西蒲县薛关细石器》，《人类学学报》1983年第2期。
⑧ 河北文物研究所、唐山市文物管理所、玉田县文保所：《河北玉田县孟家泉旧石器遗址发掘简报》，《文物春秋》1991年第1期。
⑨ 同上书，第2页。

曼人，也从不在水源边过夜[①]，因此，孟家泉遗址尽管石制品总量很多，但可能还只是临时营地或者屠宰猎物的场所。

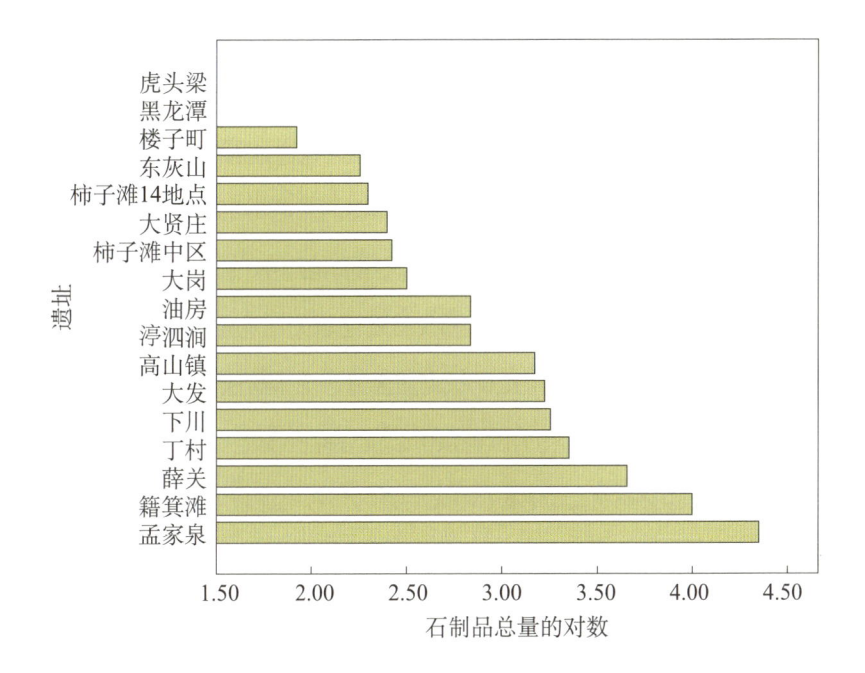

图 11-5　细石叶技术诸遗址石制品的总量

注：黑龙潭、虎头梁遗址缺石制品总量材料。
资料来源：临沂地区文物管理委员会、郯城县图书馆：《山东郯城黑龙潭细石器遗址》，《考古》1986 年第 8 期。

下川遗址选择的是典型标本，石制品总量肯定多得多，材料来自富益河圪梁和水井背这两个地方，两者间的直线距离近 600 米。从工具比例来看（图 11-6），因为下川遗址的样本只是典型标本，所以它的工具

[①] L. R. Binford, *In Pursuit of the Past: Decoding the Archaeological Record.*

比例异乎寻常地高。与此同时，采集的材料同样有比较高的工具比例，如大贤庄①、楼子町②，这与调查者选择性地采集研究标本有关。大岗遗址的发掘材料有非常高的工具比例的确非同寻常，但是这里的工具类型非常简单，基本器类只有刮削器和尖状器，算上修背石片和磨刃石片，再细分刮削器，类型才有所增加（图 11-7）。大岗遗址石制品的总量比较少，遗址中还发现加工石器过程中形成的碎屑，而不见粗大的石片、石锤、石砧之类的工具，也没有居住、用火和动物遗存③，因此，这个遗址可能是迅速废弃的临时营地，当时人们在这里的活动主要是修理工具，将它解释成狩猎动物的瞭望点似乎更加合适。虎头梁遗址 65040 地点也被认为如此④。在狩猎动物的瞭望点中，狩猎者不敢燃火，主要的活动就是修理工具⑤。石制品少、缺少用火痕迹的东灰山遗址⑥也可能如此。

工具比例高的遗址柿子滩中区⑦，石制品总量很少，但有用火痕迹和少量动物骨片，显示古人曾在此过夜；同样，柿子滩 14 地点⑧，石制品总量比较少，也有用火遗迹，可能同属于临时营地遗址，这种遗址中的

---

① 葛治功、林一璞：《大贤庄的中石器时代细石器——兼论我国细石器的分期与分布》，《东南文化》1985 年第 1 期。
② 陈哲英、吴永春：《山西天镇县楼子町发现细石器》，《考古与文物》1984 年第 3 期。
③ 张居中、李占扬：《河南舞阳大岗细石器地点发掘报告》，《人类学学报》1996 年第 2 期。
④ 盖培、卫奇：《虎头梁旧石器时代晚期遗址的发现》，《古脊椎动物与古人类》1977 年第 4 期。
⑤ L. R. Binford, *In Pursuit of the Past：Decoding the Archaeological Record*.
⑥ 河北文物研究所：《燕山南麓发现细石器遗址》，《考古》1989 年第 11 期。
⑦ 原思训、赵朝洪、朱晓东、阎金铸、阎雅枚：《山西吉县柿子滩遗址的年代与文化研究》，《考古》1998 年第 6 期。
⑧ 柿子滩考古队：《山西吉县柿子滩旧石器时代遗址 S14 地点》，《考古》2002 年第 4 期。

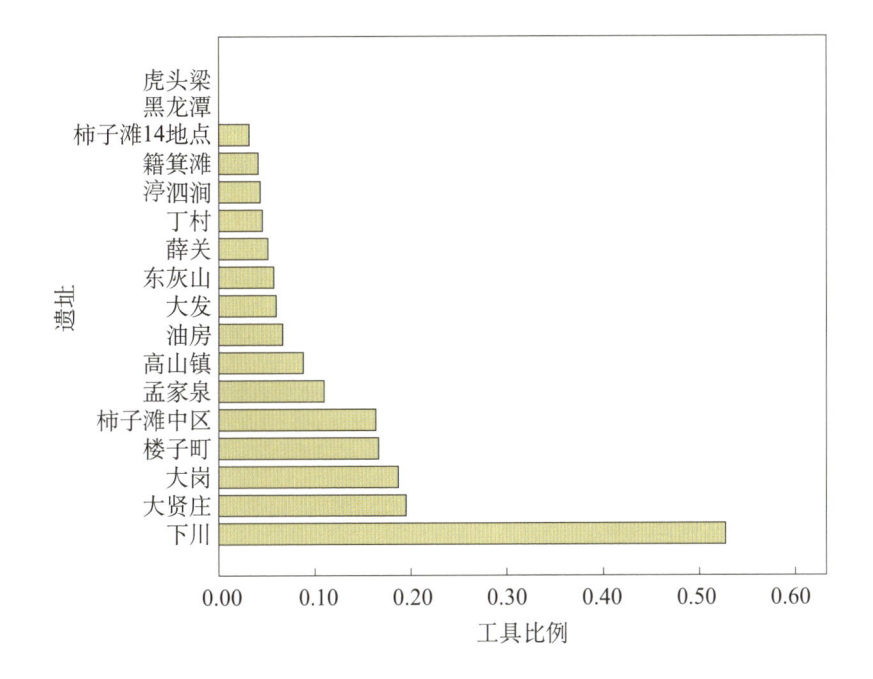

图 11-6　细石叶技术诸遗址工具占石制品的比例

动物骨骼往往非常细碎，反映的可能是狩猎者随身携带了肉食，在临时营地食用。

结合工具类型、数量和石制品总量来看，经过发掘的遗址如丁村、下川、薛关、籍箕滩、淳泗涧、大发都可能是中心营地遗址。丁村遗址的工具类型最为丰富，它有两套工具系统，一部分是用角页岩、石灰岩等打制的粗大石器，另一部分是以燧石为主要原料制作的细小石器与细石叶技术产品。这种状况为丁村所独有。对它的解释有两种可能性：一种是使用细石叶技术的狩猎采集者同样需要一些粗大的工具来完成砍砸一类的活动,他们在这类工具上的劳动投入往往比较少,这类工具用完即弃,属于权宜性工具,在含有细石叶技术产品的石器组合中发现粗大的工具并不奇怪;还有一种是因为丁村文化层与下覆地层不整合,粗大的石器可能属于较早的时期,属于河流侵蚀后的产物。从报告提供的绘图和照片来判断,丁村遗址石器组合中还可以继续使用的工具比例比较高;和籍箕滩遗址相比,这里留下来处在细石叶剥制中间阶段的细石核虽然不多,但比例高(6件细石核中至少有4件处在中间阶段),而且

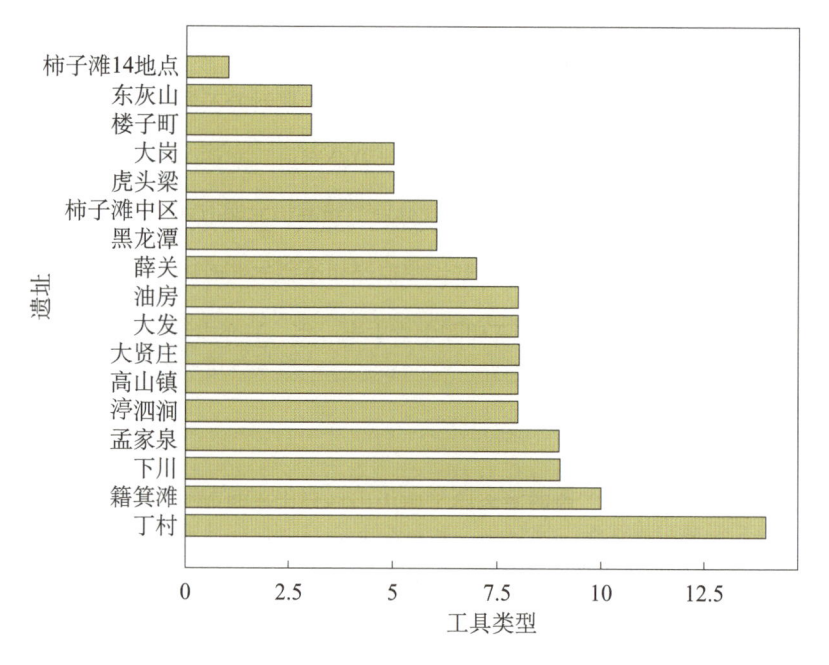

图 11-7　细石叶技术诸遗址工具类型统计

注:工具分类系统比较多,统计刮削器时,将其分为端刮器、凹缺刮器、一般刮削器三种,算作三种类型的工具;石叶虽然是工具的一部分,但不单列为工具。

石叶和细石叶相对数量多，共计 86 件（其中属于典型细石叶的 53 件），这些器物都属于易携带而难加工的器物。因此，有理由相信这个遗址的废弃速度很快，很可能和籍箕滩遗址一样，当时的人们预期还要返回。

油房遗址和籍箕滩遗址一样靠近原料产地，对其石制品的统计没有包括碎块和废片，共计 2 675 件，远多于石制品的总量，而且由于侵蚀以及认为人工破坏，地表还散布着大量的石制品。作为原料产地，古人会反复光顾，在离开时也会预期要返回。理论上说这种废弃会留下相当多的原料以备将来使用，又由于遗址的反复使用，以及后来人们偶尔也会利用这里的原料，所以考古材料的内容非常复杂，器物与活动区的关系不密切，而且油房遗址中还可以使用的器物比较少，也显示其废弃过程比较缓慢，因此很难判断油房遗址是中心营地还是临时营地。

和油房遗址相反，淳泗涧遗址远离原料产地，其主要原料燧石来自 15 千米外的武山一带[①]。淳泗涧遗址石制品组合的一个主要特点就是细小，特别是细石核与细石叶，已经达到使用的极限。此外，这个组合总体数量不多，但其工具比例低。留下来还可以使用的材料少，从细石核的意义上说尤其如此。这个遗址的废弃显然是有计划的，预期返回的可能性小，所以能带走的器物基本都已被带走。

细石核与细石叶无疑是细石叶技术产品中最重要的，对它们的废弃或者是因为技术上的原因，如细石核无法再剥离细石叶、剥离的细石叶不合

[①] 河北文物研究所、秦皇岛市文物管理处、昌黎县文物保管所：《河北昌黎淳泗涧细石器地点》，《文物春秋》1992 年增刊。

用等，或者是因为废弃太过于仓促。从图11-8中可以看到，细石核废弃量较大的有下川遗址（实际包括2个地点）、虎头梁遗址（包括9个地点）、籍箕滩遗址（T2下层细石核废弃量为62件），还有薛关遗址。除开虎头梁遗址，下川遗址的2个地点、T2下层代表的籍箕滩遗址和薛关遗址可能废弃得最为突然，以至于留下这些易携带而难加工的"贵重"器物。

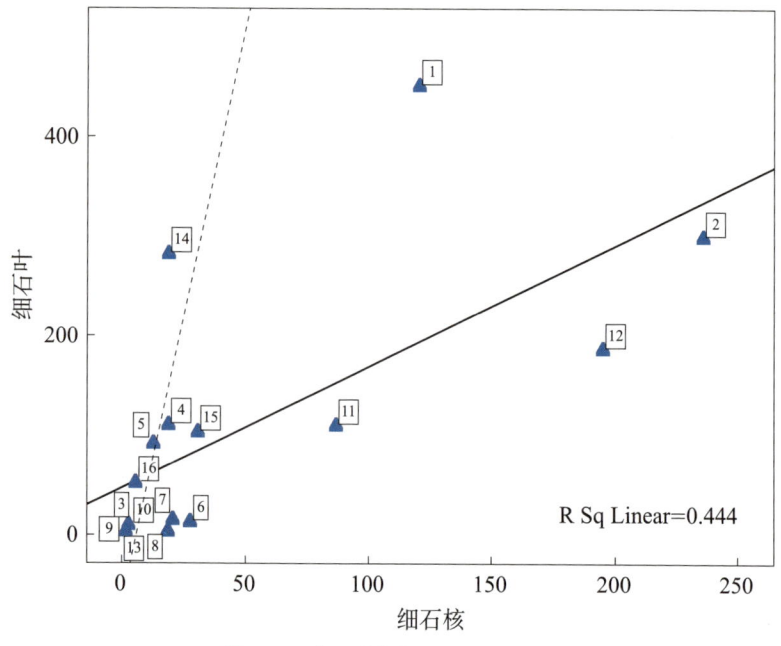

图 11-8　细石核与细石叶的关系分析

注：1. 籍箕滩；2. 虎头梁；3. 东灰山；4. 淳泗涧；5. 油房；6. 大岗；7. 黑龙潭；8. 大贤庄；9. 柿子滩14地点；10. 柿子滩中区；11. 薛关；12. 下川；13. 楼子町；14. 高山镇；15. 大发；16. 丁村。

2. 薛关遗址不包括其漏斗形石核，其石片疤不规整；下川遗址的细石叶包括报告所提细小石片和薄长石片；虎头梁遗址细石核计算的是楔形石核，包括9个地点的材料；丁村遗址指77：01地点；柿子滩中区遗址只统计115厘米以上地层；大发遗址、淳泗涧遗址各包括两次发表的材料。

从细石叶与细石核的关系来看，在复制实验中一件细石核可以生产出超过 100 片的细石叶[①]，即使古人在每件细石核上只生产出 10 片细石叶，也说明遗址中的细石叶数量至少是细石核数量的 10 倍。如图 11-8 所示，虚线代表的细石核与细石叶的关系更接近真实，而遗址保存的细石核与细石叶的关系（见实线）相对要平缓很多，也就是说大量的细石叶没有保留在遗址中，它们可能在使用过程中废弃在了野外。

总而言之，在细石叶技术产品中，最不可能保留在遗址中的是细石叶，次之是细石核。制作两面器毛坯产生的大量除皮石片、断块和碎屑最有可能留在原料产地附近的遗址中。修理两面器毛坯产生的修理石片、修理台面产生的碎屑、削片、第一剥片最有可能留在中心营地。一个细石核进入剥片的中间阶段后，就有可能被携带到临时营地或者其他类型的临时地点。如果没有突然的原因，就没有理由废弃大量可以继续剥制细石叶的细石核。

五、讨论与小结

进一步审视华北地区细石叶技术遗址，其废弃过程大致呈现出以下三个特征：

一是目前发现的细石叶技术遗址的废弃是多样的，并不是只有一种模式，其中有如籍箕滩遗址这种迅速但预期返回的废弃模式，也有如淳

[①] A. V. Tabarev, "Paleolithic Wedge-shaped Microcores and Experiments with Pocket Devices," *Lithic Technology* 22（1997）：139-149；J. J. Flanniken, "The Paleolithic Dyuktai Pressure Blade Technique of Siberia," *Arctic Anthropology* 24（1987）：117-132.

泗涧遗址这种不考虑返回的有计划的废弃模式。中心营地遗址如下川、薛关的废弃速度比较快，而靠近原料产地的油房遗址废弃的过程则比较长，同样靠近泉眼的孟家泉遗址也是如此，虽然这里遗物总量巨大，但其特殊的环境决定这里不可能是中心营地，而是人类白天经常光顾的临时地点。此外，临时营地、狩猎动物的瞭望点的废弃速度也比较快，但由于活动内容不同，所留下的遗物特征也不一样，人们在狩猎动物的瞭望点中的活动更单纯。

二是细石叶技术遗址常以地点群的形式出现，如类似籍箕滩遗存分布范围有 11 平方千米，虎头梁遗址包括至少 9 个地点，下川遗址包括 16 个地点，柿子滩遗址同样如此，苏北鲁西南马陵山地区的遗址[1]也是如此，还有陕西大荔沙苑地点群[2]等。不同地点之间石制品往往难以区分，其中遗物种类丰富，数量众多的地点，如下川遗址、虎头梁遗址的 72117 地点可能是中心营地[3]，遗物种类单纯、数量少的地点则可能是临时营地。旧石器时代晚期细石叶技术遗址这种显著的分布特征表明细石叶技术是一种代表高度流动的策略，同时这些地点近距离密集的分布也表明人类在有限的范围内活动强度增大。如果考虑到旧石器时代晚期人口的增加和社会复杂性的发展，人类将不得不强化利用一个有限区域内

---

[1] 逄振镐：《山东细石器文化概论》，《华夏考古》2000 年第 2 期；中国社会科学院考古研究所山东工作队：《山东汶、泗流域发现的一批细石器》，《考古》1993 年第 8 期。

[2] 安志敏、吴汝祚：《陕西朝邑大荔沙苑地区的石器时代遗存》，《考古学报》1957 年第 1 期。

[3] 盖培、卫奇：《虎头梁旧石器时代晚期遗址的发现》，《古脊椎动物与古人类》1977 年第 4 期。

的资源，地点群就是其表现形式，这种趋势越晚越明显。

三是在华北地区旧石器时代最末期（也可以称之新石器时代最早期）细石叶技术遗址中出现一种新趋势，比如在东胡林[①]、转年[②]、泥河湾盆地的马鞍山[③]等遗址，出现了陶器、磨制石器、有一定形制的灶甚至墓葬等新文化特征，反映此时狩猎采集者的流动性已大大降低，早期的农业可能已经起源。这些遗址出土物品的种类、数量都相当可观，属于非常典型的中心营地。

当然，细石叶技术产品的废弃过程并不是仅仅由文化过程决定的，自然营力的作用与改造，比如流水的搬运、动物的踩踏、冻融的扰动等都会影响废弃物的分布；与此同时，遗址的形成过程非常复杂，在漫长的过程中，存在无数的干扰可能。这里侧重的是文化过程分析，但这并不意味这些自然过程不重要，希望将来有更多的研究关注遗址的废弃过程。

[①] 赵朝洪、郁金城、王涛：《北京东胡林新石器时代早期遗址获重要发现》，《中国文物报》2003年5月9日第1版。

[②] 郁金城：《北京市新石器时代考古发现与研究》，载于炳文主编《跋涉集：北京大学历史系考古专业七五届毕业生论文集》，北京图书馆出版社，1998。

[③] 严文明：《农业发生与文明起源》，科学出版社，2000。

第十二章 细石叶技术的起源

中国北方旧石器时代晚期石器工业最明显的改变就是细石叶技术的出现,精致规整的细石核、细石叶代表了打制石器的巅峰水平,即使是现在,考古学家们有上佳的原料、良好的工具以及积累多年的研究经验为基础,也仍然需要相当的训练才能掌握复制的技巧。就现有的研究而言,复制细石叶的生产过程已经为考古学家们所掌握[①]。技术类型学的研究经过50余年的发展也已相当深入,运用复制和石制品的拼合可以重建细石叶生产的整个过程,日本考古学家在这个方面有相当细致的研究[②]。最近20年的研究强调细石叶技术动态的过程,再进一步是整个细石叶产品的生产、维护、使用、搬运以及废弃的过程,强调研究这个过程中人类行为的选择与组织。但是,国内外关于细石叶技术的起源和细

[①] J. J. Flanniken, "The Paleolithic Dyuktai Pressure Blade Technique of Siberia," *Arctic Anthropology* 24 (1987): 117-132; A. V. Tabarev, "Paleolithic Wedge-shaped Microcores and Experiments with Pocket Devices," *Lithic Technology* 22 (1997): 139-149.

[②] T. Kobayoshi, "Microblade Industries in the Japanese Archipelago," *Arctic Anthropology* 7 (1970): 38-58.

石叶技术在史前人类文化适应中的意义还是众说纷纭①，由于所处研究范式的差异，在讨论这个问题时，国内与国外的研究，更具体地说东亚与欧美的研究特别是与北美的研究，缺乏共同的语言。本章的目的就是沟通这两种研究范式，将欧美较擅长的理论研究与对细石叶技术的起源和适应意义的研究结合起来，探究细石叶技术起源的时间、地域、过程以及原因，从而把细石叶技术研究再推进一步。

一、概念问题：什么是细石叶技术与为什么采用这个概念

在讨论细石叶技术之前，首先必须解决什么是细石叶技术的问题。国内通行的概念是"细石器""细石器技术""细石器工业""细石器组合"，乃至"细石器文化"等，王益人 2003 年对这些概念出现的历史进行了回顾②，此处不再赘述。我们这里又提出"细石叶技术"，是否只是标新立异、徒增混乱？为什么要如此？理由如下：

---

① 贾兰坡：《中国细石器的特征和它的传统、起源与分布》，《古脊椎动物与古人类》1978 年第 2 期；佟柱臣：《试论中国北方和东北地区含有细石器的诸文化问题》，《考古学报》1979 年第 4 期；C. Chen, "The Microlithic in China," *Journal of Anthropological Archaeology* 3 (1984)：79-115；L. D. Lu, "The Microblade Tradition in China: Regional Chronologies and Significance in the Transition to Neolithic," *Asian Perspectives* 37 (1998)：84-112；王益人：《关于下川文化的几个问题》，载陕西省文物局、陕西省考古所、西安半坡博物馆编《中国史前考古学研究——祝贺石兴邦先生考古半世纪暨八秩华诞文集》，三秦出版社，2003；C. Seong, "Microblade Technology in Korea and Adjacent Northeast Asia," *Asian Perspectives* 37 (1998)：245-278；安志敏：《海拉尔的中石器遗存——兼论细石器的起源和传统》，《考古学报》1978 年第 3 期；安志敏：《中国细石器发现一百年》，《考古》2000 年第 5 期；杜水生：《楔形石核的类型划分与细石器的起源》，《人类学学报》2004 年增刊。

② 王益人：《关于下川文化的几个问题》，载陕西省文物局、陕西省考古所、西安半坡博物馆编《中国史前考古学研究——祝贺石兴邦先生考古半世纪暨八秩华诞文集》。

首先，同国际通用的术语相对应。与"细石叶"（microblade）共存的术语有"细石器"（microlith）、"细小石叶"（bladelet），每个术语的产生都有特定的历史，在使用时往往有地域的含义在其中，比如：细石器主要用于西亚和欧洲，也就是中国学术界经常说的几何形细石器传统①；"细小石叶"这个术语在北非史前考古中运用频率最高；而"细石叶"则主要指发现于东亚、西伯利亚和阿拉斯加的石器材料。考虑对应的问题，使用细石叶这个概念似乎更合适一些，当前日本和韩国的学术界也是采用这个方案。

其次，细石叶技术只是一种流行于东亚、东北亚和西北美洲的细石器技术，而不是全部的细石器技术。晚更新世以来史前技术的一个突出变化就是石器的细小化（microlithization），晚更新世后期的欧洲、北非、南亚与全新世中期的澳洲、北美都见证了这个过程，石器技术的细小化并非只有细石叶技术这一种方式，还有流行于欧洲、西亚的几何形细石器技术。

传统所言的细石器功能多样。细石器并非单一的器物类型，也不能代表一个工业，它是和一些比较大的石器一起构成一个工业②，所以概念问题的另一方面是考古学家该用"组合"、"文化"还是"工艺"来概括发现的材料。王益人肯定"细石器组合"的存在，其组成包括端刮器、

---

① 贾兰坡：《中国细石器的特征和它的传统、起源与分布》，《古脊椎动物与古人类》1978年第2期；安志敏：《海拉尔的中石器遗存——兼论细石器的起源和传统》，《考古学报》1978年第3期；安志敏：《中国细石器发现一百年》，《考古》2000年第5期。

② S. L. Kuhn and R. G. Elston, introduction to *Thinking Small*: *Global Perspectives on Microlithization*, eds. R. G. Elston and S. L. Kuhn, pp.1-8.

琢背小刀、雕刻器等①，更早的是1972年贾兰坡等人在峙峪报告的讨论中已用细石器组合这个术语②。这和安志敏否定"细石器（组合）"、"细石器文化"的看法不同③，侯亚梅也赞同安志敏④。"细石器工艺"的提法旨在排除和细石器工艺伴存的因素如较大的砍砸器，以及替代"细石器文化"不合理地包含多样的生计方式。前文已谈到以"细石叶"这个概念代替"细石器"，而于"细石叶技术"和"细石叶组合"的提法都是可以成立的。细石叶技术纯粹是从技术的角度讲的，没有时空的限制，凡是运用了细石叶技术的考古遗存都在细石叶技术研究的范畴内；相反，当提及细石叶组合时，必须同时伴随时空的限定，比如旧石器时代之末中国山西的细石叶组合、西伯利亚的细石叶组合、新石器时代中国北方草原带的细石叶组合等，也就是说"细石叶组合"这个概念是从遗存的组合特征的角度讲的，和细石叶技术的提法并不矛盾。

有了以上时空的限定，就可以给细石叶技术下一个比较明确的定义，它是指一种从旧石器时代晚期晚段开始流行于东亚、东北亚以及西北美洲，以间接压制或打击的方法从精细预制两面器毛坯石核上生产规整细石叶产品的技术，细石叶的规格是两边大体平行，厚薄均匀，厚度小于

---

① 王益人：《关于下川文化的几个问题》，载陕西省文物局、陕西省考古所、西安半坡博物馆编《中国史前考古学研究——祝贺石兴邦先生考古半世纪暨八秩华诞文集》。

② 贾兰坡、盖培、尤玉桂：《山西峙峪旧石器时代遗址发掘报告》，《考古学报》1972年第1期。

③ 安志敏：《中国细石器发现一百年》，《考古》2000年第5期。

④ 侯亚梅：《水洞沟：东西方文化交流的风向标？——兼论华北小石器文化和"石器之路"的假说》，《第四纪研究》2005年第6期。

3毫米，宽为7毫米左右，用作骨角工具的镶嵌石刃。至于说细石叶组合的特征，在不同的地区和时代（从旧石器时代晚期一直延续到历史时期）各有特色，它和纯粹的技术类型的区分（日本谓之技法）有所重叠，但又不完全一样，因为细石叶组合考虑更多的是整个石制品组合的特征。

二、中国细石叶技术产品的时空分布特征

了解已有的材料是进一步分析的前提。在讨论中国细石叶技术产品的分布时必须区分不同的视角。从宏观的视角看，可以考虑细石叶技术产品的分布，如与古自然地理带的关系、与人类生计策略的关系；从中观的视角看，可以考虑它在一个地区的分布规律，比如在苏北鲁西南、山西、河北不同的分布特征；从微观的视角看，可以考虑细石叶技术产品在遗址中的分布特征，特别是一个遗址群中不同遗址之间的特征差异。这里主要运用宏观的视角。

了解细石叶技术产品分布的另一个维度是时间上的区分。一般来说，细石叶技术产品很容易区分出两个阶段：旧石器时代和新石器时代。细石叶技术产品进入新石器时代后在华北地区迅速消失，分布限于长城以外的地区。或者将近似细石叶技术萌芽状态的阶段如许家窑遗址、峙峪遗址单列为早期阶段[1]，形成三个阶段，不过许家窑遗址、峙峪遗址石制品组合严格意义上还不能说拥有上面所定义的细石叶技术。单

---

[1] 葛治功、林一璞：《大贤庄的中石器时代细石器——兼论我国细石器的分期与分布》，《东南文化》1985年第1期。

纯就旧石器时代的细石叶技术而论，陈淳、王向前认为还存在下川和薛关两个阶段，锥形石核较之楔形石核要早[1]。实际上从泥河湾盆地（如头马坊遗址）和西伯利亚[如萨米纳金（Sumnagin）文化]的材料来看[2]，真正的锥形石核（常称"铅笔头细石核"）出现于全新世。目前关于中国细石叶技术最早出现的年代，最常引用的年代来自下川遗址，6个 ^{14}C 年代的范围处在距今 $23.9\pm1\sim16.4\pm0.9$ ka[3]，更早的材料如丁家沟 77:01 地点，^{14}C 年代达到距今 26.4 ± 0.8 ka[4]，相对而言，所有其他遗址与地点的年代都没有早于距今2万年前的，还需要更多更准确的年代测定，以确立中国最早的细石叶技术。

有关晚更新世细石叶技术产品在华北的分布，谢飞提出一个马蹄形的分布带，即从燕山向西再向南沿太行山抵伏牛山，再折向东直达苏北鲁西南的马陵山；共分成五个亚区，其中东面的两个亚区，即燕山一线与苏北鲁西南地区，以船形石核技术类型（广义上仍可以认为是楔形石核，不过台面更宽，剥片面更短）为主[5]，西面的三个亚区则以楔形石核为主[6]。

---

[1] C. Chen and X. Q. Wang, "Upper Paleolithic Microblade Industries in North China and Their Relationships with Northeast Asia and North America," *Arctic Anthropology* 26（1989）127-156.

[2] J. F. Hoffecker, *A Prehistory of the North: Human Settlement of the Higher Latitudes*（New Brunswick: Rutgers University Press, 2005）.

[3] 吴加安:《试论下川文化与小南海文化之间的关系》，《考古与文物》1984年第1期。

[4] 王令红:《中国远古人类年代学的新进展》，载吴汝、吴新智、张森水主编《中国远古人类》。

[5] 楔形细石核同船形细石核的区别在于台面宽度与石核高度的比值，楔形细石核的比值小于1/2，船形细石核的则大于这个值，典型船形细石核的这个比值应该大于1。

[6] 谢飞:《环渤海地域新旧石器文化过渡问题研究纲要》，载张忠培、许倬云主编《中国考古学跨世纪的回顾与前瞻》。

在这个区域的划分中,陕西大荔沙苑地区的材料未被考虑进去①,它的半锥形石核与下川遗址的②、它的楔形石核与虎头梁遗址的③都很相似,可以归为西面的三个亚区。值得注意的是,泥河湾盆地诸遗址的发现与下川遗址的相比可谓泾渭分明,下川遗址的发现以精美的柱锥形细石核为特征,泥河湾盆地诸遗址的则以楔形石核为主④。所以,这五个亚区的划分,尤其是东西两面的划分,尚需要更多的材料来证实。特别是这种区分有什么意义,更需要做进一步的发掘。我曾注意到东西两面细石核的大小有所不同,西面诸区域发现的细石核普遍大于东面的细石核,尤其是淳泗涧遗址⑤、马陵山遗址⑥发现的细石核,确实达到了细石核技术的极限。当然,下川遗址也发现了一些特别细小的细石核,但远不及东面的区域那么普遍。这种区分可能与利用不同的资源有关,比如东面的区域更多会利用水生资源,对复合工具中石刃的需求要更小一些。

---

① 安志敏、吴汝祚:《陕西朝邑大荔沙苑地区的石器时代遗存》,《考古学报》1957年第1期;西安半坡博物馆、大荔县文化馆:《陕西大荔沙苑地区考古调查报告》,《史前研究》1983年第1期。

② 王建、王向前、陈哲英:《下川文化——山西下川遗址调查报告》,《考古学报》1978年第3期。

③ 盖培、卫奇:《虎头梁旧石器时代晚期遗址的发现》,《古脊椎动物与古人类》1977年第4期。

④ 河北文物研究所:《籍箕滩旧石器时代晚期细石器遗址》,《文物春秋》1993年第2期。

⑤ 河北文物研究所、秦皇岛市文物管理处、昌黎县文物保管所:《河北昌黎淳泗涧细石器地点》,《文物春秋》1992年增刊;王恩霖:《河北昌黎淳泗涧细石器遗址的新材料》,《人类学学报》1997年第1期。

⑥ 葛治功、林一璞:《大贤庄的中石器时代细石器——兼论我国细石器的分期与分布》,《东南文化》1985年第1期;临沂地区文物管理委员会、郯城县图书馆:《山东郯城黑龙潭细石器遗址》,《考古》1986年第8期。

至于细石叶技术产品与小石器工业共存的问题，还值得商榷。我认为，并没有确实的证据表明华北旧石器时代晚期细石叶技术与小石器工业长期共存①。华北代表典型小石器工业的山顶洞遗址的年代②超出了细石叶技术起源的年代（距今21ka前后），安阳小南海遗址的年代跨数万年，按报告人的说法，石制品没有明显变化，所以都放在一起研究了③。试想高度流动的史前狩猎采集者反复利用一个遗址数万年而无变化，这是不可思议的事情。另外需要强调一点，史前狩猎采集者并不限于只使用细石叶技术产品，所以在华北不同地区的细石叶组合中包含着加工精致的琢背石刀、有肩尖状器到普通的刮削器等不同的组分；细石叶技术使用者还会根据不同的性质来利用石料，如利用质量较差的石料生产一些临时用的工具；再者，作为流动的狩猎采集者，细石叶技术使用者季节性地利用资源，他们并不必然地在每一个居留地都使用细石叶技术产品，这样就会在一些遗址中发现所谓的小石器工业。所以，认为在一个细石叶技术流行的盆地环境中同时还存在小石器工业，是值得重新考虑的。在细石叶技术产生之初，存在一些与小石器工业并存的现象是可能的；在使用细石叶技术的石制品组合中发现小石器成分也很正常（如玉田孟家泉遗址④），从来就没有仅用细石叶技术产品满足一切工具需求的

---

① 陈胜前：《中国北方晚更新世人类的适应变迁与辐射》，《第四纪研究》2006年第4期。
② 陈铁梅、R. E. M. Hedges、袁振新：《周口店山顶洞遗址年代的加速器质谱法再测定与讨论》，《人类学学报》1989年第3期；陈铁梅、R. E. M. Hedges、袁振新：《山顶洞遗址的第二批加速器质谱 ^{14}C 年龄数据与讨论》，《人类学学报》1992年第2期。
③ 安志敏：《河南安阳小南海旧石器时代洞穴堆积的试掘》，《考古学报》1965年第1期。
④ 河北文物研究所、唐山市文物管理所、玉田县文保所：《河北玉田县孟家泉旧石器遗址发掘简报》，《文物春秋》1991年第1期。

石制品组合。

三、讨论的范式

1. 分析的理论框架

建立理论解释和扩充研究材料、发展研究方法一样，是进行任何一门学科研究的必要手段，而在我们过去对细石叶技术起源的研究中，发展理论解释是非常罕见的，研究的基础完全依赖于考古材料的发现，很显然这是不够的。相对而言，西方旧石器时代考古研究领域在这个方面做了比较多的尝试，比如：肖特运用民族学材料分析石器技术的组织与居址流动性之间的关系，强调居址流动性的变化会影响器物组合的构成[①]；纳尔逊（Nelson）强调通过器物形态分析器物设计，通过器物分布分析活动区的特征，然后进一步探讨技术使用的策略，进而讨论一个人群的社会和经济策略以及他们对于环境的适应[②]；杨（Young）等人试图发展一套认知的方法，从石器技术研究中找到更多有关人类行为的信息[③]；海登等人则发展出特别详尽的评估石器设计和使用策略的标准[④]；布

---

① M. J. Shott, "Technological Organization and Settlement Mobility: An Ethnographic Examination," *Journal of Anthropological Research* 42 (1986): 15-51.

② M. C. Nelson, "The Study of Technological Organization," *Archaeological Method and Theory* 3 (1991): 57-100.

③ D. E. Young, et al., "Low-range Theory and Lithic Technology: Exploring the Cognitive Approach," in *Method and Theory for Investigating the Peopling of the Americas*, eds. R. Bonnichsen and D. G. Steele (Corvallis: Center for the Study of the First Americans, Oregon State University, 1994), pp.209-237.

④ B. Hayden, et al., "Evaluating Lithic Strategies and Design Criteria," in *Stone Tools: Theoretical Insights into Human Prehistory*, ed. G. H. Odell (New York: Plenum, 1996), pp.9-45.

雷德分析可靠性（reliability）和可维护性对石器技术的影响[①]；库恩则通过成本受益来分析重量与功能对石器技术的影响[②]。他们都是单从一个角度发展出各自的理论视角。另外，温特哈尔特（Winterhalder）等人在"最佳觅食理论"（optimal foraging theory）基础上发展出了自己的理论解释[③]。

以上研究都离不开一个关键因素，即狩猎采集者的流动性。流动性是以狩猎与采集作为主要生计方式的人群适应环境的重要策略[④]，或者说他们就是在进行"流动生产"[⑤]，通过流动他们把某些可食用的植物果实扔到居址的周围，其他废弃物则作为肥料，砍伐居址周围的树木则给这些种子带来阳光，狩猎采集者于是不知不觉地改造了环境，"生产"了他们的食物；狩猎采集者还通过流动去发现潜在的食物资源，以保证不时之需，就像是"信息银行"[⑥]。流动性对于他们的意义就像食物生产对于农业社会、市场经济对于近现代社会的意义一样，是解决食物来源的关键手段。

[①] P. Bleed, "The Optimal Design of Hunting Weapons: Maintainability or Reliability," *American Antiquity* 51（1986）: 737-747.

[②] S. L. Kuhn, "A Formal Approach to the Design and Assembly of Mobile Toolkits," *American Antiquity* 59（1994）: 426-442.

[③] B. Winterhalder, et al., "Risk-sensitive Adaptive Tactics: Models and Evidence from Subsistence Studies in Biology and Anthropology," *Journal of Archaeological Research* 7（1999）: 301-348.

[④] R. L. Kelly, "Hunter-Gatherer Mobility Strategies," *Journal of Anthropological Research* 39（1983）: 277-306.

[⑤] G. G. Politis, "Moving to Produce: Nukak Mobility and Settlement Patterns in Amazonia," *World Archaeology* 27（1996）: 492-511.

[⑥] L. R. Binford, *In Pursuit of the Past: Decoding the Archaeological Record*.

对于狩猎采集者而言，技术特征必须适合于他们流动的生活方式；不同于游牧社会有驯化的马、牛帮助拉车，狩猎采集者基本只能依靠人力背负（北极人群利用雪橇和沿河海湖泊的人群利用舟船除外），与此同时，他们需要一套功能多样的工具去解决流动生活中多变的任务，所以狩猎采集者面临着一个两难的选择：尽可能减少搬运成本与尽可能增加工具的耐用性和功能。当然，人类狩猎采集生计中流动工具组合只是他们全部工具组合中的一个部分，流动工具组合在他们生计中的作用也是变化的。一般而言，狩猎采集者的工具组合可以由三种成分构成：随用随弃工具，如一些砍砸器、使用石片等；耐用工具，如磨盘、磨棒等，有时称之为"遗址的家具"（site furniture），偶尔如手斧毛坯也可以归为此类；流动工具，也就是人类会携行的工具，细石叶技术产品就是最典型的有利于流动的工具成分。所以，要理解细石叶技术的产生，必须先了解狩猎采集者流动性的时空特征。克利[1]、宾福德[2]对狩猎采集者的流动性都进行了详细的讨论，他们认为流动性与资源的环境特征密切相关；宾福德进一步强调狩猎采集者的流动性还与资源利用的种类（如动物狩猎、植物采集）、水生资源利用、人口密度有关，这些都会导致不同的流动性和技术复杂程度。

---

[1] G. G. Politis, "Moving to Produce: Nukak Mobility and Settlement Patterns in Amazonia," *World Archaeology* 27 (1996): 492-511; R. L. Kelly, *The Foraging Spectrum: Diversity in Hunter-Gatherer Lifeways* (Washington: Smithsonian Institution Press, 1995).

[2] L. R. Binford, *Constructing Frames of Reference: An Analytical Method for Archaeological Theory Building Using Hunter-Gatherer and Environmental Data Sets*.

在确定了分析与细石叶技术相关的关键变量——狩猎采集者的流动性后,下一步可以考虑建立一个石器分析的理论框架,来确定细石叶技术在石器制造技术中的位置。细石叶技术是一个历史阶段的产物,它有相关的历史渊源。库恩的成本与效用模型[①],设想存在最佳的设计(optimal design),理论上可以成立,但是无法恰当地估计非实用的效用,比如手斧的制作还有性选择的作用,再如中美洲压制极为精致的石器是作为礼器之用,所以这个模型对于石器技术分析不大适用。海登、杨等人的分析框架极细致,但是可操作性差,缺乏简约性,尤其在与早期石器工业做比较时。布雷德的思路非常值得借鉴,但还不够系统,而且可靠性与可维护性并不完全构成一对矛盾,而运用效率或者致死性这个概念则更为明确具体。更关键的问题在于,他忽略了狩猎采集者技术组织中的两个关键变量,即流动性与耐用性。它们可以构成一对矛盾,因为耐用工具往往不易携行,耐用工具多的组合指示的就是狩猎采集人群流动性的降低。此外,工具的适应性也可以作为一个指标来比较不同的石器技术。

如果用五个指标来衡量人类曾有的主要石器技术模式(表12-1),可以看出一些基本的趋势。克拉克曾归纳了五种技术模式[②],国内考古学界常常引用,虽然这个分类被认为只适用于西半球[③],但在广义上进行纯

---

① S. L. Kuhn, "A Formal Approach to the Design and Assembly of Mobile Toolkits," *American Antiquity* 59 (1994): 426-442.

② G. Clark, *World Prehistory in New Perspective*, 3rd edition.

③ S. L. Kuhn and R. G. Elston, introduction to *Thinking Small: Global Perspectives on Microlithization*, eds. R. G. Elston and S. L. Kuhn, pp.1-8.

技术的分析倒也并无不可。此处还可以添加一种技术模式，即磨制石器技术，它代表最典型的耐用性提高、流动性降低的设计；实际上，磨制石器技术对于石器完成的任务而言是一种冗余设计，在定居状态下，这种技术的搬运成本很低，效用相对大大增加。

表 12-1　人类六种石器技术模式的比较

技术模式	流动性	适应性	可维护性	运用效率	耐用性
模式 I 砍砸器	低	中	中	最低	中
模式 II 手斧	低	中	中	中	中
模式 III 石片	高	中	中	中	低
模式 IV 石叶	高	高	高	高	低
模式 V 细石叶	最高	最高	最高	最高	最低
模式 VI 磨制石器	最低	最低	最低	高	最高

从人类狩猎采集的适应历史来看，可以归纳出两个基本的趋势。一个趋势是能量的最大化策略[①]，它是指在同等的寻食时间内，狩猎采集者希望找到能量最高的食物。当然，人类和所有其他生物一样也要考虑营养的均衡问题，他们也会有意采集一些低能量的食物，但这不是狩猎采集经济的主要矛盾。和采集植物性食物相比，狩猎就是能量的最大化策略，同样，动植物的驯化也是这样一种策略。对于狩猎采集者而言，他们希望扩大狩猎经济的比重，也就是说他们追求更有效率的狩猎工具，细石叶技术可以说代表着打制石器技术的顶峰，也是旧石器时代的一种

[①] 陈胜前：《中国狩猎采集者的模拟研究》，《人类学学报》2006 年第 1 期；陈胜前：《中国晚更新世—早全新世过渡期狩猎采集者的适应变迁》，《人类学学报》2006 年第 3 期。

最先进的石器制作技术。另一个趋势是流动性的最大化策略,它是指狩猎采集者希望在寻食过程中,在同等时间内尽可能覆盖更大的面积。更大的面积就意味着更多的狩猎机会和其他食物信息,也意味着更安全的食物保障,所以提高流动性是狩猎采集者追求的另一个目标,而要提高流动能力,就必须减轻携带的工具负荷,细石叶技术正好满足这个目的(图12-1)。

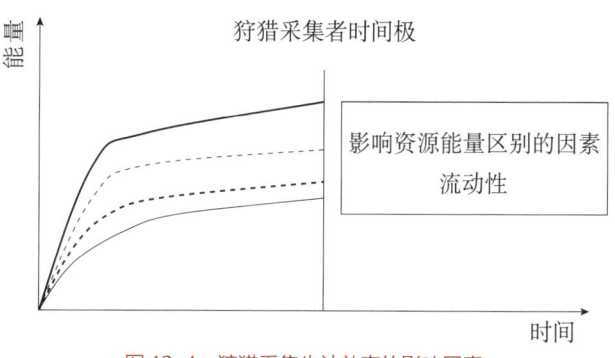

图12-1 狩猎采集生计效率的影响因素

图中不同的曲线表示不同流动性与资源能量级别的影响,比如高流动性狩猎为主的生计能够获得多的能量回报;相反,低流动性采集为主的生计就只能获得少的能量回报。

从模式Ⅰ至模式Ⅴ,下一模式对上一模式有一定的包容性,如同软件的升级,对于会制造手斧的狩猎采集者而言,制作砍砸器是不在话下的;对于会制作细石叶的狩猎采集者而言,制作石叶是道理之中的事。从流动性这个角度看,从模式Ⅰ到模式Ⅴ,可以看出狩猎采集者的石器技术是越来越有利于提高流动性的,运用细石器技术代表流动性的顶峰，但是，当磨制石器技术流行后，石器技术代表的流动性迅速降到最低。细石器技术不仅代表流动性的顶峰，而且代表最宽的适应面、最高的可维护性、最高的致死性（或效率）。特别值得注意的是，细石器技术的耐用性是最低的，这跟这种技术所用的细小而锋利的刃口有关。与细石器技术对比最鲜明的是磨制石器技术，前者寻求高的流动性、宽的适应面、良好的可维护性，而后者以耐用性优先，定居者无须寻求高的流动性、宽的适应面，而且他们通过提高石器的耐用性来减少在维护上的消耗。从模式 I 到模式 V，反映人类不断努力提高资源的利用范围，既包括寻食面积的扩大，也包括食物资源种类的增加，还包括人类不断追求食物资源能量的最大化（即追求高能量的食物）。但是人类在没有快速交通工具（如马）之前，他们的流动性必然有一个极限。

另外，值得注意的是技术的系统状态（system state）不同，直接使用打制石器是一个系统状态，而制成复合工具则属于另一个更高层次的状态；就是说，在打制石器上投入劳动再多，也并不会使石器的效用成比例地提高，而只有当系统状态提升到另一个层次后，效用才会迅速提高。与此同时，当一个系统状态达到极限后，就有可能发生系统状态的跃变，比如从细石叶技术到磨制石器技术，人类无法再提高流动性以获得必需的资源，那么，他们就只能改变生计方式，从狩猎采集走向食物生产。此外，石器技术只是人类群体所有工具技术中的一个部分，如果一个群体运用大量的非石器技术，那么这就会导致技术系统性质的差异。比如，中国南方和东南亚的石器技术长期以砍砸器技术为主，可能与非石器技术有关①。

在了解了细石叶技术是一种什么性质的技术之后,必须强调细石叶技术建立在已有的石器技术传统上,模式Ⅰ、Ⅱ、Ⅲ、Ⅳ都可以为其所用。与细石叶技术伴生的石器组合,还应有随用随弃的工具,如砍砸的功能就可以用这类工具来解决,所以在包含细石叶技术产品的石器组合中,发现少量粗大的砍砸工具、一些石片工具和石叶工具是很正常的,还有可能发现有修理痕迹的毛坯,作为储备的石料。如果孤立地将细石叶技术产品当成一个石器组合来看待,那么就无法解释伴生的粗大石制品,同样也无法解释狩猎采集者多样的生计活动,最终将含细石叶技术产品的一个完整的石器组合看成几个石器组合,甚至若干个工业传统。

2. 技术元素分析

要研究细石叶技术的起源,首先必须了解细石叶技术本身,包括它的构成要素、技术渊源、技术类型等,然后追根溯源,探讨它的起源原因与过程。而要了解细石叶技术的构成要素,就要从考古遗存着手。目前,与典型的细石叶技术相关的遗存至少可以归纳为十类:两面器石核、除皮石片、两面器修理石片、热处理后的光泽、打制削片前的摩擦痕迹、加工台面的削片、第一剥片、修理台面的石碴、细石叶与细石核。当然,生产细石叶的细石核可以用典型的两面器作为毛坯,通过削片或者修理来获得台面;还有一种方法是利用原料的天然平面或者平坦的劈裂面作

---

① G. G. Pope, "Bamboo and Human Evolution," *Natural History* 10 (1989): 48-57.

为台面，但是这件毛坯本身仍要像典型的两面器一样经过修理加工，这种工艺本身也可能是从运用典型的两面器毛坯通过削片预制石核简化而来①。所以，细石叶技术的一个主要构成要素就是制作两面器的技术。

两面器技术本身就代表着一种追求器物标准化和多功能的技术，特别适合流动的狩猎采集者②。两面器既可以作为石核、长使用寿命多用途工具，还可以作为尖状器加工过程中的副产品③。它在用途上的弹性、形态上的标准化，与细石叶技术的目标是一致的。从技术渊源上说，两面器技术是细石叶技术的源头之一。另一个源头是雕刻器技术，削片就是通过这种技术产生的。塔巴列夫（Tabarev）也认为细石叶技术结合了两面器技术和雕刻器技术④。另外，软锤修理、压制修理、热处理和摩擦技术也是细石叶技术中的重要组分。其中压制技术可以用于生产第一剥片之前的边缘修理，也可以用于生产石叶，它同样体现细石叶技术的一个源头。埃尔斯顿（Elston）等人认为的两极技术（bipolar technology）和细石叶技术渊源很深⑤，实际上，从细石叶技术的构成要素来看，两极技术并不是细石叶技术中必不可少的要素。细石叶技术中必不可少的要素如下：

---

① 系与大场正善的个人交流。

② G. H. Odell, "Investigating Correlates of Sedentism and Domestication in Prehistoric North America," *American Antiquity* 63（1998）: 553-571.

③ R. L. Kelly, "The Three Sides of a Biface," *American Antiquity* 53（1988）: 717-734.

④ A. V. Tabarev, "Paleolithic Wedge-shaped Microcores and Experiments with Pocket Devices," *Lithic Technology*, 22（1997）: 139-149.

⑤ R. G. Elston, et al., "New Dates for the North China Mesolithic," *Antiquity* 71（1997）: 985-993.

两面器技术——石核的预制

雕刻器技术——削片的打制

棱柱状石核技术——石核的预制

压制技术——修理石核、剥制石叶

软锤修理——修理石核

热处理——处理石核

摩擦技术——加工台面

特别有意思的是，在细石叶技术产生之前以及与此同时，存在着"棱柱状石核技术"（prismatic blade technology），北方旧石器时代晚期水洞沟遗址的石核技术中就存在着这种技术类型，它也是北美古印第安人的石叶生产技术[1]。在华北地区，原始棱柱状石核技术甚至可以溯源于泥河湾盆地早更新世的遗存[2]，它也见于晚更新世早期的许家窑遗址[3]。这种技术和细石叶技术中的船形石核技术关系如何？细石叶技术的实施过程可以分为两种（图12-2）：一种是前文谈到的通过加工两面器毛坯然后生产细石叶；另一种是修理块状的石核毛坯然后剥制细石叶[4]。典型的船形石核毛坯尽管采用两面器的修理技术，但其形态和原始棱柱状石核

---

[1] J. B. Sollberger and L. W. Patterson,"Prismatic Blade Replication,"*American Antiquity* 41（1976）：517-531.

[2] 侯亚梅：《泥河湾盆地东谷坨遗址石器工业》，博士学位论文，中国科学院古脊椎动物与古人类研究所，2000。

[3] 贾兰坡、卫奇：《阳高许家窑旧石器时代文化遗址》，《考古学报》1976年第2期。

[4] T. Kobayoshi,"Microblade Industries in the Japanese Archipelago,"*Arctic Anthropology* 7（1970）：38-58.

更接近。棱柱状石核技术也是石叶剥制技术的前身,其衍生形态有双台面的石叶剥制技术,如水洞沟遗址[①]。细石叶技术是在石叶技术基础上发展起来的,在使用细石叶技术的石制品组合中常常能够发现石叶就是一个例证,因此可以说棱柱状石核技术是细石叶技术的另一个源头。

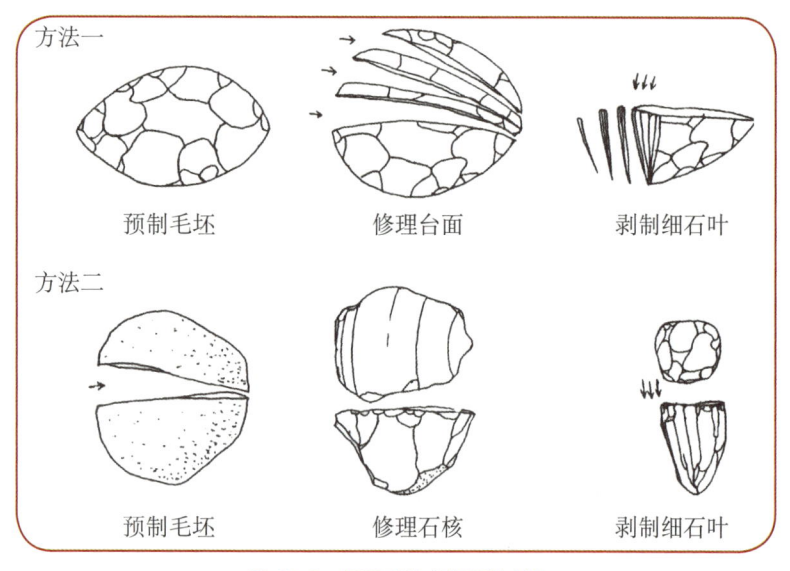

图 12-2　细石叶技术的两种方法

注:方法一即楔形细石核生产的细石叶技术,方法二来自棱柱状石核技术。

资料来源:T. Kobayoshi, "Microblade Industries in the Japanese Archipelago," *Arctic Anthropology* 7(1970):38-58.

细石叶技术的一个显著特征就是它有明确的实现目标,即制作两面器或者船形石核毛坯,然后剥制细石叶。小林(Kobayashi)认为这来源于人类头脑中既有的模板(mental template),即人类头脑中已有细石

[①] 宁夏文物考古研究所编著:《水洞沟——1980 年发掘报告》。

核、细石叶的形态和工艺的过程，制作的过程是为了达到既有的目标[①]。弗兰尼肯（Flenniken）则认为这是由文化类型（cultural type）决定的（另一个决定因素是原料的性质）[②]，细石叶技术是文化类型的表现形式，这种形式并不完全由功能决定。那么，细石叶技术中技法能否代表文化类型的地方形态？回答是肯定的。

就这一点而言，细石叶技术和模式 II 的手斧技术相同，都超越功能寻求形式的一致，而且制作工艺上更加复杂多样。前文已经提到两面器技术本身就是一种具有标准化和多功能特征的技术，再把两面器加工成细石核，然后剥制细石叶，这是一种工艺的特殊延伸，仅从功能上解释还不足以说明问题。根据弗兰尼肯的研究，从两面器上打下的石片的边刃长度总和要大于剥制细石叶的边刃长度总和[③]。和两面器的生产相比，细石叶的生产更节省原料，但要花两倍的时间；此外，如果把废片也考虑在内，生产细石叶在提供切割刃方面并不如两面器，其主要意义在于提供标准产品。两面器尽管还可以作为长使用寿命多用途工具，但是两面器的形态并不是生产细石叶所必需的。两面器技术更有可能和一种石叶生产技术结合起来后形成了典型的细石叶技术，而这种石叶生产技术有可能就是棱柱状石核技术。

[①] T. Kobayoshi, "Microblade Industries in the Japanese Archipelago," *Arctic Anthropology* 7 (1970): 38-58.

[②] J. J. Flanniken, "The Paleolithic Dyuktai Pressure Blade Technique of Siberia," *Arctic Anthropology* 24 (1987): 117-132.

[③] 同上书。

四、产生的原因

技术的目的是解决一定的问题。细石叶技术出现于旧石器时代晚期,这个时期狩猎采集者面临的问题和更早时期人类面临的问题并没有本质的不同,即都要解决资源的不确定性和风险问题,而生计的稳定性并不是由资源丰度最大的季节,而是由资源丰度最小的季节决定的,这也就是生物的"最小耐受度法则"。虽然问题没有改变,但是狩猎采集者解决问题的初始条件改变了。首先,持续的人口增长造成对资源的需求相应增加,而自然资源的生产过程并没有同步提速,更严重的是自然的生态过程一旦被破坏,资源的生产力就会下降,这是非常不利的一面。其次,人类的文化是累积发展的,这就非常有利于狩猎采集者进一步通过文化方面的革新来解决现实的问题。最后,自然环境变化了,变化之于适应而言都是挑战。旧石器时代晚期,气候进入末次盛冰期,在高纬度地区人类的生存空间减少,但是在中低纬度地区因为海平面的下降、热带气候区的缩小,人类的生存空间反而有所扩大。所以,末次盛冰期并不意味着人类生存环境的恶化,倒是末次盛冰期的迅速结束以及气候的波动对人类适应的挑战更大。

旧石器时代晚期,在欧亚大陆的狩猎采集适应中可以看到一些新的特征:首先,是小动物的狩猎,如在西亚旧石器时代晚期中段发现人类开始狩猎兔子这类小动物[1],这可能与大动物的减少有关,与之相应,猎

---

[1] M. C. Stiner, et al.,"Paleolithic Population Growth Pulses Evidenced by Small Animal Exploitation," *Science* 283(1999):190-194.

杀动物的工具会有所缩小。其次，稳定同位素人骨分析显示欧洲格拉维特（Gravettian）阶段，包括西伯利亚地区在内，人类利用了比较多样的陆生和淡水食物资源[①]，资源利用宽度的扩大就要求更加灵活多样的工具。再次，人类迅速地扩张并占领除南极洲之外的所有大陆，甚至深入极地[②]，人类在这个阶段的迁移速度是前所未有的，显示此时人类具有高度的流动性，他们需要一套适合流动的工具，人类的石器工具缩小是全球性的趋势，细石叶技术只是其中的一种形态。最后，前文已提及人类适应的一个基本趋势就是寻求能量的最大化，与此同时，人类还寻求资源最大的稳定性和最小的风险，在狩猎采集阶段，就是去发现更多可用的资源，然后狩猎那些回报率更高的猎物，主要是大中型的食草类动物，特别是鹿类，所以也可以说提高流动能力是狩猎采集阶段人类适应的基本趋势。

当然，还要考虑到细石叶技术是建立在旧石器时代晚期及以前的技术基础上的，除了前文提及的砍砸器技术、石片技术、石叶技术之外，其技术基础至少还应该包括：一是对优质石料的认识与利用；二是运用机械如弓、投掷器或者吹筒来增加投射的距离和准确性；三可能是利用化学毒物的帮助来增加杀伤力。同时，还有其他技术相辅助，包括各种有人照看和无人照看的设施，如陷阱、网罗等。在这些技术基础

[①] J. F. Hoffecker, *A Prehistory of the North: Human Settlement of the Higher Latitudes.*

[②] J. F. Hoffecker and S. A. Elias, "Environment and Archeology in Beringia," *Evolutionary Anthropology* 12（2003）: 34-49; T. Goebel, "Pleistocene Human Colonization of Siberia and Peopling of the Americas: An Ecological Approach," *Evolutionary Anthropology* 8（1999）: 208-227.

之上,细石叶技术充分发挥它适合制作流动工具的特点,而不必考虑临时性的砍砸、切割等任务,这些任务都可以通过制作随用随弃的工具来解决。也正因为有这些技术的帮助,细石叶技术产品才可以非常细小。

细石叶技术以生产复合工具镶嵌用的石刃为目的,但是考古学家很少知道它们的具体用途。目前考古发现所见主要是新石器时代遗址嵌刃石刀,多选用动物的扁骨,在其一侧开槽,然后镶嵌石刃,这些工具可以用作匕首、随身的小刀;而嵌刃的标枪非常少见,西伯利亚有发现[①](图12-3),嵌刃石刀仍是主要器型。是否细石叶主要用于制作嵌刃石刀,而非用于标枪?从澳大利亚土著的石器中就发现用普通石片镶嵌的标枪极具杀伤力,因为其边刃不齐,一旦刺中猎物,其创口就很大[②]。那么,为什么还有专门生产细石叶用作标枪的镶嵌石刃?嵌刃标枪的少见也表明细石叶技术的主要目的不是制作标枪这类狩猎工具,而是制作嵌刃石刀,因为只有这类工具才需要平整的刃口。另一个证据是,即使在包含细石叶技术产品的石制品组合中,也有经过专门压制修理的标枪头(projectile points),泥河湾盆地诸地点、东北新石器时代含细石叶技术的地点以及西伯利亚都是如此。也就是说,这些组合中有狩猎大动物的专用工具。按埃尔斯顿和班廷汉姆(Bringtingham)的说法,这种设计和嵌刃标枪相比,一旦损坏,就不能维护,只能废弃,所以嵌刃工具更

---

① A. P. Derev'anko, *The Palaeolithic of Siberia: New Discoveries and Interpretations*.

② J. Mulvaney and J. Kamminga, *Prehistory of Australia* (Washington: Smithsonian Institution Press), 1999.

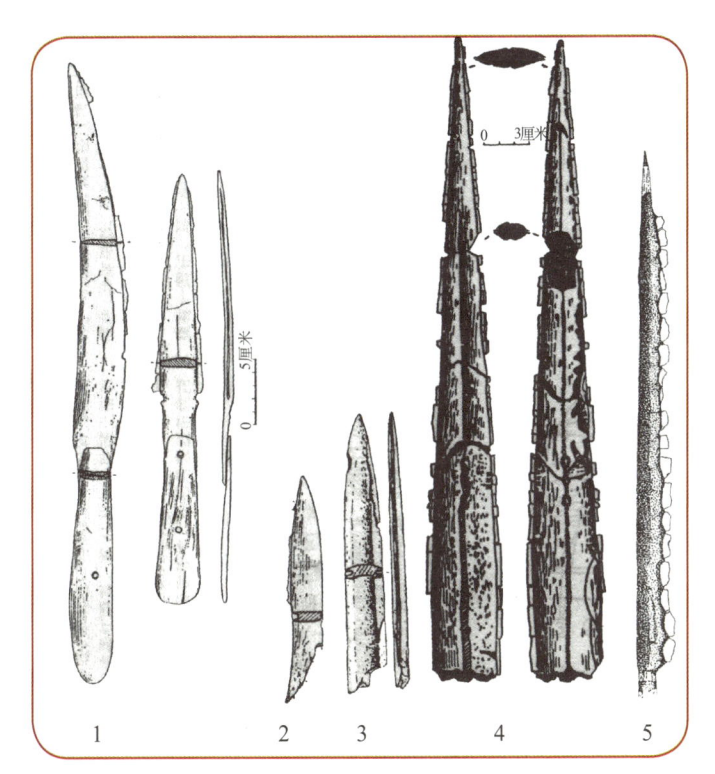

图 12-3 考古材料中镶嵌细石叶的复合工具与民族学中镶嵌石片的复合工具

注：1. 甘肃永昌鸳鸯池；2、3. 内蒙古敖汉旗兴隆洼；4. 西伯利亚；5. 澳大利亚。

有优势[1]。实际上，对于安柄工具而言，民族学材料显示最费劲的不是制作箭头，而是制作箭杆[2]。总之，对于狩猎大动物而言，嵌刃标枪并不是必要的，也不是最经济的。

---

[1] R. G. Elston and P. J. Brantingham, "Microlithic Technology in Northern Asia: A Risk-minimizing Strategy of the Late Paleolithic and Early Holocene," in *Thinking Small: Global Perspectives on Microlithization*, eds. R. G. Elstonand S. L. Kuhn, pp.103-116.

[2] L. H. Keeley, "Hafting and Retooling: Effects on the Archaeological Record," *American Antiquity* 47（1982）：798-809.

虽然细石叶更有可能被用于制作嵌刃石刀，但是迄今为止，在中国还没有发现旧石器时代晚期的嵌刃石刀。西伯利亚此一时期的发现可以作为参考。用于制作嵌刃石刀的细石叶的一般宽度都不能小于 5 毫米，长度不小于 20 毫米，否则根本就无法用于镶嵌。但是在华北旧石器时代晚期的细石叶，特别是淳泗涧、苏北鲁西南一带的材料，还有部分下川的材料，都十分细小，和通常所说的用于制作嵌刃石刀的细石叶并不一样，这样的细石叶显然不能作为嵌刃石刀的切割刃使用，它更适合用作某些射弋工具的倒刺（barbs）。当然这只是一个近似合理的推测，还需要考古证据来证明。

值得注意的是，无论是在旧石器时代晚期的遗址中还是在新石器时代的遗址中，骨角工具都很普遍，尤其是在新石器时代的遗址中，嵌刃复合工具在磨制石器技术盛行的华北地区已经消失，而只见于长城以外的地带①。在华北地区取而代之的是大量磨制的骨镞，这可能与狩猎对象的区别有关。近现代狩猎采集群体在狩猎不同的猎物时常用不同的箭头。所以，可以说细石叶技术既没有取代骨角工具，也没有取代纯粹的石制工具如标枪头，反过来，可以说新石器时代细石叶技术在华北地区被磨制石器技术取而代之。这种工艺可以说是为了满足特定的任务需求而产生的，这种特定的任务需求一旦消失，细石叶技术就失去了它的优

---

① 甘肃省博物馆文物工作队、武威地区文物普查队：《永昌鸳鸯池新石器时代墓地的发掘》，《考古》1974 年第 5 期；中国社会科学院考古研究所内蒙古工作队：《内蒙古敖汉旗兴隆洼遗址发掘简报》，《考古》1985 年第 10 期；中国社会科学院考古研究所内蒙古工作队：《内蒙古敖汉旗兴隆洼聚落遗址 1992 年发掘简报》，《考古》1997 年第 1 期；沈阳市文物管理办公室、沈阳故宫博物馆：《沈阳新乐遗址第二次发掘报告》，《考古学报》1985 年第 2 期。

势。细石叶技术的优势就是它的轻便,也就是它的流动性,以及它较好的适应性,既可以用于嵌刃石刀,也可以用于嵌刃的标枪,还可以用作射弋工具的倒刺。

细石叶技术的目的是尽可能运用最少的石料生产最多标准化的锋利刃口。在这个意义上说,细石叶技术是一种优质石料利用最大化的技术方式,或者说携带原料最小化的技术方式,废弃从技术上是可以很少的。弗兰尼肯所谓的无法夹持是废弃的原因[1],这是现代复制者们遇到的困难。从实际考古材料中可以发现,台面的更新,转向产生新台面,以及如淳泗涧、马陵山一带极小的细石核都表明并不存在夹持的问题。

对于高度流动的狩猎采集者而言,他们随身的工具必须尽可能地轻便、有效。细石叶技术正好能够满足这个需求。了解了细石叶技术的目的,下面就是寻找何时何地人类对这种工艺有强烈的需要,以便彻底解释细石叶技术产生的原因。

这里还需要指出的是,细石叶技术作为一种工艺可以从成本功用的角度出发来考虑,但同时必须指出细石叶技术也作为一种文化形式而存在,它的出现有随机性。尤其当这种技术开始广泛流行时,它作为文化形式的意义会逐渐增强,它的功用意义会有所减弱。就像陶器最开始只是作为盛器和炊器使用,但逐渐它就有了文化形式的意义,而且成为不同考古学文化的标志,虽然陶器的功用意义并没有消失。细石叶

---

[1] J. J. Flanniken, "The Paleolithic Dyuktai Pressure Blade Technique of Siberia," *Arctic Anthropology* 24 (1987): 117-132.

技术同样如此。一个典型的例子就是日本列岛的细石叶技术：首先，这里并不缺乏优质的石器原料，适合制作细石叶的黑曜石在火山活动活跃的日本列岛并不罕见；其次，这里狩猎采集者的生计也并不以狩猎为特色，岛屿上缺乏欧亚大陆上那些栖息于草原的大群食草动物；最后，对水生资源的利用以及这里具有的丰富的水生资源有利于狩猎采集者降低流动性。也就是说，细石叶技术并不是日本列岛狩猎采集者生计的必需要素，它是作为一种文化被吸收进来的。然而，在追溯细石叶技术起源时，必须从功用的角度出发，这种工艺必然出现在最需要它的地方，出现在相关技术基础最成熟的地方。

五、起源地与年代

安志敏列举了关于细石叶技术起源的四种假说，即欧洲说、西伯利亚说、蒙古说和华北说，他认为细石叶技术起源于华北，主要的支持证据是华北有峙峪、小南海等旧石器时代晚期遗址，在这些遗址发现了"似细石叶"技术；主张华北起源说的另一个证据是在宁夏水洞沟遗址发现了被认为是细石叶技术前身的石叶工艺[①]。但是峙峪遗址和小南海遗址的石器技术中并没有细石叶技术要素的关键内容，也就是两面器技术。此外，小南海遗址的石制品组合早晚混合在一起，年代测定没有更新的工作，难以确信已有的年代。水洞沟遗址的石制品组合中同样缺乏

---

① 安志敏：《海拉尔的中石器遗存——兼论细石器的起源和传统》，《考古学报》1978年第3期。

两面器技术。杜水生主张下川遗址代表的细石叶技术起源于华北、虎头梁遗址代表的细石叶技术起源于西伯利亚[1]，但是这两种技术类型之间就其工艺要素而言并没有本质的区别。

小林认为日本旧石器时代晚期早段也有"似细石叶"，与在中国小南海遗址发现的相似，但他认为与细石叶没有关系。他主张日本的细石叶技术是独立起源的，在细石叶技术出现之前日本列岛有一种琢背石叶工业（backed blade industry），这种石叶的宽度常常超过 11 毫米，但细石叶不是这种小石叶的缩小版，而是当地石叶工业在接受新的刺激后形成的，小石叶后来消失了[2]。实际上，如果认为就是细石叶技术的影响，就很难说日本的细石叶技术是本土起源的，前文也论及日本列岛的细石叶技术存在的特殊性，它在日本列岛独立起源的可能性不大。

塔巴列夫认为细石叶技术的核心区是西泛贝加尔湖地区、上阿穆尔盆地和蒙古东北部，起源地应该在这些地区[3]。戈贝尔（Goebel）同样认为细石叶技术可能起源于蒙古的中、东部[4]，主要考虑因素是目前细石叶技术比较确凿的年代都是在距今 17 500 年，早于距今 18 000 年的材料

---

[1] 杜水生：《楔形石核的类型划分与细石器的起源》，《人类学学报》2004 年增刊。

[2] T. Kobayoshi, "Microblade Industries in the Japanese Archipelago," *Arctic Anthropology* 7 (1970): 38-58.

[3] A. V. Tabarev, "Paleolithic Wedge-shaped Microcores and Experiments with Pocket Devices," *Lithic Technology*, 22 (1997): 139-149.

[4] T. Goebel, "Pleistocene Human Colonization of Siberia and Peopling of the Americas: An Ecological Approach," *Evolutionary Anthropology* 8 (1999): 208-227; T. Goebel, "The 'Microblade Adaptation' and Recolonization of Siberia during the Late Upper Pleistocene," in *Thinking Small: Global Perspectives on Microlithization*, eds. R. G. Elston and S. L. Kuhn, pp.117-132.

不大可靠；而且人类在西伯利亚末次盛冰期撤离了这一地区，西伯利亚旧石器时代晚期早段的石器技术中具有细石叶技术的关键工艺要素，即两面器技术，欧亚大陆西侧更早的旧石器时代文化中就有这种技术。

单纯从考古发现来判断细石叶技术起源的年代与地域是不够的，将细石叶技术已有的分布中心区当成起源区也失之简单。前文已经讨论了细石叶技术是一种什么性质的技术，它是一种有利于高度流动生计的技术；这种有利于高度流动狩猎采集的石器技术本身还说不上是一种风险最小化策略①，对于狩猎采集者而言，风险最小化策略就是提高他们的流动性，细石叶技术是达到提高流动性的手段。从民族学材料中看到，流动性最大的往往是以狩猎为主要生计方式的群体，而完全在草原环境或者接近荒漠的地带，猎物资源的密度并不高，对于徒步的狩猎采集者而言是难以生存的，即使对于近现代被排挤到边缘地区的狩猎采集者而言，也没有完全在草原地带生存的②，他们必须生活在一种草原与森林交界的地带，这样他们才能避免过度依赖一个地带资源的风险，而且在寒冷的冰雪覆盖的季节可以在森林中狩猎猎物和躲避寒风。草原与森林交界的地带也是以狩猎为主要生计的最佳地带。在中国现在这种气候条件下，如果人类使用狩猎采集经济，那么最适合以狩猎为主的地区就是目前中国从东北到西南的从森林到草原的自然过

---

① R. G. Elston and P. J. Brantingham, "Microlithic Technology in Northern Asia: A Risk-minimizing Strategy of the Late Paleolithic and Early Holocene," in *Thinking Small: Global Perspectives on Microlithization*, eds. R. G. Elstonand S. L. Kuhn, pp.103-116.

② L. R. Binford, *Constructing Frames of Reference: An Analytical Method for Archaeological Theory Building Using Hunter-Gatherer and Environmental Data Sets*.

渡带①，向北还可以延伸至现在蒙古东部和俄罗斯贝加尔湖以东地区（这主要是根据生物圈初级生产力的分布来确定的②）；或者可以这么说，如果细石叶技术在现代气候条件下起源的话，那么它应该起源于这个地区。这也解释了为什么细石叶技术在这个地区一直使用到历史时期。但是细石叶起源时正值末次盛冰期前后，北半球的气候带普遍南移了3～5个纬度③，在中高纬度的变化幅度更大。所以，如果细石叶技术在末次盛冰期起源的话，那么它应该起源于华北腹地，而不是这个从东北到西南的交界地带，更不可能是有些学者认为的泛贝加尔湖地区或者蒙古东部④。

末次盛冰期前后环境变化的主要特征是原有资源的分布斑块化，而且斑块之间的距离不断扩大，直到彻底被新的环境取代。随着斑块之间距离的扩大，狩猎采集者必须提高他们的流动性，以获得他们已经习惯利用的资源（图12-4）。他们的流动性达到极限后，他们就只能选择去开发利用新的资源、利用更多种类的资源（也就是所谓的广谱适应），以及强化利用一些以前不会利用的资源（如加工有毒的植物使其失去毒性）。

---

① 陈胜前：《中国狩猎采集者的模拟研究》，《人类学学报》2006年第1期。

② H. Leith, "Modeling the Primary Productivity of the World," *Nature and Resources* 8（1972）: 5-10.

③ 魏兰英、彭贵、严富华、尹金辉、卢演俦、刘荣谟：《北京地区末次冰消期气候环境变化记录的初步研究》，《第四纪研究》1997年第2期。

④ T. Goebel, "The 'Microblade Adaptation' and Recolonization of Siberia during the Late Upper Pleistocene," in *Thinking Small: Global Perspectives on Microlithization*, eds. R. G. Elston and S. L. Kuhn, pp.117-132.

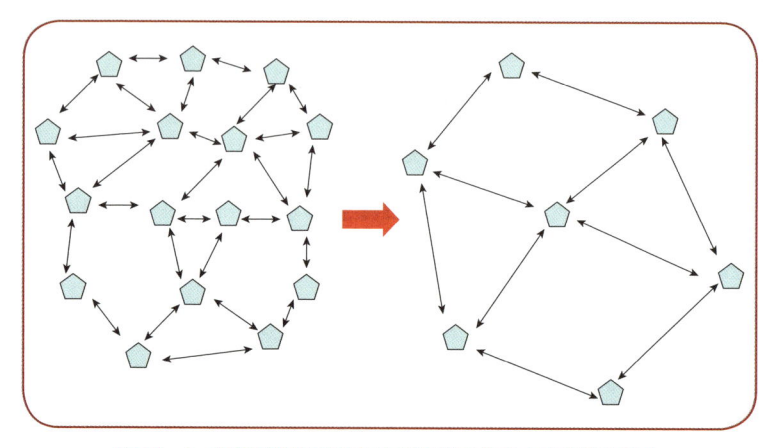

图 12-4　资源斑块密度的改变对狩猎采集者之流动性的影响

末次盛冰期，苔原在中国东北延伸至 45°N，而现在在中国境内没有苔原分布，针叶林的分布南界从 50°N 移到 23°N 左右。现在从东北到西南的森林－草原交界带在这个阶段出现于华北腹地，广袤的西北、青藏和内蒙古是干草原①。末次盛冰期的西伯利亚西北部为冰盖所覆盖，另外，西伯利亚高原、阿尔丹山原、贝加尔湖东部山区以及西部阿尔泰山脉一带都有冰川分布，剩下地区中的大部分又是苔原和猛犸象草原（mammoth-steppe）②，但是戈贝尔的古环境复原认为西伯利亚南部边缘地区是松林－草原（pine forest-steppe）地带，而温克勒（Winkler）和王（Wang）的研究认为与之接壤的中国东北北部是苔原地带，更可能

---

①　M. G. Winkler and P. K. Wang, "The Late-Quaternary Vegetation and Climate of China," in *Global Climates since the Last Glacial Maximum*, eds. H. E. Wright, et al.（Minneapolis：University of Minnesota Press, 1993）, pp.221-261.

②　T. Goebel, "Pleistocene Human Colonization of Siberia and Peopling of the Americas：An Ecological Approach," *Evolutionary Anthropology* 8（1999）：208-227.

在西伯利亚南缘只是局部地区存在森林-草原，因为这一地区还有大面积的山岳冰川，然后是大面积的作为过渡地带的苔原、干草原。因此可以说，在末次盛冰期大面积的森林-草原交界带分布在以华北腹地为中心的区域，这个区域最有可能是从西伯利亚南撤的狩猎采集者的生存地带。在历史时期，每当气候变冷时，都会出现北方人群南侵的现象。这个森林-草原交界带的南界在33°N左右，而细石叶技术分布的南界也是如此，同时还与猛犸象-披毛犀动物群的分布一致，即不超过33°N。这个巧合值得关注，它显示出细石叶技术是对一种特定环境的适应。

如今西伯利亚的环境是自北向南，由苔原、泰加林向草原再向沙漠过渡，草原分布于52°N～53°N（300千米宽），森林-草原交界带动物资源丰富，最适合人类生存。人类可能在晚更新世早期（距今120 000～110 000年）生活于南西伯利亚资源多样的山区，人类在旧石器时代晚期早段已到这一地带（55°N），在旧石器时代晚期中段到达60°N[①]。但是在旧石器时代晚期晚段，随着末次盛冰期的到来，人类离开西伯利亚，少量的人类留在南西伯利亚的山区，大部分进入中国华北地区。

现在可以确定细石叶技术起源地是一个生态的过渡带，同时也是一个文化的过渡带。西伯利亚旧石器时代文化南侵在末次盛冰期之前就已发生，如宁夏的水洞沟文化。埃尔斯顿等人也认为，欧亚石叶技术的传播是从北向南的，年代确定在距今29 000～24 000年，遗址中发现小

[①] T. Goebel, "Pleistocene Human Colonization of Siberia and Peopling of the Americas: An Ecological Approach," *Evolutionary Anthropology* 8 (1999): 208-227.

的似细石叶的两极小石叶甚至可能是细石叶技术的前身①。不过它们更可能是修理所致,水洞沟遗址2005年发掘季度在第二地点第一发掘区的发掘中发现许多似细石叶的小石片;另外,技术要素分析也表明两极技术并不是细石叶技术的要素。在末次盛冰期,这个文化过渡带随着人类的南迁进一步南移,在西部可以看到甘宁和山西南部地区所有的旧石器时代文化面貌发生了很大的改变②。一般而言,文化的接触更容易促生新的文化因素的出现。很显然,细石叶技术不同于流行于北非、西亚和欧洲的几何形细石器技术,它强调两面器石核预制和棱柱状石核技术,本身就是一种文化交流的结果,因为棱柱状石核技术在华北的出现甚至可以追溯至早更新世。

知道了细石叶技术起源于一个文化生态过渡带,就可以去追溯这个过渡带的年代,它就是细石叶技术可能的最早年代。弗兰尼肯认为,久克台(Dyuktaj)的细石叶技术可以早到距今36 000年,最晚到距今11 000年,其中4个遗址超过距今20 000年。后来那些早期遗址年代都被否定了③。塔巴列夫认为,细石叶技术起源于距今25 000~22 700年④,而目前年代确凿的细石叶技术仅在距今17 500年左右,发现于南

---

① R. G. Elston, et al., "New Dates for the North China Mesolithic," *Antiquity* 71（1997）: 985-993.

② 吉笃学、陈发虎、R. L. Bettinger、R. G. Elston、耿志强、L. Barton、王辉、安成邦、张东菊:《末次盛冰期环境恶化对中国北方旧石器文化的影响》,《人类学学报》2005年第4期。

③ J. J. Flanniken, "The Paleolithic Dyuktai Pressure Blade Technique of Siberia," *Arctic Anthropology* 24（1987）: 117-132.

④ A. V. Tabarev, "Paleolithic Wedge-shaped Microcores and Experiments with Pocket Devices," *Lithic Technology* 22（1997）: 139-149.

贝加尔湖地区①。中国华北地区细石叶技术的最早年代来自下川遗址，然而关于其年代也有争议，而且也缺乏新的测年工作。关于年代的争议看来暂时还没法解决，但是我们可以从另外一个角度寻求解决方法。

细石叶技术的起源涉及人类何时进入美洲这个大问题。反过来，最早的美洲人肯定来自亚洲，这个问题可以反证细石叶的起源年代。分子生物学分析显示，第一次人类迁往美洲是在距今20 000～15 000年，是沿海路迁入的，人口来自中南西伯利亚地区；稍后第二次人类是通过内陆到达美洲的，人口来自同一地区，影响了北美和中美的基因；第三次更晚，影响的是阿留申群岛人、因纽特人和纳迪尼印第安人②。还有一项研究表明，美洲土著与西伯利亚东南和东北的土著基因距离最近③。如果人类在移入美洲之前就已经熟练使用细石叶技术，那么他们到达美洲后还可能使用细石叶技术。从细石叶技术到克洛维斯尖状器技术（Clovis point）是不可能在极短的时间内完成的。实际上，细石叶技术传播到北美是在人类第三次移入北美时。很有可能细石叶技术成熟于最早亚洲人口迁入北美后，而且它的传播是从南向北、从西向东进行

---

① T. Goebel, "The 'Microblade Adaptation' and Recolonization of Siberia during the Late Upper Pleistocene," in *Thinking Small: Global Perspectives on Microlithization*, eds. R. G. Elston and S. L. Kuhn, pp.117-132.

② T. G. Schurr and S. T. Sherry, "Mitochondrial DNA and Y Chromosome Diversity and the Peopling of the Americas: Evolutionary and Demographic Evidence," *American Journal of Human Biology* 16 (2004): 420-439; T. G. Schurr, "The Peopling of the New World: Perspectives from Molecular Anthropology," *Annual Review of Anthropology* 33 (2004): 551-583.

③ T. S. Uinuk-ool, et al., "Ancestry and Kinships of Native Siberian Populations: The HLA Evidence," *Evolutionary Anthropology* 12 (2003): 231-245.

的。也就是说，细石叶技术的起源年代可能是末次盛冰期来临时，而人类差不多同时首次进入美洲。气候显著变冷后，森林－草原交界带南移，原有适应的资源斑块日益稀疏，同时白令陆桥开始形成。人类开始离开西伯利亚寒冷的腹地，向南和向东迁移，向南他们能够找到原来已适应的资源种类，向东则可以找到从未被人类利用过的资源，所以人类只能在这两个方向上迁移，而不是向北和向西迁移。因此，理论上可以把细石叶技术的起源年代定在末次盛冰期来临时，即距今 24 000～21 000 年。

六、小结

综上所述，可以得出以下五条结论：（1）细石叶技术是一种有利于狩猎采集者高度流动的石器技术；（2）它是两面器技术传统和棱柱状石核技术传统相结合的产物；（3）它是狩猎采集者对于末次盛冰期前后资源变化的适应；（4）它也是流动性狩猎采集生计发展的顶峰；（5）它产生于末次盛冰期前后的中国华北腹地。

末次盛冰期驱赶人类的假说可以很好地解释细石叶技术的起源和人类对美洲大陆的殖民，它和目前的考古学材料、生物学材料都能吻合。这个假说同时能够在文化生态理论层面自洽，它能够解释为什么细石叶技术能够起源、为什么起源于这个时候、为什么起源于这个地带。

第十三章　细石叶技术起源研究的理论反思

细石叶技术起源是中国旧石器时代考古领域的重要主题，它涉及石器技术演变、东西方人群交流、新旧石器时代过渡以及人类适应方式变迁等一系列重要的学术问题。相关研究与发现日新月异，近些年来的发现与研究[①]尤其丰富，但是其中有关基础理论的探究则比较罕见。需要强调指出的是，考古学研究立足的概念基础、考古推理的理论前提[②]、研究者自身所处的文化范式[③]与所选择的研究范式等，都会深刻影响到研究的结果。我们如果不分析这些基础理论问题，就有可能在研究实践上迷失方向，立论的基础不够扎实，以及对自身的研究失去反思能力。本章希望就这些方面进行一些探讨，抛砖引玉，推进有关细石叶技术起源的研究。

[①] 加藤真二:《试论华北细石器工业的出现》，《华夏考古》2015 年第 2 期; M. J. Yi, et al., "Rethinking the Origin of Microblade Technology: A Chronological and Ecological Perspective," *Quaternary International* 400（2016）:130-139；陈淳、张萌:《细石叶工业研究的回顾与再思考》，《人类学学报》2018 年第 4 期；王幼平:《华北细石器技术的出现与发展》，《人类学学报》2018 年第 4 期。

[②] L. R. Binford, "Archaeological Systematics and the Study of Culture Process," *American Antiquity* 31（1965）:203-210.

[③] I. Hodder, "Post-processual Archaeology," *Advances in Archaeological Method and Theory* 8（1985）:1-26.

一、概念问题

1. 细石叶技术的定义

细石叶技术是一种通过预制石核，利用间接打击或压制技术从石核上剥离大小较为一致的细石叶产品的技术。细石叶一般长度为20～50毫米、宽度为5～10毫米、厚度为1～3毫米，两侧边平行，厚薄均匀。细石叶可以镶嵌到在骨角材料上所开凿的凹槽中，并用黏合剂加固，制作成各种复合工具。这样的工具结合了有机材料韧性好与石质材料坚硬锋利两个方面的优点，轻便、便于维护，适用面广[1]。细石叶技术通常需要优质细腻的石料，运用这种技术可以最大程度上利用原料，获得数量最多的具有标准化大小与形状的石质刃部。细石叶技术是一种非常复杂的石器加工技术，它对石料品质的要求、生产者力量的控制、生产程序的把握都有严格的标准，可以说是旧石器时代打制石器技术的巅峰。迄今为止，能够成功复制该技术的实验者也是屈指可数（如果排除用黑曜石作为原料的话）[2]。

---

[1] R. G. Elston and P. J. Brantingham, "Microlithic Technology in Northern Asia: A Risk-minimizing Strategy of the Late Paleolithic and Early Holocene," in *Thinking Small: Global Perspectives on Microlithization*, eds. R. G. Elston and S. L. Kuhn, pp.103-116; P. Bleed, "The Optimal Design of Hunting Weapons: Maintainability or Reliability," *American Antiquity* 51（1986）: 737-747; S. L. Kuhn, "A Formal Approach to the Design and Assembly of Mobile Toolkits," *American Antiquity* 59（1994）: 426-442.

[2] A. V. Tabarev, "Paleolithic Wedge-shaped Microcores and Experiments with Pocket Devices," *Lithic Technology* 22（1997）: 139-149; A. V. Tabarev, "Blades and Microblades, Percussion and Pressure: Towards the Evolution of Lithic Technologies of Stone Age Period, Russian Far East," in *The Emergence of Pressure Blade Making*, ed. P. M. Desrosiers, pp.329-346; J. J. Flanniken, "The Paleolithic Dyuktai Pressure Blade Technique of Siberia," *Arctic Anthropology* 24（1987）: 117-132.

迄今为止，已知的细石叶技术发现十分广泛，东亚、东北亚以及北美西北部都有分布。研究者把这个广大区域的细石核形态区分为两种，即楔形与船底形[1]。楔形细石核更窄，毛坯多为两面器，有研究认为这样的两面器本身也是一种多用途工具[2]，不过使用痕迹分析显示，细石核少有使用痕迹，使用痕迹多见于细石叶上面[3]。从两面器毛坯的工艺设计来看，它具有作为多用途工具的潜力。关于船底形细石核，一种观点认为它可以从对劈砾石原料中获得[4]。我们的实验表明以断块为毛坯更容易生产这种石核，因为断块的台面多，远较天然砾石的光滑表面更容易打片修理，而且断块毛坯更容易获得。不过，相对于以两面器为毛坯生产细石核，这是一种专门为生产细石叶而准备的石核。从这些细石核上剥离的具有标准化大小的石片称为细石叶。其实，北非、欧亚大陆西侧也有类似大小的产品，为了区别起见，一般称为细小石叶[5]。生产这种细小石叶的石核相对而言不那么规范，人们通常是把细小石叶直接修理成工具，多见琢背修理；或者把较大的石叶折断后修理成工具，所以又称为

---

[1] T. Kobayoshi, "Microblade Industries in the Japanese Archipelago," *Arctic Anthropology* 7 (1970): 38-58.

[2] R. L. Kelly, "The Three Sides of a Biface," *American Antiquity* 53 (1988): 717-734.

[3] H. Chen, Y. R. Wang and C. Chen, "Function and Behavior: Use-wear Evidence from Upper Paleolithic Tools in Southern Shanxi Province, North China," *Documenta Praehistorica* 47 (2016): 499-506.

[4] T. Kobayoshi, "Microblade Industries in the Japanese Archipelago," *Arctic Anthropology* 7 (1970): 38-58.

[5] S. H. Ambrose, "Small Things Remembered: Origins of Early Microlithic Industries in Sub-Saharan Africa," in *Thinking Small: Global Perspectives on Microlithization*, eds. R. G. Elston and S. L. Kuhn, pp.9-29.

几何形细石器，它在欧洲中石器时代与西亚旧石器时代之末几何形克巴兰（Geometric Kebaran）中最为典型[1]。

需要强调指出的是，细石叶与细小石叶两个"传统"的划分是考古学家对既有考古材料形态归纳的结果，但这种划分也与考古学家所定义的概念、所依赖的知识体系以及研究背景密不可分。如果单独拿出细石叶或细小石叶让大家来辨认，实际上是难以区分的，也正因为如此，我们在参考非洲、欧洲等地的材料进行研究时，偶尔也会看到细石叶这样的名称[2]。这也就给我们定义细石叶技术带来不小的困难，即我们目前的定义不是基于最终产品，而是基于生产过程，尤其是基于细石核的形态划分。生产细小的标准化石刃的方法是多种多样的，细石叶技术只是其中的一种。我们在讨论细石叶技术起源的时候，其实限定了时空范围，也就是流行于东亚、东北亚及北美西北部的细石叶技术的起源，而不是剥离细小的标准化石刃技术的起源。

2. 概念：技术、组合、工业、传统

细石叶技术起源研究涉及一系列概念的应用。细石叶并不是终端产品，而是中间产品，它用于加工成其他的工具。制作细石叶的人类群体

---

[1] A. Belfer-Cohen and N. Goring-Morris, "Why Microliths? Microlithization in the Levant," in *Thinking Small*: *Global Perspectives on Microlithization*, eds. R. G. Elston and S. L. Kuhn, pp.57-68.

[2] E. Callahan, "Experiments with Danish Mesolithic Microblade Technology," *Journal of Danish Archaeology* 4（2012）：23-29；M. E. Prendergast and A. Beyin, "Fishing in a Fluctuating Landscape：Terminal Pleistocene and Early Holocene Subsistence Strategies in the Lake Turkana Basin, Kenya," *Quaternary International* 471（2018）：203-218.

并不仅仅利用这一类产品,他们还会使用其他类型的工具,比如骨角、竹木等有机工具以及其他石制品,它们共同构成一个工具组合。比较而言,技术指代一种石器打制的方法与过程,典型的如勒瓦娄哇技术。结合组合与技术这两个概念,我们把在某个时代、某个地区反复出现的一种技术以及与之关联的石器组合称为工业[1],比如以勒瓦娄哇技术为特征、流行于欧洲旧石器时代中期的莫斯特工业。值得注意的是,勒瓦娄哇技术也见于非洲石器时代中期,但是我们并不把非洲这个时期的工业称为莫斯特。也就是说,技术是工业的一种重要特征,但不是工业的唯一特征,石器工业具有时空范围的限制。旧石器时代考古中还用到传统一词,代表一种持续时间很长的工业特征,如阿舍利(工业)传统,它一直影响到莫斯特工业,以至于博尔德还定义一种"阿舍利传统的莫斯特"[2]。旧石器时代考古中这些概念的定义并不严格,基本属于约定俗成,不同学者在应用时可能会根据需要进行调整。

细石叶作为一种技术产品,它可能出现在不同的工业中,也就是可能出现在不同时代、不同地区,如:印度学者提出,南亚的细石叶技术起源于距今 4.5 万年前,一直持续使用到距今 3 000 年前[3];中国学者提

---

[1] C. Gamble, *The Paleolithic Societies of Europe* (Cambridge: Cambridge University Press, 1999).

[2] F. Bordes and D. de Sonneville-Bordes, "The Significance of Variability in Paleolithic Assemblages," *World Archaeology* 2, no.1 (1970): 61-73.

[3] S. Mishra, N. Chauhan, and A. K. Singhvi, "Continuity of Microblade Technology in the Indian Subcontinent since 45ka: Implications for the Dispersal of Modern Humans," *PLOS One* 8 (2013): 1-14.

出，中国辽西新石器时代遗址中经常发现细石叶与细石核，甚至历史时期还有在使用的发现①。简言之，细石叶技术本身不构成一种工业，自然也不能说是一种传统，而是一种石器制作技术，可以在不同地区、不同时代出现，这也得到全球考古发现的支持②。它可能与不同类型的石制品一起构成组合，其中可能包括大型的打制石器以及磨制石器，从而形成某种工业，如辽西新石器时代石器工业③。因此，当我们探讨细石叶技术起源的时候，所针对的问题可能是一种石器加工制作技术的起源，也可能是包含细石叶技术在内的某一工业的起源，甚至可能将其归入某个工业传统，最终探讨的是相关传统的起源。需要指出的是，我们所用石器概念的背后都暗含着一些理论假设或称前提，研究者开展相关研究时都离不开既有的知识体系，它们是我们研究细石叶技术起源的基础与背景，需要特别加以澄清。

二、范式与立论前提

1. 范式

当前细石叶技术起源研究的不同观点与研究者所采用的不同范式密切相关。范式提供研究的概念纲领、支撑理论方法与实践体系。同一范

---

① 内蒙古自治区文物考古研究所：《白音长汗——新石器时代遗址发掘报告》，科学出版社，2004；中国社会科学院考古研究所、内蒙古自治区文物考古研究所、内蒙古自治区呼伦贝尔民族博物馆、内蒙古自治区呼伦贝尔市海拉尔博物馆编著：《哈克遗址——2003—2008年考古发掘报告》，文物出版社，2010。

② R. G. Elston and S. L. Kuhn (eds.), *Thinking Small*：*Global Perspectives on Microlithization*.

③ 杨宽：《辽西史前磨制石器研究》，博士学位论文，吉林大学，2016。

式下的研究共享同样的理论前提，遵循类似的理论方法路径，在共同话语体系中交流，因此，范式会在一定范围内限制问题研究的思路。当代考古学最主流的范式有三种：文化历史考古、过程考古、后过程考古。三者的出现前后相继，后者对前者多有批评，反映了考古学研究的层次在不断深入与拓展，三种范式同时合理并存，这不同于库恩所提范式的原初含义①。

当前中国考古学的主导性范式是文化历史考古，表现在旧石器时代考古领域就是以石器的技术类型学为中心。中国旧石器时代考古源自法国旧石器时代考古，研究者把典型器物当成古生物学上的"标准化石"，用以指示时代与地区特征。按照这种模式，石器工具类似于有机体，石器工业类似于生物类别。博尔德否定了以前特定文化具有特定器物的观点（cultural-specific tool type），转而强调特定文化具有特定石器组合（cultural-specific assemblage），再后来认为特定文化具有特定剥片程序（也就是操作链）②。按照文化历史考古范式，文化特征是同一群体内成员所共享与遵循的标准或规范③，不论它是器物、装饰，还是操作方式，正是基于一定时空范围内共同的文化特征，形成了"考古学文化"这一文

---

① T. S. Kuhn, *The Structure of Scientific Revolutions*, 3rd edition；陈胜前：《中国考古学研究的范式与范式变迁》，《中国社会科学》2019 年第 2 期。

② M. J. Shott, "Chaîne Opératoire and Reduction Sequence," *Lithic Technology* 28（2003）：95-105.

③ L. R. Binford, "Archaeological Systematics and the Study of Culture Process," *American Antiquity* 31（1965）：203-210.

化历史考古的核心概念。中国旧石器时代考古领域除了某些早期研究[①]直接采用"文化"（其实就是考古学文化）的说法外，后来的研究很少直接采用这一概念。

过程考古把文化视为人身体之外适应环境的手段，建立了新的概念纲领，其支撑理论方法包括文化进化论、文化生态学、文化系统论等。过程考古是美国考古学的主流范式，形成了自身的实践体系，在世界其他地区也很有影响。在解释细石叶技术起源的原因方面，过程考古提出另一种思路，它侧重于关注细石叶技术的功能属性、所适应的文化生态条件，强调细石叶技术具有若干特殊的优势，适合解决特定时期与环境中的生计问题。采用这种范式，可以较好地解释世界不同地区、不同时代石器的细小化现象。但是过程考古在解释文化多样性上往往只能求助于环境，而忽视了人类文化的另一重要属性，即它是历史的累积，更是人对物的意义赋予以及运用物质构建人的世界的过程，这些都属于后过程考古范式所强调的方面。

后过程考古由此更新了"文化"这一概念纲领，它把文化视为交流的手段，高度强调社会情境的重要性——它决定文化的意义。不过，目前后过程考古范式在旧石器时代考古领域的重要性相对较小，尤其是在石器分析上。也有少见的例外，如海登曾在威望获取上做过讨论[②]，甘

[①] 张森水：《中国旧石器时代文化》，天津科学技术出版社，1987年。

[②] B. Hayden, "Practical and Prestige Technologies: The Evolution of Material Systems," *Journal of Archaeological Method and Theory* 5（1998）：1-55.

博（Gamble）则注意石器生产在社会网络构建上的作用[①]。但是，后过程考古通常需要高精度的遗址发掘材料，仅仅石器技术研究是远远不够的。当前石器分析的重要趋势是，一方面关注社会因素的影响，另一方面关注认知因素。后者从操作链研究中衍生出来，研究打制石器技巧的形成与影响因素，探索人类心智思维的发展。这两个趋势与后过程考古范式有共通之处，也是今后我们研究细石叶工业起源时可以考虑的发展方向。

2. 立论前提

中国旧石器时代考古领域有关细石叶技术起源的大部分研究都属于文化历史考古范式。按照文化历史考古范式，细石叶技术的起源就是指不同的技术类型，也就是楔形细石核与船底形细石核的起源，并主张其起源应该是文化传播的结果。具体来说，这些研究建立在三个理论前提基础之上，这些前提决定了研究的方向与意义。但是，如果这些前提本身存在问题，那么相关的研究就像是沙上建塔。下文着重梳理这些前提的本质及影响。

标准论

旧石器时代考古研究中，"石器工业"类似于新石器时代考古研究中的"考古学文化"概念———一定时空中的遗存特征组合，进而划分出文化单位。旧石器时代晚期，石器的多样性明显增加，专业化程度与地

---

① C. Gamble, *The Paleolithic Societies of Europe*.

域性增强，这使以上划分成为可能，如谢飞曾对中国华北马蹄形细石叶技术分布带做过进一步的区分①，这些区分都具有时空分布意义，已经具备考古学文化的含义。理论上说，细石叶技术与其共存的石器组合是可以区分出不同的文化单位的。吉尔曼（Gilman）曾将这种石器特征的地域性视为社会关系由普惠转为有限定的互惠②，也就是基于血缘的社会群体。这样的话，就把石器工业与族群联系起来了。

但是，从考古学理论的角度看，用工业或考古学文化来定义一个具有时空意义的文化单位，基础是考古材料中存在的共性特征。这其中暗含着一个前提，即考古学家假定这样的共同特征代表一个文化单位，这样的文化单位代表一定的族群。共性特征代表共同的文化标准③，它们为群体所有成员所认同与遵循，因此，标准论又被称为"心灵主义"的观点④，带有唯心主义的色彩。这是文化历史考古的理论基础，也是它饱受过程考古批评的地方。把石制品的共同特征假定为可以区分族群的特征，并且认为不同地区石制品某些特征的相似性来自传播或交流，这是中国包括旧石器时代考古在内的史前考古研究长期以来的基本理论预

---

① 谢飞：《环渤海地域新旧石器文化过渡问题研究纲要》，载张忠培、许倬云主编《中国考古学跨世纪的回顾与前瞻》。

② A. Gilman, "Explaining the Upper Paleolitic Revolution," in *Marxist Perspective in Archaeology*, ed. M. Spriggs (Cambridge: Cambridge University Press, 1984), pp.115-126.

③ L. R. Binford, "Archaeological Systematics and the Study of Culture Process," *American Antiquity* 31（1965）：203-210.

④ G. S. Webster, "Cultural History: A Cultural-Historical Approach," in *Handbook of Archaeological Theories*, eds. R. Alexander Bentley, Herbert D. G. Maschner, and Christopher Chippindale, pp.11-27；马修·约翰逊：《考古学理论导论》，魏峻译，岳麓书社，2005。

设。需要指出的是，遗存特征组合与族群之间的对应关系是一个未得到证实的理论前提。民族志研究显示，不同文化背景、社会情境中指示族群的物质遗存特征并不相同，并不存在共同的模式[1]。

20世纪60年代，宾福德与博尔德就曾针对石器组合的意义展开争论，博尔德的观点是不同的文化（族群）会有不同的石器组合，而宾福德则认为同一文化（族群）因为生活活动的多样性以及不同的居址组织策略可能会留下不同的石器组合[2]。不论是用石器组合、标志性器物、工业，还是用操作链，基于共性来构建狩猎采集的文化群体单位都是有问题的[3]。旧石器时代考古研究中，把石器技术与族群甚至是人类种群对应起来是一个长久的传统，尽管不断有学者指出其中存在的问题，如石叶技术曾被认为与解剖学意义上的现代人相关，但是研究表明该技术早在距今50万年前就在非洲出现了，而后在不同的地区消失又再次出现[4]。中国旧石器时代考古研究也一直把石叶剥离技术、预制石核技术（勒瓦娄哇技术）视为现代人向亚洲扩散或东西方史前文化交流的标志之一。而相关的反例非常明显，如中国南方乃至东南亚一直到新石器时代都有大量的砍砸工具，根本就没有所谓"发达的"技术，难道这些地方生活

---

[1] 尼古拉斯·戴维、卡罗·克拉莫：《民族考古学实践》，郭立新、姚崇新等译，岳麓书社，2009。

[2] L. R. Binford, "Interassemblage Variability—The Mousterian and the 'Functional' Argument," in *The Explanation of Culture*, *The Explanation of Culture Change: Models in Prehistory*, ed. C. Renfrew, pp.227-254.

[3] M. J. Shott, "Chaîne Opératoire and Reduction Sequence," *Lithic Technology* 28（2003）: 95-105.

[4] O. Bar-Yosef and S. L. Kuhn, "The Big Deal about Blades: Laminar Technologies and Human Evolution," *American Anthropologist* 101（1999）: 322-338.

的不是现代人？再比如我们都知道最早的美洲人来自亚洲，但是其石器技术跟亚洲迥异①；即便是在美洲，南北美的差异也十分显著。这些证据都表明，石器技术与人类种群或族群之间没有必然的相关性，细石叶技术同样如此②。许多例子都表明古人会根据需要与原料状况来发明或采用某些技术③。简言之，从石器技术上寻找文化联系或人群关联存在着理论前提上的重大问题。

操作链论

"操作链"概念来自法国的技术人类学，源于莫斯④、勒内－高尔汉⑤，它的另一个思想来源就是列维－斯特劳斯的结构主义思想⑥。"操作链"概念假定社会关系足够密切的人们在生产过程中会采用类似的动作流程。操作链的理论基础是法国的结构主义思想，即结构本身就像

---

① S. Slobodin, "Northeast Asia in the Late Pleistocene and Early Holocene," *World Archaeology* 30 (1999): 484-502.

② B. T. Wygal, "The Peopling of Eastern Beringia and its Archaeological Complexities," *Quaternary International* 400 (2016): 1-15; P. M. Desrosiers and M. Sørensen, "Paleoeskimo Lithic Technology," in *The Oxford Handbook of the Prehistoric Artic*, eds. T. M. Friesen and O. K. Mason (Oxford: Oxford University Press, 2016), pp.153-174.

③ T. Doelman, "Flexibility and Creativity in Microblade Core Manufacture in Southern Primorye, Far East Russia," *Asian Perspectives* 47 (2008): 352-370; T. Doelman, et al., "Innovation in Microblade Core Production at the Tigrovy-8 Late Paleolithic Quarry in Eastern Russia," *Journal of Field Archaeology* 34 (2009): 367-384; Y. Nakazaw, et al., "Toward an Understanding of Technological Variability in Microblade Assemblages in Hakkaido, Japan," *Asian Perspectives* 44 (2005): 276-292.

④ M. Mauss, *Techniques, Technology and Civilisation* (Oxford: Durkheim Press, 2006).

⑤ A. Leroi-Gourhan, *Le geste et la parole: Technique et langage* (Paris: E´ditions Albin Michel, 1964).

⑥ C. Lévi-Strauss, *Structural Anthropology* (New York: Basic Books, 1963).

语法一样能够不受功能、逻辑的约束，持久而稳定地存在。操作链就是一种稳定的结构。结构的形成可能是无意识的，行为的重复形成布迪厄所谓的"惯习"①，而惯习一旦形成，就会对社会成员的行为产生约束，不采用同样行为的人可能会被嘲笑、排斥。惯习在这个意义上具有强化社会团结、增强群体认同的意义，是史前无政府管理维系社会的途径。

当然，操作链的异同还可能取决于技术过程本身。从细石叶技术来看，加工毛坯，再预制台面，然后采用间接打击的方式生产细石叶，这个技术过程是固定的，是不能选择的。至于毛坯的形状、大小，如果能够排除原料因素的影响，是允许有变化的；台面的产生方式同样如此，如一次性打制雪橇形的削片，或者逐步反复修理，都可以产生合用的台面。成（Seong）曾经按台面处理方法、剥片方法等区分出 36 种组合②。有选择才有不同的操作链。按照操作链的思想，选择是受到惯习影响的，制作者学习与遵循既有的程序，进而形成一个长期存在的操作链传统。

在这个意义上说，操作链论跟标准论是一样的，都立足于同样的前提，即不同的石器制作者会自动协同地构建一个固定的程序或标准。不难发现，这里暗含的思想观念是机械主义的、静态的、目的论式的，个体就像部件，服从社会系统的利益，最终是要实现一个完整的、近乎无

---

① 皮埃尔·布迪厄：《实践感》，蒋梓骅译，译林出版社，2003。
② C. Seong, "Microblade Technology in Korea and Adjacent Northeast Asia," *Asian Perspectives* 37（1998）：245-278.

意识的结构。有趣的是，更进一步的假设是，这样的结构从属于族群，不同族群之间具有结构上的差异性。但是，社会中的个体并不只是被动的存在，更关键的是，操作链的差别并不一定与族群相关，它更可能是地域差异，甚至是原料上的差异。也就是说，不同族群可能采用同样的操作链，同一族群可能采用不同的操作链。

风格论

迄今为止，不论是史前的还是当代社会的，我们从对物质材料的考察上能够区分的具有时空意义的差异都依赖于一个概念，那就是"风格"。有关风格，前人已有较多的阐述。萨基特（Sackett）曾做过非常系统的界定，他确定了两种风格[1]，一种叫作殊途同归风格（isochrestic style），即做同一件事的不同的途径，与操作链的说法基本相同，类似的还有卢奇曼（Letchman）所谓的技术风格[2]——一种寓于内而形于外、当局者迷而旁观者清的东西。萨基特所说的另一种风格叫作图像志风格（iconological style），是完全象征意义上的，不带有功能性。萨基特还定义了主动风格与被动风格，图像志的风格更像是主动风格，而前一种风格则更接近被动风格。此外，他还提出了本土风格（vernacular style），

---

[1] J. R. Sackett, "The Meaning of Style in Archaeology: A General Model," *American Antiquity* 42 (1977): 369-380; J. R. Sackett, "Style and Ethnicity in Archaeology: A Case Study for Isochrestism," in *The Uses of Style in Archaeology*, eds. M. W. Conkey and C. A. Hastorf (Cambridge: Cambridge University Press, 1990), pp.32-43.

[2] H. Lechtman, "Style in Technology: Some Early Thoughts," in *Material Culture: Styles, Organization, and Dynamics of Technology*, eds. H. Lechtman and R. S. Merrill (St. Paul: American Ethnological Society, 1977), pp.3-20.

属于一个地区的最基本的风格元素，是人们长期无意识应用的。

威斯纳（Wiessner）则把风格区分为标记风格（ensembletic style）与断定风格（assertive style）[1]，认为前者代表群体认同，后者与个体有关。的确，能够标记群体边界的风格是考古学家极想知道的。戴维（David）等人则注意到社会群体是有不同层次的，个体身份是多重的，很难准确标定，但是在一定时空范围内存在一个象征库，它就像一汪泉水，不同的群体与个体按照自己的需要，重新组织风格元素；或者可以将其理解为"基因库"，在不同条件下，形成新的组织形态[2]。象征库理论同时考虑到风格的统一性与多样性，注意到风格构成的元素单位，从另一个角度帮助我们理解实物材料与风格之间的关系。

在解释风格成因时，基本可以将风格区分为两个流派。一派是功能主义的，如吉尔曼在解释旧石器时代晚期风格时提出，人口压力、资源变迁等使人们不得不限制互惠的范围，互惠圈的缩小导致区域风格的形成[3]。沃布斯特（Wobst）持有类似的观点，把风格视为信息交流的工具[4]。另一派则更强调人的主观能动性，认为人作为能动的主体，可以利

---

[1] P. Wiessner, "Style and Social Information in Kalahari San Projectile Points," *American Antiquity* 48 (1983): 253-276.

[2] N. David, et al., "Ethnicity and Material Culture in North Cameroon," *Canadian Journal of Archaeology* 15 (1991): 171-177.

[3] A. Gilman, "Explaining the Upper Paleolithic Revolution," in *Marxist Perspective in Archaeology*, ed. M. Spriggs, pp.115-126.

[4] H. M. Wobst, "Stylistic Behavior and Information Exchange," in *Papers for the Director: Research Essays in Honor of James B. Griffin*, ed. C. Cleland (Ann Arbor: Museum of Anthropology, University of Michigan, 1977), pp.317-342.

用风格来强化社会群体的认同,协调权力关系[①];人在长期生活活动中,已经对物进行了意义的渗透,风格实际上是种种社会关系的反映。拿细石叶技术来说,我们无疑知道其中存在不同程序上的区分,也就是殊途同归风格上的差异,但是我们目前还很难界定其象征意义上的风格,即古人希望通过运用它以显示与其他群体的不同。它不像陶器上有纹饰,明显属于象征符号,而更像陶器的形制与制作技术。当然,我们也不能肯定它们就不具有象征意义。这些不同的风格理论对我们的细石叶技术分析提出了更高的要求,我们不仅需要更加精细地把握细石叶技术的形制特征,而且需要精细地重建其技术过程,建立大范围的比较;与此同时,我们还应该进一步分析其可能存在的风格元素,探索其深层的风格,从而识别出一定时空范围内具有群体标记意义的风格。

石器考古学家似乎总是在古生物学模式与器物文化模式之间徘徊,一方面希望石器如古生物标本那样具有清晰的指示意义,另一方面又希望石器像陶器、青铜器那样具有文化意涵,然而石器并不具有两者的特征。也正是因为这种矛盾,石器研究一直没有一个可靠的理论基础,上述三种观点都有某种意义上的合理性,但都不完善,前两者存在明显的漏洞,后者又模糊不清。我们有关石器技术与人群的关系的认识均立足于其上,由此认为新技术的出现必定与人群的迁徙或文化的交流相关,将某种技术固定为某个群体才有的特征,这样的认识常见于细石叶技术起源研究中。

---

① I. Hodder, "The Distribution of Material Culture: Items in Baringo District, Western Kenya," *Man* 12 (1977): 239-269.

三、细石叶技术起源研究的立论基础

细石叶技术起源研究由来已久,前辈学者如贾兰坡[①]、安志敏[②]、佟柱臣[③]、王建[④]等均有研究,后来者有盖培与邓聪[⑤]、陈淳[⑥]等,21世纪以来的研究不胜枚举,与此相关的博士学位论文就有若干[⑦],我也从文化生态学的视角对此做过理论探索。国外学者的研究更是汗牛充栋[⑧],最近十多年来,专门的讨论文集就有两种[⑨]。从全世界与不同理论的视角

[①] 贾兰坡:《中国细石器的特征和它的传统、起源与分布》,《古脊椎动物与古人类》1978年第2期。

[②] 安志敏:《中国细石器发现一百年》,《考古》2000年第5期。

[③] 佟柱臣:《试论中国北方和东北地区含有细石器的诸文化问题》,《考古学报》1979年第4期。

[④] 王建、王向前、陈哲英:《下川文化——山西下川遗址调查报告》,《考古学报》1978年第3期。

[⑤] C. Tang and P. Gai, "Upper Paleolithic Cultural Traditions in North China," *Advances in World Archaeology* 5 (1986): 339-364.

[⑥] C. Chen, "The Microlithic in China," *Journal of Anthropological Archaeology* 3 (1984): 79-115.

[⑦] 梅惠杰:《泥河湾盆地旧、新石器时代的过渡——阳原于家沟遗址的发现与研究》,博士学位论文,北京大学,2007;仪明洁:《旧石器时代晚期末段中国北方狩猎采集者的适应策略:以水洞沟第12地点为例》,博士学位论文,中国科学院大学,2013;杜水生:《华北北部旧石器文化》,商务印书馆,2007,第248-304页;陈虹编《华北细石叶工艺的文化适应研究》。

[⑧] R. G. Elston and P. J. Brantingham, "Microlithic Technology in Northern Asia: A Risk-minimizing Strategy of the Late Paleolithic and Early Holocene," in *Thinking Small: Global Perspectives on Microlithization*, eds. R. G. Elston and S. L. Kuhn, pp.103-116; S. Kato, "Human Dispersal and Interaction during the Spread of the Microblade Industries in East Asia," *Quaternary International* 347 (2014): 105-112; Y. V. Kuzmin, "Geoarchaeological Aspects of the Origin and Spread of Microblade Technology in Northern and Central Asia," in *Origin and Spread of Microblade Technology in Northern Asia and North America*, eds. Y. V. Kuzmin, S. G. Keates and C. Shen (Burnaby: Archaeology Press, Simon Fraser University, 2007), pp.115-124.

[⑨] R. G. Elston and S. L. Kuhn (eds.), *Thinking Small: Global Perspectives on Microlithization*; Y. V. Kuzmin, S. G.Keates and C. Shen (eds.), *Origin and Spread of Microblade Technology in Northern Asia and North America*.

来看这个问题，我们可以获得前所未有的深度认识。更值得注意的是，新的考古发现，尤其是在中国华北地区，如下川①、西施②、柿子滩③、龙王辿④、油房⑤、西沙河⑥等遗址的发掘，把细石叶技术的起源年代大大提前。更精细的发掘方法、更准确的测年技术以及更丰富的考古发现，大大提高了考古材料的可信度，这也使后续研究有了更好的材料基础。

迄今为止，有关细石叶技术的起源归纳起来大体有三种观点：华北起源说⑦、蒙古起源说⑧、西伯利亚起源说⑨。实际上，这种按起源地区来区分的做法很大程度上掩盖了不同研究者所秉持的理论立场，比如同样

---

① 杜水生：《下川遗址新发现对北方细石器体系研究的意义——"北方细石器技术体系与下川遗址考古新发现"学术研讨会综述》，《史学史研究》2017 年第 4 期。

② 高霄旭：《西施旧石器遗址石制品研究》，硕士学位论文，北京大学，2011。

③ 山西大学历史文化学院、山西省考古研究所：《山西吉县柿子滩遗址 S29 地点发掘简报》，《考古》2017 年第 2 期。

④ 王小庆、张家富：《龙王辿遗址第一地点细石器加工技术与年代——兼论华北地区细石器的起源》，《南方文物》2016 年第 4 期。

⑤ X. M. Nian, et al., "Chronology of the Youfang Site and its Implications for the Emergence of Microblade Technology in North China," *Quaternary International* 347（2014）: 113-121.

⑥ Y. Guan, et al., "Microblade Remains from the Xishahe Site, North China and their Implications for the Origin of Microblade Technology in Northeast Asia," *Quaternary International* 535（2020）: 38-47.

⑦ 贾兰坡：《中国细石器的特征和它的传统、起源与分布》，《古脊椎动物与古人类》1978年第 2 期；安志敏：《中国细石器发现一百年》，《考古》2000 年第 5 期；C. Chen, "The Microlithic in China," *Journal of Anthropological Archaeology* 3（1984）: 79-115。

⑧ T. Goebel, "The 'Microblade Adaptation', and Recolonization of Siberia during the Late Upper Pleistocene," in *Thinking Small: Global Perspectives on Microlithization*, eds. R. G. Elston and S. L. Kuhn, pp.117-132.

⑨ 裴文中：《中国细石器文化略说》，载裴文中：《中国史前时期之研究》，商务印书馆，1948；Y. V. Kuzmin and L. A. Orlova, "Radiocarbon Chronology of the Siberian Paleolithic," *Journal of World Prehistory* 12（1998）: 1-53。

都是主张华北起源说,两种观点的立论基础可能迥异。当然,秉持同样的理论立场,认识也可能不同。简言之,有关观点的立论基础分为如下三种:

1. 材料中心论

第一种观点是材料中心论,这种观点实际上没有真正的理论基础,它完全以考古发现为中心,哪里发现的材料年代早,哪里就是起源中心,比如早年的华北起源说就是以下川遗址发现的细石叶年代超过2万年而提出华北是起源中心的,但是很快出现了对下川遗址的年代乃至考古层位的质疑[①]。类似之,西伯利亚地区也有一些测年很早的材料,有的甚至超过了3万年[②],这些材料也受到了质疑[③]。寒带地区地层受到冻融作用的影响较大,地层容易混合,测年技术也是问题之一。即使是当前认为可靠的年代,也很难保证将来没有人质疑。就像有关最早美洲人的研究一样,测年早的材料有许多,但真正让人信服的年代要晚得多。这个比较带来一个启示,即孤立的年代是不可靠的,除非该地区有多个遗址的材料,而且遗址的年代有可靠的从早到晚的地层序列作为证据。目前西伯利亚[④]、

---

① 安志敏:《中国晚期旧石器的碳-14断代和问题》,《人类学学报》1983年第4期。

② A. P. Derev'anko, *The Palaeolithic of Siberia*: *New Discoveries and Interpretations*.

③ Y. V. Kuzmin, Comment on "Radiocarbon Dates, Microblades and Late Pleistocene Human Migrations in the Transbaikal, Russia and the Paleo-Sakhalin-Hokkaido-Kuril Peninsula" by I. Buvit, M. Izuho, K. Terry, M. V. Konstantinov, and A. V. Konstantinov [*Quaternary International* 425 (2016): 100-119], *Quaternary International* 426 (2017): 170-172.

④ K. Terry, I. Buvit, and M. V. Konstantinov, "Emergence of a Microlithic Complex in the Transbaikal Region of Southern Siberia," *Quaternary International* 425 (2016): 88-99.

蒙古[①]的测年材料大多显示细石叶技术出现于距今2.5万年之后，最繁荣的阶段是在末次盛冰期之后。单纯从年代上说，最早的年代跟华北地区的年代一致，这并不足以证明细石叶技术起源于西伯利亚或蒙古。

2. 技术元素论

第二种观点是技术元素论，这种观点立足于细石叶技术的技术构成，认为它结合了本土技术与来自欧亚大陆西侧的技术[②]。广而言之，细石叶技术必然含有石叶技术与细小化两个方面，前者在非洲可以追溯至距今50万年前[③]；后者是非洲石器时代晚期的基本特征，至少可以早到距今4万年前，甚至可以追溯到距今7万多年前品尼高点（Pinnacle Point）[④]。更细致地说，细石叶技术的技术构成可以包括两面器技术、预制台面技术、石叶技术、间接打击技术、复合工具镶嵌技术、热处理技术、雕刻器打法、棱柱状石核打片技术等。两面器技术最早出现的地方显然不是在中国华北地区，而是可以追溯到非洲；与之类似，以预制台面见长的勒瓦娄哇技术也不见于中国华北地区，而是非洲与欧亚大陆西

---

① S. A. Gladyshev, et al., "The Upper Paleolithic of Mongolia: Recent Finds and New Perspectives," *Quaternary International* 281（2012）: 36-46.

② F. Li, et al., "Technology Diffusion and Population Migration Reflected in Blade Technologies in Northern China in the Late Pleistocene," *Science China Earth Sciences* 59（2016）: 1540-1553.

③ C. R. Johnson and S. McBrearty, "500,000 year old Blades from the Kapthurin Formation, Kenya," *Journal of Human Evolution* 58（2010）: 193-200.

④ K. Brown, et al., "An Early and Enduring Advanced Technology Originating 71,000 years ago in South Africa," *Nature* 491（2012）: 590-593.

部见长；石叶技术更是如此。因此，细石叶技术必定起源于有这些技术的地方。目前，细石叶技术分布范围内有较多这些技术的地方就是西伯利亚，更确切地说，是西伯利亚-阿尔泰地区[①]。这种观点假设：（1）细石叶技术的起源是路径依赖的，没有某个技术元素就不会有细石叶技术的出现；（2）技术的起源地必须靠近技术元素的来源地；（3）石器技术的发明是困难的，必定是逐渐的过程，而不可能突然涌现。

上述三个理论前提都存在一定的问题。针对第一个假设，我们知道细石叶技术的技术元素众多，每个元素出现的时间相差甚远，比如：两面器技术的最早年代可达距今176万年[②]，中国的洛南遗址[③]乃至丁村遗址[④]都曾发现两面器技术，只是不那么典型；棱柱状石核打片技术在峙峪遗址中可以见到[⑤]；更有意思的是，水洞沟遗址近些年的发掘与研究显示，取代那里近似于欧亚大陆西部石叶工业的是华北的小型石片石器工业[⑥]。把石器技术与人种相联系是旧石器时代考古研究中早已证伪的假设。

细石叶技术作为一种人类所用的技术，跟人类所用的其他技术一样，都是解决问题的途径，它的存在与相应的问题有关。与此同时，技

[①] M. J. Yi, et al., "Rethinking the Origin of Microblade Technology: A Chronological and Ecological Perspective," *Quaternary International* 400 (2016): 130-139.

[②] C. J. Lepre and H. Roche, "An Earlier Origin for the Acheulean," *Nature* 477 (2011): 82-85.

[③] 陕西省考古研究院、商洛地区文管会、洛南县博物馆编著：《花石浪（Ⅰ）——洛南盆地旷野类型旧石器地点群研究》。

[④] 贾兰坡：《在中国发现的手斧》，《科学通报》1956年第12期。

[⑤] 贾兰坡、盖培、尤玉桂：《山西峙峪旧石器时代遗址发掘报告》，《考古学报》1972年第1期。

[⑥] 高星、王惠民、关莹：《水洞沟旧石器考古研究的新进展与新认识》，《人类学学报》2013年第2期。

术作为一种知识，它的蔓延并不依赖人群的迁移，通过个体流动、语言等也能够实现，它的传播速度远快于人群迁移的速度。同时，技术是可能被反复发明的东西，我们已知的陶器、金属冶炼、动植物驯化等都曾在不同的地方独立起源，并不是需要依赖传播才能出现。因此，第二个假设即技术的起源地必须靠近技术元素的来源地也是不成立的。

最后，技术的涌现与技术元素的来源实际是两个问题，即便大部分技术元素来自欧亚大陆西侧，与细石叶技术起源于中国华北也不矛盾。边缘地区出现技术发明在人类历史上并不罕见，比如农业的发明[1]。而路径依赖假设实际上同时假设了其他地区的人类群体没有发明能力。

也许我们可以把细石叶技术的起源与"新石器时代革命"[2]相比。于后者而言，农业相继在世界的不同地方、不同时间起源。中国新石器时代的标志性特征如陶器、磨制石器、定居、农作物种植、动物驯化等出现的时间与地区也各有不同，但是我们可以看到距今七八千年前，中国北方地区突然出现了兴隆洼、磁山、裴李岗、后李、大地湾、老官台等一批新石器时代文化，这就是"涌现"（emergence）[3]。我们解释新石器时代的起源固然需要关注各种关键要素的渊源，但更值得关注的是整个时代的出现。细石叶技术的起源同样如此，技术构成元素的起源与作为整体的技术的涌现是两个不同性质的问题，前者的探讨通常是分散的，

---

[1] L. R. Binford, "Post-Pleistocene Adaptation," in *New Perspectives in Archaeology*, eds. S. R. Binford and L. R. Binford（Aldine：Chicago，1968），pp.313-341.

[2] V. G. Childe, *Man Makes Himself*.

[3] 帕·巴克：《大自然如何工作——有关自组织临界性的科学》，李炜、蔡勖译，华中师范大学出版社，2001。

后者才是我们集中讨论的问题。我们不能把某个或某些技术元素的起源问题等同于细石叶技术整体起源的问题。细石叶技术作为一个技术整体，并不是可以分割的。简言之，技术元素的外来渊源与作为整体的细石叶技术的本土涌现并不矛盾。

技术元素论掩盖了考古发现的事实，首先是西伯利亚地区细石叶技术的大规模出现是在末次盛冰期之后[1]，末次盛冰期这里有一段时间完全不适合人类居住，^{14}C 年代出现了大约 2 000 年的空白[2]。末次盛冰期之前细石叶技术曾经零星出现，这一点跟华北地区是类似的，石叶与细石叶随着深海氧同位素 3 阶段（MIS3 阶段）的结束而到来，华北地区目前发现了一批这样的遗址[3]。类似的情况还出现在距今 1 万年前后，西伯利亚、日本、华北、华南都出现了陶器。存在类似的文化特征用传播来解释是说不通的，而更可能反映了类似的文化适应变迁。

3. 功能适应论

第三种观点是功能适应论，这种观点是从细石叶技术的功能也就是文化生态适应的角度来解释其起源。细石叶技术作为一种石器技术，其

---

[1] Y. V. Kuzmin, Comment on "Radiocarbon Dates, Microblades and Late Pleistocene Human Migrations in the Transbaikal, Russia and the Paleo-Sakhalin-Hokkaido-Kuril Peninsula" by I. Buvit, M. Izuho, K. Terry, M. V. Konstantinov, and A. V. Konstantinov [*Quaternary International* 425（2016）: 100-119], *Quaternary International* 426（2017）: 170-172.

[2] I. Buvit, et al., "Last Glacial Maximum Human Occupation of the Transbaikal, Siberia," *PaleoAmerica* 1（2015）: 374-376.

[3] Y. P. Wang and T. L. Qu, "New Evidence and Perspectives on the Upper Paleolithic of the Central Plain in China," *Quaternary International* 347（2014）: 176-182.

目的是制作工具，解决古人在生活中遇到的问题。细石叶技术生产的产品主要包括细石核与细石叶，以及为了生产它们而产生的废片。其中，细石叶具有相对一致的大小、形状，属于标准化的产品，适用范围广，可以镶嵌到骨角柄上，制作成不同的工具，便于维护；这种工具结合了有机工具弹性好与石质工具坚硬锋利的优点，避免了有机工具硬度不足与石质工具易碎（尤其是在低温情况下）的缺点；细石叶极其轻便，非常有利于携带，十分有利于流动性高、任务不确定的群体①，基于用途、运输成本与失败率来考虑，较为细小的细石核甚至更有效率②。

尽管知道细石叶技术有这些优势，研究者在确定细石叶技术的起源时代与地域方面仍然存在不同的看法。如戈贝尔认为，细石叶技术起源于蒙古东部地区，因为末次盛冰期，原来生活于西伯利亚地区的人类不得不南撤至此，在一种较为边缘的环境中细石叶技术起源了③。另有研究者认为，细石叶技术的起源与猛犸象的灭绝、优质原料（象牙）的减少相关④。

---

① R. G. Elston and P. J. Brantingham, "Microlithic Technology in Northern Asia: A Risk-minimizing Strategy of the Late Paleolithic and Early Holocene," in *Thinking Small: Global Perspectives on Microlithization*, eds. R. G. Elston and S. L. Kuhn, pp.103-116.

② Y. Nakazawa and F. Akai, "Late-Glacial Bifacial Microblade Core Technologies in Hokkaido: An Implication of Human Adaptation along the Northern Pacific Rim," *Quaternary International* 442 (2017): 43-54.

③ T. Goebel, "The 'Microblade Adaptation' and Recolonization of Siberia during the Late Upper Pleistocene," in *Thinking Small: Global Perspectives on Microlithization*, eds. R. G. Elston and S. L. Kuhn, pp.117-132.

④ V. V. Pitulko and P. A. Nikolskiy, "The Extinction of the Woolly Mammoth and the Archaeological Record in Northeast Asia," *World Archaeology* 44 (2012): 21-42; V. Pitulko, E. Pavlova, and P. Nikolskiy, "Revising the Archaeological Record of the Upper Pleistocene Arctic Siberia: Human Dispersal and Adaptations in MIS 3 and 2," *Quaternary Science Reviews* 165 (2017): 127-148.

新资源如鱼类的利用，也可能产生这类技术①。

我曾经根据细石叶技术的上述特点，认为它最适合流动性高、任务不确定的环境，而这样的环境多位于生态交错带。由于"森林边缘效应"的影响②，森林－草原交界带这样的生态交错带具有森林与草原两个生态地带的资源，但是犬牙分布，容易受到气候波动的影响。这样的地带最需要细石叶技术这样的技术，而在末次盛冰期前后，随着气候变冷，西伯利亚已经不适合人类居住，甚至中国东北地区也变成部分为苔原环境，部分为苔原－草原环境，初级生产力非常低，森林草原主要分布在中国华北地区③。正因为如此，我提出细石叶技术应该起源于中国华北地区。提出这一假说时，我还没有发现一系列稍早于末次盛冰期的华北细石叶技术遗址。从某种意义上说，这个假说得到了后来考古材料发现的支持。进入新石器时代后，中国从东北到西南的自然地理过渡带地区仍然流行细石叶技术，无疑与这里仍然保留的狩猎生计方式密不可分。

但是生态适应论基本没有考虑到社会与文化因素的影响，比如说进

---

① M. E. Prendergast and A. Beyin, "Fishing in a Fluctuating Landscape: Terminal Pleistocene and Early Holocene Subsistence Strategies in the Lake Turkana Basin, Kenya," *Quaternary International* 471（2018）：203-218.

② F. B. King and R. W. Graham, "Effects of Ecological and Paleoecological Patterns on Subsistence and Paleoenvironmental Reconstructions," *American Antiquity* 46（1981）：128-142.

③ M. G. Winkler and P. K. Wang, "The Late-Quaternary Vegetation and Climate of China," in *Global Climates since the Last Glacial Maximum*, eds. H. E. Wright, et al., pp.221-261.

入新石器时代后，如辽西兴隆洼文化、新乐文化都已经有一定程度的定居与农业，但是细石叶技术的技术水准达到了前所未有的高峰，白音长汗遗址发现的细石核长到近8厘米[1]，新乐遗址出土了直接用细石叶制作的箭镞[2]。一种可能是有了农业后，群体中部分以狩猎为生的人可以更加专注于这种生计，用狩猎产品交换农产品，成为专业的狩猎者，所以细石叶技术能够更加完善。这似乎符合农业起源乃是为了更好地狩猎的观点[3]。为什么只有这个地区而不是所有其他地区都有同样的反映？其中是否有社会与文化因素的影响，目前不得而知。也就是说，生态适应论不能揭示同一技术范畴内存在的形式多样性。从民族考古学上可知，技术程序还会受到文化传统、社会情境等因素的影响[4]，仅仅用生态适应论并不足以回答所有的问题。

四、细石叶技术起源背后的机制问题

我们研究细石叶技术起源不能仅仅限于这种技术本身，它实际涉及旧石器时代考古学科的两个基本问题，这是需要我们考虑的：一是如何定义石器技术的变化；二是变化的机制。对于前者而言，旧石器时代考

---

[1] 内蒙古自治区文物考古研究所：《白音长汗——新石器时代遗址发掘报告》。

[2] 沈阳市文物考古研究所、新乐遗址博物馆：《新乐遗址发掘报告》，文物出版社，2018。

[3] I. Hodder, "Adopting Agriculture in order to Hunt Better: An Example of Entrapment and Path Dependency," in *Studies in Human-Things Entanglement*, I. Hodder (Creative Commons Attribution, 2016), pp.44-63.

[4] 尼古拉斯·戴维、卡罗·克拉莫：《民族考古学实践》，郭立新、姚崇新等译。

古经过100多年的发展，建立起来技术类型学的方法来定义石器的特征。但旧石器时代考古并没有一套通用的技术类型学体系，即便把某一体系推行于全世界，也会因为原料的差异、研究者采用的标准各不相同，而结果迥异。拿克拉克的五种模式来说[①]，这是从最广泛意义上对石器形态的划分，但即便如此，我们也注意到，克拉克的分类高度依赖若干关键技术标本的定义，如两面器、勒瓦娄哇技术、石叶技术等。最初对这些技术的了解都来自欧洲，所以他的体系不可避免地带有欧洲中心论的倾向。同时，考古学家很早就注意到石器生产是一个缩减过程，不同阶段形态不一致[②]；石器形态并没有完成时，成型工具随时可以改作他用或者被改制成其他器物，"完成器物谬误"（finished artifact fallacy）存在于石器分类学中[③]。

就石器技术的变化机制而言，我们主要通过石器的形制特征来判断石器技术。从狭义上说，石器的形制特征取决于所用的原料、技术、使用（包括修理在内）；从广义上看，就会发现石器技术的变化受制于更广泛的因素，如环境条件、生计活动类型（以狩猎为主还是以采集为主）、社会组织方式乃至仪式与意识形态因素。它们之间是相互影响的，原料的质地与供给状况会影响到施加的技术和可能的使用，任务要求会

[①] G. Clark, *World Prehistory: A New Outline*, 2nd edition.

[②] W. H. Holmes, "Manufacture of Stone Arrow-points," *American Anthropologist* 4 (1891): 49-58.

[③] I. Davidson, "The Finished Artefact Fallacy: Acheulean Hand-axes and Language Origins," in *Transitions to Language*, ed. A. Wray (Oxford: Oxford University Press, 2002), pp.180-203.

影响到原料与技术的选择，技术的发展同样会影响到其他两个方面。但是，在技术类型学体系的权重上，基本忽略了原料与使用的重要性，而是假定世界上的不同地区应该具有相同的原料属性与供给水平。同样，它也假定石器使用上没有地区差异，因此，石器的形制特征最终都由技术的发展状况来决定，而技术同时标志着人类种群的进化水平与文化传统。

很早就有学者注意到狩猎采集者不同季节的活动会留下不同类型的器物组合，如汤姆森对澳洲土著的观察[1]。20世纪60年代宾福德在分析欧洲莫斯特石器组合时也注意到不同类型的生计活动可能会影响到器物组合的构成[2]，这导致了他与博尔德之间的著名争论，也就是"莫斯特难题"。为了解决这个难题，宾福德开启了对阿拉斯加的努那缪提人的民族考古学研究[3]，这项研究带来了理解石器遗址结构[4]、技术组织[5]以及相关行为模式[6]的新途径。然而，莫斯特难题并没有得到解决，因为它在根本上涉及功能与风格（形制）的二元对立，这不是一个可以解决的问

---

[1] D. F. Thomson, "The Seasonal Factor in Human Culture," *Proceedings of the Prehistoric Society* 10 (1939): 209-221.

[2] L. R. Binford and S. R. Binford, "A Preliminary Analysis of Functional Variability in the Mousterian of Levallois Facies," *American Anthropologist* 68 (1966): 238-295.

[3] L. R. Binford, *Nunamiut Ethnoarchaeology*.

[4] L. R. Binford, "The Archaeology of Place," *Journal of Anthropological Archaeology* 1 (1982): 5-31.

[5] L. R. Binford, "Organization and Formation Processes: Looking at Curated Technologies," *Journal of Anthropological Research* 35 (1979): 255-273.

[6] L. R. Binford, "Willow Smoke and Dogs' Tails: Hunter-Gatherer Settlement Systems and Archaeological Site Formation," *American Antiquity* 45 (1980): 4-20.

题。但是，我们需要知道石器的形制特征与功能是密不可分的。

相反，以技术类型学为中心的旧石器时代考古更侧重于石器的形制特征方面，相对忽视原料与使用状况。这种源自19世纪后半叶的方法，让旧石器时代考古摆脱了对地质学与古生物学的依赖，考古学家由此可以通过石器组合本身来确定年代。与之同时，它也带有那个时代的烙印，即以传播论为基础来解释技术类型的变化。与差不多同一时期形成的、流行于新石器-原史考古中"考古学文化"的解释一样，相似性必然意味着传播，早晚关系变成了因果关系。当代考古学家将之统称为"文化历史考古"范式。宾福德曾经将这种依赖传播的解释称为"涟漪论"，就像把一块石头扔进平静的湖中，涟漪在水面扩散开来[1]。这样的解释假定相似性等同于关联，同时假定技术等同于人群，技术的扩散等同于人群的扩散。这种用19世纪的方法来解决21世纪的问题的研究方式一直持续到现在[2]。

文化的扩散与传播是难以证明的。就石器的细小化而论，早者距今六七万年前就出现于南非的霍韦森斯隘口（Howeisons Poort），晚者不过距今四五千年前才出现在澳大利亚，时间相差悬殊，没有理由将之归因于传播。人类历史上同一技术被反复发明并不是一件罕见的事情。陶

---

[1] L. R. Binford, "Archaeological Systematics and the Study of Culture Process," *American Antiquity* 31（1965）: 203-210.

[2] M. S. Bisson, "Nineteenth Century Tools for Twenty-first Century Archaeology? Why the Middle Paleolithic Typology of Francois Bordes Must Be replaced," *Journal of Archaeological Method and Theory* 7（2002）: 1-48.

器、磨制石器、驯化等这些代表新石器时代的技术就曾在不同地区、不同时代被反复发明。即便存在技术的传播，它也不需要依赖人群的迁移，偶尔的接触、展示乃至语言都可以导致技术扩散。把技术等同于人群更是危险，其暗含的前提是仅仅某些人类群体具有创造力，而其他人类群体则不拥有这种能力。实际上，在一定条件下，每个人类群体都可以有自己的发明。

石器技术的传播与陶器风格的传播很容易混淆，从而导致一种误判：既然陶器风格可以传播，那么为什么石器技术不可以？需要注意的是，陶器的装饰风格属于前文萨基特所说的图像志风格，或者威斯纳所说的断定风格，用以标识群体的范围。然而，这种风格的分布范围较为有限，持续的时间多以百年计，长者也不过一两千年。相比而言，石器技术通常缺乏如陶器那样的风格，如克拉克所定义的五种模式，分布范围跨越大洲，时间范围跨越数十万年乃至上百万年，如果还采用"文化传统"一类的说法，无疑是非常不合适的。

我们若从石器技术的变化机制来审视细石叶技术的起源，就会发现从传播论的角度来解释是不成立的。对于考古学家来说，细石叶技术的起源是一个更有意思的问题，而不是仅仅满足于知道其起源的年代与区域。仅仅从环境变化的角度来解释细石叶技术的起源同样过于简单，环境变化是一直存在的现象，长期的变化并不一定比短期的变化更可能导致技术变迁，因为人类更可能适应长期的缓慢变化而难以应对突然的改变。我们需要比这些解释视角更充分的理论视角。

我们有关石器技术变化机制的研究是一个推理过程，它具有不同的层次，类似于霍克斯所说的"推理的阶梯"[①]，在低层次如生计技术上推理较为容易，而上升到社会组织、意识形态领域则更为困难。就石器技术的变化机制而言，至少可以分为环境、生计、社会、意识形态四个层次。它们与自下（考古材料）而上（理论）的归纳推理及自上而下的演绎推理构成一个纵横交错的分层-关联的网络[②]。另外，这个推理过程还包括运用从狩猎采集者民族考古、实验考古乃至历史考古（如直接历史法）所获得的普遍性认识，也就是所谓的中程理论，它属于类比推理。这种研究途径常给人一种误解，认为考古学家在利用今人去推知古人，因而是不可靠的。实际情况是，中程理论获取的是原理性的、具有普遍意义的东西，考古材料所代表的是特殊的古人活动，两者之间是普遍与特殊的辩证关系。

五、小结

理论研究的意义是反思既有的研究，引导未来的研究。通过反思，尤其是通过对立论前提的剖析，发现存在的不足；通过理论的构建，展望未来的研究方向。忽视理论研究的结果是让研究立足于虚弱的前提基础之上，结果是沙上建塔。一旦理论前提被证伪，所有立足于其上的研究都有崩盘的危险。没有理论是完美的，每个理论都有其立论的前提。

[①] C. Hawkes, "Archaeological Theory and Method: Some Suggestions from the Old World," *American Antiquity* 56 (1954): 155-168.
[②] 陈胜前：《考古学研究的"透物见人"问题》，《考古》2014年第10期。

一定时期，前提可能是先验的，但不等于永远不可检验。考古学的重大进展都与基本前提的更新密不可分，对理论前提的反思正是驱动学科发展的动力来源之一。理论也是考古实践的产物，不能简单地用先进与落后来形容理论，每个理论都有其应用的层次与领域。当前存在的问题，很大程度上与超越研究范式的边界去回答问题有关。

细石叶技术的起源是最近中国旧石器时代考古研究中极为热门的问题，新的材料、新的方法与新的视角都在不断涌现。面对学科的迅速发展，建立坚实的学科理论基础变得十分紧迫。对于研究者而言，在开展相关研究时，需要认真审视自己的研究所立足的前提、所遵循的范式，制定切实可行的目标任务。目前在文化历史考古、过程考古与后过程考古范式中都可以开展研究，其中后两种范式的研究应是中国旧石器时代考古研究今后的发展方向。这不是否认石器技术类型学的重要性，它依然是石器研究的重要基础。在解决莫斯特难题之前，与其陷于原地，不如去拓展新的研究道路。过程考古与后过程考古范式正提供了这样的可能。除此之外，当代考古学还有其他一些范式，如进化论、能动性等范式，代表考古学理论领域多元化的发展，也是值得我们借鉴的。石器研究领域正在发生的认知－社会转向表明考古学研究正在逐渐摆脱强调生计－环境的研究，走向更强调社会内因、深入思维领域的研究。我们有关细石叶工业起源的研究也需要与时俱进，需要综合运用归纳、演绎与类比推理，在分层－关联的推理网络中寻求更深入的认识。

第四部分

旧新石器时代过渡时期石器研究

第十四章　中国旧新石器时代过渡：新思考与新问题

一般地说，旧新石器时代的过渡问题是指晚更新世之末到全新世早中期人类从长期适应的以狩猎采集为生转变到以农业为主要生计的过程，关注的核心问题是农业起源，主要研究区域是农业起源中心地区，如西亚、东亚、中南美洲的部分地区。在早期研究中，通常将这一主题称为"新石器革命"[1]或"农业起源"，围绕它产生了大量的研究。但是越来越多的研究显示，农业的发生是一个漫长的过程，各地的时间进程并不一致，过程与形式多种多样，而且并不是所有的地区都走向了农业。因此，就需要一个更具包容性的概念——旧新石器时代过渡（Paleolithic to Neolithic Transition，简称 PNT），从而更好地把握这个阶段人类文化适应的多样性。中国作为世界主要的农业起源中心，考古学研究的重心长期侧重于农业起源研究，而相对忽视非农业起源区发生的文化适应变迁。最近一二十年来，不论是关于农业起源还是关于非农业起源区的文化适应变化，都产生了大量新的材料与新的研究，为我们综合考察中国旧新石器时代过渡这个大问题提供了有利的条件。这里将梳理相关材料

---

[1] V. G. Childe, *Man Makes Himself*.

与研究，总结既有的认识，提出一些新思路，探索新问题，为下一步研究提供参考。

一、定义

不同地区所定义的从旧石器时代向新石器时代的转变是不同的，欧洲采用"中石器时代"（Mesolithic）概念，西亚地区同时还采用"后旧石器时代"（Epipaleolithic）概念。日本则采用"绳文时代"（じょうもんじだい）概念，相当于欧洲的中石器时代，延续的时间超过1万年。值得注意的是，"中石器时代"概念与特定的水生资源适应联系在一起，只能适用于特定的地区①。中国的面积几乎相当于整个欧洲，地理环境条件更加复杂，用一个概念囊括所有的变化无疑是困难的。"旧新石器时代过渡"概念相对于中石器时代、后旧石器时代等更加宽泛，能够把走向食物生产的农业起源、利用水生资源的复杂狩猎采集以及其他类型的文化适应变迁都包括在内。讨论中国史前史，需要采用这样一个具有足够包容性的概念。

尽管有这样一个具有包容性的概念，我们还是需要一个确定的时间范围，从而建立统一的时间尺度，以便于进行不同地区的比较，探讨地区之间的交流与互动。这里把陶器的出现看作旧新石器时代过渡的开端，目前东北、华北、长江中下游以及岭南地区都发现了距今15 000年

---

① T. D. Price, "The Mesolithic of Western Europe," *Journal of World Prehistory* 1（1987）: 225-306.

左右的陶器，其中江西万年仙人洞遗址的材料接近距今2万年[①]。旧新石器时代过渡结束的年代是距今8 500年前后，此时定居的新石器时代文化全面涌现，华北、长江中下游地区出现了一系列新石器时代考古学文化遗存，其代表性特征有房址聚落、功能分化的陶器组合与磨制石器工具组合，以及明确的植物与动物驯化证据。

随着考古发现的增加，旧新石器时代过渡的时间范围无疑可能会出现一些变化，比如上限会更古老。同时，我们还可能发现不同地区会存在更大的差异。旧新石器时代过渡时期，跟旧石器时代、新石器时代一样，越来越成为一个人类史前史的独立阶段，需要用独立的时间尺度来考察，也需要单独以之为对象进行研究。过去数十年来，该问题的研究日渐成为中国考古学的学术热点。

二、研究回顾

在中国考古学中，由于早年学术体制的划分，旧、新石器时代的研究机构分属于不同的学术部门，造成旧石器时代考古与新石器时代考古长期以来在学术传统、研究兴趣、理论方法和田野操作上存在较大差异，也造成了过渡期遗存发现少，长期被忽视的局面。同时，又由于受到中原中心论的影响，研究者偏向于按照中原地区的时间尺度，将不同区域在全新世早期的文化统称为新石器时代。因此，"新石器时

---

① 吴小红、张弛、保罗·格德伯格、大卫·科恩、潘岩、蒂娜·阿平、欧弗·巴尔-约瑟夫：《江西仙人洞遗址两万年前陶器的年代研究》，《南方文物》2012年第3期。

代"除了包括具有农业的华北和长江流域,也包括华南和东北具有水生资源利用的区域,甚至还包括西北荒漠草原地带以细石器技术产品为代表的遗存。显然,"新石器时代"概念并不足以包括如此多样的文化遗存,学界一度引入"中石器时代"概念,并引起广泛争论①。在实际操作上,"旧新石器时代过渡"问题基本上等同于晚更新世之末-全新世之初阶段遗存的研究,旧新石器时代的文化分界问题也时常被讨论②。

早期研究中,受时代话语和研究材料所限,研究者更倾向于认为这一史前转变就是农业的迅速发明,因此称之为"新石器时代革命"。从考古材料来看,旧石器时代文化遗存以打制石器和有限的遗迹(如火塘)为主,新石器时代文化遗存则以驯化动植物、磨制石器、陶器和定居聚落为代表,两者截然不同,由此表现为一个革命性的事件。后来,有关这个过渡阶段的考古发现越来越多,与此同时,浮选法及其他科技分析方法的应用越来越普遍,带来更多更精细的信息。随着更高精度考古材料的积累,有关农业起源的地区差异也凸显出来,研究越来越强调

---

① 陈星灿:《关于中石器时代的几个问题》,《考古》1990 年第 2 期;陈淳:《谈中石器时代》,《人类学学报》1995 年第 1 期;陈淳:《中石器时代的研究与思考》,《农业考古》2000 年第 1 期;英德市博物馆、中山大学人类学系、广东省博物馆编《中石器文化及有关问题研讨会论文集》。

② 陈淳:《石器时代分野问题》,《考古》1994 年第 3 期;赵朝洪:《更新世——全新世界限的划分与中国石器时代分期研究综述》,《江汉考古》1996 年第 1 期;赵宾福:《考古学的分期与石器时代的分野》,《贵州社会科学》2009 年第 1 期;陈洪波:《岭南地区新石器时代特殊性的思考》,《农业考古》2020 年第 6 期。

旧、新石器时代之交的"过渡性"和"多样性"[①]。新的研究视角也不断涌现[②]，旧新石器时代过渡也日渐成为一个独立的研究领域。进入21世纪以来，比较宏观的研究相对减少，新的研究更多着眼于特定地区具体的文化变迁及其特殊性，或从某种新技术手段的角度进行细微的考察。

在中国考古学研究中，随着持续农业起源与动植物驯化研究的不断开展，以及晚更新世之末－全新世之初阶段遗存的发现，旧新石器时代过渡研究扩展到细石叶遗存等相关问题的研究中。尤其是21世纪以来，中国万年左右的考古遗存发现激增，旧新石器时代过渡研究范围扩大，研究对象包括早期陶器[③]、磨制石

[①] L. R. Binford, "Post-Pleistocene Adaptation," in *New Perspectives in Archaeology*, eds. S. R. Binford and L. R. Binford, pp.313-341; L. R. Binford, *Constructing Frame of Reference: An Analytical Method for Archaeological Theory Building Using Ethnographic and Environmental Data Sets* (Berkeley: University of California Press, 2001); K. V. Flannery, *Guilá Naquitz: Archaic Foraging and Early Agriculture in Oaxaca: Mexico* (Orlando: Academic Press, 1986); P. Bellwood, *First Farmers: The Origins of Agricultural Societies* (Malden, MA: Blackwell, 2005); T. D. Price and A. B. Gebauer (eds.), *Last Hunters, First Farmers: New Perspectives on the Prehistoric Transition to Agriculture*.

[②] J. D. Vigne, J. Peters, and D. Helmer, *The First Steps of Animal Domestication* (Oxford: Oxbow Books, 2005); D. J. Kennett and B. Winterhalder, *Behavioral Ecology and the Transition to Agriculture* (Berkeley: University of California Press, 2006); R. Pinhasi and J. Stock, *Human Bioarchaeology of the Transition to Agriculture* (Chichester Hoboken: Wiley-Blackwell, 2011); D. Zohary, M. Hopf, and E. Weiss, *Domestication of Plants in the Old World*, 4th edition (New York: Oxford Univeristy Press, 2013).

[③] 王涛：《中国早期陶器的研究》，《南方文物》2008年第2期；吴小红：《中国南方早期陶器的年代以及新石器时代标志的问题》，载北京大学考古文博学院、北京大学中国考古学研究中心编《考古学研究（九）》，文物出版社，2012；王小庆：《关于东亚地区的陶器起源》，《四川文物》2015年第5期；周广明、和奇：《人类文化进程中的陶器起源：关于陶器起源的另一种假说》，《南方文物》2016年第1期；陈宥成、曲彤丽：《中国早期陶器的起源及相关问题》，《考古》2017年第6期。

器①、细石叶技术②、粟作农业起源③、稻作农业起源④等，部分论文直接以"旧新石器时代过渡"为题⑤。以旧新石器时代过渡研究为中心的博士学位论文有十余篇，或者以典型遗址为中心⑥，或者从某个研究视角入

---

① 钱耀鹏：《略论磨制石器的起源及其基本类型》，《考古》2004 年第 12 期；向金辉：《中国磨制石器起源的南北差异》，《南方文物》2014 年第 2 期；陈虹、刘志颖、汪俊：《从原料角度探讨中国磨制石器出现及发展的动因》，《考古》2017 年第 10 期。

② 加藤真二：《试论华北细石器工业的出现》，《华夏考古》2015 年第 2 期；M. J. Yi, et al., "Rethinking the Origin of Microblade Technology: A Chronological and Ecological Perspective," *Quaternary International* 400（2016）：130-139；王幼平：《华北细石器技术的出现与发展》，《人类学学报》2018 年第 4 期；仪明洁：《中国北方的细石叶技术与社会组织复杂化早期进程》，《考古》2019 年第 9 期；M. Zhang, "Microblade-based Societies in North China at the End of the Ice Age," *Quaternary*, March 20, 2020, http: //dx.doi.org/10.3390/quat3030020; C. Zhao, et al., "The Emergence of Early Microblade Technology in the Hinterland of North China: A Case Study Based on the Xishi and Dongshi Site in Henan Province," *Archaeological and Anthropological Sciences* 13（2021）：1-16。

③ H. Y. Lu, et al., "Earliest Domestication of Common Millet（*Panicum miliaceum*）in East Asia Extended to 10,000 years ago," *PNAS* 106（2009）：7367-7372；马志坤：《中国北方粟作农业形成过程》，博士学位论文，中国科学院大学，2014；李国强：《中国北方旧石器时代晚期至新石器时代早期粟类植物的驯化起源研究》，《南方文物》2015 年第 1 期。

④ D. Q. Fuller, et al., "The Domestication Process and Domestication Rate in Rice: Spikelet Bases from the Lower Yangtze," *Science* 323（2010）：1607-1610；赵志军：《中国稻作农业起源研究的新认识》，《农业考古》2018 年第 4 期；郇秀佳、吕厚远、王灿、张健平：《水稻扇型植硅体野生－驯化特征研究进展》，《古生物学报》2020 年第 4 期。

⑤ 王幼平：《简论华北与华南旧、新石器时代的过渡》，载《考古一生：安志敏先生纪念文集》编委会编《考古一生：安志敏先生纪念文集》，文物出版社，2011；王幼平：《华北南部旧、新石器时代的过渡》，载魏坚、朱泓主编《中国·乌珠穆沁边疆考古国际学术研讨会论文集》，科学出版社，2014；林壹：《华北地区旧、新石器时代过渡中的关键变化》，《文物春秋》2016 年第 2 期；仪明洁：《中国北方旧－新石器时代过渡之刍议》，载吉林大学边疆考古研究中心编《边疆考古研究》第 22 辑，科学出版社，2017。

⑥ 梅惠杰：《泥河湾盆地旧、新石器时代的过渡——阳原于家沟遗址的发现与研究》，博士学位论文，北京大学，2007；崔天兴：《东胡林石制品研究》，博士学位论文，北京大学，2010；仪明洁：《旧石器时代晚期末段中国北方狩猎采集者的适应策略：以水洞沟第 12 地点为例》，博士学位论文，中国科学院大学，2013。

手①，或者梳理区域历时性的变化②，或者开展系统性框架性研究③，研究的系统性与深度都是前所未有的。近年来，随着全国各地过渡期遗存发现的增多，以旧新石器时代过渡为题的科研项目也成为考古类项目申报的热门选题之一。

研究者依托这个时期发现与发掘的一系列旧新石器时代过渡时期的遗址，采用微痕观察、残留物分析、动植物考古、量化分析等多学科合作的方法，获取更精细的考古信息，为研究提供了更加坚实的材料基础。不过，总体而言，既有研究仍以材料发现和初步分析为主，结合材料的理论解释尚少。关键问题是要回答旧石器时代的狩猎采集者为什么以及如何放弃已经长期适应的生计方式。从目前的学科发展来看，较

---

① 王涛：《中国早期陶器研究》，博士学位论文，北京大学，2005；马志坤：《中国北方粟作农业形成过程》，博士学位论文，中国科学院大学，2014；吴文婉：《中国北方地区裴李岗时代生业经济研究》，博士学位论文，山东大学，2014；李彬森：《中国北方地区新石器时代早期遗址的废弃过程研究》，博士学位论文，吉林大学，2018；H. Huang, "A Three-stage Model for the Domestication of Oryza Sativa and the Emergence of Rice Agriculture in China, 12,000–7,000 BP"(PhD diss., University of Kansas, 2008); J. Li, "Détection de la transition démographique agricole en Chine: sur le plateau de Lœss et dans la plaine du fleuve Yangszé"(PhD diss., Archéologie et Préhistoire, EPHE PARIS, 2015).

② 潘艳：《长江三角洲与钱塘江流域距今10000—6000年的资源生产：植物考古与人类生态学研究》，博士学位论文，复旦大学，2011；陈伟驹：《岭南地区新石器时代文化的时空框架与生计方式研究》，博士学位论文，吉林大学，2016；L.W. Barton, "Early Food Production in China's Western Loess Plateau"(PhD diss., University of California, Davis, 2009); J. D'Alpoim Guedes, "Adaptation and Invention during the Spread of Agriculture to Southwest China"(PhD diss., Harvard University, 2013); C. Zhao, "A Study of Land-use across the Transition to Agriculture in Northern Yinshan Mountain Region at the Edge of Southern Mongolian Steppe Zone of Ulanqab, China"(PhD diss., University of Pittsburgh, 2020).

③ T. L. Lu, "The Transition from Foraging to Farming and the Origin of Agriculture in China"(PhD diss., The Australian National University, 1998); S. Q. Chen, "Adaptive Changes of Prehistoric Hunter-Gatherers during the Pleistocene-Holocene Transition in China"(PhD diss., Southern Methodist University, 2004).

为成熟的基础理论是进化论与生态学。这方面的研究以"文化适应"概念为中心展开,充分考虑到环境因素的影响,由此形成文化生态的理论框架,能够从外部的角度较好地解释旧新石器时代过渡的统一性与多样性。

三、进化与生态的视角

旧新石器时代过渡研究讨论的中心问题是晚更新世之末-全新世之初阶段狩猎采集者的文化适应变迁,它所参考的理论框架主要来自狩猎采集者研究,这些成果主要是由人类学家与民族考古学家贡献的。如果没有狩猎采集者研究所提供的理论框架,考古学家就很难了解考古材料所对应的行为意义,无法有效地把通常十分零散、残缺的考古材料拼合成完整的过去,更无法探寻旧新石器时代过渡作为重大历史转折的意义。因此,在讨论旧新石器时代过渡问题之前我们有必要从狩猎采集者研究说起,其基本概念与理论是后续讨论的基础。

狩猎采集者,顾名思义,是以维系群体生存的基本策略来命名的。人们以狩猎采集为中心组织流动采食,由此形成相应的居住方式、工具需求与劳动分工。通过流动采食,社会群体不仅获取食物,同时也在收集有关食物的信息[1],以备将来之需;更进一步,这也是发展社会网络的途径,包括物色配偶以及发展社群之间的联系,形成社会安全网[2]。早

---

[1] L. R. Binford, *In Pursuit of the Past: Decoding the Archaeological Record*.

[2] R. Whallon, "Social Networks and Information: Non-'utilitarian'-Mobility among Hunter-Gatherers," *Journal of Anthropological Archaeology* 25(2006): 259-270.

在20世纪60年代，默多克（Murdock）[①]就认识到狩猎采集者社会存在多样性，曾对此有系统的归纳，但是直到20世纪80年代，才和考古学研究联系起来。伍德伯恩[②]首先把狩猎采集者分为及时回报与延迟回报两种类型：前者很少有储备，获取的食物即时消费；后者依赖储备，主要分布在季节性较强的区域。与此同时，宾福德[③]提出一个与考古学研究结合得更好的狩猎采集者的区分：采食者与集食者。两者采用不同的流动方式，由此形成不同的聚落体系以及相应的物质遗存组合。查特斯（Chatters）[④]则将其区分为资源分化型与资源特化型，前者利用的资源多样，后者侧重于利用某些资源。

不论是延迟回报，还是集食者或者资源特化型利用，都涉及对资源的控制性利用，由此，强化（intensification）成为可能，正是在强化的基础上，农业能够起源。强化是旧新石器时代过渡时期文化适应变迁的主要途径，是我们研究的重点。当然，强化的形式与结果存在众多的差异。造成差异的原因很多，其中涉及狩猎采集者社会的复杂性程度。普莱斯等人[⑤]提出，狩猎采集者可以分为简单狩猎采集者与复杂狩猎采集

[①] P. G. Murdock, *Ethnographic Atlas*（Pittsburgh：University of Pittsburgh Press, 1967）.

[②] J. Woodburn, "Hunter-Gatherers Today and Reconstruction of the Past," in *Soviet and Western Anthropology*, ed. A. Gellner, pp.95-117.

[③] L. R. Binford, "Willow Smoke and Dogs' Tails：Hunter-Gatherer Settlement Systems and Archaeological Site Formation," *American Antiquity* 45（1980）：4-20.

[④] C. J. Chatters, "Hunter-Gatherer Adaptions and Assemblage Structure," *Journal of Anthropological Archaeology* 6（1987）：336-375.

[⑤] T. D. Price and James A. Brown（eds.）, *Prehistoric Hunter-Gatherers：The Emergence of Cultural Complexity*.

者，后者主要见于依赖水生资源与植物资源的群体，其社会已经存在不平等现象。这也就意味着在文化适应调整时，社会的复杂性将成为重要的影响因素。不同狩猎采集者的分类方式从不同角度阐明了文化适应变迁的关联因素，其中宾福德的研究与考古学研究的关系最为密切。

宾福德[①]注意到狩猎采集者的文化适应与资源条件密切相关，从而进一步联系到环境变量。由此可以模拟有农业之前全球狩猎采集者的分布状况，包括人口密度、生计方式，甚至包括可能存在的社会复杂性。采用这一方法，我曾经模拟现代气候条件下基于陆地资源的狩猎采集者的人口分布，发现曾经发生农业起源的华北与长江中下游地区并不是能够支撑最大狩猎采集者人口密度的地区[②]。也就是说，同样的人口增长，这两个地区将率先出现人口压力。而中国西南地区是最适合狩猎采集者的区域，能够支持最大的人口密度，也的确是狩猎采集生计方式持续时间最长的地区。这个模型没有考虑水生资源利用的情况，旧新石器时代过渡时期中国东北转向了水生资源利用，并且在历史时期一直保留有强大的渔猎文化传统。总体上，这个模型基于文化生态的适应原理为研究中国旧新石器时代过渡提供了一个有益的参考框架。

当然，有关狩猎采集者的理论研究并不能替代对考古材料的具体研究，它最终还是需要与考古材料结合起来，只有能够解释考古材料，才

---

① L. R. Binford, "Willow Smoke and Dogs' Tails: Hunter-Gatherer Settlement Systems and Archaeological Site Formation," *American Antiquity* 45（1980）: 4-20; L. R. Binford, *Constructing Frame of Reference: An Analytical Method for Archaeological Theory Building Using Ethnographic and Environmental Data Sets*.

② 陈胜前:《中国狩猎采集者的模拟研究》，《人类学学报》2006 年第 1 期。

能为考古学家所接受。采食者-集食者模型除了能够与环境变量联系起来，还能解释狩猎采集者不同功能的遗址特征。更重要的是，它还可以用来解释农业起源之前文化适应上的准备，即只有更多采用集食者策略的狩猎采集者才更有可能走向农业起源。

四、环境变迁

晚更新世之末，气候变暖，冰期结束，这是全球性的气候变化。格陵兰冰芯、海洋氧同位素、黄土等相互对应的证据都表明如此。不过，就气温变化的幅度而言，中纬度地区更大。气候变暖、冰期结束对狩猎采集者的栖居环境产生了重大影响。

首先是海平面的上升。末次盛冰期，整个黄海、渤海完全变成了陆地，大约一半的东海也变成了陆地，海岸线最远向东延伸了1 000多千米[1]。中国东部与朝鲜半岛、日本列岛通过陆地连接起来。暴露出来的大陆架在距今24 000～18 000年前经历过一次沙漠化过程后为植被所覆盖[2]，新的植被重建结果也显示这一时期大陆架创造了大片草原、林地、河口和丰富的海岸生物群落，很可能被晚更新世的狩猎采集者强化利用[3]。末次盛冰期结束后，海平面上升的过程相当迅速，从距今15 000

---

[1] 谢传礼、蓟知潜、赵泉鸿、汪品先：《末次盛冰期中国海古地理轮廓及其气候效应》，《第四纪研究》1996年第1期。

[2] 赵松龄、于洪军：《晚更新世末期黄、渤海陆架沙漠化环境的形成》，《第四纪研究》1996年第1期。

[3] J. d'Alpoim Guedes, J. Austermann, and J. X. Mitrovica, "Lost Foraging Opportunities for East Asian Hunter-Gatherers due to Rising Sea Level since the Last Glacial Maximum," *Geoarchaeology* 31（2016）：255-266.

年到 10 000 年前，平均每年上升 2.4 厘米，海岸线向陆地方向前进大约 100 米①。就中国华北地区而论，失去了超过一半的陆地面积。因此，生活在这一区域的狩猎采集者即使没有人口增长，到距今 10 000 年前后时，人口密度至少也要翻一倍。

气候变暖、冰期结束带来的另一重要影响是动植物群的改变，这直接影响到狩猎采集群体的食物资源。野生水稻原本生长在热带环境中，亚热带地区罕见。随着末次盛冰期后的升温，野生水稻的分布持续向北扩张，分布到长江中下游地区，为人们的利用提供了条件②。华北地区的情况也差不多，粟的野生祖本随着落叶阔叶植被的扩张逐渐占领末次盛冰期的草原③。中国旧石器时代晚期的考古材料表明，在人类主要狩猎的 40 种食草动物中，有 14 种灭绝④。关于更新世之末大动物灭绝的原因还存在争议，但不论是由于环境变迁还是由于人类狩猎，在农业起源之前，大动物的灭绝都是一个不争的事实。动植物群的改变、大动物的减少意味着旧石器时代晚期建立的适应方式难以为继。

晚更新世之末－全新世之初的气候变化中还有一些推拉（push and pull）文化适应变迁的因素。拉动因素有东亚季风的加强与气候稳定性的提高。季风所带来的降水与有效湿度（与降水、蒸发和温度有关）很

---

① 黄春长：《环境变迁》，科学出版社，1998，第 97-98 页。

② D. Q. Fuller, et al., "Consilience of Genetics and Archaeobotany in the Entangled History of Rice," *Archaeological and Anthropological Science* 2 (2010): 115-131.

③ 何红中：《全球视野下的粟黍起源及传播探索》，《中国农史》2014 年第 2 期。

④ S. Q. Chen, "Adaptive Changes of Prehistoric Hunter-Gatherers during the Pleistocene-Holocene Transition in China" (PhD diss., Southern Methodist University, 2004).

大程度上决定生物的生产力，对于对雨量变化更为敏感的干旱、半干旱半湿润地区而言尤其如此。理查森（Richerson）等人提出，气候稳定性的增强、空气中 CO_2 浓度的提高，以及降水量的增加是农业起源的根本条件[①]。推动因素有增强的气候季节性与迅速且影响剧烈的新仙女木事件。气候季节性的增强会提高储备的必要性；新仙女木事件所带来的突然变化无疑会加剧生计压力，频繁与剧烈的气候波动导致狩猎采集者的食物资源缺乏稳定性。于是，稳定性成为稀缺资源，可能会成为狩猎采集者优先追求的目标，而稳定性正是农业生产的优势所在。

在讨论气候、环境变迁时，还需要特别注意它们对两个地带的影响。其中一个地带是生态交错带[②]，这里资源多样，但不稳定。常见的生态交错带包括森林－草原交界带、海洋与陆地交界的海岸地带。更新世与全新世之交，随着海平面的上升，海岸遗存被淹没。目前可以研究的森林－草原交界带，除了宏观上的中国从东北到西南的生态交错带之外，还有微观上的山前地带。生活在这个区域，更需要采取措施解决资源供给不稳定的问题。另一个地带是狩猎采集者偏好的栖居地。一般地说，狩猎采集者偏好利用的区域需要有便利的石料供给、水源以及行动条件。就一个河流流域而言，河流上游通常是峡谷地形，人们行动不便；河流下游多为泛滥平原，石料缺乏，人们行动需要舟楫的帮助；河

[①] P. J. Richerson, et al., "Was Agriculture Impossible during the Pleistocene but Mandatory during the Holocene? A Climate Change Hypothesis," *American Antiquity* 66 (2001): 387-411.

[②] M. Q. Sutton and E. N. Anderson, *Introduction to Cultural Ecology* (Lanham: Altamira Press, 2004), pp.35-57.

流中游就成了狩猎采集者的最佳栖居地，这里有大小合适的砾石原料、相对开敞的地形以及便利的水源与燃料供给。我们可以推测，这个地带的人群人口密度会更大。

环境变化与文化生态的地带性影响叠加，构成了旧新石器时代过渡的初始条件，同时也是推动文化适应变迁的重要动力。它们首先影响的是狩猎采集者的栖居地，迫使他们不得不改变流动性。

五、流动性、石器技术与文化适应

对于狩猎采集者而言，不论是史前的，还是历史时期的，都是以流动采食（mobile foraging）为生的群体。流动是获取食物资源的基本形式，因此流动性成为狩猎采集者文化系统的中心要素，狩猎采集者一旦失去流动性（以渔猎为生的群体除外，因为这种资源具有定点分布的特性），就不得不在有限的空间范围内获取所需资源，就必然需要采取广谱与强化的策略，以解决流动性降低后获取资源范围缩小所导致的问题。流动性的变化会直接影响到工具组合与聚落体系的构成，这些特征会体现在考古遗存上；反过来，这有利于我们通过它来判断狩猎采集者流动性的变化，并进一步确定其文化适应方式的变化。

与旧新石器时代过渡相关的流动性变化首先反映在细石叶技术上。这种技术能够提供轻便、适应面广且便于维护的（高标准化的）细石叶产品，非常适合高度流动的生计方式，尤其适合环境不稳定但资源多样的生态交错带。正是基于这一原因，我曾从理论上推断细石叶技术起源于末次盛冰期的中国华北地区，当时华北正是森林-草原交界带①。随后河南登封的西施遗址和东施遗址②、山西吉县的柿子滩遗址③和沁水的下川遗址④、河北阳原的西沙河遗址⑤、陕西宜川的龙王辿遗址⑥等，先后发现末次盛冰期前夕的细石叶技术遗存。目前可以确定细石叶技术的起源年代在距今2.6万年前后，由此我们把细石叶技术起源看作中国旧石器时代晚期晚段的开端。而在有类似技术要素（如两面器技术、石叶技术、勒瓦娄哇技术等）的中亚、西伯利亚地区，细石叶技术的起源年代反而更晚。末次盛冰期到来之时，气候变冷，地表初级生产力降低，包括动物在内的食物资源分布更加稀疏，史前狩猎采集者不得不提高流动性，细石叶技术正好满足了这一需求。

从进化的视角看，提高流动性，在同样的时间里覆盖更大的资源空间，这对于狩猎采集者来说，是始终值得追求的目标，而不仅仅是

---

① 陈胜前：《细石叶工艺的起源——一个理论与生态的视角》，载北京大学考古文博学院编《考古学研究（七）》，科学出版社，2008。

② http://dx.doi.org/10.3390/quat3030020；C. Zhao, et al., "The Emergence of Early Microblade Technology in the Hinterland of North China: A Case Study Based on the Xishi and Dongshi Site in Henan Province," *Archaeological and Anthropological Sciences* 13（2021）: 98.

③ 山西大学历史文化学院、山西省考古研究所：《山西吉县柿子滩遗址S29地点发掘简报》，《考古》2017年第2期。

④ 北京师范大学历史学院、山西省考古研究所：《山西沁水下川遗址小白桦圪梁地点2015年发掘报告》，《考古学报》2019年第3期。

⑤ Y. Guan, et al., "Microblade Remains from the Xishahe Site, North China and their Implications for the Origin of Microblade Technology in Northeast Asia," *Quaternary International* 535（2020）: 38-47.

⑥ 王小庆、张家富：《龙王辿遗址第一地点细石器加工技术与年代——兼论华北地区细石器的起源》，《南方文物》2016年第4期。

某个特定时期的需要。从石器技术的一般演化史来看，存在着这样的趋势：石器工具的重量不断减轻，原料越来越精细，标准化程度不断提高，工具复合程度持续发展。简言之，石器技术的进步越来越有利于提高史前狩猎采集者的流动性。但需要指出的是，狩猎采集者的流动性不是可以无限提高的。当流动性提高到一定程度时，群体中的一些成员，如老人、儿童、孕妇、体弱者，就可能跟不上其他成员的步伐，这必然会导致群体内部流动性的分化，即年轻力壮的个体继续保持较高的流动性，不利于流动的成员停留在营地，流动个体把食物初步加工（如鄂伦春人把猎物晒成肉条）后带回营地，这也就是宾福德所谓的"集食者"模式——让食物来就人①。于是，这个居留时间较长的营地就成了中心营地。更进一步说，在中心营地长期停留的成员不可能完全指望流动个体带回来食物，他们同样会去寻找食物。受制于有限的活动范围，其觅食方式必定会走向强化，即在有限的空间范围内尽可能获得更多的食物资源，把不适合直接食用的加工成可以食用的，如利用橡子与狗尾草。还可能出现栽培、除草等行为，以便在秋季有更多的收获。在中心营地停留的时间越长，这样的延迟回报就越有可能。简言之，流动性提高到一定程度后反而会导致群体成员流动性的分化——部分群体丧失流动性；同时导致生计方式分工加剧，导致广谱与强化利用的发生。

---

① L. R. Binford, "Willow Smoke and Dogs' Tails: Hunter-Gatherer Settlement Systems and Archaeological Site Formation," *American Antiquity* 45 (1980): 4-20.

从石器考古材料来看，细石叶技术起源后，在其石器组合中出现了一种新的器物类型——锛状器。这种器物大多采用较为粗糙的本地原料，制作技术简单，多采用直接打制的技术生产，但器型尺寸较大，形制较为规范。这种器物与细石叶技术产品相比，显然是不适合流动的。锛状器的起源很可能与狩猎采集者流动性的分化相关。随着不适合流动的成员在中心营地停留的时间延长，他们必然需要修建更耐久的居所，必然需要收集更多的燃料，必然需要利用周边地区更多的资源，必然在居址中及其附近有更多样的活动，如此等等的需要都会促使产生一种适应面较广且足够耐用的工具。锛状器的产生因应了这样的需要，它适合砍伐、敲砸、简单的挖掘等活动。锛状器同时引领了新石器时代磨制石器工具如锛、斧、铲、锄等端刃工具的起源。有趣的是，它在全新世早期定居社会形成后，迅速为磨制石器所取代。即便是在依赖渔猎的中国东北的中东部地区也是如此，因为这些群体已经能够定居。而在还没有定居或半定居的社会，如中国北方草原地带，锛状器与细石叶技术产品一起持续存在，甚至更加普遍，如在裕民文化中就有大量的锛状器发现[①]。

当然，并不是每个地区都发生了同样的变化，不同地区的表现形式可能完全不同。在江汉平原西部到西南地区，同一时期开始流行锐棱砸击石器技术。结合湖北松滋关洲遗址[②] 出土的大量锐棱砸击石片以及相

---

① 叶灿阳：《裕民文化锛状器研究》，硕士学位论文，中国人民大学，2020。
② 刘辉、赵军：《湖北松滋关洲新石器时代遗址》，载国家文物局主编《2017中国重要考古发现》，文物出版社，2018。

应的石锤工具，我们曾开展实验研究，重建了锐棱砸击技术的操作过程①，并确定了其文化适应上的意义②。这是一种操作极为简单但极其浪费原料的石器技术，即使不熟悉石器制作的女性，稍加指导，也可以掌握。从遗址出土的关联背景以及实验验证来看，锐棱砸击石片是用来处理鱼获（刮鳞、破肚、剖半）的工具。我们推测，当时男性外出打鱼，女性负责留在营地处理鱼获，女性需要自己生产石片。这种看起来技术难度较低但可控性比较高的石器技术（比直接锤击打片还要简单易行）适合女性操作。类似的遗址还有贵州的辞兵洲③。反过来说，这一技术的流行在某种意义上反映了男女劳动分工的加剧，女性开始承担更多的制作工具的工作。

旧新石器时代过渡时期，技术的变迁是全方位的。细石叶技术是打制石器技术的巅峰，原料精细，技术复杂，压制时需要施加足够强的压力，而且还需要准确。一个群体中只有少数人能够掌握，他们应该是男性猎人。当代石器技术的专业研究者中，能够成功复制该技术的也寥寥无几（排除采用黑曜石以及现代工具）。但是此时以及随后流行的技术，如编织技术、锛状器技术、研磨技术、制陶技术等，多与食物处理相关，技术不复杂，对力量的要求不高，但需要足够长的时间。这些技术都是有利于女性的，而且这些技术都是旧新石器时代过

---

① 刘睿喆：《锐棱砸击石器技法研究》，硕士学位论文，中国人民大学，2019。
② 周怡昕：《湖北松滋关洲遗址石器组合研究：文化适应的视角》，硕士学位论文，中国人民大学，2019。
③ 我2019年夏曾有幸在贵州省考古研究所简单观察过辞兵洲遗址的石器标本，与湖北关洲遗址具有较为相似的石器面貌。

渡时期标志性的关键技术。我们有理由相信，在这个时期，性别地位有可能发生了重要的变化。当然，不同地区旧新石器时代过渡的模式可能有所不同。

六、旧新石器时代过渡的模式

尽管冰期结束带来了普遍的环境改变，但不同地区在变化的程度、对人类生计产生的影响等方面存在差异。基于文化生态条件，可以把中国分为八个文化生态区，分别是华北、长江中下游、岭南、东北、西南、青藏高原、蒙古高原、西北沙漠戈壁绿洲[①]。考古学研究常常把岭南与西南甚至长江中下游合称中国南方，但从旧新石器时代过渡时期到新石器时代，这三个地区存在比较大的差异，混合在一起看会掩盖关键的区分。目前八个生态区至少可以区分出三种过渡模式。

1.农业起源

判断是否走向农业起源的证据主要分为三类：第一类是新石器时代的特征器物，如陶器、磨制石器以及器物的多样性等；第二类是遗址结构的变化，如房址、墓葬、壕沟、灰坑等；第三类是动植物遗存，尤其是存在驯化迹象的遗存。这些证据首先反映的是狩猎采集者流动性的降低，这是发展农业的前提。就狩猎采集者流动性降低的重要标志而言，首先是陶器的出现、遗物与遗迹的多样性以及石器技术的变化；其次是

---

① 陈胜前：《中国狩猎采集者的模拟研究》，《人类学学报》2006年第1期。

显示食物资源的强化利用，尤其是植物种子的利用，如陶器、石磨盘、磨棒的出现；最后是显示具有强化利用潜力的物种的出现，如粟、水稻、猪等。

既有的考古材料很清楚地表明，华北与长江中下游地区是两个独立的驯化中心，华北地区是以粟、黍为中心的旱作农业，长江中下游地区是稻作农业。过去一二十年来，一系列旧新石器时代过渡时期遗址的发现为揭示农业起源的过程提供了重要的材料。跟以往的认识存在明显不同的是，华北地区并不是一个完整的整体，它可以以太行山为界，分为东西两个区域。与农业起源相关的遗址都分布在东部区域，都位于山前地带或者小盆地区域。西部的黄土高原并不是农业起源的发生地，迄今为止，这里还没有发现新石器时代早期遗址，其实从对旧新石器时代过渡时期遗址石器材料的分析来看，这里就没有发现史前狩猎采集者流动性降低的迹象①。其他证据也都支持太行山两侧在旧新石器时代过渡时期发生了根本的分化。

同样的情况也发生在长江中下游地区与岭南地区之间。岭南地区在旧新石器时代过渡时期刚开始的时候，就出现了新石器时代的特征遗存，如陶器、磨制石器等。但是，在岭南地区这样的发展一直在持续，却没有导致农业的出现，其稻作农业最终来自长江中下游地区，大规模发展稻作农业晚至距今 3 000 年前。岭南地区发展了类似史密斯

---

① 陈胜前:《史前的现代化——中国农业起源过程的文化生态考察》。

(Smith)所说的低水平食物生产[①],即依赖根茎种植的园圃农业,同时利用水生资源。相比而言,从目前的材料来看,长江中下游地区至少有三个稻作农业起源的次级中心,即环洞庭湖地区、环鄱阳湖地区与环太湖地区,但是从新石器时代考古学文化的发展来看,只有洞庭湖与太湖地区具有完整的发展序列,并且在此基础上发展出了各自的文明,即石家河文明与良渚文明。

简言之,农业起源是狩猎采集者文化适应分化发展的产物,尽管在旧新石器时代过渡之前(太行山两侧),甚至在刚开始的时候(岭南与长江中下游),发展状况类似,但是后来的发展——不论是中国北方还是南方——却发生了明显的分化。

2. 水生资源利用

在中国考古学中,研究者也认识到新石器时代存在没有农业生产、依赖水生资源利用的狩猎采集生计方式,由于缺少狩猎采集者研究提供的支持,所以并没有将其列为旧新石器时代过渡的一种模式,而是认为那些地区只是因为无法操持农业,所以人们继续狩猎采集。水生资源的供给不同于陆地资源,尤其是海洋资源(如大马哈鱼),其资源域广阔且稳定,人们可以在同一地点反复捕捞而不用担心耗尽资源。因为资源的丰度更高,分布位置固定,这样的狩猎采集群体更注意控

[①] B. D. Smith, "Low-level Food Production," *Journal of Archaeological Research* 9 (2001): 1-43.

制自己的领地,其能够支持的人口密度更大,其社会复杂性程度也更高[1]。在中国旧新石器时代过渡时期,东北与岭南地区发展出了水生资源的利用模式。

随着末次盛冰期结束海平面上升,东亚季风加强,河流有了丰沛的水量与更广阔的湿地环境,江河湖泊的水生资源利用成为可能[2]。东北地区在距今1.5万年前后开启了新的适应模式:以桃山、桦阳的石器技术变迁为开端[3],以后套木嘎[4]、双塔[5]和小南山[6]诸遗址早期遗存的丰富内涵为代表,以更加复杂的人类活动遗迹(如灰坑、墓葬、窖藏、房址等)、更加丰富的文化遗物(如早期陶器、局部磨光的斧锛凿类工具、细石叶技术遗存、磨盘等研磨类工具),以及动植物资源遗存(尤其是贝类、鱼骨等水生资源)为鲜明表征,呈现出一种流动性迅速降低、生产工具专业化、多样化资源利用与强化利用水生资源的新特征。根据对后套木嘎和双塔遗址出土的早期陶器的残留物的分析[7],

---

[1] J. E. Yellen, *Archaeological Approaches to the Present* (New York: Academic Press, 1977).

[2] Z. S. An, "The History and Variability of the East Asian Paleomonsoon Climate," *Quaternary Science Reviews* 19 (2000): 171-187.

[3] J. P. Yue, Y. Q. Li, and S. X. Yang, "Neolithisation in the Southern Lesser Khingan Mountains: Lithic Technologies and Ecological Adaptation," *Antiquity* 93 (2019): 1144-1160.

[4] 王立新:《后套木嘎新石器时代遗存及相关问题研究》,《考古学报》2018年第2期。

[5] 吉林大学边疆考古研究中心、吉林省文物考古研究所:《吉林白城双塔遗址新石器时代遗存》,《考古学报》2013年第4期。

[6] 李有骞:《小南山遗址2019—2020年度考古发掘新收获》,《中国文物报》2021年3月19日第5版。

[7] D. Kunikita, et al., "Radiocarbon Dating and Dietary Reconstruction of the Early Neolithic Houtaomuga and Shuangta Sites in the Song-Nen Plain, Northeast China," *Quaternary International* 444 (2017): 62-68.

再结合人骨同位素的证据，可以明确此时已开始利用水生资源。在社会复杂化方面，松花江Ⅰ号头骨和后套木嘎一期均发现距今万年以前代表世袭不平等的颅骨变形遗存，而这种颅骨变形现象在后套木嘎后续阶段的全新世人骨中仍有延续①，而在小南山距今 9 000 年的墓葬遗存中则发现了丰富而精美的玉器②，这些证据均表明距今万年前后这里已经出现了依赖水生资源利用的复杂狩猎采集社会。岭南地区在距今 12 500 年前后，在一系列洞穴遗址中发现介壳堆积，后来进一步发展为贝丘遗址，在广西的邕江流域表现得较为充分③。但岭南地区为热带环境，水生资源不如东北地区丰富，也不易储存，对食物储备的需求也不强。由于没有需要分配的（储备的）资源④，其社会复杂性发展也不明显。这个地区尽管很早就出现了一些新石器时代的标志性特征，但是随着全新世气候变暖变湿，新的文化生态空间形成，形成了低水平的食物生产。相比而言，东北地区，尤其是其中东部地区，形成了较为系统的水生资源利用，与日本的绳文时代、西北欧的中石器时代类似。

---

① Q. Zhang, et al., "Intentional Cranial Modification from the Houtaomuga Site in Jilin, China: Earliest Evidence and Longest in Situ Practice during the Neolithic Age," *American Journal of Physical Anthropology* 169（2019）: 747-756; X. J. Ni, et al., "Earliest-known Intentionally Deformed Human Cranium from Asia," *Archaeological and Anthropological Sciences* 12（2020）: 93.
② 黑龙江省文物考古研究所、饶河县文物管理所：《黑龙江饶河县小南山遗址2015年Ⅲ区发掘简报》，《考古》2019 年第 8 期。
③ 吕鹏：《广西邕江流域贝丘遗址动物群研究》，《第四纪研究》2011 年第 4 期。
④ 马歇尔·萨林斯：《石器时代经济学》，张经纬、郑少雄、张帆译。

3. 过渡期状态

旧新石器时代过渡时期，并不是所有地区都像华北地区、长江中下游地区、东北中东部地区一样能够支持定居。北方草原地带尽管也可能采用了一定的农业生产，也有陶器、半地穴式的房子等体现流动性降低的文化特征，但是只能说这样的社会处在半定居状态。以裕民文化为例，其中裕民遗址为冬季营地，而四麻沟遗址为夏季营地，不同季节的营地在地理位置（裕民遗址选择在避风的山窝中）、火塘的分布（四麻沟遗址有不少户外火塘）、器物的分布上都有所不同①。在这个区域，细石叶技术产品与锛状器仍旧流行，如同旧石器时代晚期晚段，细石叶技术产品甚至更加精致。该地区似乎停留在了过渡状态，尽管跟旧石器时代晚期晚段相比，增加了半地穴房屋与陶器等因素，但未能实现完全定居。究其原因，是这个地区土壤瘠薄，水热条件不佳，不能支持稳定的农业生产，同时也缺乏丰富的水生资源，不能形成定居生活。文化生态条件的硬约束使这里无法突破旧新石器时代过渡的门槛。

类似的情况还见于西南地区，这是一个由高原与盆地组成的相对封闭的区域，地形分割严重，现在仍然是中国少数民族数量最多的区域。在新石器时代，这里地方文化特色极为多样，很难像其他地区那样基于遗存的共同特征来划分考古学文化。旧新石器时代过渡时期，这里的情况类似于东南亚地区，出现了骨角工具增加的情况（如

---

① 胡晓农、包青川、李恩瑞、陈文虎：《草原地区新石器时代早期季节性营地式聚落遗址的新发现》，《中国文物报》2020 年 1 月 3 日第 8 版。

贵州普定穿洞遗址[①]、贵安新区招果洞遗址等），还有锐棱砸击石片、苏门答腊石器等石器工具。如前所述，锐棱砸击法是一种技术门槛极低的技术，它的流行也主要是在旧新石器时代过渡时期，可能反映了男女两性新的劳动分工。苏门答腊石器类似于中国北方同一时期出现的锛状器，与强化利用某些资源相关。此外，牛坡洞遗址第二期（距今10 200～8 700年）发现了典型的细石器制品[②]，招果洞遗址则发现了两座距今11 000年左右的墓葬[③]以及丰富的动植物遗存，似乎表明出现了一种新的文化现象。但这种现象与走向新石器时代的过渡不同，而更可能是狩猎采集社会内部的小范围调整，如关莹等人就曾指出云贵高原这种以洞穴为中心的低流动狩猎采集模式的长期适应性[④]。因为迄今为止，西南地区并没有发现典型的新石器时代早期遗存，这里的农业明显是从长江中游和西北地区传入的[⑤]，伴随着农业到来的是社会复杂性的出现。

[①] 张森水：《穿洞史前遗址（1981年发掘）初步研究》，《人类学学报》1995年第2期；毛永琴、曹泽田：《贵州穿洞遗址1979年发现的磨制骨器的初步研究》，《人类学学报》2012年第4期。

[②] 傅宪国、付永旭、张兴龙、周振宇、黄超：《贵州贵安新区牛坡洞遗址》，《考古》2017年第7期。

[③] 张兴龙、吕红亮、何琨宇：《贵州贵安新区招果洞遗址》，载国家文物局主编《2018中国重要考古发现》，文物出版社，2019。

[④] 关莹、蔡回阳、王新金、许春华、魏屹、周振宇、高星：《贵州毕节老鸦洞遗址1985年出土的石制品》，《人类学学报》2017年第3期。

[⑤] 张弛、洪晓纯：《华南和西南地区农业出现的时间及相关问题》，《南方文物》2009年第3期；陈洪波、韩恩瑞：《试论粟向华南、西南及东南亚地区的传播》，《农业考古》2013年第1期。

七、新问题

长期以来,中国旧新石器时代过渡研究基本等同于农业起源研究,尤其是侧重于对新石器时代文化特征如陶器、磨制石器、定居聚落以及动植物驯化证据的探讨,相对忽视农业起源的机制与过程(即 why 与 how 的问题),更加忽视非农业的文化适应变迁以及农业与非农业适应之间的互动。正是这些方面构成我们今后的研究需要重视的新问题。

1. 农业边缘环境的利用模式

目前西北沙漠戈壁、青藏高原地区还缺乏典型的旧新石器时代过渡时期的遗存。在这些地区开展野外工作非常困难,这在一定程度上限制了考古发现的可能。在青藏高原,旧石器时代是否有人类生存是一个值得争论的问题。这里的温度类似于北极,但比北极贫瘠,并且,因为缺氧的原因,不适合高度流动的生计方式。尽管最近有发现旧石器时代晚期遗存的报道,但这并不意味着青藏高原一直有人居住(可能存在季节性的利用),尤其是在末次盛冰期。生物考古学与语言学研究都支持人类是在有了农业之后才成功适应这一极端环境的。目前青藏高原腹心地区系统发掘的遗址,除了尼阿底遗址[①](旧石器时代晚期),少有超过距今 5 000 年的材料。

西北戈壁沙漠地区的情况有所不同,可以肯定的是这里旧石器时

---

① X. L. Zhang, et al., "The Earliest Human Occupation of the High-altitude Tibetan Plateau 40 thousand to 30 thousand years ago," *Science* 362(2018):1049–1051.

代晚期乃至更早时期有人类居住，新疆吉木乃通天洞遗址的发掘提供了确凿的证据[①]，但是这里至今还没有明确的新石器时代文化，以前认为属于新石器时代的遗址，经重新研究与测年之后，发现都属于青铜时代或称铜石并用时代[②]。而周边的中亚、南西伯利亚、印度以及中国甘青地区都已有新石器时代文化发现。旧新石器时代过渡的状况究竟如何，人类是如何建立这些边缘环境的有效利用的，期待将来进一步的工作。

2. 旧新石器时代过渡时期的社会机制与过程

既有研究多侧重于从外部，尤其是从环境变迁产生的影响着手讨论旧新石器时代过渡时期的社会机制与过程，相对忽视社会内部的动力。尽管在理论上早已有讨论[③]，但是涉及具体考古材料的研究还比较少。目前我们知道水生资源利用对社会复杂性有影响，并且在东北地区的考古材料中发现了证据。还有研究表明，末次盛冰期东亚地区大片的大陆架变成了陆地，在沿海地带可能生活着社会复杂性较高的狩猎采集者群

[①] 新疆文物考古研究所、北京大学考古文博学院：《新疆吉木乃县通天洞遗址》，《考古》2018年第7期。

[②] 陈戈：《关于新疆新石器时代文化的新认识》，《考古》1987年第4期；肖小勇：《关于新疆史前研究的讨论》，《西域研究》2004年第2期。

[③] B. Hayden, "Nimrods, Piscators, Pluckers, and Planters: The Emergence of Food Production," *Journal of Anthropological Archaeology* 9 (1990): 31-69; B. Hayden, "The Proof is in the Pudding: Feasting and the Origins of Domestication," *Current Anthropology* 50 (2009): 597-601; E. M. Gallagher, S. J. Shennan, and M. G. Thomas, "Transition to Farming more likely for Small, Conservative Groups with Property Rights, but Increased Productivity is not Essentials," *PNAS* 112 (2015): 14218-14223.

体①。随着海平面的上升，这些社会群体向内陆撤退，其影响可以分为两个方面：一是增大了人口密度；另一是海岸适应的狩猎采集者会把更高的社会复杂性带往内陆地区，加剧社会竞争，导致人们更加追求生产剩余，这将有利于农业起源的发生。

类似的情况还见于浙江的上山文化。上山文化的最早年代超过万年②，但是有一个非常难以解释的问题就是：上山文化的陶器似乎一开始就已经分化了，它不像北方地区有一个从单一简单器型逐渐过渡到多样器型的发展过程，而是从一开始就有多样的器物。而且单件器物形体大，如大口盆、平底盘；器物表面施加红色细泥陶衣，部分陶器还有纹饰，器物表面处理精细；器物还有带耳、带鋬、带圈足的特征，形态成熟。器物类型有敛口的罐，晚期出现了壶，似与盛放液体（酒）相关③。从上山文化的陶器组合来看，适用于共享与展示，也就是适合宴飨的场合，而这也正是体现社会复杂性的一种形式。上山文化分布在近海地带，是海平面上升后海岸狩猎采集者向内陆撤离时最有可能居住的区域。近些年来，考古学研究越来越关注距今万年前后的社会复杂性问题④，

---

① J. d'Alpoim Guedes, J. Austermann, and J. X. Mitrovica, "Lost Foraging Opportunities for East Asian Hunter-Gatherers due to Rising Sea Level since the Last Glacial Maximum," *Geoarchaeology* 31（2016）: 255-266.

② 浙江省文物考古研究所、浙江省博物馆编著：《浦江上山》，文物出版社，2016。

③ L. Liu, et al., "The Origins of Specialized Pottery and Diverse Alcohol Fermentation Techniques in Early Neolithic China," *PNAS* 116（2019）: 12767-12774.

④ O. Dietrich, et al., "The Role of Cult and Feasting in the Emergence of Neolithic Communities. New Evidence from Göbekli Tepe, South-eastern Turkey," *Antiquity* 84（2012）: 674-695；陈宥成、曲彤丽：《试析华北地区距今1万年左右的社会复杂现象》，《中原文物》2012年第3期。

不再认为狩猎采集者一定生活在平均社会中，而是认为其中（至少有一部分社会）存在社会分化的现象，即存在社会不平等①。这样的社会中存在较为普遍的社会竞争，宴飨是表现形式。目前，有关旧新石器时代过渡时期社会内部机制的研究还没有系统展开，也应该是将来研究的方向之一。

3. 狩猎采集者与农业群体的互动

这个问题的重要性来自史前中国文明发展的板块构成。按我们的新理解，中国文明由西北、东南、东北-西南生态交错带、海岸四个板块构成。其中东南板块（东北地区后来也加入其中）适合农耕，能够支持更大的人口密度；西北板块更适合游牧，其生计必须要与农耕群体交换；生态交错带板块是沟通西北与东南板块的桥梁，也是史前以及历史时期中国文明的"枢纽"②。由此，西北板块与东南板块的互动构成中国历史的基本旋律。但是，这样的板块构成与互动旋律是如何起源的？这涉及狩猎采集者与农业群体的互动问题。这个过程一定程度上可以与工业革命起源后的扩散过程做比较，其中交织着种种主动与被动的过程。目前的研究总是假定狩猎采集者一直生活在同一区域，而忽视其历史过程，沃布斯特早在20世纪70年代就注意到这个问题③，认为他们也曾生

---

① L. Moreau, *Social Inequality before Farming*？（Cambridge：McDonald Institute for Archaeological Research, 2020）.

② 陈胜前:《文化-生态交错带：中国史前文化格局的重要一环》,《光明日报》2020年7月29日第16版。

③ H. M. Wobst, "The Archaeo-Ethnography of Hunter-Gatherers or the Tyranny of the Ethnographic Record in Archaeology," *American Antiquity* 43（1978）：303-309.

活在条件良好的区域，随着农业的扩散而不断被边缘化。我曾提出一个舞池模型①来解释这种边缘化过程，但具体的考古材料研究还没有开展。以长城地带为例，其生计模式从狩猎采集转向带有少量农业的狩猎采集（出现了陶器），后来又出现了畜牧，最后转向了游牧②。游牧的产生与马、牛、羊等物种的引入有关，由此可以通过提高流动性来利用草原分布相对稀疏的资源。在此之前，该地区一直进行各种尝试，还包括出现诸如哈民忙哈遗址③、庙子沟遗址④等文化适应失败的例子。在其他地区，还需要更多深入的研究。

4. 研究范式的拓展

不管研究者是否喜欢，范式都是确定的存在，同一范式的研究从相同的概念纲领出发，遵循类似的理论方法，实现相似的目标⑤。在文化历史考古框架下，概念纲领是考古学文化⑥，通常把文化差异归因于文化传播。在这个框架下，相关争论的主题是：南北两个农业起源中心究竟哪

---

① 陈胜前：《史前的现代化——中国农业起源过程的文化生态考察》。
② 陈胜前：《燕山—长城南北地区史前文化的适应变迁》，《考古学报》2011 年第 1 期。
③ 朱永刚、吉平：《内蒙古哈民忙哈遗址房址内大批人骨遗骸死因蠡测——关于史前灾难事件的探索与思考》，《考古与文物》2016 年第 5 期。
④ 内蒙古自治区文物考古研究所编《庙子沟与大坝沟——新石器时代聚落遗址发掘报告》，中国大百科全书出版社，2003。
⑤ 陈胜前：《中国考古学研究的范式与范式变迁》，《中国社会科学》2019 年第 2 期。
⑥ G. S. Webster, "Cultural History: A Cultural-Historical Approach," in *Handbook of Archaeological Theories*, eds. R. Alexander Bentley, Herbert D. G. Maschner, and Christopher Chippindale, pp.11-27.

一个更早？是分别起源，还是一个传给了另一个？西方学者也参与到这一争论中，如巴尔-约瑟夫就认为中国农业起源的区域广大，应该存在初级核心区和次级核心区，至于南方为先还是北方为先，前后观点还有变化[①]。在文化历史考古范式下，有关旧新石器过渡相关要素的起源与传播常常是首先被关注的问题（陶器、驯化、定居），追寻"最早"发现成为学术话语权竞争的关键。而在国际考古学领域，有关旧新石器时代过渡的研究更多是从生态、进化的理论视角出发的。20世纪80年代以来，逐渐增加了对社会原因的考虑，即农业起源"不是为了吃饭，而为了请客吃饭"，是人能动性作用的结果。两种解释框架分别来自考古学研究的不同范式：过程考古与后过程考古。从文化历史考古到后过程考古，考古学研究的范围不断扩大，考古推理所关注的因素也更加全面。文化历史考古、过程考古、后过程考古这三大范式不是相互替代的关系，后者是对前者的拓展。因此，在中国旧新石器过渡研究中，我们需要注意进一步拓展研究范式。当然，还需要注意的是，中国考古学研究通常是从历史的角度出发的，旨在获得对中国文化史的理解。这是一种人文的视角，它与西方考古学所侧重的人类学（科学的、外在的）视角并不必然是矛盾的，而是完全可以互补的。今后我们如何有效协调两者的关系，仍然是一个挑战。

[①] O. Bar-Yosef, "Climatic Fluctuations and Early Farming in West and East Asia," *Current Anthropology* 52(2011): S175-S193.

第十五章　锛状器技术与北方旧新石器时代过渡

距今 1 万年前后，以冰期为特征的更新世结束，气候相对温暖与稳定的全新世开始，有利于农业生产①。农业开始在部分地区出现，以狩猎采集为生的旧石器时代逐渐被以动植物驯化为特征的新石器时代取代，非农业起源地区也出现了不同形式的文化适应调整②。伴随旧新石器时代过渡的，不仅有动植物驯化，还有村落定居生活和石器技术的调整。在各种考古材料中，石器因为相对容易保存，成为最常见的物质遗存，是旧新石器时代过渡的重要证据。锛状器最早发现于旧石器时代晚期的中国北方地区，既有研究将之视为该阶段代表性的文化特征之一，已从特征识别③、分类描述④、测量统计⑤和微痕分析⑥等方面进行了探讨，也有

---

① P. J. Richerson, et al., "Was Agriculture Impossible during the Pleistocene but Mandatory during the Holocene? A Climate Change Hypothesis," *American Antiquity* 66(2001): 387-411.
② 陈胜前：《史前的现代化——中国农业起源过程的文化生态考察》。
③ 王建、王向前、陈哲英：《下川文化——山西下川遗址调查报告》，《考古学报》1978 年第 3 期。
④ 河北文物研究所：《籍箕滩旧石器时代晚期细石器遗址》，《文物春秋》1993 年第 2 期；陈全家：《吉林镇赉丹岱大坎子发现的旧石器》，《北方文物》2001 年第 2 期。
⑤ 朱之勇：《虎头梁遗址中的锛状器》，《北方文物》2008 年第 2 期。
⑥ 张晓凌、沈辰、高星、陈福友、王春雪：《微痕分析确认万年前的复合工具与其功能》，《科学通报》2010 年第 3 期。

较为综合的研究①。不过，目前的研究更多侧重于石器技术类型特征，尚少有关文化适应以及更深层次意义的探讨。这里将首先厘清"锛状器"概念及其技术特点，梳理既有考古发现，建立时空框架，然后结合旧新石器时代过渡时期石器技术演化与环境变迁的背景关联，探讨锛状器技术起源及其所反映的文化适应。

一、锛状器及其技术特点

早在 20 世纪二三十年代，中瑞科学考察团和美国中亚考察团就在中国西北荒漠草原地带开展考古调查，在采集遗物的报道中就将类似于石锛的工具做过命名和区分（包括 axe/chisel/adze 和 gouge）②，由于是地表调查材料，所以年代不能确定。锛状器作为一种专门的旧石器时代石器工具类型被识别和命名始于 1978 年，王建等人在下川遗址石器材料中识别出 7 件锛状器，特征为"皆以背面为自然平面的厚石片，从周边向劈裂面打制成梯形，再在宽端修整成刃角向一面倾斜的单面刃"③。1993 年，谢飞和李珺在整理籍箕滩遗址的材料时，进一步明确了锛状器的含义："锛状器呈梯形或亚三角形。底端较宽，顶端较窄或尖圆形，

---

① 谢飞等：《中国旧石器时代晚期锛状器之研究》，载韩国国立忠北大学校先史文化研究所、中国辽宁省文物考古研究所：《东北亚旧石器文化》，白山文化出版社，1996。

② J. Maringer, *Contribution to the Prehistory of Mongolia*：*A Study of the Prehistoric Collections from Inner Mongolia*（Stockholm：Stockholm，1950）；W. A. Fairservis, *Archaeology of the Southern Gobi of Mongolia*（Durham：Carolina Academic Press，1993）.

③ 王建、王向前、陈哲英：《下川文化——山西下川遗址调查报告》，《考古学报》1978 年第 3 期：第 280 页。

腹面平坦，背部高耸，有 1～2 条纵脊，使其横断面呈梯形或三角形。主刃位于底端，直或略内凹，刃甚陡，两边和背面也作细致加工。腹面根据需要可修理，也可不修理。形态非常接近新石器时代打制或磨制的石锛。其顶端无一例外地减薄，应是为装柄而特意加工的，可确认是复合工具的一种"[①]。其后，谢飞等人对锛状器的形态、定位和测量标准进行了规范[②]。

不过，有关锛状器的命名也有不同的做法，部分原因可能是此类工具存在一定的形态变异以及不同加工阶段的形态存在差异。东北地区旧石器时代晚期至旧新石器时代过渡时期的石器工业有类似于锛状器材料的发现，研究者根据器物形态特征将其定名为舌形器、矛形器、斧形器等[③]。对阴山北麓裕民文化遗址石器材料的研究中也有类似的情况，一开始将部分石器命名为矛形器。该文化遗址中并没有发现成品石矛，同时复制实验也显示，锛状器的加工存在一个两面器阶段，其外形略似石矛。正因为存在这样的原因，目前还有不少锛状器并未被研究者识别出来，如三角形锛状器常被研究者归类为尖状器或矛头。从发现的材料来看，不同地区的锛状器虽然形态有所不同，研究者在命名时也不尽相同，但基本都符合"打制""单面陡刃""端刃"这三个最基本的特征（图 15-1）。

---

① 河北文物研究所：《籍箕滩旧石器时代晚期细石器遗址》，《文物春秋》1993 年第 2 期：第 17 页。

② 谢飞等：《中国旧石器时代晚期锛状器之研究》，载韩国国立忠北大学校先史文化研究所、中国辽宁省文物考古研究所：《东北亚旧石器文化》。

③ 陈全家：《吉林镇赉丹岱大坎子发现的旧石器》，《北方文物》2001 年第 2 期。

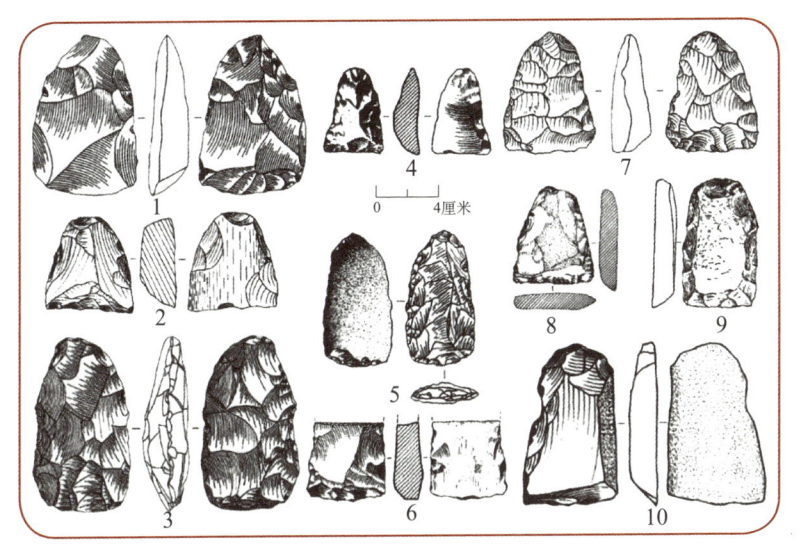

图 15-1 中国北方发现的部分锛状器

注：1.吉林和龙西沟；2.河北阳原虎头梁；3.黑龙江穆棱四平山第 1 地点；4.河北阳原籍箕滩；5.黑龙江穆棱靠山东山；6.河北玉田孟家泉；7.黑龙江伊春桃山；8.内蒙古呼伦贝尔辉河水坝；9.山西沁水下川上层；10.黑龙江铁力小龙山。

我们也以此为标准来定义锛状器：它是一种旧石器时代晚期出现于中国北方的、打制的石质端刃工具，其形态具有一定的规范性，长度多在 10 厘米以内，端刃宽厚陡峭，单面修理，刃角多大于 60°，与陡刃相对的另一端相对窄小，且多有减薄修理，推测应为安柄使用。而所谓锛状器技术，就是制作锛状器的加工修理技术，它涉及材料的选取、毛坯的加工、陡刃的修理、顶端的减薄等步骤，以及失误的调整和陡刃的更新等维护技术。尽管关于这些加工阶段的区分可能会存在不同的认识，但可以确定锛状器技术特征至少应该包括：（1）相对于同一时期流行的细石叶技术所用的原料，锛状器对原料的要求不高，多采用本地原料；（2）多采用直接打制的方法加工，不见压制或其他间接打制技术，软锤加工的证据不明显，因为工具原料大多较为粗糙，并不适合采用这些技术；（3）尽管与细石叶技术共存，但锛状器技术与之存在显著的差异，细石叶技术产品轻便易携带，便于维护[①]，锛状器正相反，它尺寸较大，刃缘厚实，更强调耐用性；（4）锛状器的打制技术并不复杂，但形制较为规范，有陡峭的底端刃与减薄的顶端，其大小、厚度与新石器时代的磨制石锛相当。正是基于这些形制特征，可以把它与一般的陡刃工具（如陡刃刮削器）区分开。

简言之，相对与之共存的细石叶技术而言，锛状器技术并不复杂。细石叶技术是整个旧石器时代打制石器技术的巅峰[②]，但为什么在打制石器技术臻于极致的时候反而出现了难度较低的石器技术？这究竟意味着什么？这些悬而未决的问题非常值得进一步探索。

二、锛状器的时空分布

根据锛状器的定义，梳理国内相关遗存的发现，其空间分布可以划分为四个地区：华北地区、东北地区、北部草原及西北荒漠区（泛称北方草原地带）、华南地区。根据石器工业发展的时代差异，可以将时间分布划分为四个阶段，即旧石器时代晚期早段、旧石器时代晚期晚段、

[①] 罗伯特·G.埃尔斯顿：《小工具 大思考：全球细石器化的研究》，史蒂文·L.库恩主编，陈胜前译。

[②] 陈胜前：《细石叶工艺的起源——一个理论与生态的视角》，载北京大学考古文博学院编《考古学研究（七）》。

旧新石器时代过渡时期、新石器时代之后，反映了锛状器技术从起源、转变到衰落的过程（表 15-1）。

表 15-1 中国锛状器材料的时空分布

阶段	华北地区	东北地区	北方草原地带	华南地区
旧石器时代晚期早段（距今 50/35～26ka）	下川上层文化	桦甸仙人洞上层	\	\
旧石器时代晚期晚段（距今 26～15ka）	南家沟、孟家泉、凤凰岭	靠山东山、四平山第 1 地点、铁力小龙山、富康东山、和龙西沟	金斯太上层	青塘
旧新石器时代过渡时期（距今 15～8.5ka）	虎头梁、马鞍山、籍箕滩、于家沟	桃山、后套木嘎、大坎子、镇赉北山	嘎查，鸽子山第 10、15 地点	甑皮岩
新石器时代之后（距今 8.5ka 之后）	黑土坡	昂昂溪、富河沟门、大沁他拉、呼特勒 B 地点、那斯台	哈克，辉河水坝，门德勒索木，巴润沙巴卡，乌赫套海，苏泊淖尔，裕民、四麻沟、兴隆等裕民文化遗址，新疆的木垒河、阿斯塔那和骆驼石等	香港黄地峒

注：表格中不同阶段的年代范围主要以华北地区的认识为参考，不同地区文化转变的时间并不同步。

1. 旧石器时代晚期早段（EUP）

目前见诸报道出土锛状器的遗址只有山西沁水下川遗址上层文化和吉林桦甸仙人洞遗址上层两处。由于下川遗址发现的典型锛状器材料多为地表采集，目前仅能从下川上层文化的年代来推断锛状器的年代。根据对地层和出土遗物的描述，上文化层主要为下川遗址诸地点的第 2

层，结合富益河圪梁 20 世纪 70 年代和小白桦圪梁新近公布的几组测年数据校正之后来看，下川上层文化的年代范围为距今 3 万～ 1.7 万年，并不完全在 EUP 时段内[①]。但新近报道了新发掘的富益河圪梁地点久于距今 3.3 万年的"打制石斧和锛状器"，还伴随有研磨石器和赤铁矿[②]，但两件暂时定名为锛状器的器物形制不规范，没有锛状器的标志性特征。因此，还不能确认下川遗址 EUP 阶段有锛状器。桦甸仙人洞遗址位于东北地区东部的山间丘陵地带，上文化层为小石片工业，报道出土锛状器 2 件，长宽在 30 ～ 40 毫米，毛坯为形态较小的石片，陡刃；同层骨化石测年为距今 34 290±500 年，校正后为距今 4 万～ 3.7 万年[③]。但这两件器物太小，缺乏足够的规范性，更像是陡刃刮削器，与前文确定的锛状器定义不符。综合发现来看，目前还没有充分的证据表明 EUP 阶段北方地区已有锛状器。

2. 旧石器时代晚期晚段 (LUP)

EUP 阶段与 LUP 阶段的分界在于细石叶技术。LUP 是细石叶技术繁荣的阶段，同时这个阶段出现了真正的锛状器。目前发现的锛状器集中于华北地区和东北地区，多与细石叶技术遗存共存。华北地区发现锛

[①] 王建、王向前、陈哲英：《下川文化—— 山西下川遗址调查报告》,《考古学报》1978 年第 3 期。

[②] 杜水生、任海云、张婷：《山西沁水县下川遗址富益河圪梁地点 2014 年 T1 发掘简报》,《考古》2021 年第 4 期。

[③] 陈全家、赵海龙、王法岗：《吉林桦甸仙人洞旧石器遗址 1993 年发掘报告》,《人类学学报》2007 年第 3 期。

状器的遗址有山东临沂凤凰岭①,以及河北玉田孟家泉②、怀来南家沟③,均为发掘出土;东北地区有黑龙江靠山东山④、四平山第1地点⑤、铁力小龙山⑥,以及吉林富康东山⑦、和龙西沟⑧等,工具修理较为精细,但多为地表采集。经过发掘的有内蒙古金斯太遗址,其第3、4层共发现4件锛状器,并伴有被称为矛形器、舌形器和手镐等类似于锛状器的器物,相应文化层的测年数据校正后为距今18 200 ~ 17 500 年⑨。

3. 旧新石器时代过渡时期 (PNT)

华北地区这一时期的发现集中于泥河湾盆地,如虎头梁⑩、马鞍山⑪、

---

① 孙启锐等:《山东临沂凤凰岭发现距今1.9至1.3万年的细石器遗存》,《中国文物报》2018年6月15日第8版。
② 河北文物研究所、唐山市文物管理所、玉田县文保所:《河北玉田县孟家泉旧石器遗址发掘简报》,《文物春秋》1991年第1期。
③ 张清华:《南家沟遗址出土两千余件文化遗物》,《燕赵都市报》2016年9月15日第4版。
④ 倪春野、陈全家、李有骞、林森:《黑龙江穆棱市靠山东山旧石器地点石制品研究》,《北方文物》2017年第4期。
⑤ 陈全家、崔祚文、李有骞、倪春野:《八面通四平山第一地点发现的旧石器研究》,载吉林大学边疆考古研究中心编《边疆考古研究》第22辑。
⑥ 李有骞:《伊春铁力小龙山旧石器时代遗址调查与试掘简报》,《北方文物》2012年第3期。
⑦ 陈全家、郑新成、杨雪松、万晨晨、易宏亮:《吉林省扶余市富康东山旧石器地点调查简报》,《草原文物》2013年第2期。
⑧ 陈全家、赵海龙、方启、程新民、贺存定:《吉林省和龙西沟发现的旧石器》,《北方文物》2010年第2期。
⑨ 王晓琨、魏坚、陈全家、汤卓炜、王春雪:《内蒙古金斯太洞穴遗址发掘简报》,《人类学学报》2010年第1期;王春雪:《金斯太洞穴遗址旧石器时代石制品研究》,博士学位论文,吉林大学,2006。
⑩ 朱之勇:《虎头梁遗址中的锛状器》,《北方文物》2008年第2期。
⑪ 孙秀丽:《马鞍山遗址石制品初步研究》,硕士学位论文,北京大学,1999。

于家沟①、籍箕滩②等，其中虎头梁遗址发现数量最多，共 25 件；于家沟遗址只有 1 件，同层位发现磨制良好的石斧。位于黄土高原的柿子滩遗址群则不见类似的工具，但有研磨类工具③。位于太行山东麓的东胡林④、转年⑤和李家沟⑥等遗址也出土了斧锛类工具，已开始磨制，只有转年遗址的锛状器保留了原有的形制特征。东北地区这一时期发现锛状器的遗址有后套木嘎⑦、桃山⑧、镇赉大坎子⑨和镇赉北山⑩等。桃山遗址的年代为距今 1.5 万～1.4 万年，研究者认为其石料资源利用多样化、打制技术多样化、工具类型多样化，符合旧新石器时代过渡时期石器技术的特征⑪。距今 9 000～8 500 年的小南山早期墓葬中出土的斧锛凿工具，磨制精细，器型稳定⑫。内蒙古科右中旗的嘎

---

① 梅惠杰：《泥河湾盆地旧、新石器时代的过渡——阳原于家沟遗址的发现与研究》，博士学位论文，北京大学，2007。
② 河北文物研究所：《籍箕滩旧石器时代晚期细石器遗址》，《文物春秋》1993 年第 2 期。
③ 柿子滩考古队：《山西吉县柿子滩遗址第九地点发掘简报》，《考古》2010 年第 10 期。
④ 崔天兴：《东胡林石制品研究》，博士学位论文，北京大学，2010。
⑤ 郁金城：《北京转年新石器时代遗址的新发现》，《北京文博》1998 年第 3 期。
⑥ 王幼平、张松林、顾万发、汪松枝、何嘉宁、赵静芳、曲彤丽：《李家沟遗址的石器工业》，《人类学学报》2013 年第 4 期。
⑦ 陈全家、王春雪、宋丽：《吉林大安后套木嘎石制品研究》，载吉林大学边疆考古研究中心编《边疆考古研究》第 4 辑，科学出版社，2005。
⑧ 岳健平、侯亚梅、杨石霞、常阳、张伟、李有骞、郝怀东、王雪东、仇立民：《黑龙江省桃山遗址 2014 年度发掘报告》，《人类学学报》2017 年第 2 期。
⑨ 陈全家：《吉林镇赉丹岱大坎子发现的旧石器》，《北方文物》2001 年第 2 期。
⑩ 陈全家、赵海龙、刘雪山、李景冰：《吉林镇赉北山遗址发现的石制品研究》，《北方文物》2008 年第 1 期。
⑪ J. P. Yue, Y. Q. Li, and S. X. Yang, "Neolithisation in the Southern Lesser Khingan Mountains: Lithic Technologies and Ecological Adaptation," *Antiquity* 93（2019）：1144-1160.
⑫ 黑龙江省文物考古研究所、饶河县文物管理所：《黑龙江饶河县小南山遗址 2015 年Ⅲ区发掘简报》，《考古》2019 年第 8 期。

查①，以及宁夏鸽子山盆地②和水洞沟遗址群③的调查与发掘中，也报道有锛状器及类似工具出土，但鸽子山第10、15地点发现的锛状器并不典型。因此，包括黄土高原在内的西北地区这个时期是否有锛状器存疑。

4. 新石器时代之后（AMN）

距今约8 500年前后，新石器时代进入成熟阶段（AMN），华北地区锛状器随细石叶技术一起销声匿迹，磨制精细的斧、锛、凿类器物常见于已定居的新石器时代文化遗存中。锛状器仅在太行山以西的阳原黑土坡④等地偶有发现，形态也不规范。东北地区锛状器不见于东北南部的兴隆洼文化和新乐文化，中东部的左家山一期文化、新开流－鲁德那亚文化、振兴文化等定居性较强的文化。但在东北地区西部的昂昂溪（莫古气A地点）⑤和哈克⑥、辉河水

---

① 王国范：《内蒙古科尔沁右翼中旗嘎查石器时代遗址的调查》，《考古》1983年第8期。
② 中美联合考察队：《宁夏鸽子山盆地考古报告》，载钟侃、高星主编《旧石器时代论集——纪念水洞沟遗址发现八十周年》，文物出版社，2006；郭家龙、姚乐音、王惠民、刘德成、年小美、彭菲、高星：《宁夏青铜峡鸽子山第15地点发掘报告》，《人类学学报》2019年第2期。
③ 宁夏回族自治区文物考古研究所、中国科学院古脊椎动物与古人类研究所编《水洞沟——2003—2007年度考古发掘与研究报告》，科学出版社，2013。
④ 谢飞、李珺、刘连强：《泥河湾旧石器文化》。
⑤ 赵善桐、杨虎：《昂昂溪新石器时代遗址的调查》，《考古》1974年第2期。
⑥ 中国社会科学院考古研究所、内蒙古自治区文物考古研究所、内蒙古自治区呼伦贝尔民族博物馆、内蒙古自治区呼伦贝尔市海拉尔博物馆编著：《哈克遗址——2003—2008年考古发掘报告》。

坝①等靠近大兴安岭西侧和呼伦贝尔草原地带的遗址中常有发现，并与细石叶技术产品共存。实际上，从内蒙古东部的呼伦贝尔草原向西，经赤峰、通辽的北部草原到锡盟、乌盟的干旱草原，再到巴彦淖尔和阿拉善的荒漠戈壁，这一条带的史前考古遗存多有类似器物发现，同时伴有细石叶技术遗存以及少量陶器与磨制石器，如内蒙古富河沟门②、那斯台③、呼特勒B地点④、大沁他拉⑤、巴润沙巴卡⑥、门德勒索木⑦、苏泊淖尔和乌和套海⑧等。这一条带甚至还可以向西延伸，新疆的木垒河和阿斯塔那⑨等遗址也有发现。近年来，在阴山北麓裕民文化的调查和发掘中发现大量锛状器，成为这一文化典型的石器工具⑩。

华南地区也有类似器物的零星发现，如广东青塘⑪、广西甑皮

---

① 中国社会科学院考古研究所细石器课题组、内蒙古自治区文物考古研究所、内蒙古自治区呼伦贝尔市民族博物馆：《内蒙古呼伦贝尔辉河水坝细石器遗址发掘报告》，《考古学报》2008年第1期；岳够明、陈虹、方梦霞、甄自明：《内蒙古辉河水坝细石器遗址1996年发掘简报》，《人类学学报》2016年第3期。

② 中国科学院考古研究所内蒙工作队：《内蒙古巴林左旗富河沟门遗址发掘简报》，《考古》1964年第1期。

③ 巴林右旗博物馆：《内蒙古巴林右旗那斯台遗址调查》，《考古》1987年第6期。

④ 蒋璐、朱永刚：《查干木伦河下游细石器初步分析》，载吉林大学边疆考古研究中心编《边疆考古研究》第2辑，科学出版社，2004。

⑤ 朱凤瀚：《吉林奈曼旗大沁他拉新石器时代遗址调查》，《考古》1979年第3期。

⑥ W. A. Fairservis, *Archaeology of the Southern Gobi of Mongolia*.

⑦ 刘志雄：《内蒙古北部地区发现的新石器》，《考古》1980年第3期。

⑧ J. Maringer, *Contribution to the Prehistory of Mongolia*: *A Study of the Prehistoric Collections from Inner Mongolia*.

⑨ 吴震：《新疆东部的几处新石器时代遗址》，《考古》1964年第7期。

⑩ 格日乐图、陈文虎、包青川、张亚强：《内蒙古新石器时代考古综述》，《草原文物》2019年第1期。

⑪ 广东省博物馆：《广东翁源县青塘新石器时代遗址》，《考古》1961年第11期。

岩[①]。香港黄地峒遗址曾报道有大量"锛状器"出土，但与北方地区和细石叶技术共存的锛状器不同，而与东南亚和平文化中的短斧类似[②]，它们与北方地区的锛状器缺乏联系，自成体系。下文的讨论不包括这些材料。

综上所述，锛状器及其技术起源于末次盛冰期前后的旧石器时代晚期晚段，在旧新石器时代过渡时期随着不同地区的文化发展而出现分化，有的地区走向磨制化或消失，有的继续保留；进入成熟的新石器时代文化阶段之后，分布范围收缩，局限于北方草原地带。锛状器的产生、转变和衰退与细石叶技术在北方地区的兴衰过程[③]大致同步。

三、锛状器技术、流动性分化与旧新石器时代过渡

旧石器时代的石器技术，就一般趋势而言，从早期到晚期，就是用尽可能少的原料生产更长的边刃，细石叶技术是这一趋势的巅峰。它可以生产标准化程度较高的细石叶，几乎可以用尽细石核，这些细石叶可以镶嵌在骨、角柄上，用作不同工具的边刃。细石叶技术的流行与末次盛冰期到来的环境变化密切相关，从现有的考古发现来看，其源头略早

[①] 中国社会科学院考古研究所、广西壮族自治区文物工作队、桂林甑皮岩遗址博物馆、桂林市文物工作队编《桂林甑皮岩》，文物出版社，2003。

[②] 吴伟鸿、王宏、谭惠忠、张镇洪：《香港深涌黄地峒遗址试掘简报》，《人类学学报》2006年第1期。

[③] 仪明洁、高星：《细石叶技术在中国北方地区的兴衰》，载吉林大学边疆考古研究中心编《边疆考古研究》第16辑，科学出版社，2016。

于末次盛冰期[①]，随着末次盛冰期的到来而走向繁荣。究其原因，末次盛冰期以植物为代表的初级生产力降低，以动物为代表的次级生产力随之受到影响，单位面积的资源总量下降。因此，狩猎采集者只有覆盖更大的范围才可能获得和以前等量的资源，也就是需要提高流动性。细石叶技术产品非常轻便，容易携带，适应面广，且有利于维护，非常适合高流动性的生活。就在细石叶技术流行的同时，出现了锛状器技术。目前还没有证据表明，锛状器技术与细石叶技术是同时起源的。细石叶技术在末次盛冰期到来之前已有苗头，而从既有的材料来看，锛状器技术的出现要晚于细石叶技术。锛状器相对于细石叶技术产品粗大得多，显然并不适合流动，两种截然相反的技术趋势共同存在，看起来非常矛盾。

这种矛盾可以从狩猎采集者流动性的角度加以解释。狩猎采集者以流动采食为生，流动性是其获取资源的根本保证。然而，对于任何一个狩猎采集者群体而言，并不是每个成员都适合高度流动的生活，如儿童、孕妇、老人以及身体行动不便的人就不适合，但这些人仍然是社会群体不可或缺的成员。因此，当群体为了获取足够的食物资源而不得

[①] Y. Guan, et al., "Microblade Remains from the Xishahe Site, North China and their Implications for the Origin of Microblade Technology in Northeast Asia," *Quaternary International* 535 (2020): 38-47; 北京师范大学历史学院、山西省考古研究所:《山西沁水下川遗址小白桦圪梁地点 2015 年发掘报告》,《考古学报》2019 年第 3 期; 山西大学历史文化学院、山西省考古研究所:《山西吉县柿子滩遗址 S29 地点发掘简报》,《考古》2017 年第 2 期; 王小庆、张家富:《龙王辿遗址第一地点细石器加工技术与年代——兼论华北地区细石器的起源》,《南方文物》2016 年第 4 期。

提高流动性时，一个合理的解决办法就是，让部分适合流动的个体如青壮年男性保持高度的流动，让不适合高度流动的个体留在营地，流动的成员可以把猎获物带回营地，也就是宾福德所谓的集食者流动策略[①]。由于采用这样的流动策略，营地使用的时间会变长，成为中心营地。但是，如果流动群体成员的流动性进一步提高，为了保持高流动性，非流动群体成员跟随流动的可能性会降低，留在中心营地的时间就会延长。需要强调的是，面对日益稀疏的资源，提高流动性只是策略之一，还有一个策略就是强化利用，即在有限范围内尽可能获取更多可以利用的资源，比如采集狗尾草这样的小种子植物。采用这样的策略，就可以让留在中心营地的人在获取生存资源上发挥更大的作用。与此同时，这些人在中心营地居留的时间越长，他们就越需要修建更耐用的栖身之所，需要采集与利用更多类型的资源，需要砍伐与收集更多的燃料，需要在居址中从事更多类型的活动。如此等等的活动都需要更耐用的工具，锛状器的出现正好满足了这些需要。

相较于锛状器技术，细石叶技术是一种高度精致化的石器打制技术，技术复杂，难度高，非经过长期训练不能掌握。当代旧石器时代考古研究者虽然也有专业训练，但能够利用原始工具复制这项技术的人寥寥无几（排除利用黑曜石这种容易加工的材料）。在 LUP 阶段，也不可能所有人都掌握这种技术。有趣的是，从澳大利亚的民族志材料来看，不

[①] L. R. Binford, "Willow Smoke and Dogs' Tails: Hunter-Gatherer Settlement Systems and Archaeological Site Formation," *American Antiquity* 45 (1980): 4-20.

那么标准的石片同样可以用于镶嵌，制成的标枪甚至更有杀伤力[①]，因为边刃不齐，造成伤口更开放。从这个角度说，细石叶技术带有一定的炫技成分，高度精致的技术可以提升制作者的身份、地位，或许可以称之为 LUP 阶段的"精英技术"。相比而言，锛状器技术几乎没有什么技术门槛，不论是原料还是打制技术，都是如此，制作过程的容错率比细石叶技术大得多。在这个意义上说，可以称之为 LUP 阶段的"大众技术"。需要注意的是与锛状器技术同时出现的研磨技术。研磨技术同样属于大众技术，技术门槛低，只要有耐心、有时间，几乎人人都可以掌握。这个阶段类似的技术还有编织技术、结绳成网，也可以进行捕猎，尤其是与火攻结合起来，能够有效捕猎小型动物。这一系列大众技术的崛起，实际上埋下了旧石器时代终结的线索。细石叶技术与锛状器技术的共存很好地诠释了两种技术的辩证关系。两种在生活中相互协作的技术，同时也存在着竞争，随着文化适应方式的转型，以打制技巧见长的细石叶技术逐渐落幕，技术门槛相对较低但时间投入大的新技术登上历史舞台，它们与定居生活更加契合。与之相应，技术操持者的社会地位也可能发生改变。

四、锛状器技术与北方草原地带的文化适应

距今约 1 万年前后，随着更新世结束，我国北方地区发生了文化适

[①] J. Mulvaney and J. Kamminga, *Prehistory of Australia*.

应的转型，我们及其他学者的研究都有讨论①，其中华北地区走向农业起源，东北地区开始利用水生资源，形成"渔猎新石器时代"②。虽然没有或少有农业，但定居性同样很强；又因为水生资源存在显著的地域竞争性，当地人群发展成为"复杂狩猎采集者"，具有一定程度的社会复杂性③。除了这两个地区，北方地区其实还有一个地带缺少讨论，那就是北方草原地带。从环境来说，北方草原地带从稀树草原、草原过渡到接近荒漠，近些年的考古发现，尤其是裕民文化相关遗址的发掘，为探讨该地带的文化适应变迁提供了有利条件。

对于走向定居的文化适应方式而言，磨制石器技术逐步取代了细石叶技术。对于定居社会而言，磨制石器工具经久耐用，更适合高强度的砍伐、挖掘等与定居生活相关的活动。磨制本身是一种冗余设计，可以提高耐用性④。锛状器更像磨制石器的毛坯阶段，虽然也可以使用，但耐用性不如磨制石器工具。从旧新石器时代过渡时期开始，锛状器在华北与东北定居社会逐渐消失。这一特征显著地表明，定居生活需要新的

---

① 谢飞：《环渤海地域新旧石器文化过渡问题研究纲要》，载张忠培、许倬云主编《中国考古学跨世纪的回顾与前瞻》；陈胜前：《史前的现代化——中国农业起源过程的文化生态考察》；仪明洁：《中国北方旧-新石器时代过渡之刍议》，载吉林大学边疆考古研究中心编《边疆考古研究》第22辑。

② 赵宾福：《嫩江流域新石器时代生业方式研究》，《考古》2007年第11期。

③ D. R. Yesner, et al., "Maritime Hunter-Gatherers: Ecology and Prehistory," *Current Anthropology* 21 (1980): 727-750; S. Chen, "The Pleistocene to Holocene Adaptive Changes of Hunter-Gatherers in Northeast China," *Asian Archaeology* 1 (2012): 26-43.

④ J. L. Adams, *Ground Stone Analysis: A Technological Approach* (Salt Lake City: University of Utah Press, 2002).

技术。锛状器技术作为磨制石器技术的前身，引领了磨制石器技术的发展。两者之间可能存在三种关系：第一种是，起源于 LUP 阶段的锛状器技术分化为锛、斧、铲、锄等不同功能的磨制石器工具，因为锛状器本身就可能兼有这些功能；第二种是，锛状器技术只是磨制石锛的前身，它启发了其他磨制石器工具的形成；第三种是兼而有之，锛状器在 LUP 阶段存在作为锛的主功能，同时也是一种多用途工具，后来衍生为不同的磨制石器工具类型。回答这个问题的关键在于，LUP 阶段的锛状器是否存在显著的如锛那样使用的主功能。尽管锛状器技术与磨制石器技术的关系复杂，但可以确认的是，锛状器技术预示了磨制石器的出现，因为它是在当时流行的细石叶技术之外生产的具有一定规范性的、较为耐用的大型工具。

有趣的是，在缺少锛状器的兴隆洼文化、新乐文化中出土了极为精致的细石叶技术产品，兴隆洼文化白音长汗遗址出土了长达 78 毫米的细石核[①]，新乐遗址则出土了直接用单件细石叶生产的箭镞[②]，技巧十分高超，表明细石叶技术的最高峰不是在 LUP 阶段，而是在进入新石器时代之后。这进一步说明，在这样的定居社会中，仍然保留了一部分高度流动的狩猎人群，而且定居生活让这部分人群成为更加专业的狩猎者，因此细石叶技术进一步精致化。与之相应的是，定居社会建立后，磨制石器技术开始占主导地位，锛状器技术消失。这反过来证明了锛状器就

---

① 内蒙古自治区文物考古研究所：《白音长汗——新石器时代遗址发掘报告》。
② 沈阳市文物考古研究所、新乐遗址博物馆：《新乐遗址发掘报告》。

是在中心营地及其附近使用的工具，一旦定居生活形成，其功能就被磨制石器取代。

但矛盾的是，锛状器技术作为终结旧石器时代的技术潮流的组成部分，在旧新石器时代过渡时期的文化转型之后，继续存在于北方草原地带。以锛状器丰富的裕民文化为例，其居住方式存在着明显的季节性，裕民遗址是典型的冬季营地，居址选择在向南的、避风的山窝区域[①]；四麻沟遗址为典型的夏季营地，地理位置开敞，室外分布有多处火塘[②]。裕民文化石器组合中同时存在较为发达的细石叶技术产品，代表当时至少有部分人群保持着较高的流动性，但就整体而言，则是一种半定居的居住方式。锛状器技术能够很好地满足这种生活方式的需要；相反，磨制石器技术显得有点多余，携带大型的石器工具经常流动显然不方便。锛状器的加工比较简单，投入不大，成本有限，短时间使用后可以废弃。当然，它与砍砸器这种即用即弃的权宜性技术还是有所不同，毕竟它是低流动性（如半定居）生活的产物。裕民文化晚期，随着定居性的加强，开始出现磨制石器。从乌兰察布往南，同时期的新石器时代文化有更高的定居性，如河北尚义四台遗址[③]，其磨制石器的比例显著提高。简言之，锛状器技术与低流动性但又未达到定居的生活联系

---

① 胡晓农、包青川、李恩瑞、陈文虎：《内蒙古化德县裕民遗址发掘简报》，《考古》2021年第1期。

② 包青川、陈文虎、胡晓农、李恩瑞、徐海峰、张新香：《内蒙古化德县四麻沟遗址发掘简报》，《考古》2021年第1期。

③ 魏惠平、王培生、刘文清：《河北尚义县四台新石器时代遗址发掘简报》，《考古》2018年第4期。

在一起。

这种生活方式也是北方地区旧新石器时代过渡时期的基本特征，但是华北与东北中东部地区走出了过渡期，进入了磨制石器技术主导的新石器时代，而两者之外的北方草原地带没有走出来，继续保持着过渡期的石器技术形态。究其原因，不难发现，这是因为北方草原地带的环境条件无法支持稳定的定居生活。就农业生产而言，这里的有效温度低，土壤层薄，即便在现代农业技术条件下，也只是维持半农半牧的生计方式，整个史前史阶段，这个地带也没有形成稳定的定居农业。对于狩猎采集生活而言，这里缺乏东北地区那种供给稳定的水生资源，草原地带初级生产力低，动物资源分散，流动性高，也不利于形成稳定的定居生活。从乌兰察布地区的田野考古调查材料来看，这个地区不是连续使用的①，稳定的草原地带利用是在游牧经济建立之后形成的。锛状器技术作为一种物质遗存表征，很好地体现了从高度流动的狩猎采集走向定居的过渡形态，也很好地体现了农业边缘环境过渡性的文化适应方式。

五、小结

锛状器是旧石器时代晚期出现的一种加工较为规范的石器工具，其

---

① C. Zhao, "A Study of Land-use across the Transition to Agriculture in Northern Yinshan Mountain Region at the Edge of Southern Mongolian Steppe Zone of Ulanqab, China" (PhD diss., University of Pittsburgh, 2020).

制作技术与同时共存的细石叶技术相比要简单得多，原料相对粗糙，器型较大。结合中国北方地区史前文化发展与环境变迁的背景关联进行考察，可以发现锛状器技术在文化适应上的特殊意义。分析既有的考古发现，基本可以确认锛状器技术出现于 LUP 阶段，晚于细石叶技术的起源。它代表的是高流动性狩猎采集群体的内部分工或组织安排，让一部分不适合高度流动生活的群体成员留在中心营地。末次盛冰期，狩猎采集者为了利用分布日趋稀疏的资源，不得不提高流动性，与此同时，留在中心营地的部分流动性较低的群体成员采用强化采集的方式尽可能利用更多样的资源。锛状器技术正产生于这样的文化适应方式中。与锛状器技术相关的一系列技术门槛较低但更强调时间投入的技术终结了旧石器时代。进入旧新石器时代过渡时期后，北方地区的文化适应方式产生了分化，华北与东北中东部地区逐步走向定居，磨制石器技术开始占主导地位，但两个地区之外的北方草原地带则继续保留这种具有过渡性的适应方式。从文化适应的理论视角出发，采用关联的方法，能够较好地帮助我们识别一种石器技术的意义，实现透物见人的目的。当然，有关锛状器的功能、技术过程，还需要对材料进行更深入与具体的研究，这些研究我们也正在进行。

第十六章　锐棱砸击技术与南方旧新石器时代过渡

　　锐棱砸击技术的发现与命名始于20世纪70年代，当时贵州水城硝灰洞遗址发现锐棱砸击石片，研究者称"迄今未见于国内任何的旧石器遗址中"①。发现者还进行了初步的复制实验，认为一手将扁平砾石斜持置于石砧之上，另一手持石锤猛砸即可生产。随后几十年里，其他省份陆续有了一些发现。后来的研究者也进行了技术复制实验，但认为锐棱砸击石片是通过摔击或摔碰的方法产生的②，并将之命名为"扬子技法"，认为它是特定区域、特定环境的产物③。同时，研究者还认识到这种石器技术流行的时代主要为新石器时代至商周时期，而非旧石器时代，渊源可以追溯至湖南沅水流域的石器工业④。锐棱砸击技术究竟是如何生产的？这种石器技术的性质是什么？它的出现对于古人的文化适应来说

---

① 曹泽田：《贵州水城硝灰洞旧石器文化遗址》，《古脊椎动物与古人类》1978年第1期：第72页。
② 冯兴无、裴树文、陈福友：《烟墩堡遗址研究》，《人类学学报》2003年第3期。
③ 高星、卫奇、李国洪：《冉家路口旧石器遗址2005发掘报告》，《人类学学报》2008年第1期；卫奇、裴树文：《石片研究》，《人类学学报》2013年第4期。
④ 李英华、余西云、侯亚梅：《关于三峡地区石器工业中的锐棱砸击制品》，载董为主编《第十届中国古脊椎动物学学术年会论文集》，海洋出版社，2006。

究竟意味着什么？2016年湖北松滋关洲遗址的发掘为解决这些问题提供了契机，该遗址出土了数以千计的锐棱砸击石片，尤其是同时还出土了制作锐棱砸击石片的石锤，以及各种生产锐棱砸击石片的砾石石核[①]，为检验锐棱砸击技术的复制实验提供了重要证据，使重建该技术成为可能。同时，锐棱砸击石片出土的空间关联提供了石片使用功能的关键线索，由此结合实验考古研究可以解决使用功能问题，还可以更进一步去探讨该技术在文化适应上的深层意义。

距今1万多年前，随着冰期的结束，更新世终结，气候更加稳定的全新世开启，促进了农业的起源[②]。与此同时，人类文化适应中以狩猎采集为中心的旧石器时代逐渐为以农业为中心的新石器时代所取代。这个过程虽然被柴尔德称为"新石器时代革命"[③]，但实际上持续的时间长达数千年，不同地区的表现形式有所不同。长期以来，农业起源研究占据考古学研究的中心位置，非农业的文化变迁相对较少有人关注。多年来，我们持续关注中国旧新石器时代过渡问题[④]，最近我们研究与考察了峡江以及西南地区的出土材料[⑤]，注意到旧新石器时代过渡时期这里可能存在一种较为特殊的文化适应模式，它以锐棱砸击技术为代表。迄今

[①] 国家文物局主编《2017中国重要考古发现》。
[②] P. J. Richerson, et al., "Was Agriculture Impossible during the Pleistocene but Mandatory during the Holocene? A Climate Change Hypothesis," *American Antiquity* 66(2001): 387-411.
[③] 戈登·柴尔德：《人类创造了自身》，安家瑗、余敬东译，上海三联书店，2012。
[④] 陈胜前：《史前的现代化——中国农业起源过程的文化生态考察》。
[⑤] 刘睿喆：《锐棱砸击石器技法研究》，硕士学位论文，中国人民大学，2019；周怡昕：《湖北松滋关洲遗址石器组合研究：文化适应的视角》，硕士学位论文，中国人民大学，2019。

为止，鲜有人将之作为一个单独的问题展开研究，只有部分研究有所涉及[①]。我们这里拟以关洲遗址考古发现为中心，一方面，结合实验考古、民族考古等手段重建锐棱砸击技术的生产方式与使用功能；另一方面，结合更多的材料与相关研究成果更进一步探讨锐棱砸击技术在旧新石器时代过渡中所代表的文化适应意义。

一、理论背景

一般说来，中国地形分为三级阶梯：东部平原与丘陵地带为第三级，中间山地为第二级，西部青藏高原为第一级。长江从第一级的青藏高原发源，经过第二级山地，进入平原地区，流速急剧降低，河流的搬运能力大幅度下降。这造成两个影响人类生活的因素：一是在河流进入平原的出口附近沉积大量的砾石，这些砾石的大小非常适合制作某些石器工具，而往下游，这样大小的砾石急剧减少。二是随着河流流速的急剧降低，在山地出口以下低洼区域季节性泛滥可能形成大片湿地，包括湖泊、沼泽等，可以利用的水生资源明显增加，形成一种特殊的文化生态单元。当然，要利用这样的区域，需要相对复杂的技术，比如舟楫。出口附近属于生态交错带，兼具两个地带的资源，即丰富的石料与水生资源，形成得天独厚的有利条件，我们可以把这个地带称为狩猎采集者的最佳栖居地[②]。推而广之，任何稍大的河流都会存在这样的区域，狩猎

---

① 张弛、林春：《红花套遗址新石器时代的石制品研究》，《南方文物》2008年第3期；高星、卫奇、李国洪：《冉家路口旧石器遗址 2005 发掘报告》，《人类学学报》2008 年第 1 期。

② 陈胜前：《史前的现代化——中国农业起源过程的文化生态考察》。

采集者偏好的区域应该就是这样的山前地带。在地形上，长江流域在从第二级向第三级过渡的区域存在不少这样的有利地带。可能需要注意的是，距今 9 000 年前后，海平面与现在的高度差不多[①]，但长江中游的大型湖泊还没有形成，对彭头山遗址环境的研究表明，当时存在一些湿地环境[②]。可以说，进入全新世之后新的生境已经形成。

从既有的考古发现与研究来看，长江中下游地区最早具有新石器时代特征（如作物驯化、陶器、定居村落）的遗址都分布在山前地带。属于旧新石器时代过渡时期的遗址有江西万年的仙人洞与吊桶环[③]、湖南道县的玉蟾岩[④]等。此时已有稻作驯化的迹象[⑤]。进入新石器时代，长江下游地区有以上山文化—跨湖桥文化—河姆渡文化为代表的发展序列，长江中游地区有彭头山文化/城背溪文化—皂市下层文化—大溪文化为代表的发展序列。从新石器时代文化特征迹象的出现到新石器时代早期文化的涌现，年代可以上溯至距今 2 万年前后，晚到距今 8 000 年左右，我们把这个时期称为"旧新石器时代过渡时期"[⑥]。长江中游地区从彭头

[①] J. Fang, "Influence of Sea Level Rise on the Midland Lower Reaches of the Yangtze River since 12100BP," *Quaternary Science Reviews* 10（1991）：527-536.

[②] 顾海滨：《湖南澧县彭头山遗址孢粉分析与古环境探讨》，《文物》1990 年第 8 期。

[③] 北京大学考古文博学院、江西省文物考古研究所编著：《仙人洞与吊桶环》，文物出版社，2014。

[④] 袁家荣：《湖南旧石器时代文化与玉蟾岩遗址》。

[⑤] Z. Zhao, "The Middle Yangtze Region in China is One Place Where Rice was Domesticated: Phytolith Evidence from the Diaotonghuan Cave, Northern Jiangxi," *Antiquity* 72（1998）：885-897.

[⑥] 这里采用的时代划分与当前采用的方案有所不同，更强调旧新石器时代的转换是一个过渡的过程，难以找到一个明确的时间界限。

山文化/城背溪文化到大溪文化,新石器时代的聚落逐渐从山麓地带不断向平原扩散。同时,史前农业也在向山地区域扩散。受制于自然条件,山地区域农业完全建立的时间比较晚,如贵州高原的稻作农业开始的时间相当于中原的商周时期①。也就是说,各地旧新石器时代过渡持续的时间长度并不一致。

旧新石器时代过渡是晚更新世之末-全新世之初阶段的普遍事件。在华北与长江中下游地区表现为农业起源,在岭南地区表现为一种低水平的食物生产②,混合着根茎种植、水生资源利用与狩猎采集,不同区域各有侧重③。在东北地区形成了所谓的"渔猎新石器时代"④,形成了水生资源适应⑤。燕山-长城地带处在生态交错带,整个新石器时代当地的生计方式随着气候变化在农业与混合着农业的狩猎采集经济之间波动⑥。北方草原地带旧新石器时代过渡曾长期缺少发现,最近几年,随着裕民文化系列遗址的调查与发掘,我们开始了解草原地区的变化过程⑦。这可能是一种保持着明显季节性利用的适应方式,至少可以区分出冬、夏

---

① 贵州省文物考古研究所、四川大学历史文化学院考古系、威宁县文物保护管理所:《贵州威宁县吴家大坪商周遗址》,《考古》2006 年第 8 期。

② B. D. Smith, "Low-level Food Production," *Journal of Archaeological Research* 9 (2001): 1-43.

③ 陈伟驹:《岭南地区新石器时代文化的时空框架与生计方式研究》,博士学位论文,吉林大学,2016。

④ 赵宾福:《嫩江流域新石器时代生业方式研究》,《考古》2007 年第 11 期。

⑤ S. Chen, "The Pleistocene to Holocene Adaptive Changes of Hunter-Gatherers in Northeast China," *Asian Archaeology* 1 (2012): 26-43.

⑥ 陈胜前:《燕山—长城南北地区史前文化的适应变迁》,《考古学报》2011 年第 1 期。

⑦ 包青川、胡晓农、岳够明:《内蒙古化德县发现八千年前村落遗址》,《中国文物报》2016 年 6 月 3 日第 8 版。

两季。从更广泛的范围来看，中国云南南部以及东南亚地区，发现类似于和平文化或工业的石器组合，这也是一种旧新石器时代过渡时期的遗存①。东北亚的朝鲜半岛、日本列岛、泛贝加尔湖地区都发现了距今万年前的陶器，代表这些地区也发生了旧新石器时代过渡②。陶器是强化利用的产物③，代表居住流动性的下降。

简言之，旧新石器时代过渡不仅意味着农业起源，还意味着多样的文化适应变迁，以因应自然环境、人口密度、社会劳动分工、社会组织等方面的变化。其中暗含的总体趋势是人口密度增大，人群的流动性降低、地域性增强，由此可以推断出的是：人们需要更有效的社会分工，从而更充分地利用本地资源。

二、锐棱砸击技术的时空分布特征

尽管目前有报道称锐棱砸击技术出现的年代可能早到旧石器时代早期，证据是福建三明的万寿岩灵峰洞遗址④，但这里出土的锐棱砸击石片数量非常少，且从器物形态来看，缺乏锐棱砸击石片的标志性特征，即打击点呈线性凹缺，很可能并不是真正的锐棱砸击石片。另外，该地区

---

① 查尔斯·海厄姆：《东南亚大陆早期文化：从最初的人类到吴哥王朝》，蒋璐、孙漪娜译，文物出版社，2017。

② Y. V. Kuzmin, "Radiocarbon Chronology of Paleolithic and Neolithic Cultural Complexes from the Russia Far East," *Journal of East Asian Archaeology* 3（2002）：227-254.

③ P. M. Rice, "On the Origins of Pottery," *Journal of Archaeological Method and Theory* 6（1999）：1-53.

④ 李建军、陈子文、余生富：《灵峰洞——福建省首次发现的旧石器时代早期遗址》，《人类学学报》2001年第4期。

属于旧新石器时代过渡时期的漳平齐和洞遗址并没有发现这种技术①。重庆丰都冉家路口遗址②与池坝岭遗址③据称属于旧石器时代中期，发现有典型的锐棱砸击石片（报告分别称其为扬子石片与零台面石片），但是南方旷野遗址断代困难，又系抢救性发掘，所得年代为推测，并不可靠。与之对应，据报道，重庆云阳乔家院子遗址④、万州中坝子遗址⑤发现了年代可以晚到商周时期的锐棱砸击石片，但每个遗址都只发现数件，是否来自早期地层，不得而知。也曾报道华北地区如山东⑥、甘肃⑦、河北⑧有零星发现，但这些鉴定并不可靠，报告中的描述也不清晰。目前已知的含锐棱砸击技术的30余处遗址主要分布在从峡江到西南地区及其东部边缘地带，也就是长江上中游的过渡地带，年代范围主要落在旧新石器时代过渡时期（部分可以晚至新石器时代早期）。

---

① 福建博物院、龙岩市文化广电新闻出版局编著：《漳平奇和洞遗址》，科学出版社，2017。

② 高星、卫奇、李国洪：《冉家路口旧石器遗址2005发掘报告》，《人类学学报》2008年第1期。

③ 马宁、裴树文、彭菲、高星、李国洪：《三峡库区池坝岭旧石器遗址2007年发掘简报》，《人类学学报》2009年第3期。

④ 西北大学考古队：《重庆云阳乔家院子遗址第三次发掘简报》，《文博》2002年第1期。

⑤ 西北大学文博学院：《重庆市万州区中坝子遗址第三次发掘简报》，《考古与文物》2002年第3期；西北大学考古队：《重庆万州中坝子遗址第四次发掘简报》，《文博》2002年第3期。

⑥ 临沂地区文物管理委员会、郯城县图书馆：《山东郯城黑龙潭细石器遗址》，《考古》1986年第8期。

⑦ 谢焱、丁广学、谢骏义：《甘肃庄浪赵家滑沟沟口的地层与石器初步研究》，载董为主编《第九届中国古脊椎动物学学术年会论文集》，海洋出版社，2004。

⑧ 中国科学院古脊椎动物与古人类研究所、河北省文物研究所：《四方洞—河北第一处旧石器时代洞穴遗址》，《文物春秋》1992年第1期。

2016 年湖北省文物考古研究所发掘湖北松滋关洲遗址，该遗址位于长江的江心洲上，大约明清之前这里还是与长江南岸相连的（岛上还发现了明朝的墓葬，而没有发现明朝之后的墓葬），后为洪水所切割而与南岸脱离，成为江心洲。发掘出土石制品 9 000 余件，其中锐棱砸击石片 2 000 余件。尤其难得的是，这里同时还出土了打制锐棱砸击石片的石锤、石砧以及锐棱砸击石核，为我们重建这种独特的石器技术提供了非常宝贵的材料。该遗址经过 ^{14}C 测年，年代为距今 8 500 年前后[1]，属于新石器时代早期（也可以归入旧新石器时代过渡时期）。在关洲遗址发掘之前，湖北宜都的红花套遗址也出土过丰富的锐棱砸击石片[2]，也是一处新石器时代早期的遗址。迄今为止，出土丰富锐棱砸击石片的遗址还有贵州天柱的辞兵洲[3]、贵州兴义的猫猫洞[4]、云南保山的塘子沟[5]等遗址，这些遗址的年代基本都在距今 8 000 年前后，代表锐棱砸击技术流行的最高峰。2019 年，我们考察了贵州、云南、广西、湖南等地相关遗址的出土材料，进一步确认了这些地区锐棱砸击技术的存在。

---

[1] 国家文物局主编《2017 中国重要考古发现》。
[2] 张弛、林春：《红花套遗址新石器时代的石制品研究》，《南方文物》2008 年第 3 期。
[3] 贵州省文物考古研究所编著：《2003～2013 贵州基建考古重要发现》，科学出版社，2015。
[4] 曹泽田：《猫猫洞旧石器之研究》，《古脊椎动物与古人类》1982 年第 2 期。
[5] 吉学平、Nina G. Jablonski、George Chaplin、刘建辉、董为、李枝彩、王黎锐：《云南保山塘子沟遗址 2003 年发掘简报》，载董为主编《第九届中国古脊椎动物学学术年会论文集》。

三、锐棱砸击技术的制作方法与使用功能的实验重建

1. 石器分析方法

过去十多年里,我们开展了一系列石器的实验考古研究,并形成了一套较为行之有效的方法论。它可以分为四个步骤:第一步是观察器物的特征,包括分类描述测量器物、观察使用痕迹与分析工艺设计,初步确定器物功能的范围;第二步是进行实验考古的验证与寻找民族考古的佐证,缩小功能判断的范围;第三步是结合当地的自然条件以及比较不同遗址的类似材料,进一步验证我们的判断;第四步即最后一步是结合遗存的出土关联、文化历史发展阶段,更进一步地透视古人的文化适应变迁,探讨石器工具的深层意义。这一方法论在分析辽西史前石器工业与原始农业的关系时发挥了重要作用。这里继续采用这一方法论,以关洲遗址出土材料为中心,结合实验考古重建锐棱砸击技术的操作过程与了解锐棱砸击石片的功能;在此基础上,结合民族考古研究进一步了解该技术与社会分工的关联;最后,结合旧新石器时代过渡的自然与文化背景探讨锐棱砸击技术在文化适应变迁上的重要意义。

2. 对关洲遗址出土材料的观察

锐棱砸击技术最有特色的产品就是石片。从形态上观察,锐棱砸击石片的剥片面非常平坦,不见突起的半锥体,也几乎看不到台面,所以

有学者称之为零台面石片①。所有锐棱砸击石片都存在一个极为显著的标志性特征：打击点部位呈线性的崩损，凹入石片中，与锤击石片明显的打击点、突出的半锥体明显不同（图16-1）。这也可以作为我们鉴定锐棱砸击技术的主要标志。部分石片的背面在打击点部位还有一个小的片疤，系打击过程中的副产品，这是锐棱砸击石片的另一个标志性特征。

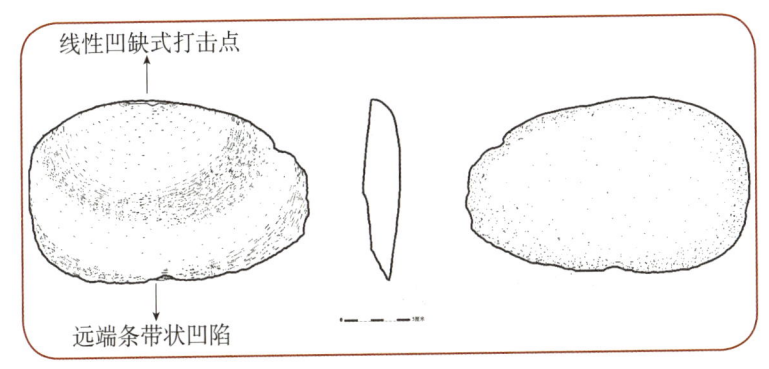

图16-1　锐棱砸击石片

（图中标注：线性凹缺式打击点；远端条带状凹陷）

从对关洲遗址出土的2 167件锐棱砸击石片标本的测量统计可知，这种石片往往是宽大于长，平均长度为76.2毫米，中位数为73.2毫米；平均宽度为96.2毫米，中位数为93.2毫米；平均厚度为15.8毫米，中位数也是15.8毫米。如果排除厚度大于30毫米的标本，就会发现石片厚度的变化范围非常一致②。也就是说，锐棱砸击石片是一种形态高度一致的产品。

---

① 李炎贤：《关于石片台面的分类》，《人类学学报》1984年第3期。
② 刘睿喆：《锐棱砸击石器技法研究》，硕士学位论文，中国人民大学，2019。

关洲遗址发现的锐棱砸击石锤上的碰撞痕迹呈条带状（图16-2），每条痕迹的长度通常为20～30毫米，跟锤击法的点状使用痕迹有非常明显的差别。碰撞条痕显示石锤接触的是一个呈线性的台面。石锤成条状，长度近240毫米，重量超过1 400克，难以单手握持；使用痕迹主要集中在中部，两端没有使用痕迹，这更进一步说明石锤是双手握持使用的。

图16-2　关洲遗址出土的锐棱砸击石锤

3. 制作方法的实验重建

最早研究者在实验重建锐棱砸击技术时描述其操作程序："打片用的扁平砂岩砾石，一端稍斜地与石砧这样接触，然后用手握牢被打的砾石，另一手执石锤，用石锤扁锐的边猛砸砾石一端，一般说来只要打四五下，石片就从砾石上脱落下来"①。其后的研究者主张采用摔碰法或称摔击法②。但是，这些研究者没有研究如关洲遗址石器组合这样完整的石器组合，尤其是没有见到生产锐棱砸击石片的相应石锤，因此采用的工具、方法与古人所用的不相符。另外，对比实验不完整，没有充分地比较不同打片方法所产生石片的差别。由于实验考古方法出了问题，也就无法了解锐棱砸击技术的性质，更无法进一步探讨这种石器技术所代表的文化适应。

我们开展实验的地方位于邻近关洲遗址的长江岸边，离遗址直线距离不过两三百米。江滩上布满了砾石，原料与遗址中发现的相同。根据关洲遗址出土的锐棱砸击石核的形态，我们选择的加工对象为长宽为 150～250 毫米、厚度为 50～80 毫米的扁圆砾石。石锤采用重量为 1 500～3 000 克的长条状砾石，较关洲遗址所发现的石锤略重。

实验的关键程序在于固定要打击加工的扁圆砾石。我们尝试过不同的方法：（1）派一位协作者用手扶持要打击加工的砾石。这种方法比较危险，而且需要两人协作，首先放弃了。（2）用其他砾石将要打击加工的砾石夹住或挤住。实验表明，如果打片不成功，就需要重新安放砾石，非常麻烦。更重要的是，即便生产出石片，石片也会因为与周围的砾石发生碰撞而断裂。（3）用湿泥固定要打击加工的砾石。这种方法

---

① 曹泽田：《贵州水城硝灰洞旧石器文化遗址》，《古脊椎动物与古人类》1978 年第 1 期：第 71 页。

② 冯兴无、裴树文、陈福友：《烟墩堡遗址研究》，《人类学学报》2003 年第 3 期。

极为简便,极可能是古人所用的方法。江岸边潮湿,有地下水渗出的地方,随手就可以抓到一把湿泥。先把石砧半埋在沙地里,然后把湿泥放在石砧上,再把石核竖立起来,稍稍倾斜,用湿泥支撑固定(图 16-3)。之所以把石砧半埋在沙地里,一方面是为了防止石砧晃动,另一方面是为了避免剥离下来的石片撞击到石砧,导致断裂。锐棱砸击石片相对于其长度而言,非常薄,高速剥离时,撞击到石砧或者周围的石块,很容易断裂。这也是不可能采用摔碰法的主要原因之一。

图 16-3　石核摆放方式及对应石锤

砸击时,操作者采用跪姿,双手搬起石锤到齐头顶的高度,顺势砸下。平均两三次砸击就能生产出一件石片。实验所得石片的特征与遗址中所出石片的特征完全一致(图 16-4)。由于石锤接触到的地方是扁圆砾石的边缘,所以留在石锤上的接触痕迹就是 20～30 毫米的条痕,实验石锤上的条痕与考古标本上的痕迹完全一致。确定操作程序后,我们发现这种方法非常简单。即使是没有任何石器生产经验的女学生，稍加练习也能成功打制出锐棱砸击石片，而此时她们还是无法通过锤击法从这样的砾石上打下石片。这是一个非常有趣且很有意义的发现，它说明锐棱砸击技术的门槛非常低，是一种男女皆宜的打片技术。

图16-4　实验42号石核及剥离石片

我们还有一个重要的发现：每块用作石核的砾石通常只能生产出一件锐棱砸击石片，少数大一点的石核能够生产出两件石片。考古标本上也是如此。实验中我们发现，砾石石核上一旦有石片剥离，打击点的位置就成了石核上最薄也就是强度最弱的地方，因此每次打击的时候，尽管新的打击点离开了最初打击点的位置，但崩落还是会经常发生在最初打击点附近，从而卸载了施加的打击力。大块砾石只能生产一两件石片，无疑是非常浪费的。由此可见，除非原料丰富以及还有其他原因，否则是不可能采用这种技术的。

在江滩实验场地，我们还测试了锤击法、摔击法、碰砧法，看看它们是否也能生产出同样形态的石片。首先排除的是锤击法。浑圆的砾石缺乏合适的台面，需要很大的打击力量才能打下石片，而且剥离的石片远小于我们在考古材料中看到的大石片。更关键的差别在于，锤击石片的打击点与半锥体突出，石片的劈裂面鼓起，与锐棱砸击石片平坦的劈裂面的差别极为明显。

接着我们测试了摔击法。摔击法的确可能剥离类似的石片，但是成功率不高，石器打制者很难控制石片的生产。更关键的问题在于，由于剥离的石片都比较薄，一旦碰到石砧或者旁边的石块，就会断裂，所以基本不可能获得完整的石片。再者，由于石核与石砧每次接触的位置都可能发生变化，石片的打击点形态变化比较大。而考古材料中锐棱砸击石片打击点的形态高度一致，也就是线性凹缺。基于上述理由，我们充分相信摔击法不可能是生产锐棱砸击石片的技术。更何况我们在遗址中已经发现了锐棱砸击石锤，上面清晰地显示了接触部位与撞击印痕。

最后我们测试了碰砧法。这种方法生产出来的石片与锐棱砸击石片最为相似，也是宽大于长，劈裂面较为平坦，但两者的差异还是可以甄别的。碰砧石片尽管打击点与半锥体也不明显，但相对于锐棱砸击石片还是要明显得多。尤其是打击点的形态，差异更加明显，碰砧石片基本不会表现为线性凹缺，更不会出现一次打击中石核的两面同时剥片的现象。生产锐棱砸击石片时，由于石锤直接砸在砾石石核的边缘，扁圆砾石石核两侧各剥离一块石片，通常是一大一小。这样的特征只有在砸击时才会出现，碰砧法生产石片时是没有的。再者，除了石砧，碰砧法并不需要石锤，与考古材料不符。最后，用碰砧法生产石片需要操作者用很大的力量操作石核高速碰撞石砧，而这是女性操作者难以做到的，更别说不熟悉石器打制的女性了，但她们在操作锐棱砸击技术时就没有这样的问题。

通过这些比较实验以及对比关洲遗址出土的材料，可以确认锐棱砸击技术的确是一种特殊的石片生产技术，非常简单有效，技术门槛低，男女皆宜，只是非常浪费原料。

4. 使用功能的实验重建

锐棱砸击石片刃缘薄锐，可以直接使用。从工艺设计的角度看，它适合切割活动。但需要注意的是，这类石片的刃缘相对于较为细小的石片而言还是比较粗糙的，所以它并不适合切割韧性强的材料，如动物毛皮。再者，锐棱砸击石片由于较大，有一定的重量，所以也可以直接用于砍斫。但需要注意的是，由于石片厚度有限，所以它并不适合砍斫强度太大的东西，如较粗的树木。

锐棱砸击石片还可以用于制作其他工具，如刮削器与砍砸器。关洲遗址中共发现 400 余件刮削器、200 余件砍砸器。刮削器的毛坯主要是锐棱砸击石片，经过打制修理，大部分刮削器刃缘平滑，无明显的崩损，加工对象应为较软的材料。砍砸器的毛坯除了采用较大的锐棱砸击石片之外，还有剥片后的锐棱砸击石核。关洲遗址中与锐棱砸击石片共存的还有大量的鱼骨。关洲遗址所在的位置为长江的拐弯地区，是合适的捕鱼场所，由此推定锐棱砸击石片与处理鱼获有关。我们实验处理了 4 条 2 000 克左右的草鱼，包括刮鱼鳞、除鱼鳃、剖肚，最后把整条鱼连同鱼头劈开。当今江滨居民冬季捕鱼后也是如此处理，然后就可以把鱼晒干或熏干，一直可以吃到第二年春天。实验中我们处理 4 条鱼平均用时约 10 分钟，如果经过一段时间的练习，时间应该可以较大幅度地压缩。

实验显示，锐棱砸击石片在刮鱼鳞方面非常有效，并不输于当地常用的菜刀；在开膛破肚方面略有困难，需要反复切割多次，或者先用石片尖部刺破鱼肚，然后再扩大切口。锐棱砸击石片可以切断鱼的肋骨，把整条鱼剖成两半（包括头部）。遗址出土的鱼骨显示这里捕获的鱼类以青鱼为主，有重达数十千克的大鱼。处理这样大的青鱼必须用大型石片。锐棱砸击石片形制规整，背面与劈裂面均平坦，刃缘的锋利程度合适，非常适合用来处理这样的鱼获。

四、民族志的佐证与启示

从民族志的角度看，中国并没有晚近使用锐棱砸击石片的证据，我们倒是在北美印第安人部族肖松人（Shoshone，或译为肖肖尼人）的石器工具中发现了类似的产品，当地人用作石刀，也是从河边的扁圆砾石上剥离下来的。按早期研究者的说法：当一名肖松女性需要一把刀来屠宰或处理皮毛时，她就会去河边寻找两块石英岩砾石，将其中一块用作石砧，拿另一块砾石与之碰撞，从而剥离一块大石片来，人们把这类石片称为teshoa①。如果这个描述准确的话，那么肖松女性采用的应该是碰砧法，并不是锐棱砸击技术。但是从采集到的石片的特征来看，部分石片具有明确的锐棱砸击石片的特征（图16-5），而并非碰砧石片的特征。显然，这些早期民族志中的描述是有问题的。

后来的研究者开展实验研究，重建可能的操作技术，但是由于没有结合印第安人的具体工具，实际上也没有把锐棱砸击石片单独区分出来，而是把它与碰砧石片、锤击石片混为一谈，甚至说石器制作者应该

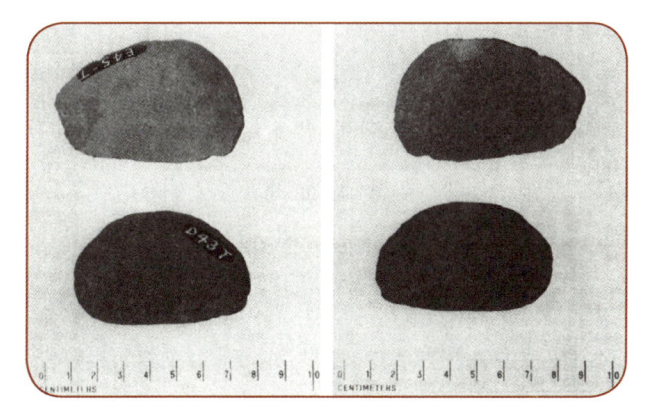

图16-5 米勒野外（上）和格林遗址（下）的石刀

更偏好直接锤击法②。锐棱砸击技术具有非常独特的技术特征：石片的打击点部位存在线性凹缺，可能存在两面剥离石片，等等。有鉴于此，我们有理由相信这些研究者并没有全面了解肖松人的打片技术。相较于锤

---

① F. Eyman, "The Teshoa, a Shoshonean Woman's Knife: A Study of American Indian Chopper Industries," *Pennsylvania Archaeologist* 34 (1968): 9-52.

② D. G. Roberts and B. S. Mark, "A Preliminary Replicative Analysis of Teshoa Flake Production," *Pennsylvania Archaeologist* 53 (1983): 28-41.

击法与碰砧法，锐棱砸击技术更简单，对打击速度与力量的要求更低，更适合女性操作。肖松人的材料支持用锐棱砸击石片制作的石刀更多与女性有关。

由此而产生的问题是：为什么女性需要自己制作石器工具？从关洲遗址出土的鱼骨材料可知，有的鱼可能重达数十千克，驾舟去江上捕鱼是一项重体力劳动，也是一项比较有风险的活动，气候恶劣时，风高浪急，所以这历来都是男性承担的生产活动。女性的工作更可能是处理鱼获，而这是体力相对较弱的女性可以胜任的。如果存在这样的劳动分工，那么女性就需要自己制作处理鱼获的工具。我们的实验研究也显示，即便没有多少石器制作经验的女性也可以制作锐棱砸击石片，我们更可以相信古代那些经常得到劳动锻炼的女性能够有效地掌握这种石器制作技术。这样的劳动分工也有利于男性更专注于捕鱼活动。

我们可以进一步追问：为什么锐棱砸击技术会出现在旧新石器时代过渡时期？我们还是可以从劳动的性别分工来看，旧新石器时代过渡时期，由于气候变化、人口增加以及地域观念增强（部分群体的流动性降低必然会影响到周围群体的迁徙）等原因，猎人们狩猎（包括渔猎）的机会减少。如果想获得跟从前一样多的猎物，他们就需要投入更多的时间。假如以前是男性为女性生产石器工具的话，那么这个时期可能就没有那么多的时间了，女性可能不得不自己生产石器工具。旧石器时代晚期，峡江及其周邻地区流行的还是通过锤击法来生产石片与其他石器工具。锤击法所需要的力量与技巧都远高于锐棱砸击技术。正是基于这样的差别，我们认为旧新石器时代过渡时期性别之间的劳动分工进一步加剧，这也意味着部分生产活动更加集中、更加专门。关洲遗址最早层位的鱼骨遗存丰富，但锐棱砸击石片并不是很多；相反，上面文化层的锐棱砸击石片很多，但鱼骨遗存很少。这可能与早期就地捕捞、就地处理、就地消费相关，而在晚一点的阶段，人们的捕捞规模可能更大，也是就地处理但并没有就地消费，反映了更加专门的社会分工。

大量生产一种具有相同形态的石器工具，很可能与处理相同的资源相关。在关洲遗址表现为处理鱼获，在没有鱼获的地方则可能与"批处理"（batch processing）类似资源相关。锐棱砸击技术的流行从一个角度反映了劳动生产组织上的变化。简言之，锐棱砸击技术是一种文化适应上的反应。

五、锐棱砸击技术代表的文化适应

从既有的发现来看，锐棱砸击技术主要分布在峡江、云贵高原以及广西临近贵州的局部地区，也就是长江上中游过渡地带；从年代来看，锐棱砸击技术主要分布在旧新石器时代过渡时期。这里值得关注的是，长江上中游过渡地带的东部边缘区域也是稻作农业起源区的一个组成部分，如在发现了早期稻作遗存的彭头山遗址中就曾发现过锐棱砸击石片[1]，在该区域旧石器时代晚期较晚阶段的遗址中也有发现，不过数量都

---

① 湖南省文物考古研究所、澧县文物管理所：《湖南澧县彭头山新石器时代早期遗址发掘简报》，《文物》1990 年第 8 期。

不多。

近些年在贵州清水江流域有丰富的发现,以辞兵洲遗址为代表,它的情况与关洲遗址的情况十分相似,年代相近,地理特征相同,也位于江流拐弯地方的江心洲上,这个江心洲原来也是与岸边相连的,晚近时期因为河流改道而成为江心洲。辞兵洲遗址同样出土了大量的锐棱砸击石片。它有上下两个文化层,中间隔有砂砾石层,但两个文化层的石制品相差不大。上层相当于高庙文化阶段(距今 7 400～6 800 年),下层属于旧石器时代晚期。在辞兵洲遗址下游约 500 米的地方发现另一处遗址,其中的陶片风格为高庙文化,同样出土了许多锐棱砸击石片[1]。这类滨水遗址更可能与处理鱼获相关,反映了一种依赖渔猎的文化适应。按照狩猎采集者的文化生态学,渔猎(又称水生资源适应)属于一种具有强化(intensification)利用特征的文化适应方式,它跟农业相似,能够相对固定地利用一个地方的资源,在有限区域内能够支持较大密度的人口[2]。在水生资源富集的地方,如北美的西北海岸[3],甚至可以形成一定程度的复杂社会。

强化是旧新石器时代过渡时期典型的文化适应变化之一。旧石器时代晚期的较晚阶段,随着末次盛冰期的即将结束,环境条件发生显著的变化,大型猎物减少;同时,人口密度也在增大,与人口密度相关的社

---

[1] 贵州省文物考古研究所编著:《2003～2013 贵州基建考古重要发现》。

[2] L. R. Binford, *Constructing Frames of Reference: An Analytical Method for Archaeological Theory Building Using Hunter-Gatherer and Environmental Data Sets*.

[3] D. R. Yesner, et al., "Maritime Hunter-Gatherers: Ecology and Prehistory," *Current Anthropology* 21(1980): 727-750.

会组织的复杂性也在增加；人群的地域观念增强，这是旧石器时代晚期晚段普遍存在的发展趋势。此时男性花在狩猎上的时间更长了，留守营地的女性必要时可能需要自己制作石器工具。在水生资源较丰富的地方，虽然群体可以实现一定程度的定居，但男性还是要出外渔猎，会带回来需要成批处理的资源，比如鱼获，女性更需要自己制作石器工具。长江上中游过渡地带是狩猎采集者的最佳栖居地，适合制作石器的原料丰富，保证了锐棱砸击技术的可行性。若是在河流下游，砾石普遍较小，就不可能产生这样的打片技术。锐棱砸击技术正好简单易行，非常适合女性。尽管这种技术利用原料的效率非常低，但是符合当时的需要，加之原料本身供给充足，所以锐棱砸击技术于旧新石器时代过渡时期在这一地区流行。

旧新石器时代过渡时期采用锐棱砸击技术的群体并非只有一种文化适应方式，从目前的材料来看，至少产生了三种不同的文化适应方式：

第一种方式发生在长江上中游过渡地带的东部边缘地区，这部分群体走向了农业，然后不断向平原地区扩散，开垦新的农田。我们可以从旧新石器时代过渡时期到新石器时代晚期遗址的分布特征看出这一趋势，较早阶段这样的分布特征多见于山前地带或盆地边缘，新石器时代早期开始扩散到丘陵区域，新石器时代中晚期开始进入江汉平原、洞庭湖平原区域。锐棱砸击技术在这个地区的应用不普遍，随着农业生产的发展，锐棱砸击技术为磨制石器技术所取代。

第二种方式主要见于长江上中游过渡地带的某些利用水生资源比较

便利的地方，以关洲遗址、辞兵洲遗址为代表，狩猎采集者开始强调对水生资源的利用。这种文化适应方式跟农业生产一样，可以承载较大密度的人口，发展出一定程度的复杂社会。因为有旺盛的需求，所以锐棱砸击技术得到最大程度的应用，持续的时间可能比较长。

第三种方式发生在既不适合早期农业也不适合利用水生资源的地方，这些地方的群体继续从前的狩猎采集的适应方式。这种方式对锐棱砸击技术的需求低，该技术得到一定程度的利用，但没有垄断性，它只是人们使用的石片生产技术之一，如云南的塘子沟、橄榄坝等遗址[①]，由于这些地方的狩猎采集方式保留的时间长，所以锐棱砸击技术延续的时间也可能比较长。

六、小结

在包括西南地区在内的长江上中游过渡地带，狩猎采集生计持续的时间最长，并持续使用打制石器，所以有学者称之为"后旧石器时代"[②]，但是研究者并没有注意到这一地区存在多样的文化适应。前文归纳了三种与锐棱砸击技术密切相关的适应方式，锐棱砸击技术作为一种生产石器工具的方式，它的技术特点能够很好地满足该地区旧新石器时

[①] 吉学平、Nina G. Jablonski、George Chaplin、刘建辉、董为、李枝彩、王黎锐：《云南保山塘子沟遗址 2003 年发掘简报》，载董为主编《第九届中国古脊椎动物学学术年会论文集》；张涛：《试论云南地区旧石器时代晚期文化的区域性特点》，《四川文物》2016 年第 1 期。

[②] S. Zhang, "The Epipaleolithic in China," *Journal of East Asian Archaeology* 1（2000）: 15-66.

代过渡时期的一些任务需求,因此它也就成为该地区旧新石器时代过渡的标志性文化特征。由此,我们也通过石器分析的角度深入到旧新石器时代过渡时期文化适应变迁的重大问题中,实现了考古学研究透物见人的目的。

第五部分

新石器时代及以后石器研究

第十七章　哈民忙哈遗址石器工具

哈民忙哈遗址位于内蒙古科尔沁地区腹心地带，2010 年、2011 年两次发掘，已有简报发表[①]，累计发掘面积 4 000 余平方米，初步探明遗址总面积约 10 万平方米。哈民忙哈遗址内发现大量凌乱堆弃的人骨，这些人骨集中分布在几个房址内，场面极为震撼，对人骨材料已有初步研究[②]。与此同时，还发现了包括完整房子框架在内的大量考古遗存，对于此次发现的工作方法与学术意义已有归纳[③]。哈民忙哈遗址的发现在学术界内外都受到广泛关注，发掘成果荣膺"中国社会科学院考古学论坛——2011 年中国考古新发现"和"2011 年度全国十大考古新发现"。

[①] 内蒙古文物考古研究所、科左中旗文物管理所：《内蒙古科左中旗哈民忙哈新石器时代遗址 2010 年发掘简报》，《考古》2012 年第 3 期；内蒙古文物考古研究所、吉林大学边疆考古研究中心：《内蒙古科左中旗哈民忙哈新石器时代遗址 2011 年的发掘》，《考古》2012 年第 7 期。

[②] 朱泓、周亚威、张全超、吉平：《哈民忙哈遗址房址内人骨的古人口学研究——史前灾难成因的法医人类学证据》，《吉林大学社会科学学报》2014 年第 1 期；周亚威、朱永刚、吉平：《内蒙古哈民忙哈遗址人骨鉴定报告》，载吉林大学边疆考古研究中心编《边疆考古研究》第 12 辑，科学出版社，2012。

[③] 朱永刚、吉平：《探索内蒙古科尔沁地区史前文明的重大考古新发现——哈民忙哈遗址发掘的主要收获与学术意义》，《吉林大学社会科学学报》2012 年第 4 期；朱永刚、吉平：《哈民忙哈史前聚落遗址的发现与认识》，《中国文物报》2012 年 9 月 28 日第 6 版。

古人的生产方式是研究的重要内容，石器工具研究是实现这一目的的主要形式之一。通过对哈民忙哈遗址出土的所有石器工具的研究，我们希望：(1) 了解石器工具组合的基本构成，分析石器工具的功能范围；(2) 结合文化历史、自然地理背景，了解当时人类的生产方式、文化生态关系；(3) 探索磨制石器分析的方法，即基于合理的方法，我们可以较为可靠地推断石器工具的功能，结合对相关因素的分析，通过石器工具组合分析从一个断面深入了解史前社会。

一、研究方法

史前考古遗存中的石器坚固、耐腐蚀，相对于其他类型的考古遗存，往往能够较好地留存下来，进而成为研究古代人类生活的重要材料。近些年来，有关新石器时代与早期青铜时代石器的研究逐渐从过去以形制特征、文化传统构成与扩散[①]为中心的研究，转向以技术功能研究为主[②]。我们基于辽西新石器时代文化的材料，也开展了一系列尝试。不过，所有这些都侧重于对单种石器工具功能的研究，通过石器工具组合来系统研究一个遗址所代表的古人生活，还比较少见。

经过近些年的研究实践，同时参考西方的考古学研究[③]，我们基本形成了一套通过石器工具研究来探索古人生活的基本方法，称之为"石器

---

① 傅宪国：《论有段石锛和有肩石器》，《考古学报》1988年第1期。
② 蔡明：《陶寺遗址出土石器的微痕研究》，《华夏考古》2014年第1期；刘莉、陈星灿、潘林荣、闵泉、蒋乐平：《新石器时代长江下游出土的三角形石器是石犁吗？——昆山遗址出土三角形石器微痕分析》，《东南文化》2013年第2期。
③ J. L. Adams, *Ground Stone Analysis: A Technological Approach*.

功能研究的关联方法"。这套方法一般分为三个层次展开。这三个层次的研究层层递进、密切相关,通过不同层次的研究不断缩小石器工具功能判断的范围;与此同时,我们一步步深入到对古代社会的研究中,不限于石器的形制特征、文化风格,或者制作技术、功能推定等。因此,石器工具研究就成了一个相对独立的研究手段,成为以遗址为中心的研究的一个基本分支。

在运用石器工具研究的关联方法的过程中,还有一个基本的方法,就是比较,比较不同文化阶段、地区的考古材料。这一方法不会直接提供功能判断,但是它对我们得出较为准确的结论有重要的参考作用。

二、石器工具组合的构成

哈民忙哈遗址是一处考古学文化面貌比较单纯的中心聚落遗址,虽然有两个文化层(第2、3文化层),但两个文化层器物组合的差别不明显,局部地区还缺乏第2文化层。2011年发掘的范围最大,所见各类遗迹均开口2层下,打破3层[①],基本可以视为同一考古学文化不同时期的产物,或者同一居住事件不同阶段的产物。近些年哈民忙哈遗址遭到大规模的盗掘,这导致部分遗存脱离了原始地层。我们观察了这部分材料,统计时则将之排除在外。另外需要说明的是,由于是以石器工具为

---

① 内蒙古文物考古研究所、科左中旗文物管理所:《内蒙古科左中旗哈民忙哈新石器时代遗址2010年发掘简报》,《考古》2012年第3期;内蒙古文物考古研究所、吉林大学边疆考古研究中心:《内蒙古科左中旗哈民忙哈新石器时代遗址2011年的发掘》,《考古》2012年第7期。

研究对象，以了解当时的生产方式为目的，所以作为装饰品或礼仪用品的玉器不在研究范围内。

从石器工具组合的构成来看，石器数量的意义并不是很大，因为这受到废弃过程的严重影响。为数众多的敲砸器绝大多数都是由石镐、石斧的残段改制而成，一件完整的石镐残损后，按照大小，至少可以被改成六七件敲砸器，这就导致石器工具组合的数量比例发生了严重的偏差（图17-1）。

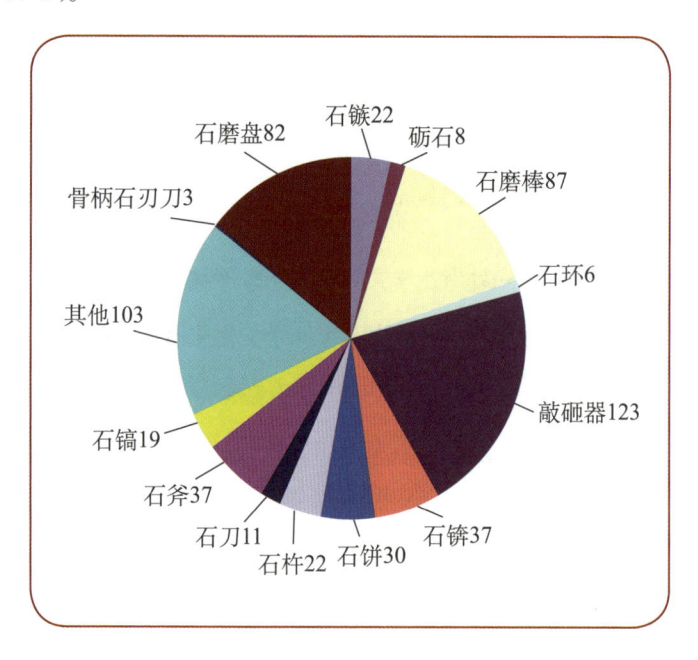

图17-1 石器工具组合分类统计

注：图中所谓的"其他"部分包括一些打制石器、小块石料、石管等（包括一件石凿）。

再有一个重要影响因素是原料供给。石器工具组合中石片的数量非常少，而且多是从成型器物上剥离下来的，基本不见带天然石皮的石片。这就是说，所有石器工具都不是在哈民忙哈遗址中生产的。哈民忙哈遗址周围缺乏石料产地，现今所知最近有石料的地方也在五六十千米以外。原料供给的紧张导致大型器物如石磨盘、石镐、石斧、石杵等残损废弃后，都会被改制成其他器物，从而使石器工具组合中大型器物的数量明显偏少。

在废弃阶段选择性地带走部分完好的器物也导致了石器工具组合的数量比例的偏差[1]。石器工具组合中完整且还可以使用的器物主要是某些重型工具，如石杵。这些器物较重，不适合长距离搬运，所以没有被带走。另外，如敲砸器，本身是由其他工具改造而来，加工非常简单，不值得长距离搬运。其他类别的完整可用的石器工具，尤其是磨制精细的石器工具，如石镐、石锛、石斧、石刀，则比较罕见。这些器物不易制作，又是常用工具，所以人们在搬迁时带走的大多是这些石器工具。石器工具组合中完整的石磨棒比较多。不过，细致测量后发现，所有完整的石磨棒的残存高度都只有 3～4 厘米，也就是勉强抓握的程度，几乎无法使用，所以古人没有带走。残存高度较大的石磨棒基本都是残断的，完好无缺的石磨棒（高度将近 12 厘米）也仅见一件。正是基于选择性的废弃，遗留下来的石器工具组合并不能真实地反映各类工具在当时生活中的重要性。因此，我们不能简单依据石器工具组合中器物类别的比例来判断不同类别的器物在当时不同生产活动的重要

---

[1] M. B. Schiffer, *Formation Processes of the Archaeological Record*.

性①，具体情况还需具体分析。

废弃阶段的焚烧破坏也是影响石器工具组合构成的因素之一。石器工具组合中真正完整的石磨盘仅见两件，而石磨盘残件较多，大多有焚烧的痕迹。焚烧导致更多的断块产生，使石器工具组合中的石磨盘大大增多。

影响石器工具组合构成的另一个因素是非石器工具的替代，如蚌刀的存在。遗址中发现数件穿孔石刀，保存状况不佳，但我们可以推知石刀数量少（包括残断标本在内），无疑与蚌刀的存在有关。

三、石器工具的功能推定

哈民忙哈遗址处在考古学文化意义上的辽西地区与东北地区之间，这里出土的石器工具非常有特点，跟毗邻的两个地区均有所不同，可能不仅代表一个新的考古学文化②，更代表一种文化适应方式。有关辽西地区石器工具功能的基本区分已有研究③，这个部分的讨论将按照这些大致的分类展开，以使论述更有条理。

1. 破土工具

辽西地区从兴隆洼文化开始流行石铲、石锄这样的破土工具。到赵

---

① C. E. Peterson and G. Shelach, "Jiangzhai: Social and Economic Organization of a Middle Neolithic Chinese Village," *Journal of Anthropological Archaeology* 31（2012）：265-301.

② 朱永刚、吉平：《探索内蒙古科尔沁地区史前文明的重大考古新发现——哈民忙哈遗址发掘的主要收获与学术意义》，《吉林大学社会科学学报》2012 年第 4 期；朱永刚、吉平：《哈民忙哈史前聚落遗址的发现与认识》，《中国文物报》2012 年 9 月 28 日第 6 版。

③ 杨宽：《内蒙古林西白音长汗遗址出土兴隆洼文化石铲的功能研究》，硕士学位论文，吉林大学，2013。

宝沟文化、红山文化演变为亚腰形尖刃石铲，一般称之为石耜。我们的研究显示白音长汗遗址的石铲一半用作铲、一半用作锄，厚重的形制与兴隆洼文化先民作为这个地区的农业拓荒者密切相关；而石耜的优势在于可以更加便利地挖掘有砾石的土地，表明赵宝沟文化、红山文化居民可能利用更靠近河滩的土地。进入青铜时代后，夏家店下层文化流行轻薄精致的石铲与厚重粗糙的石锄，我们的研究表明前者是用来中耕的石锄，后者也是与原始精耕细作相关的耕土工具。而东北地区新石器时代遗存一直缺乏石质破土工具，直到西断梁山二期才出现粗制的亚腰形石铲[1]。

哈民忙哈遗址出土的破土工具与辽西地区及东北地区出土的差异甚大。发掘者开始也称之为"石耜"，这里我们将之更正为"石镐"（图17-2）。从形态上看，工具呈长条形，刃端略宽。就外形而论，它跟现在辽西当地还在使用的铁镐非常相似，甚至重量也相近[2]。从完整的器物来看，以 F35∶13 为例，原料为安山玢岩，长 31.5 厘米，最大宽 9.3 厘米，最大厚 3.4 厘米，重 1 072 克，表面磨制精细，边缘残留有一些打制毛坯时留下的片疤。从工艺设计的角度看，这类工具身长刃窄，挖土的宽度有限，而有利于增加入土深度；横截面呈圆角菱形，如同剑身，一方面提高工具的抗剪切力，另一方面有利于工具深入土层。工具的使

---

[1] 金旭东、王国范、王洪峰：《吉林东丰县西断梁山新石器时代遗址发掘》，《考古》1991 年第 4 期。

[2] 我们在当地集市上买到了长度、宽度与重量相差无几的铁镐（石镐更厚），并做了对照使用实验。

用痕迹非常清晰，偏锋，两面磨耗不相等，一面长而缓，另一面短而较陡，显示工具的使用方式如现在锄、镐的使用方式，工具的运动轨迹为弧形，工具两面入土的长度不相等，所以形成偏锋，而非如铲、耙那样上下运动，进而形成正锋。使用磨耗以条痕为主，条痕非常清晰，条痕间距多超过0.5毫米，反映所挖掘的土质绝非细腻的黄土，而是颗粒更大的沙土（图17-3）。

图17-2 完整石镐标本

图17-3 石镐刃部的使用痕迹

研究过程中我们利用辽西一带仍在使用的铁镐模拟石镐的使用方式。我们发现这种工具因为刃缘窄，所以每次挖掘的宽度有限，并不适合大面积挖掘松散的表土，而在深度挖掘方面较有效率。单向挖掘的最佳工作深度是40～45厘米，对向挖掘的话，最佳工作深度还可以增加5厘米。当然，这不是说镐头不可以挖更深的坑，而是说在使用者不移动位置、不拓宽土坑开口的情况下，若再往下挖，器柄就会碰到挖掘出来的堆土，不方便工作了。石镐器身长度虽然略长于铁镐，但经过捆扎后，实际可用的器身长度几乎一致；若古今柄长一致（1.2 米）的话，那么就有理由相信这种掘土工具每次的最佳挖掘深度是 40～50 厘米。如果想提高最佳挖掘深度，延长器身无疑是一条途径。我们从哈民忙哈遗址当地村民手中收集到了器身更长的标本，但发掘标本中未见到。另一条途径就是缩短器柄，只是操作者需要弯腰工作了。操作实验显示，石镐这类工具的优势在于挖掘的深度而不是挖掘的宽度，它显示哈民忙哈遗址的先民们着力挖掘地下半米左右的东西，最有可能的是植物根茎，其次是穴居动物。

当然，这种工具也可以用来破土种地，尤其是表层土壤较为坚实的土地，然而，科尔沁地区的核心地带基本都是沙地，表土松散，完全用不上这种工具，而且即使是种地，这里土壤层薄，用不着深挖到半米。所以，我们有比较充分的理由相信，哈民忙哈遗址的石镐主要是用来深挖的，最适用于采集根茎、掏挖动物地下洞穴，而不是石耜这样的农业破土工具。

2. 食物加工工具

食物加工工具是哈民忙哈遗址的另一类非常有特色且数量最多的工具，它包括两种石杵、石磨盘与磨棒、石饼与敲砸器。

先说石杵，其中一种为平头，如同现在的捣蒜杵，不过更大，其形态、使用痕迹等都清晰地指示出其功能，新石器时代许多遗址中都有这样的器物，就不再赘述。另一种形体更大，重量为 1～2 千克，外形类似于现代的炮弹，一端突出，一端较平，器身中轴略呈弧形（图 17-4）；使用痕迹非常明显，突出端表面有清晰的纵向沟槽与突起的矿物晶体，尖部有明显使用磨圆的痕迹（图 17-5）。使用痕迹显示，这种石杵所敲砸的对象是一种有一定硬度的物质，最有可能是植物根茎。若加工对象较软，就不可能形成如此明显的呈沟槽形的条痕；若加工对象很硬，就不会形成光滑的磨圆表面，突出的矿物晶体表面也不会留下光滑的磨圆痕迹。盛放加工对象的容器很可能是木臼，因为若为石臼，石头之间相互碰撞，石杵尖部的磨损就会更加明显，而不应该是光滑的磨圆。另外，遗址中也没有发现任何有关石臼的遗存，石臼厚重不适合搬运，在石料缺乏的哈民忙哈遗址并不合适。从工艺设计的角度分析，其尾端有明显缩小的肩部，表明它是安柄用的；又由于器身中线略呈弧形，这指

图 17-4　哈民忙哈遗址石杵　　　图 17-5　石杵的使用痕迹

示其运动轨迹为抛物线形,使用方式如同现在安柄锤子的使用方式。简言之,这是一种与木臼配合、加工植物根茎的食物加工工具。

有趣的是,《舌尖上的中国 2》第 2 集中曾介绍瑶族加工蕨根粉糍粑的过程,把蕨根挖出来后先浸泡,然后打砸碎浆,过程中不断加水,其后过滤、沉淀,最后干燥,制成糍粑,作为过冬的粮食。不过瑶族用的是木槌,一般是两个人交替打砸。更有意思的是,现在蕨根粉的主要产区其实并不在西南,而在河北承德,内蒙古从赤峰到兴安盟一带也是主要产区之一,年产数百吨。当地植物根茎种类虽然不少,也有淀粉粒的初步证据指示可能利用过香蒲根茎,但香蒲是水生植物,其根茎烧烤后可直接吃,产量远不如蕨根。石镐的使用痕迹显示,它们挖掘的是沙质土地,不是淤泥。尽管还没有直接的植物遗存证据,但我们所得到的多方面信息都指向蕨根的利用。哈民忙哈遗址出土的炮弹形石杵的质地、重量、形状都适合加工这类植物根茎,使用痕迹也是匹配的。

哈民忙哈遗址出土的石磨盘与磨棒非常有特色。从一件保存完整的石磨盘来看,长 30.7 厘米,宽 17.5 厘米,最厚处 6.4 厘米,最薄处 3.2 厘米,重近 5 千克。磨盘形制规整,棱角分明,通体磨制(图 17-6)。从其他残

图 17-6 石磨盘

件来看，磨盘的加工非常规范，大小、厚度都比较一致。另一个重要特点是两面均有使用痕迹，主要磨面呈马鞍形，表面较粗糙；底面，也就是次要磨面，较为平缓，磨面更细腻，特别值得注意的是，这个磨面不是马鞍形，而是呈浅盘形，即中间低、周边高。其他残件均如此。这些特点表明磨盘是两用的。

哈民忙哈遗址出土过一件还在使用高峰期的完整磨棒，长17.8厘米，高11.7厘米，厚（宽）3.8厘米，重1 270克（图17-7），其余完整磨棒的高度（即使用状态下垂直于磨面的最大距离）多为3～4厘米，基本耗尽。从这里也可以看出，总的使用磨耗高度大约8厘米。磨棒外形略如半截长圆形的石磨盘，两面微微凹陷，便于用手抓握。磨棒的形制非常规整，所有磨棒的磨面宽度（即厚度）多为3～4厘米，误差很小。哈民忙哈遗址磨棒的形制跟绝大多数新石器时代遗址磨棒不同，它的完整形制并不是棒形，只是在使用阶段晚期才如此。

图17-7 石磨棒

石磨盘、磨棒磨制食物的功能是比较明显的。一般说来，石磨盘与磨棒的大小、厚度、重量跟加工对象的硬度、数量成正比，如北美西南部以加工玉米为主，其磨盘、磨棒比中国北方新石器时代遗址以加工粟为主的磨盘、磨棒厚重得多①。同样在中国北方，青铜时代夏家店下层文化阶段遗址，如大山前，所出土的磨盘、磨棒较之兴隆洼文化、赵宝沟文化、红山文化等的也厚重得多②，这主要跟加工规模相关。青铜时代社会更复杂，不直接参加食物生产、加工的人更多，需要更大批量地处理食物。

　　另外，石磨盘、磨棒的形制规整程度、使用痕迹的一致性跟加工对象的单一性密切相关③。新石器时代早期石磨盘的形制相对更不规范，磨面除了马鞍形，还有浅盘形，甚至还有不规则的，如查海遗址出土的石磨盘④。同是新石器时代早期遗存，农业更发达的中原地区（如武安磁山遗址）出土的磨盘、磨棒就较辽西地区出土的更规整，磨面痕迹更一致。哈民忙哈遗址磨盘、磨棒的形制相当规整，其使用面的特征也比较一致，但其加工对象分粗细两种，这种特征又类似于新

---

　　① J. L. Adams, *Ground Stone Analysis: A Technological Approach*.
　　② 中国社会科学院考古研究所、内蒙古自治区文物考古研究所、吉林大学考古系、赤峰考古队：《内蒙古喀喇沁旗大山前遗址 1996 年发掘简报》，《考古》1998 年第 9 期；中国社会科学院考古研究所、内蒙古自治区文物考古研究所、吉林大学边疆考古研究中心、赤峰考古队：《内蒙古喀喇沁旗大山前遗址 1998 年的发掘》，《考古》2004 年第 3 期。
　　③ J. L. Adams, *Ground Stone Analysis: A Technological Approach*.
　　④ 辽宁省文物考古研究所编著：《查海：新石器时代聚落遗址发掘报告》，文物出版社，2012。

石器时代早期遗址。

基于以上特征，我们有理由认为：一方面，哈民忙哈遗址磨盘的主磨面配合磨棒加工较为一致的对象，其硬度稍大，数量也较多，如谷物；另一方面，磨盘的次磨面配合另一种相对较小的磨制工具，如下文所讨论的石饼，在浅盘形磨面中磨制更柔软、细腻的对象，如橡子面。这种混合的加工方式反映出哈民忙哈遗址先民的生计组成更接近新石器时代早期，混合着农业、狩猎、采集等方式。

上面提及的石饼多呈圆角方形，边长8厘米左右，厚4厘米左右，重400克左右，边缘琢制，有两个磨面；有的石饼一面另有浅凹坑或者沟槽（图17-8）。石饼的使用痕迹明显，其主要功能是研磨；其磨面较石磨盘的马鞍形主磨面更加细腻，而与浅盘形磨面接近。从使用方式来看，它在石磨盘上转动研磨，所以石磨盘的磨面为浅盘形。石饼的其他使用痕迹还表明，它可能还用于敲砸与用作砺石磨制骨角工具。石饼的重量与敲砸后导致的凹坑表明，它敲砸的对象较结实。

哈民忙哈遗址出土了大量的敲砸器，初步整理时多命名为"石饼"。几乎所有的敲砸器都由石镐与石斧断块加工而成，尤其是石镐的残段。一件石镐用坏后，可以被改制成多件敲砸器。敲砸器呈饼状，边缘打制加工，两个面还保留有石镐、石斧磨光处理的痕迹；厚度与石镐、石斧一致，原料也一致，清楚地显示敲砸器是由它们改制而来。敲砸器的大小变化范围较大，重量为50～200克，打制加工而成（图17-9）。有趣的是其使用痕迹在边缘上，表现为粉碎性的碰撞磨圆，表面粗糙，说明加工对象有一定的硬度。又由于器物本身的重量有限，它所能砸碎的对象如植物果实不可能太结实。我们细致观察过敲砸器的两个面，没有发现使用痕迹。这也就说明敲砸器的使用方式是利用边缘敲砸，而不是用两个面去拍击加工对象。按照这样的使用方式，作用力集中在一个点上，于是敲砸的速度不可能太快，否则就可能错过；加上有限的重量，敲砸器只可能砸裂果壳，而不能拍碎果实。砸裂果壳后可以剥制出完整的果仁。大量敲砸器的存在表明，果实采集是一项重要的食物来源。

图17-8 石饼

图17-9 敲砸器

3. 砍伐与木材加工工具

哈民忙哈遗址F32清理出完整的木质结构，表明这里的房屋建筑中用到大量木材。砍伐树木、加工木料要用到这类工具。哈民忙哈遗址出土了石斧与石锛，少数开始命名为石凿的工具，在重新整理研究后，发现仍然是石锛。凿的刃部较之锛应该更窄、更厚，而且另一端要有敲砸痕迹。还有部分命名为石斧的标本也是石锛，锛与斧最基本的区别在于斧为正锋，锛为偏锋。

哈民忙哈遗址出土的石器工具中观察到 4 件完整的石斧，最重者为 561 克，长、宽、厚分别为 18.5 厘米、7.4 厘米、2.9 厘米（图 17-10），最轻者为 308 克，长、宽、厚分别为 16 厘米、4.6 厘米、2.4 厘米，原料为燧石，表面磨光处理。一般地说，石斧的大小、重量跟所要砍伐树木的大小、坚硬程度成正比。哈民忙哈遗址石斧的大小、重量跟赵宝沟文化的最相近[①]，而不如红山文化的[②]，基本满足砍伐建房所用的树木，而不大适合砍伐大树。这也间接证明哈民忙哈遗址中可能没有需要使用大木料的大房子。

哈民忙哈遗址也出土了数件完整的石锛，原料与石斧相同，但大小、重量明显小于石斧。最大的一件重 156 克，长、宽、厚分别为 12.9 厘米、4.8 厘米、1.9 厘米（图 17-11），最小的只有不到 10 克，一般为 80 克左右。哈民忙哈遗址石锛的形制规整，刃端稍宽，顶端稍薄，中部鼓起，便于安柄使用。

[①] 内蒙古文物考古研究所、科左中旗文物管理所：《内蒙古科左中旗哈民忙哈新石器时代遗址 2010 年发掘简报》，《考古》2012 年第 3 期；内蒙古文物考古研究所、吉林大学边疆考古研究中心：《内蒙古科左中旗哈民忙哈新石器时代遗址 2011 年的发掘》，《考古》2012 年第 7 期。

[②] 郭大顺、张星德：《东北文化与幽燕文明》，江苏教育出版社，2005。

图 17-10 完整石斧

图 17-11 完整石锛

4. 收割工具

哈民忙哈遗址出土的石刀极少，加上残片，仅见到 4 件。其中 2 件虽然被命名为石刀，但实际是边缘修理过的天然薄石板，形制并不规整，压制的边刃呈锯齿状，胜任一般的切割刮削工作。真正的石刀仅有 1 件，保存基本完整，白云岩质，通体磨制，表面有火烧的痕迹；长方形，长、宽、厚分别为 11 厘米、4.3 厘米、0.5 厘米，重 44 克，上有双孔（图 17-12），跟新石器时代遗址中常见的双孔石刀相似。不过，其刃缘呈非常明显的锯齿形，表明使用强度很大。目前我们还不能确认这一使用痕迹

图 17-12 完整石刀

是否能够代表石刀经常的使用方式，因为数量太少，如果是废弃阶段的工具，工具就可能进行破坏性的使用，就像我们现在用家里即将更换的菜刀挖土一般。如果确实是经常使用，那么石刀所收割采摘的对象将比北方常见的谷物如粟、黍更坚硬、更粗，如高粱的穗头。

哈民忙哈遗址中发现的穿孔蚌刀或许可以解释石刀的稀少。由于保存条件差，蚌刀大多风化解体了。从既有的特征来看，蚌刀用大型蚌壳加工而成，穿双孔，刃缘平直，并不像石刀那样呈明显的锯齿刃。数量有限的石刀与蚌刀，一方面说明谷物收割工作在哈民忙哈遗址先民的食物生产中所占的比重有限；另一方面则又肯定了这里的人们兼营农业生产。

5. 狩猎工具

哈民忙哈遗址出土了一些保存良好的石质箭头。石镞是细小之物，容易遗失，所以发现的标本大多保存完好，与其他类别的工具多为残器断块明显不同。箭头均为压制修理，燧石或玛瑙质，形制可以分为两种：一种为平底或凹底三角形，长度为 2～4 厘米；另一种为柳叶形，仅有 1 件，长度为 6.2 厘米。石镞的大小反映射猎对象的大小。从民族学材料中可以知道，不同质地、形制的箭头通常用来射猎不同的对象，石质箭头杀伤力最强，一般用于射猎较大动物，骨木质箭头用于射猎较小的动物[①]。哈民忙哈遗址位于草原地带，附近有树林（F32 大量木质构架的发现即可证明，当地不具备远距离搬运木料的条件），还有一些小

---

① 拉德克利夫－布朗：《安达曼岛人》，梁粤译，广西师范大学出版社，2005。

湖与河流（不同大小贝类的存在即可证明），是适于狩猎的地带，生态模拟也支持这一点①。

骨柄石刃刀是一种把细致修理的石刃镶嵌在开槽骨柄上的工具。哈民忙哈遗址出土了较为完整的标本，石刃还保留在骨柄上。另外，还发现了一些脱落的石刃。石刃的宽度一般为2厘米左右，最长者近7厘米，两边平行，压制修理（图17-13）。这种工具就像猎刀，是猎人最常用的工具。鄂伦春猎人人手一两把。制作这类复合工具的目的是利用石刃的锋利与骨柄的弹性，标准化的石刃一旦损坏，就可以更换。所以，其最大的优点就是轻便、易于维护。猎人四处寻找猎物，流动性强，所遭遇的情况难以预测，他们最需要这种工具②。当然，它也可以用于日常切割，但是生活在定居村落中的人们用一些随手打制的石片，即所谓的权宜性工具③，就能完成并不紧急的任务，并不需要投入巨大劳动制作的骨柄石刃刀。从工具设计的角度说，有充分理由认为它是猎人用的猎刀。差不多同时代的南宝力皋吐遗址有类似的发现④，辽西地区小河沿文化的

图17-13　骨柄石刃刀

---

① 陈胜前：《中国狩猎采集者的模拟研究》，《人类学学报》2006年第1期。
② P. Bleed, "The Optimal Design of Hunting Weapons: Maintainability or Reliability," *American Antiquity* 51 (1986): 737-747.
③ W. Andrefsky, *Lithics: Macroscopic Approaches to Analysis*, 2nd edition.
④ 内蒙古文物考古研究所、科尔沁博物馆、扎鲁特旗文物管理所：《内蒙古扎鲁特旗南宝力皋吐新石器时代墓地》，《考古》2008年第7期。

大南沟遗址[①]、兴隆洼文化的兴隆沟遗址[②]，以及甘肃永昌鸳鸯池[③]也有发现。从中我们也可以看出，这种工具见于有明显狩猎经济成分的地区。石镞与骨柄石刃刀也间接证明，狩猎是哈民忙哈居民非常重要的生计方式之一。

6. 其他工具

哈民忙哈遗址中还发现了数件石环及其残件，重量为 300～600 克，孔对钻，穿孔直径为 1.7～2.8 厘米。以 F41:16 为例，这是最大且保存最完整的标本，重 610 克，穿孔直径为 1.7 厘米，对钻，孔内手感较光滑（图 17-14）。类似的发现不少，如阜新康家屯就出土过数量较多的大小不一的石环，孔内痕迹多为挤压痕，而非磨痕。哈民忙哈遗址出土标本经过火烧，孔内的使用痕迹难以观察，其光滑的手感尚不能确定来自使用还是来自对钻工艺。不过，从民族学材料来看，目前已知最确切的功能是加重石[④]，不仅可以给挖掘棒（耒）加重，也可以给其他工具如食物加工工具、纺织工具等配重。

在出土标本中还观察到一件外形同于石镐但刃部形态近似正锋的工

[①] 辽宁省文物考古研究所、赤峰市博物馆编著：《大南沟——后红山文化墓地发掘报告》，科学出版社，1998。

[②] 中国社会科学院考古研究所内蒙古第一工作队：《内蒙古赤峰市兴隆沟聚落遗址 2002～2003 年的发掘》，《考古》2004 年第 7 期。

[③] 甘肃省博物馆文物工作队、武威地区文物普查队：《永昌鸳鸯池新石器时代墓地的发掘》，《考古》1974 年第 5 期。

[④] R. A. Gould, *Living Archaeology*（Cambridge：Cambridge University Press，1980）。

图 17-14 石环　　　　　　图 17-15 石铲

具，长、宽、厚分别为 23.9 厘米、9.3 厘米、3.2 厘米，重 879 克（图 17-15）。刃缘端的一面磨痕较长，另一面稍弱，刃缘光滑、无缺损。这件器物虽然外形同于石锛，但重量轻 200 克；横截面不像石锛那样呈圆三角形，背部隆起，以提高工具的强度，而是对称的平滑弧形；使用痕迹则完全不同，不像石锛那样有极明显的条痕，而是光滑的磨圆，说明它开挖的对象是较为细腻的土层或者其他对象，而不是沙土。我们在农村集市上见到了形制类似的金属工具，安柄同铲，当地用法为冬季凿冰。

总结对哈民忙哈遗址石器工具的分析，值得注意的特征包括：（1）哈民忙哈遗址石器工具组合的种类相对简单，数量相对较少，但是其中食物加工工具较为丰富多样，包括石磨盘的多样化使用、两种石杵、大量的敲砸器等，这些反映了当时同样多样的食物来源。（2）经过测量与观察,我们注意到不同种类工具的厚度(由于完整器物少,残器多,厚度是唯一可以普遍测量的指标)较为一致;完整器物形制规范,变化范围小,反映石器工具可能是专业化生产的结果。目前来自陶器分析的初步证据也显示了专业化生产的存在。(3)石器工具中目前还没有明显的与工具生产和维护(砺石除外)相关的遗存,废片极少,没有发现带天然石皮的工具和废片,也没有发现石料。石镐、石斧的断块几乎全部被改造成敲砸器,所谓"完整的"石磨棒也都是基本耗尽的废弃物。这些证据都非常清晰地表明,哈民忙哈遗址石器工具都是外地加工好后带入遗址的,除了最基本的维护,如重新磨锐石刃、更换木柄、改制石器断块等,没有在遗址中进行新的工具生产。由于长距离搬运的成本高,石杵没有配备石臼,磨盘的面积较之周邻地区新石器时代早期磨盘的更小。(4)除了石刀、蚌刀之外,哈民忙哈遗址缺乏典型的农耕工具,破土工具石镐最有效的使用方式是挖掘长条形的深坑,刃部的使用痕迹也显示其在沙地中使用。从石磨盘的加工痕迹与形态以及石刀、蚌刀的存在来看,农业生产是存在的,但规模与所占比重有限。采集与狩猎在生活中所占比重较大,尤其是植物根茎的采集与加工。

四、石器工具组合所反映的人类生活方式

石器功能分析通常得到的只是工具使用的可能范围,其中使用痕迹分析看到的只是工具使用最后阶段的情况,并不能完全反映工具在其整个使用寿命中的功能。因此,必须结合特定的文化历史背景、自然环境

背景关联才能缩小功能判断的范围，使工具"能够说出清晰的语言"，并且将之放到历史情境联系中，"使其语言能够被人理解"，从而可以真正了解不同石器工具功能所反映的人类生活方式。同一种工具的功能在不同文化历史阶段与环境背景中差异显著，比如石镐，若在南方红壤地带，它就完全可以用于农业生产中的翻挖耕地，但是在哈民忙哈遗址所在的科尔沁沙地区域，其翻挖耕地的功能就不能成立。

哈民忙哈遗址是一处文化特征非常独特的新石器时代晚期考古遗存，其陶器组合以筒形罐、壶为主，兼有少量的钵、盆、斜口器，显示了与以筒形罐为代表的地区文化传统的联系。陶器组合中极少量的彩陶，可能来自交换；另有模仿红山文化器物所制作的陶器，表明了史前人类群体所存在的交往关系。原认为其年代与红山文化晚期相当，但已有的测年材料显示，更可能晚于红山文化或者红山文化最后的阶段。红山文化作为辽西地区最为发达与复杂的新石器时代文化，最后以"崩溃"而结束，其后没有明显的承继者。当然，没有理由认为其居民都随之消失了，陶器风格的变迁往往代表的是文化认同的变迁，而非人口的更替[①]。红山文化的结束反映的是一个具有高度认同性的地区文化的瓦解；与此同时，出现了新的、分散的区域文化特征，我们可以将之理解为长期统一后的分裂。这是"哈民文化"所发生的重要文化历史背景联系。

就哈民忙哈遗址所在的科尔沁腹心地区而言，在"哈民文化"之

---

① M. C. Nelson and G. Schachner, "Understanding Abandonments in the North American Southwest," *Journal of Archaeological Research* 10（2002）: 167-206.

前,只有非常零星的考古发现;在其之后,较为清晰的是夏家店下层文化考古遗存,文化面貌差异显著。在某种意义上,它是一种"前无古人,后无来者"的考古学文化。特别值得注意的是,哈民忙哈遗址是一个近 10 万平方米的大型聚落,在目前已发掘的 4 000 余平方米面积里,发现死亡人口 200 余人。若以灾难性死亡如鼠疫通常 30% 左右的死亡率推算①,其人口规模可能近千。也就是说,哈民忙哈遗址代表一种突然涌入科尔沁地区的人类群体,之前没有逐渐的适应过程。近千人口聚居,完全依赖狩猎采集为生是难以想象的。狩猎采集能够支持如此之大的人口密度仅限于有特定资源条件如水生资源的区域,经典案例包括日本的绳文时代、北美的西北海岸、西北欧中石器时代与秘鲁太平洋沿岸②。哈民忙哈遗址先民在依赖狩猎采集的同时必须兼营农业。但是,狩猎采集的生计是利用自然生长之物,由于自然资源是分散的,所以人们需要去大范围的环境中寻找,人们相应的居住方式也是分散、流动的,而非聚集定居,尤其是大量人口的聚居。聚居之所以发生,可能与两个条件相关:一是这个地区从来没有被人类利用过,资源暂时较为丰富;另一个可能与社会组织相关,尤其是在新石器时代晚期,社会出现复杂化之后,通过强化社会组织管理可以实现聚居。

科尔沁沙地地形平缓,它与辽西山地的关系类似于华北平原与太行

---

① 约瑟夫·P. 伯恩:《黑死病》,王晨译,上海社会科学出版社,2013。
② L. R. Binford, *Constructing Frames of Reference*: *An Analytical Method for Archaeological Theory Building Using Hunter-Gatherer and Environmental Data Sets*.

山麓的关系。华北地区最早的农业出现于盆地边缘与山麓地带,如泥河湾诸遗址、东胡林遗址、转年遗址、南庄头遗址等,随着农业的成熟,到仰韶文化阶段,已经扩展到华北平原地区。辽西地区具有完整新石器时代文化序列,从兴隆洼文化、赵宝沟文化到红山文化,可能还有一些地方变体。新石器时代文化的进一步扩展就是进入科尔沁地区。然而,科尔沁地区的自然条件跟华北平原的自然条件是无法比拟的,它对于经营农业来说,有着难以逾越的自然障碍[1]。

从自然环境的角度看,这里是典型的生态交错带。从历史资料来看,科尔沁地区环境变化巨大,唐辽之时科尔沁为森林草原,《辽史·地理志》记载科尔沁沙地一带"高原多榆柳,下湿饶蒲苇",林丰草茂,可耕可牧,还有充足的林木作为燃料冶铁,墓葬中的棺椁为大木加工而成,水量充沛,可渔可猎,多有捕鱼的记载;辽代晚期至金代,沙化严重,与早时有霄壤之别[2]。多气候指标分析显示,科尔沁地区距今 6.0～4.2ka 整体来说气候暖湿,但存在百年尺度的气候波动,其中距今 5.6～5.5ka、距今 5.4～4.9 ka、距今 4.2～3.7ka 气候相对冷干;而距今 4.9～4.2ka 气候相对暖湿,相当于全新世大暖期的亚湿润期[3]。目前已知哈民忙哈遗址的年代相当于红山文化晚期,也就是距今 5 000 年前后,可能正处在一个相对冷干的时期。中外历史资料都显示,冷干气候

---

[1] 陈胜前:《燕山—长城南北地区史前文化的适应变迁》,《考古学报》2011 年第 1 期。
[2] 张柏忠:《北魏至金代科尔沁沙地的变迁》,《中国沙漠》1991 年第 1 期。
[3] 刘冰、靳鹤龄、孙忠:《近 6ka 以来科尔沁沙地东部气候变化记录》,《中国沙漠》2011 年第 6 期。

多与饥荒、民族大迁移相连①。再进一步说,生态交错带的气候具有不稳定性,从现在燕北地区的气候来看,连续旱年不断发生,2～3年连旱常有发生,甚至出现5年之久的干旱②,这种短周期气候事件不易被反映在气候记录上,但对农业生产的影响巨大,农业生产建立的前提条件就是稳定的气候③。即便有现代技术,这个地带农业收成的波动范围也大,不稳定性高,容易形成人口压力④。

哈民忙哈史前社会为了适应这样的生存环境,它的文化系统采取了一系列策略。在经济基础层面,我们知道辽西地区更早的新石器时代文化,如从兴隆洼文化到红山文化,原始农业不断推进,但是哈民忙哈遗址石器工具组合研究表明,这里的农业非常有限,人们更多依赖的是一种多元的狩猎采集兼营农业的混合经济,强化利用植物根茎在其生活中占有重要位置。多样的食物加工工具表明了其多样化的食物来源;这种近似广谱的适应方式也得到动物考古的支持⑤,在居址内发现大量细小的啮齿类动物骨骼,表明古人可能捕食过这些利

---

① 许靖华:《太阳、气候、饥荒与民族大迁移》,《中国科学(D辑:地球科学)》1998年第4期。
② 史培军:《中国北方农牧交错地带的降水变化与"波动农牧业"》,《干旱区资源与环境》1989年第3期。
③ P. J. Richerson, et al., "Was Agriculture Impossible during the Pleistocene but Mandatory during the Holocene? A Climate Change Hypothesis," *American Antiquity* 66 (2001): 387-411.
④ 孙武、侯玉、张勃:《生态脆弱带波动性、人口压力、脆弱度之间的关系》,《生态学报》2000年第3期。
⑤ 陈君:《内蒙古哈民忙哈遗址出土动物遗存及相关问题研究》,硕士学位论文,吉林大学,2014年。

用价值并不高的小动物；挖土工具石镐便于掏挖深坑，也是抓捕这类动物的有效工具。总体而论，哈民忙哈遗址的经济构成更接近新石器时代早期的兴隆洼文化，而非更晚的红山文化。

非常有趣的是，按照这样的经济基础，其居住方式应该是分散流动的，以避免过度利用一地的资源，降低人口压力。但我们在哈民忙哈遗址看到的是截然相反的情况，近10万平方米的大型聚落，可能接近上千的人口聚居在一起，要做到这一点，唯有通过强力的社会组织管理才可能成功。哈民忙哈史前社会的年代相当于红山文化晚期，已发展出一定的社会复杂性，石钺、玉器等礼仪用器为其重要特征之一。另外，石器生产表现出明显的专业化分工，主要石器工具的形制非常规范，全部在遗址之外的地方生产完成后带入遗址，陶器生产同样如此。社会生产的专业化是社会复杂性的另一个重要特征。

但我们不得不说的是，哈民忙哈史前社会先民是在不适宜从事农业的地方从事农业，很可能气候环境也不适宜，所以他们不得不利用广泛的食物资源，包括利用价值不高与危险的资源。再者，其社会组织采取了不恰当的聚居形式，非常容易导致当地资源过度利用，而且已经出现专业化生产的社会意味着必须有生产剩余去养活专业生产者以及社会组织者，也就是一个寄生阶层，社会压力加大，社会底层人们的生活更加艰难。同时，上千聚居的人口也为微生物的寄生提供了有利条件，对于微生物来说，从前分散的人口是无法有效传播其基因的[1]。正是这一系列

---

① 威廉·H.麦克尼尔：《瘟疫与人》，余新忠、毕会成译，中国环境科学出版社，2010。

因素的相互作用，哈民忙哈史前社会发生了悲剧。

五、小结

哈民忙哈遗址石器工具组合研究表明其基本构成比较单纯，缺乏典型的农耕工具，主要的挖土工具为石镐（原来命名为耜），以深度挖掘见长。相比而言，其食物加工工具类型丰富，包括两用的石磨盘、磨棒、石饼、两种石杵以及大量的敲砸器，反映了其食物来源多样，同时也表明这里强调利用植物根茎与坚果。石镞与骨柄石刃刀这样的狩猎工具制作精致，代表狩猎经济的存在。收割工具仅有一件穿孔石刀与少量蚌刀，结合石磨盘的形制特征以及工具组合构成来看，农业是存在的，但在其经济构成中所占的比重较为有限。结合当时的文化历史背景与自然地理条件，我们可以看到哈民忙哈遗址先民进入了一个此前很少为人所利用的农业边缘环境。多元混合的生产方式实际需要分散流动的资源利用方式，而哈民忙哈高度聚居的人口对资源形成巨大的压力，由此不得不采用广谱与强化的资源利用方式，利用那些价值不高与危险的资源，这些都为哈民忙哈史前社会的悲剧埋下了伏笔。通过对整个遗址石器工具组合的全面分析，我们发现运用多层次、关联的石器分析方法，可以有效地了解当时的生产方式、文化生态关系，为探索史前社会的真实面貌提供了重要的证据。由此我们也希望今后中国史前考古研究更加关注石器工具分析，使之更加专业化，尽可能从石器工具组合中获取更多、更关键的古人生活信息。

第十八章 大山前遗址石锄

　　大山前遗址位于内蒙古自治区喀喇沁旗永丰乡大山前村。半支箭河的一条支流，当地叫清水河，与半支箭河在喇嘛扎子村附近交汇，两河之间是一条东西走向的黄土梁，大山前遗址的数个地点就分布在这条黄土梁的南坡上。站在山梁顶上可以俯瞰清水河与半支箭河宽阔的河谷。1996 年、1998 年大山前遗址经过两次大规模的发掘，发现了从夏家店下层文化时期到战国时期的考古遗存，以夏家店下层文化时期的材料为主①。有关环境、聚落、经济等方面的研究陆续展开②，为我们的研究提供了重要的社会历史与自然环境的参考框架。通过重新整理，我们在第一

---

　　① 中国社会科学院考古研究所、内蒙古自治区文物考古研究所、吉林大学考古系、赤峰考古队：《内蒙古喀喇沁旗大山前遗址 1996 年发掘简报》，《考古》1998 年第 9 期；中国社会科学院考古研究所、内蒙古自治区文物考古研究所、吉林大学边疆考古研究中心、赤峰考古队：《内蒙古喀喇沁旗大山前遗址 1998 年的发掘》，《考古》2004 年第 3 期。

　　② 王树芝、王增林、朱延平：《内蒙古赤峰市大山前第一地点夏家店下层文化的植被和生态气候》，《华夏考古》2004 年第 3 期；齐乌云：《内蒙古大山前遗址孢粉分析所反映的夏家店下层文化时期的自然环境》，载中国社会科学院考古研究所编著：《新世纪的中国考古学——仲殊先生八十华诞纪念论文集》，科学出版社，2005；王立新：《试析夏家店下层文化遗址的类型与布局特点》，《文物春秋》2000 年第 3 期；王立新：《大山前遗址发掘资料所反映的夏家店下层文化的经济形态与环境背景》，载吉林大学边疆考古研究中心编《边疆考古研究》第 6 辑，科学出版社，2007；田广林：《夏家店下层文化时期西辽河地区的社会发展形态》，《考古》2006 年第 3 期。

地点的材料中共发现 279 件石锄及其残段。

有关夏家店下层文化石锄功能与使用方式的判断不仅散见于发掘报告器物命名中，也有专论[①]，以及结合经济方式研究的讨论[②]。已有研究或认为其用于挖掘[③]；或认为其用于敲砸[④]；或认为其是多用途工具，既用于刨土、碎土，也用于锄草、播种；或质疑其挖掘功能[⑤]。但已有研究多以推测为主，尚缺乏系统的研究。国外有过相关的实验考古研究[⑥]，分析石锄使用磨耗的特征，但没有结合特定的遗址进行，也没有探究石锄使用背后的社会历史意义。我们的研究目的是确定石锄的功能、使用方式，以及它在特定的文化历史背景与自然环境背景中的意义，同时希望提供一种研究方法上的借鉴。

一、研究方法

亚当斯（Adams）曾就磨制石器功能分析提出一个程序框架，它包括分类、描述、考古材料分析、实验考古与民族学研究，其中考古材料

[①] 陈国庆、徐光辉：《中国东北地区石锄初论》，《农业考古》1989 年第 2 期。

[②] 李宇峰：《简谈夏家店下层文化的农业》，《古今农业》1987 年第 1 期。

[③] 陈国庆、徐光辉：《中国东北地区石锄初论》，《农业考古》1989 年第 2 期；李宇峰：《简谈夏家店下层文化的农业》，《古今农业》1987 年第 1 期。

[④] 辽宁省文物考古研究所、吉林大学考古系：《辽宁阜新平顶山石城址发掘报告》，《考古》1992 年第 5 期。

[⑤] 王立新：《大山前遗址发掘资料所反映的夏家店下层文化的经济形态与环境背景》，载吉林大学边疆考古研究中心编《边疆考古研究》第 6 辑。

[⑥] J. Sonnenfeld, "Interpreting the Function of Primitive Implements," *American Antiquity* 28（1962）: 56-65.

分析进一步可以分为工艺设计分析与使用痕迹分析两个部分[①]。从方法运用的角度讲，可以归纳为形制特征分析、工艺设计分析、使用痕迹分析、复制使用实验与民族学佐证等五个方面，这也正是我们这里采用的基本方法。

大山前遗址出土的石锄皆为打制，形制粗糙，而与之形成鲜明对比的是，作为一支青铜时代的考古学文化，石锄所代表的夏家店下层文化遗存，不仅文化层深厚，而且聚落规模宏大，筑城技术也有相当的发展，显示出长期的定居能力。相对于旧石器时代的打制石器而言，这一时期石器的使用时间更长，形态更规整，功能更单纯，使用痕迹更清晰、更稳定；与此同时，石器出土的时空关系、文化背景也更明确，这些都有助于通过石器分析来研究史前社会问题。

我们在研究石器的使用痕迹时是从整个石器痕迹学的角度看的，它包括许多肉眼清晰可辨的痕迹，而不仅仅指需要用显微镜观察的细微痕迹，只有在前者无法说明问题时才需要求助后者。同时，我们特别强调从石器使用的"生命史"的角度看使用痕迹的产生[②]。石器的生产、使用与废弃后的埋藏过程都会留下各种各样的痕迹，甚至在发掘、储藏与搬运的过程中也会产生新的痕迹。单纯就器物的使用痕迹而言，至少可以区分出三种使用痕迹：一是专属功能使用留下的痕迹，如石斧用以砍伐、石铲用以挖掘等；二是衍生功能使用留下的痕迹，如石斧具有砍的

---

① J. L. Adams, *Ground Stone Analysis: A Technological Approach*.
② M. B. Schiffer, *Formation Processes of the Archaeological Record*.

功能，最常用的功能是砍伐树木，但它还可以用来砍骨头，有时甚至反过来当锤子使用，这些都是其衍生功能；三是非相关功能使用留下的痕迹，如石斧用来挖土、用来刮削，其效率远不如专属工具，也非其主要功能的衍生使用，一个器物到了废弃阶段最容易以这样的方式被使用，其结果是刃部受到严重损伤。我们可以说几乎不存在唯一功能的工具，石器寿命越长，可能涉及的活动就越多。对于考古学家而言，首要任务是弄清楚石器工具的专属功能，而不是处在废弃阶段的随意使用。

要弄清楚石器工具的专属功能，工具的工艺设计是不能不考虑的。为了更好地实现某一功能，原料、形状、大小、重量、功能部位的布局等都需要服从这一目的。如石斧用以刮削，并非不可以，但这种工具工艺设计的出发点并不服从这种功能要求，而是以砍伐为主的。反过来，通过工艺设计分析，并结合使用痕迹分析，我们可以推断出一种石器工具专属功能可能的变化范围。

实验考古可以就石器工具的功能判断提供重要的参考。实验中可以设计不同的使用方式，如按石锄的安柄形式、施用土壤条件、形态等变量分别进行实验，然后进行比较。不仅可以比较不同使用条件所导致的痕迹，还可以比较使用的工作效率与舒适性。尽管古人与今人在体力、使用工具的技巧等方面有很大的区别，但不能否认我们还是可以辨识不同使用条件下的效率与舒适性。尽可能真实地接近古人使用石器工具的状态，将有助于提供功能判断的准确性。我们采用的实验方法主要是一种检验的方法，检验各种使用的可能性，尤其是不同学者所认为的使用方式。最后把实验结果与考古材料的使用痕迹分析和工艺设计分析所确定的功能范围相对照，从而确定最可能的功能范围与使用方式。

在确定最可能的功能范围之后，我们进一步检视民族学材料，了解同样采取较简单农作技术的民族在完成类似功能时所采用的工具，或者类似工具所表现出来的功能。通过比较，进而得到佐证或者需要进一步解释的差别。

功能判断从来不是我们研究的最终目的，我们希望通过确定工具的功能，结合工具所在社会的文化背景、自然条件，去探讨更深层次的文化问题，如农耕方式与社会变迁。工具的使用功能也只有在文化背景关联中才可能真正被理解，否则仅仅了解石器的功能，我们并不能知道关于史前史的更多信息。

二、大山前遗址石锄分析

1. 形制特征分析

大山前遗址石锄的主要原料为安山岩、凝灰质板岩、英安岩、玄武岩等，岩石断面上多可以观察到颗粒状晶体、微小的气孔，质地不如燧石一类的岩石细腻，硬度也不如。令人惊奇的是，除了石锄，我们还发现了用陶器底制作的锄头，锄头的上部打制出可以捆绑的凹缺，刃部有使用磨圆痕迹。以陶器底为原料制作锄头，也说明它不可能用于挖掘。

从完整石锄的重量分布来看（图 18-1），重量为 400 克的石锄最多，绝大多数都轻于 1 000 克，只有少数几件超过这个重量。我们在观察石锄时发现一个非常有趣的现象：那些轻于 100 克的石锄，形体都非常小，使用痕迹也非常微弱，但是具备石锄的外形，有修理加工的痕迹。这些石锄很可能是玩具石锄，在我国西南从事较简单农耕活动的少数民族中，孩子们的玩具常常也是一些小锄头[①]（图 18-2）。从统计图中我们不难发现，完整石锄的整体重量分布是一个单峰结构，峰值非常明显。如果考虑到使用者的状况，我们有理由认为这类工具可能主要由某一年龄与性别的群体使用，更可能是女性。除开玩具石锄，使用石锄的还包括少年与老年人，少数特别笨重的石锄可能是成年男性使用的。当然，这种分工还与其耕作方式有关，后文将更详细地说明。

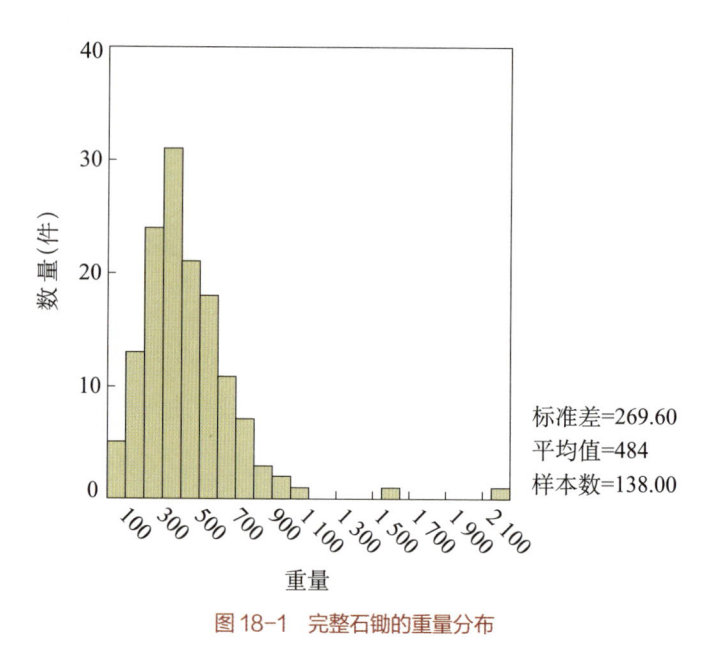

图 18-1　完整石锄的重量分布

[①] 尹绍亭：《云南物质文化·农耕卷》，云南教育出版社，1996。

图 18-2　西南基诺族小孩在玩玩具锄

石锄多呈亚腰长方形，宽度与长度的比例均值为 0.7，只有极少数石锄的宽大于长（图 18-3），宽长比的分布相当集中，这也反映石锄尽管是打制的，但形态还是比较稳定与规整的。相对而言，厚度与宽度之

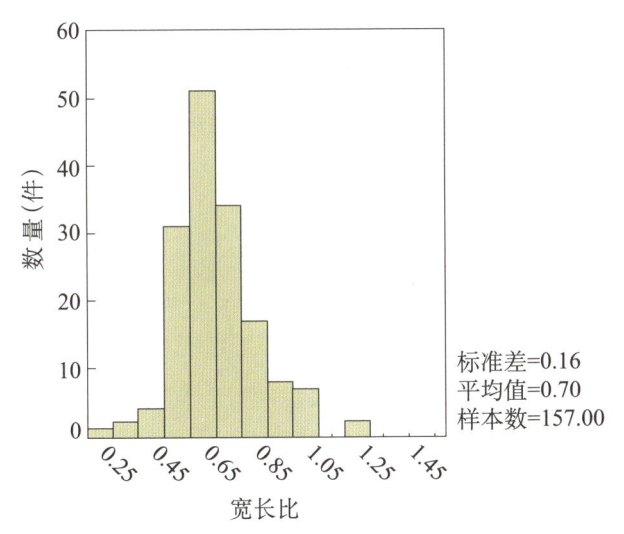

图 18-3　可测量石锄的宽长比分布

比的分布分散得多（图 18-4），这也反映大山前遗址石锄并不是一种对厚度、高度敏感的工具，倒是对长度更加敏感。这种特征一方面说明石锄刃口的厚薄对于石锄的功能而言并不是特别重要，另一方面说明长度合适的石锄对于安柄以及使用的稳定性更有利。

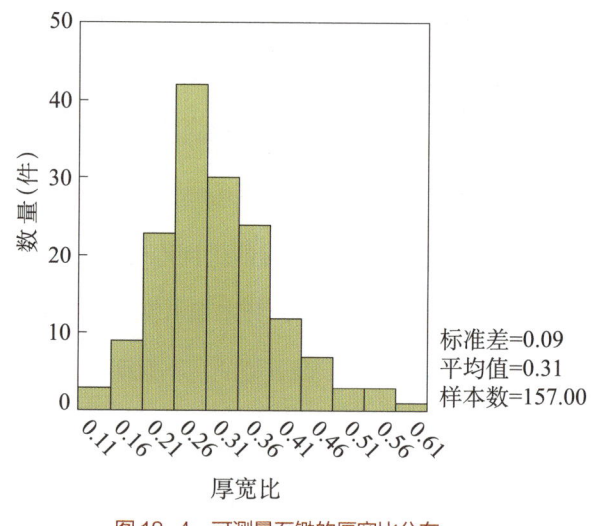

图 18-4　可测量石锄的厚宽比分布

标准差=0.09
平均值=0.31
样本数=157.00

大山前遗址石锄完整程度高（图 18-5），1/2 左右的石锄完整无缺，另有 1/6 左右石锄的保留程度超过 3/4，相对于同一遗址的磨制石铲，要完整许多。从损耗程度来看（图 18-6），大部分石锄的刃部有少量或明显的磨圆与擦痕，以磨圆为主。少量石锄观察不到使用痕迹，还有少量石锄破损严重，已无法使用。最后一类是严重损耗类型的石锄，器身经过反复修理，已明显缩短，可用的长度大幅度减小，这类石锄反映了长期的消耗性使用。整体来说，大山前遗址石锄并不是一种特别珍贵的工具，否则不会完整无缺地废弃；同时，其使用强度并不是很大，可用长度真正完全消耗殆尽的标本较少。

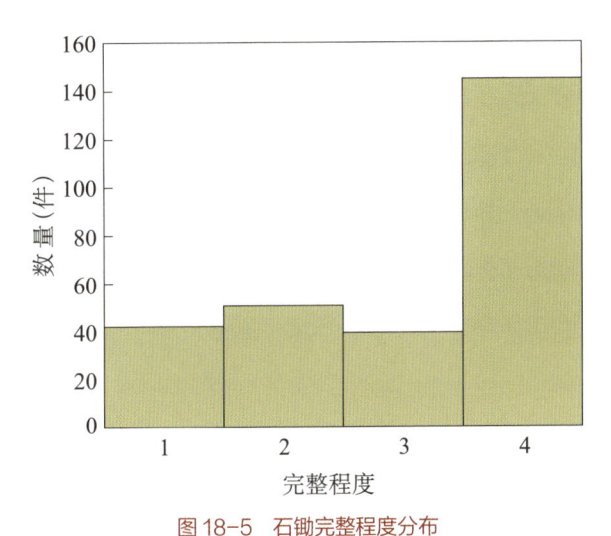

图 18-5 石锄完整程度分布

注：4 代表完整；3 代表保存超过 3/4；2 代表保存超过 1/2；1 代表保存少于 1/2。

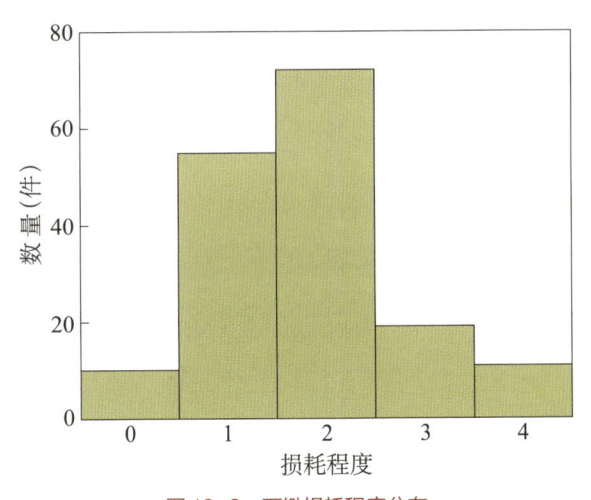

图 18-6 石锄损耗程度分布

注：0 代表没有使用痕迹；1 代表出现磨圆；2 代表有较多磨圆；3 代表疤痕重叠，破损严重；4 代表严重损耗，器身缩短，难以继续使用。

2. 工艺设计分析

任何工具为实现其功能，都必定需要相应的特征设计；反过来说，通过对特征设计的分析，也可以推断出工具的功能范围。下面我们从原料、形状、大小、重量、刃部特征等方面来推断石锄的功能。

夏家店下层文化遗址早期的发掘者有的把石锄称为"锄形器"，试图避免对石器的功能做出主观判断，后来的发掘者很少再持这种谨慎的态度，大多直呼为"石锄"或"石镢"，顾名思义，它借助了我们对现代锄的理解，即一种可以挖土、除草的工具。

为了理解锄的设计要点，我们不妨从现代铁锄出发。出于不同的功能考虑，现代铁锄的样式非常多样，可以简单地划分为两种类型：一种以挖土为目的，大多形状窄长如镐，较为厚重；另一种以除草为目的，形体较为轻薄。在这两个极端之间还有许多变体。

假如大山前遗址石锄以挖土为目的，那么：从原料上说，应该尽可能地选择坚韧、不易断裂的原料；从形状上说，应该相对窄长，绝不可以宽大于长，以便于深入土层；就刃部而言，应该相当锋利，因为挖土的铁锄尽管相对于除草的铁锄更厚重，但它刃部的角度仍不会超过10°。石头不如钢铁坚韧，但即便如此，它的刃部也应该尽可能地保持锋利、平直、光滑，以减少入土的阻力，而不应该像大山前遗址石锄那样只是粗糙打制，尤其是夏家店下层文化已经具有非常成熟的磨制石器工艺，简单地打制加工一种以挖土为目的的石锄，这显然不合情理。

同样，假如大山前遗址石锄以除草为目的，那么：从原料上说，应该选用较细腻的原料，以便于磨制出锋利的刃口；从形状上说，应该更接近梯形，刃端宽，顶端窄，这样可以尽可能地扩大工作面，而且有利于安柄；就刃部而言，应该更锋利、更平直、更光滑，因为这样不仅可以减小阻力，而且有助于切断杂草的根茎。

此外，从锄头的厚度与宽度的比值也可以看出差别，现代铁锄的厚宽比大多为 0.025～0.05，而大山前遗址石锄厚宽比的均值为 0.3。相比而言，大山前遗址磨制石铲厚宽比的均值为 0.1，更接近现代铁锄。这也就是说，大山前遗址居民并非不能生产锋利、轻薄、平滑的锄头，他们只是没有将这种工艺用在我们经常称之为"石锄"的器物上。

3. 使用痕迹观察

我们最早对石锄挖掘、除草功能的怀疑就是始于使用痕迹观察。如果大山前遗址石锄是用于挖土的工具，那么它一定会有相应的使用痕迹。石锄在挖掘过程中，锄头部位以使用者的躯干为中心，呈弧形切入土壤，石锄的外面将会首先接触到土壤，在这一面一定会产生与石锄运动方向一致的擦痕；如果石锄被长期使用的话，那么整个刃部就会由于两面的磨耗速度不一样——外面要大于内面——而形成偏锋。

在对石锄标本使用痕迹的观察中，我们使用了一台从 60 倍到 500 倍可连续变焦的体视显微镜。其实，在绝大多数情况下，石锄的使用痕迹都非常明显，肉眼可以很清楚地观察到，这也跟这种工具较为长期、稳定的使用有关。但我们在观察中既没有看到特别明显的由于挖掘所导致的擦痕，也没有看到因为长期使用而形成的偏锋，而是看到了磨圆，石锄的刃部尤其是凸起的地方形成了如砾石表面的磨圆痕迹。下面以五件典型标本为例，分析石锄的使用痕迹。

标本 T416H20:15，这件石锄刃部磨圆，在一角尤为清晰，光滑的表面散漫开来，无明显擦痕与崩损（图 18-7）。这种表面的形成应该是石锄与土块反复撞击的结果，而非挖掘所能形成的。

图 18-7　石锄（标本 T416H20:15）的使用痕迹

标本 T111F25 ⑥:2，这件石锄形制规整，保存完好，刃端有明显的磨圆痕迹，尤其在角部，在弧出的一面上分布范围更大，较平的一面限于刃缘一带。在弧出的一面的刃部还可以观察到与刃缘呈约 70° 交角的擦痕（图 18-8）。这件标本较好地说明了石锄的安柄与使用方式，让弧出的一面朝外，较平的一面贴在木柄上捆绑。由于在使用过程中石锄弧出的一面首先接触到土壤，所以这一面的磨圆范围较大，擦痕也主要分布在这一面。

图 18-8　石锄（标本 T111F25⑥:2）的使用痕迹

标本 H235⑯:16[①]，这件石锄带尖，刃部圆钝，完全缺乏切入土壤的锋利刃缘；打制修理的痕迹已经磨圆；上部修理出亚腰，在器身表面可以观察到因捆绑而导致的磨圆痕迹（图 18-9）。

图 18-9　石锄（标本 H235⑯:16）的使用痕迹

[①] H235 是跨探方的灰坑，所以没有附探方号。

标本 T303H412:1，这件石锄亚腰上部已残，刃端使用痕迹非常清晰，刃缘圆钝，磨圆痕迹明显，从刃缘向上散漫开来，范围超过 2 厘米；在一侧刃缘上还可以观察到清晰的崩落石片疤，磨圆痕迹中断，应该是磨圆痕迹形成后的损坏，很可能与石锄残段改变用途有关（图 18-10）。

图 18-10　石锄（标本 T303H412:1）的使用痕迹

标本 T316H239⑥:2，这件石锄刃部再修理过，但是残留一处磨圆痕迹，位于凹缺处（石锄的磨圆痕迹一般都见于凸起的表面，这件标本是个例外），刃缘光滑，同样没有明显的擦痕与崩损，磨圆范围限于刃缘处，这件标本的用途可能有所不同（图 18-11）。

图 18-11　石锄（标本 T316H239⑥:2）的使用痕迹

4. 结论

通过对形制特征、工艺设计以及使用痕迹的分析，不难看出石锄不适合用于挖掘，它没有可以用于切断的锋利刃部，同时也没有因长期挖掘使用而形成的使用痕迹，而多是由撞击导致的磨圆。此外，我们还看到石锄功能的多样性，陶质锄头的存在表明某些石锄可能用以从事强度较小的劳作，如平整土地；还存在一些玩具石锄，展示出一种有趣的生活情境；另外，可能存在极少数石锄并非按照其设计的功能被使用，就像我们看到的凹刃的磨圆痕迹所指示的。

三、复制使用实验

石锄的复制涉及两个方面的工作：一个是安柄的方式，另一个是原料的选择。在安柄方面我们尝试了三种方式：第一种方式是把石锄捆绑在一段弯曲的铁质构件上，使用中发现不是很结实，不好用；第二种方式是把石锄捆扎在铁锄上，这种方式同样不是很结实；第三种方式是我们主要的实验形式，把一根直径约 6 厘米的桃树树杈加工成可以捆扎石锄的木柄，柄重 1 400 克（干燥后），用尼龙绳把石锄捆扎在木柄前端削平了的枝杈上，在缝隙处楔入若干小木片，非常结实，使用中没有脱落的情况，位置错动的情形也很少，这也可能是古人采用的方式。

石锄原料大部分采自大山前遗址紧邻的清水河河谷，也正是古人采集石料的地方，以凝灰岩为主，兼有石英砂岩等石料。为了对比，我们还实验了角页岩。除了使用直接打制方法加工石锄外，还磨制了对比标本的刃部。

使用实验主要包含三种功能，即碎土耙地、垦除荒草、挖掘翻土，实验区域选择了不同的土壤类型。实验的计划中途有所改变，开始时的目的是比较不同类型的使用所导致的痕迹的区别，并与考古标本进行比较，后来发现这几乎是不可能完成的任务，要想实验标本产生与考古标本的痕迹类似的痕迹，需要不止几个小时的使用时间，于是我们的实验目的更侧重于操作实验，主要检验不同工作条件下的使用效率与舒适度，其次检验使用痕迹的基本形态。

1. 第一组实验：碎土、勾草、耙地

实验一

原料：火山凝灰岩，重量约为500克，柄重约为500克，刃口较陡、凸弧形。

地点：辽中京博物馆院内，含砖瓦砾石的淤积黄土。

过程：辽中京博物馆院内有一片荒草地，我们先用铁锹开挖，尽可能挖成较大的土块，然后用石锄敲碎土块，勾出杂草，最后平整土地。我们挖了近5平方米的面积。

结果：非常有效，不费气力，相比于人弯腰以土块互相碰撞碎土省力得多，平整土地、开沟垄同样有效（图18-12）。

图 18-12　辽中京博物馆院内石锄使用第一组实验一

实验二

原料：火山凝灰岩，重量为 1 083 克，尺寸为 194*109*43 毫米，刃口陡圆，一面为天然砾石面，未加修理。

地点：辽中京博物馆院内。

过程：在我们实验期间，辽中京博物馆正好进行绿化工程，翻耕起来许多大土块，已被晒得干硬，正好可供实验。碎土耙土实验分两次进行，共持续了 2.5 个小时。

结果：使用效果良好，刃缘部位有成片的撞击形成的白点，正在形成磨圆的痕迹。石锄先入土的外表面的刃缘部位有极微弱的擦痕，肉眼可见。

实验三

原料：石英砂岩，重量为 780 克，柄重为 550 克，尺寸为 153*120*34

毫米，刃口刃缘平直，锋利。

地点：辽中京博物馆院内。

过程：为了了解不同重量的石锄对碎土效率的影响，此实验石锄为一件铁柄金属锄，碎土耙土使用2小时（图18-13）。

结果：刃缘稍许磨圆，两侧突起的部分稍许磨光，一角有微弱的擦痕，刃缘两面显微镜下放大60倍，也可以观察到微弱的擦痕，垂直于刃缘，与石锄运动方向一致。

图18-13　辽中京博物馆院内石锄使用第一组实验三

2. 第二组实验：垦荒除草

实验一

原料：火山凝灰岩，重量为1 038克，柄重为1 400克，尺寸为188*126*30毫米，刃口曲折，较锋利。

地点：辽中京博物馆院外的两处荒地。

过程：经过前几次使用实验后，我们考虑到石锄刃厚，不利于挖掘，但是其刃缘曲折，使用中势大力沉，也许可以用来垦荒除草。我们首先选取了一块草茎贴地生长的草地进行除草实验，锄地跟挖掘一样困难，粗钝的刃口很难切断草茎，即便截断，草根依旧残留在土中。使用 20 分钟后，不得不放弃。我们又考虑到也许它适用于除去较大的杂草，于是选取一块长着小手指粗细的杂草的草地进行除草实验，遇到了同样的问题，曲折的刃缘并不能将杂草从土中带出来。

结果：两节实验都以失败告终，势大力沉、刃缘曲折的石锄并不能用来垦荒除草，即使能够除掉茎叶，也无法除去草根。

实验二

原料：石英砂岩，重量为 589 克，柄重为 1 400 克，尺寸为 168*104*28 毫米，刃口锋利，微凹。

地点：辽中京博物馆院外的荒地。

过程：考虑到前面的问题，我们选择了更细腻的材料，并将刃口打制加工得更薄、更平直。垦荒草地 5 分钟，遇到与前面同样的问题，即只能除去荒草的茎叶，而不能除去草根，若要除去草根，仍需挖掘。

结果：较薄而锋利的石锄仍然不适用于挖掘荒草地，每次切入的深度不足以挖出草根，而且使用起来相当费力气，效率低下。

3. 第三组实验：挖土

实验一

原料：角页岩，重量为 986 克，柄重为 1 400 克，尺寸为 180*112*40

毫米，刃口较陡、平直。

地点：吉林大学南校苗圃建筑填土，黏重，含少量石块瓦砾。

过程：前后有十余位研究生参与了挖掘，每人仅能坚持三四十下，因为石锄刃钝，仅能掘进 3～5 厘米，强大的反弹让人的胳膊很难承受。我们前后进行了约 2 小时的挖掘实验。

结果：用这种石锄挖这样的土壤是不可能完成的任务！如此粗钝的刃部无法有效深入土壤中。

实验二

原料：火山凝灰岩，重量为 1 065 克，柄重为 1 400 克，尺寸为 152*132*31 毫米，刃口磨制，刃缘锋利、平直。

地点：辽中京博物馆院内。

过程：为了参照对比，我们又制作了一件磨制刃口的重型石锄，观察它的挖掘效果。我们挖掘一片较松软的土地，持续时间约 1 小时（图 18-14）。

图 18-14　辽中京博物馆院内石锄使用第三组实验二

结果：即便是松散的土壤，石锄切入土层的深度也不理想，不超过 10 厘米；而且我们还观察到一个重要现象：在石锄挖地的过程中，由于使用者要踩在新挖开的土地上进行挖掘，所以使用者随即又将翻开的土壤踩实了，而采用石铲挖掘则不会有这样的问题。

实验三

原料：同本组实验二。

地点：铁匠营子镇东的黄土梁。

过程：考虑到河谷地带土壤黏重，我们将石锄带到黄土梁上使用，挖掘林边的一片荒草坡地，持续时间约 2 小时。

结果：挖掘效率稍好于河谷平原地带，但是挖掘深度依旧比较浅，不超过 10 厘米，不能形成土块，踩实新挖开土地的问题仍然存在。使用起来还是非常费力气，使用者很难持续使用 5 分钟。

4. 实验总结

无论是重型石锄，还是轻型石锄；无论是含曲折的打制刃口的石锄，还是含锋利的打制刃口的石锄，抑或是含磨制的平直刃口的石锄；无论是在黏重的河谷平原土壤中使用，还是在松软的黄土梁上使用，所有用于挖土的石锄都无法有效地深入土层中挖起大土块。我们可以相当肯定地说，如果用石锄来挖土，那么它就是一种效率极为低下的工具。实验还表明，这些石锄同样不适合用来除草，它们无法挖出草根，也不容易切断草茎，难以实现除草的目的。但是实验显示，石锄用来碎土、勾草、耙地、开沟垄都非常有效，使用起来轻松自如，不费力气，使用者能够持久使用。

四、民族学材料的佐证

有过使用体验的人可能知道，用锄挖地多因为土地相当板结，使用铁锨难以挖掘。选用的铁锄大多较为厚重，而且形制较窄长如镐头，能够切入较深的土层中，进而挖起土块；然后使用者翻转铁锄，利用铁锄的柄部将大土块敲碎，最后用小锄头平整土地，进行播种。当然，不同地区挖土工具的形制有所不同，民族学调查资料可以提供一些参考。

大山前遗址部分灰坑与灰沟壁上发现的工具痕迹显示，古人使用的是单齿或者两齿工具，单齿工具的痕宽为1.5～2厘米，双齿工具的痕齿距为4～15厘米①。前者毫无疑问是耒，后者是不是耜尚可存疑。云南独龙族使用一种木锄，用火烘烤弯曲的树枝制成（图18-15），齿间距在大山前遗址双齿工具的齿距范围内。独龙族与德钦的藏族也使用一种单齿木锄，用于掘土和敲打土块，还使用一种类似于木锄的长柄木啄，用于引水灌溉（图18-16）②。跟大山前遗址石锄相比，这些单齿或者双齿木锄更可能深入土层中，尤其是后者，更可能挖起大土块。

图18-15 独龙族的木锄

---

① 王立新：《大山前遗址发掘资料所反映的夏家店下层文化的经济形态与环境背景》，载吉林大学边疆考古研究中心编《边疆考古研究》第6辑。
② 尹绍亭：《云南物质文化·农耕卷》。

图 18-16　藏族的木锄与木啄

南美印加人的农耕技术提供了一个较好的参考范本，印加人建立了复杂的社会组织，但是少有金属农具，跟夏家店下层文化相似。印加人翻耕土地时使用一种类似于耜的工具，又称为脚犁，似耜但尾端弯曲，尖部木制，偶用青铜，有横踏木。使用时，两人协作，一人踩踏横木，用力将脚犁踩入土中，然后撬起土块，另一人协助翻动土块；然后使用另一种类似于石锄与木啄的工具将土块打碎，这种工具有一个专有名称，即"Waqtana"，通常由独木制成，利用一端的天然树节或者前端固定的石块粉碎土块[1]。通常是男性挖土，女性翻土、碎土。结合前文我们对大山前遗址石锄的重量分析，这些石锄可能也多是女性在使用，使用方式可能与印加人的方式比较相似，即男性挖土，女性翻土、碎土。

民族学证据表明，挖土并不必然需要石质的工具，木质的锄或耜都能很好地完成任务，带齿的木锄或木耜都能掘入土层，翻起大土块。此外，木质掘土工具的弹性更好，在撬动土块时相比石质工具更不容易折

---

[1] D. J. Wilson, *Indigenous South Americas of the Past and Present: An Ecological Perspective*（Boulder: Westview Press, 1999）.

断。在粉碎土块时，石质工具也不是必需的，木锄或者木啄同样能够胜任。当然，在粉碎坚硬的土块时，石锄显然比木锄更有效，因为它更坚硬，另外石头密度更大，这使得石锄的重心更靠近锄端，使用时更有效率。

五、讨论：原始精耕细作农业的形成

结合社会历史背景与自然条件了解工具的功能，不仅有助于我们更好地理解工具的使用方式，反过来也有助于我们通过复原工具的功能去探讨更深层次的社会历史、文化适应等方面的问题。通过前文的讨论，我们基本可以确定大山前遗址石锄的功能范围，它可以用于碎土、勾草、耙地、在松土中开出沟垄或者引水灌溉等。它不可能用于挖掘，尤其是挖起大土块；它也不可能用于清除杂草。下面的问题是：这种工具在夏家店下层文化农耕方式中起着什么样的作用？为什么需要这种工具？

青铜时代的夏家店下层文化已经进入复杂社会阶段①，表现为聚落的建筑都有防卫的考虑，依山丘、坡岗而建，或者形成平地土丘②，多有城墙，甚至有马面③。大山前遗址第一地点就是相对独立的圆顶土丘，临河的一面陡峭，形成天然的防御，另有城墙发现。此外，身首异处的人

---

① 田广林：《夏家店下层文化时期西辽河地区的社会发展形态》，《考古》2006年第3期。
② 王立新：《试析夏家店下层文化遗址的类型与布局特点》，《文物春秋》2000年第3期；李恭笃、高美璇：《夏家店下层文化若干问题研究》，《辽宁大学学报（哲学社会科学版）》1984年第5期。
③ 郭治中、胡春柏：《内蒙古赤峰市三座店夏家店下层文化石城遗址》，《考古》2007年第7期；辛岩、李维宇：《北票市康家屯城子地夏家店下层文化城址》，载中国考古学会编《中国考古学年鉴（1999）》，文物出版社，2001。

骨①、象征权力的钺、礼仪活动所用的石磬等，是表明一个社会分化、战争频繁的特征。为了满足社会统治阶层以及战争的需要，就必须有更多的生产剩余。但是战争与社会政治的复杂化导致不同社会政治单位之间的边界更加清晰，人们只能在自己所属区域的范围内耕种，所以他们需要在同等面积的土地上生产出更多的粮食，原始的精耕细作由此而生。

考古遗存已经表明，夏家店下层文化时期，人们使用单齿与双齿工具挖土，由于大山前遗址没有类似于石质工具的挖土工具出土，我们有理由认为它们是木质工具。在土块被翻起后，人们再用石锄将其粉碎，平整土地，开沟分垄，然后播种，引水灌溉，并用真正的石锄进行中耕②，从而提高单位面积土地的产量。石锄具有所有这些功能。这种原始的精耕细作也许还无法与战国时期以后使用铁制农具比拟，但可以说它是石器工具农业的顶级水平了。

以大山前遗址为例，人们居住在山梁上，与之相比，现代村落都在山梁下，山梁上已辟为耕地，阴面种植了油松。史前环境的重建表明，大山前遗址附近有油松林与蒙古栎林以及河流，气候温湿③。由于山梁上有树木生长以及村落分布，所以至少有部分耕地分布在河谷地带。这个

---

① 陈国庆、张全超：《赤峰市上机房营子夏家店下层文化石城址》，载中国考古学会编《中国考古学年鉴（2006）》，文物出版社，2007。
② 我们的另一项研究表明，大山前遗址出土的石铲基本都是石锄，是典型的中耕工具，而非挖土工具。
③ 王树芝、王增林、朱延平：《内蒙古赤峰市大山前第一地点夏家店下层文化的植被和生态气候》，《华夏考古》2004年第3期；齐乌云：《内蒙古大山前遗址孢粉分析所反映的夏家店下层文化时期的自然环境》，载中国社会科学院考古研究所编著：《新世纪的中国考古学——仲殊先生八十华诞纪念论文集》。

地带土壤中的黏土成分更高，土质黏重，植被丰富，根茎众多，耕种起来较之山梁上疏松均匀的黄土困难得多（图 18-17）。于是，我们可以推知挖起的土块晒干后由于黏土与根茎的牵连，要粉碎它们需要更沉重、更坚实的工具，石锄在对付这种土壤方面毫无疑问要强于木锄或木啄。

图 18-17　大山前遗址第一地点地理景观

这里牵涉到一个有趣的问题：我国辽西地区，早在兴隆洼文化时期就出现了类似的打制石锄，如兴隆洼①、兴隆沟②、查海③等遗址都有大量打制石锄出土，但是随后的赵宝沟文化、红山文化时期又没有类似的器物了，倒是到了青铜时代的夏家店下层文化时期又突然复兴了，这种很

---

① 中国社会科学院考古研究所内蒙古工作队：《内蒙古敖汉旗兴隆洼聚落遗址 1992 年发掘简报》，《考古》1997 年第 1 期。
② 中国社会科学院考古研究所内蒙古工作队、敖汉旗博物馆：《内蒙古敖汉旗兴隆沟新石器时代遗址调查》，《考古》2000 年第 9 期。
③ 辽宁省文物考古研究所：《辽宁阜新县查海遗址 1987～1990 年三次发掘》，《文物》1994 年第 11 期。

早出现，后来又不见，接着又出现的现象反映了怎样的历史变化？一个可能的解释是：兴隆洼文化、赵宝沟文化、红山文化时期人们主要还是耕种黄土坡地，在粉碎土块方面用木锄、木耙就能完成，而且不用引水灌溉，也不用担心木锄的木质端部反复被水浸泡后开裂的问题。

下面的问题是：为什么兴隆洼文化时期有那么多的石锄？部分兴隆洼文化时期的石锄的确有挖掘功能①。兴隆洼文化是辽西地区目前已知的最早的新石器时代文化，处于原始农业的起步阶段，这种效率不高的挖土石锄以及平头石铲，为后来赵宝沟文化的尖刃石铲以及红山文化的舌形大石耙所取代。青铜时代的夏家店下层文化时期复兴石锄，显然不可能重复兴隆洼文化时期已被取代的低效率使用方式，它发挥了石锄本身超越木质工具的优势，成为其原始精耕细作农业中的重要一环。

回过头来看整个研究方法，我们发现在石器功能复原研究中，通过单纯的使用痕迹观察以及与实验标本对比是难以做出准确的判断的，因为受制于研究时间，不可能完整复制石器上的使用痕迹，这些痕迹可能是经过若干年的使用才形成的。通过工艺设计分析，我们可以先限定其功能范围，而切身的操作实验让我们体会到某些使用方式是极其低效、难以持久的。民族学材料更增添了我们对石锄在农耕方式中的作用的理解。最后，结合社会历史背景与自然条件的石器功能研究可以让我们认识到更深入的社会问题。

---

① 我们通过观察兴隆洼文化白音长汗遗址石铲的使用痕迹发现，其中一半左右的石铲其实是石锄，刃部偏锋，一面有明显使用摩擦所致的条痕。

六、小结

通过对大山前遗址石锄的形制特征分析、工艺设计分析、使用痕迹观察、复制使用实验,以及民族学材料的佐证,我们对其功能、使用方式与社会历史意义有了比较明确的认识。大山前遗址石锄不是一种挖掘工具,也不是一种除草工具,而是一种用于碎土、勾草、耙地、开沟垄、引水灌溉的工具。在石器设计制作上就没有赋予它良好的挖掘功能;使用痕迹以磨圆为主,不见挖掘使用常见的刃部擦痕与偏锋;复制使用实验也证明用它挖掘极其费力,难以切入土壤,同样在除草方面也非常低效,无法有效除去草根,切断草茎也较为困难。民族学材料显示,挖掘土壤并不必然需要石质锄头,木质工具同样有效。

结合大山前遗址的自然条件以及夏家店下层文化的社会历史背景,我们进而可以推知石锄是当时原始精耕细作的重要一环,它协助夏家店下层文化时期的人们开垦河谷地带平坦的田野,粉碎冲积平原上裹有许多草茎的黏重土块,开垄沟、引水灌溉,提高单位面积土地的产量,为夏家店下层文化时期的社会分化、战争提供了重要的粮食生产的保证。

最后,我们发现综合运用石器工具的形制特征分析、工艺设计分析、使用痕迹观察、复制使用实验,以及民族学材料的佐证,同时将所要分析的石器工具置于其特定的社会历史背景与自然条件下来理解,并在历史进程中来理解工具的演化,我们就不仅能够比较准确地了解石器工具的功能、使用方式等,还能够进一步地了解它所蕴含的社会历史意义。

第十九章　大山前遗址石铲

石铲是大山前遗址夏家店下层文化石器组合的重要组成部分，除此之外，还有锄、磬、钺、斧、刀、锛、凿等，其中铲与锄占绝大部分。此次通过重新整理，我们共发现538件石铲及其残片，其中完整石铲39件。

有关大山前遗址石铲的功能目前还没有系统的研究，最初所谓"石铲"的称谓更多是基于对其形制的描述，而非基于对其功能的判断，但约定俗成的名称逐渐也有了功能的含义，遗址发掘者之一对此也曾有怀疑①。但石铲的主要功能如何？有着怎样的使用方式？在夏家店下层文化时期的农耕系统中有着怎样的作用？有着怎样的社会历史意义？对于如此等等的问题，还缺乏深入的探讨。此外，当前磨制石器的功能推断研究尚缺乏一种行之有效的方法，更多是从考古材料分类或民族学类比出发，偶尔有研究注意到使用痕迹与工艺特征②，但尚没有研究把它们结合起来，尤其是缺乏有针对性的复制使用实验研究，因此结论多以推测为主。我们的研究除了确定大山前遗址石铲的功能之外，还希望提供一种

---

① 王立新：《大山前遗址发掘资料所反映的夏家店下层文化的经济形态与环境背景》，载吉林大学边疆考古研究中心编《边疆考古研究》第6辑。

② 张弛：《新石器时代石器的研究》，载严文明主编《中国考古学研究的世纪回顾·新石器时代考古卷》，科学出版社，2008。

方法上的借鉴,以供学界批评。

一、研究方法

我们曾在《内蒙古喀喇沁大山前遗址出土石锄的功能研究》一文中讨论过磨制石器的基本研究方法:它包括考古材料的形制特征分析、工艺设计分析、使用痕迹观察、复制使用实验、民族学材料的佐证等五个方面。这五个方面构成一个推理链,使我们能够对石器的功能做出较为可靠的推断[1]。下面我们对这一方法的意义再做进一步的阐释。

对于考古学家而言,如何从考古材料到鲜活的史前史,始终是研究方法的核心。获取科学的材料,对材料进行细致深入的分析无疑是必不可少的第一步,然而,考古学家不能止步于此。进一步的研究不能依赖想当然,必须使推理具有合理的逻辑,因此需要一些中介方法,跨越从材料到史前史的鸿沟,这也就是当代考古学研究常说的"中程研究"[2]。在石器功能研究中,工艺设计分析从我们既有的知识出发,分析实现某一功能必须具有的工具特征;反过来,石器本身具有的特征也揭示出它可能的功能范围。而实验考古可以进一步验证不同使用方式的可行性,缩小功能判断的可能范围。民族学的类比提供了文化系统的佐证。就这样一步一步地从材料逐渐走向历史,推理步骤之间的距离比较小,避免了"大跃进"式的推理[3]。

考古材料不是孤立的存在,尤其是石质农具,需要放在当时的社会

---

[1] J. L. Adams, *Ground Stone Analysis: A Technological Approach*.
[2] 路易斯·宾福德:《追寻人类的过去:解释考古材料》,陈胜前译。
[3] 陈胜前:《考古推理的结构》,《考古》2007年第10期。

历史背景与自然条件中去理解，通过把握其间的关联，进而透过工具功能研究来看到社会历史面貌，了解政治、经济、社会组织、劳动分工等方面的内容。这也是当代考古学中"关联考古"的方法所强调的[①]。这样的话，就可以使考古学家不局限于对考古材料的分类、描述，也不局限于功能判断，而是深入更深层的社会研究中，实现考古学家通过研究考古材料来了解历史的目的。

二、大山前遗址石铲分析

1. 形制特征分析

在我们整理的大山前遗址出土材料中，被称为石铲的器物包括部分石钺残片，这部分器物明显厚于石铲，整理中被排除在外。所有石铲，除部分毛坯外，均为磨制，原料以熔结凝灰岩、凝灰质板岩与板岩为主，少量为石灰岩与大理岩[②]。

大山前遗址石铲的形制基本分为两种：一种顶窄刃宽，呈梯形；另一种为凸字形，有适于捆绑的肩部（图 19-1）。完整石铲（总计 39 件），平均重量为 245 克。长、宽、厚的统计箱图显示其变化范围较小（图 19-2），其中厚度的变化最小，但还是有一些超厚的标本，这些器物都是处在毛坯阶段的石铲；而从长度来看，有两件超长的标本，这两件器

[①] K. V. Flannery（ed.），*The Early Mesoamerican Village*（New York：Academic Press，1976）.

[②] 张弛：《新石器时代石器的研究》，载严文明主编《中国考古学研究的世纪回顾·新石器时代考古卷》。

物没有使用痕迹，可能是祭祀用器或者坯料。

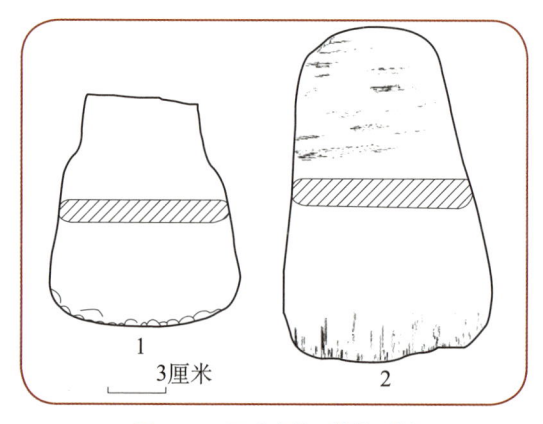

图 19-1　两种完整石铲的形制

注：1 为凸字形石铲，2 为梯形石铲。

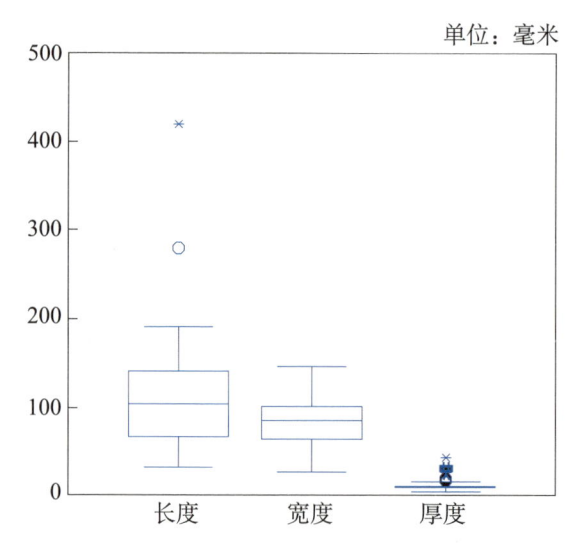

图 19-2　完整石铲长、宽、厚的变化范围

注：箱图方框内的横线表示中位数，方框的范围表示 95% 的均值置信区间，方框外的标本为异常标本。

图 19-3 统计了完整石铲的宽长比与厚宽比，那些超厚、超长的标本已被标记出来，其中 6 件超厚的标本为处在毛坯阶段的产品（图中标号大于 30 的标本）。从图中我们可以看出，使用阶段石铲的厚宽比在 0.1 左右，即厚度是宽度的 1/10；而毛坯阶段石铲的厚度是使用阶段石铲的厚度的 2～4 倍。正常使用的石铲的宽度大约为长度的 1/2，使用过程中器身会不断缩短，当长宽相等时，器物就到了使用极限（要考虑部分长度用来捆绑）。从图 19-2 来看，完整石铲的平均厚度为 12 毫米（包括毛坯在内，实际平均厚度要低于这个数值），整个磨制加工过程至少要磨去 1～2 毫米的厚度（以标号 33、38、39 三件较薄的毛坯来计算），以使得器物表面光滑。超长的标本（标号 6、16）同时也格外薄，这两件标本由于太薄，无法再进行表面磨光，因此考虑为非实用器物，即祭祀用器。

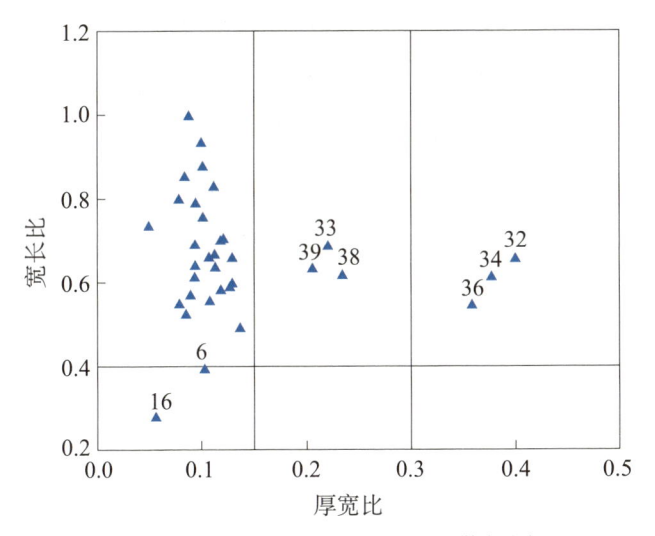

图 19-3 完整石铲宽长比与厚宽比的散点分布

轻薄的石铲是易损坏的，在我们整理的 538 件石铲标本中，真正完整的石铲仅占 7.4%，而小于石铲 1/4 部分的碎片超过了 3/4（图 19-4）。这与同一地点出土的石锄标本形成鲜明的对比，绝大部分石锄都是完整的。在所有破损标本中，带有石铲柄端或刃端的断片占大部分，其中柄端残片 130 余件，含刃缘的残片 70 余件，其余为侧边或者难以识别部位的残片。考虑到石铲本身轻薄，废弃过程中人为与自然因素可能造成进一步的破坏，目前还没有足够的理由认为所有的损坏方式都与使用不当有关。

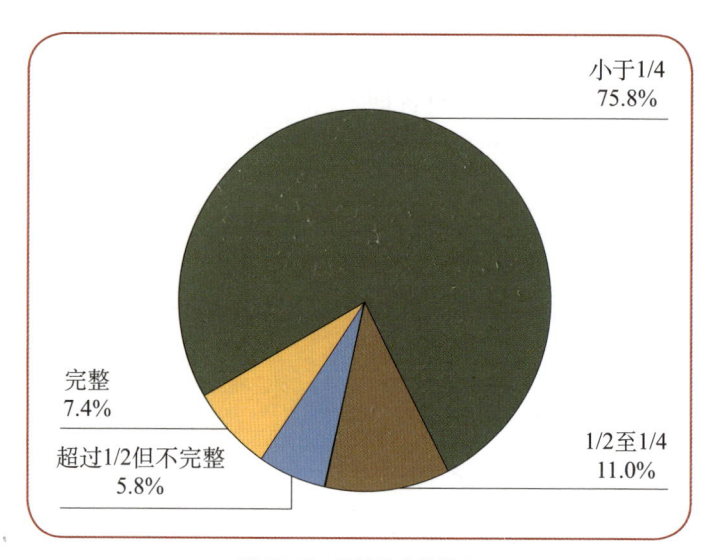

图 19-4　石铲的完整程度

2. 工艺设计分析

我们可以先假定大山前遗址石铲所有可能的功能范围，然后从原料、重量、形状、发挥功能的部位等角度进行工艺设计分析。毫无疑问，它如果符合某一功能的要求，就应该具有相应的形制特征。根据前文所述，目前对石铲功能的认识有三种：用作铲以挖地，用作锄以挖地，用作锄以中耕除草。下面我们分别分析实现不同功能的形制特征需求。

从原料角度说，大山前遗址石铲均系磨制，板状结构的岩石并不影响加工，这种结构对于纵向受力的承受度比较高，就像我们俗语所说的"立木顶千斤"，所以纵向运动如插入土层这样的活动，大山前遗址的原料是可以接受的，用作铲或锄都不成问题。问题在于：用作铲或锄以挖地时，附带了一个撬动的动作，工具插入土层后要撬动土块，于是对石铲本身有一个横向的剪切力，容易使工具折断。而板状结构的岩石质地不均匀，就像夹心饼干一样，真正能够受力的厚度远小于材料的整体厚度，所以从原料性质上说，大山前遗址石铲应该尽可能地避免撬动一类的动作。用作铲或锄以挖地都需要撬动土块，不适合板状结构的岩石；而用作锄以中耕除草，主要动作是纵向运动，基本不需要撬动土块，因此是可以接受的。

从重量角度说，用作铲以挖地并不需要借助铲的重量插入土层，而是需要铲的锋利刃口；而用作锄以挖地则需要锄本身有一定的重量，重量越大，就有越大的势能，就能更有效地插入土层。除草锄地则需要轻薄锋利的工具。所以，从重量角度说，首先可以排除大山前遗址石铲用作锄以挖地的可能性，因为它太轻薄了。

工具的尺寸大小直接关系到它的强度。如果用作铲以挖地，那么由于要撬动土块，石铲承受的剪切力可能折断石铲，所以石铲是越厚越好，但这与挖土所需要的锋利刃口矛盾，为了兼顾两个方面，可以让石铲的中间部位厚一些，边缘稍薄。大山前遗址石铲的厚度是均匀一致的，没有这种兼顾强度的设计。如果用作锄以挖地，则存在同样的问题，它不仅需要厚的器身，还需要较窄的刃部，这样既能提高强度，又能减小插入土层的阻力，就像我们现在的镐头一样。显然，大山前遗址石铲也不是这么设计的。而就中耕除草而言，锋利的刃口是最重要的。相比于木质工具而言，石铲的优势在于破开表层硬土，而在撬起土块方面显然不如更有韧性的木铲。如果用木铲来挖地，只要土壤表层不是那么坚硬，使用木铲就更有效率。而在除草锄地方面，需要的是石质工具的锋利刃口，而非木质工具的韧性，因此选择前者更有优势。

就功能部位而言，用作锄以挖地不仅需要利用刃部，可能还需要利用顶端来粉碎土块，所以厚的顶端是必要的。大山前遗址石铲没有这样的特征。而用作铲以挖地、除草锄地，使用的都是刃部。用作铲的动作主要是直线的纵向运动，石铲的两面均与土壤摩擦，力度基本相当；而用作锄的动作是弧形的（图19-5），锄的作用力方向分解后含有一个向内的作用力，长期使用的话，将会导致外面所受的磨耗大于内面，从而形成刃部的偏锋。如果遇到土壤中的砖瓦砾石等坚硬物体，产生的崩落也将主要见于内面，而非外面。与之相比，用作铲的话，刃部将会保持正锋状态，产生的崩落将会比较平均地表现在内、外两个面上。从大山前遗址石铲的刃部形态来看，基本都是偏锋，崩落也多见于一面，所以刃部形态也说明大山前遗址石铲是用作锄的。

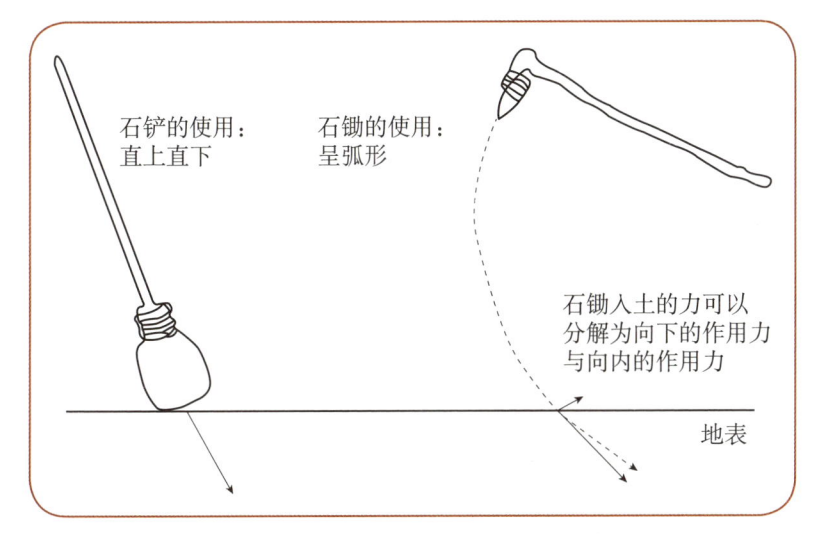

图 19-5　用作铲与用作锄的不同动作模式

3. 使用痕迹观察

重新整理石器材料的过程中，我们对石铲进行了普遍观察，重点观察刃部使用痕迹、柄部捆扎痕迹、加工修理痕迹以及后期改造利用痕迹等。在普遍观察的基础上，选取保存较为完整、没有后期加工改造的典型标本进行更详细的观察。一般观察用肉眼与 30 倍放大镜，从多角度进行反复观察，典型标本采用 60～500 倍可连续变焦体视显微镜，在不同放大倍率下观察。

从刃部保存形态来看，大山前遗址石铲存在两个显著的特点：一个特点是纵向不平衡，即绝大多数石铲都是偏锋（或称单面刃），正锋石铲罕见，但确实存在，下文典型标本描述中将予以介绍；另一个特点是横向不平衡，石铲的一角磨耗多，另一角磨耗少，平直的刃部发生了倾斜。出土的完整石铲中，使用程度不高的石铲还保留有规整平直的刃缘，由此可见，刃缘倾斜非有意加工而成，而是长期偏重使用某一角的结果（图19-6）。

图19-6 石铲刃缘的倾斜

可观察的刃部使用痕迹包括规整的条痕、明显的磨耗、长期摩擦形成的光泽以及不同大小的崩落剥离痕迹。大山前遗址石铲的条痕非常有规律，相互平行，与刃缘呈直角相交，或稍微偏斜。在显微镜下观察，条痕宽窄不一，条痕高处有光泽，光泽的范围主要见于距刃缘2厘米的范围内，越靠近刃缘越清晰；另外，石铲两面的条痕形态有差别，有刃缘斜坡的一面条痕长而宽，无刃缘斜坡的一面条痕短而细。这与刃部纵向不平衡的特点是一致的，两面不均衡的磨耗导致了刃部的偏锋形态。

刃缘两面的崩落剥离痕迹进一步证明了两面不均衡的受力状态，崩疤多见于无刃缘斜坡、条痕短细的一面。崩疤常常大小不一，新旧重叠，旧的崩疤在使用中又被磨光。由于崩落剥离以及磨损，所以长期使用后的刃缘曲折如不规则的锯齿形，而刚开始使用的和重新磨制加工过的刃口则比较规整。

石铲柄部保留的痕迹以挤压变形为主，在石铲表面留下了一些圆滑的凹坑，或者粗糙的表面，这是由于柄部与石铲表面存在微小的错动、反复摩擦造成的。在一些保存状况良好的石铲标本上，还可以观察到绳索捆绑留下的条痕，根据这些痕迹，我们可以得知石铲被捆绑的长度为 2～3 厘米。

石铲断裂后会被重新利用，某些石铲断片被改造成了刮削器，一些锋利的石片被用作切割，还有些断片被改造成了儿童玩具[①]。

下面我们列举四件典型标本，进一步分析石铲使用痕迹的特征：

标本 97KDIT333H445:5，这件石铲无肩，偏锋，捆绑痕迹非常明显，使用痕迹主要见于有刃缘斜坡的一面；刃缘两面的条痕都非常清晰，有刃缘斜坡的那面条痕更长，崩疤只见于条痕稍短的一面；刃缘曲折，但依旧锋利；标本表明有烟火熏燎的痕迹（图 19-7）。

---

① 大山前遗址出土了数件用砾石石片与石器残片改制而成的玩具石锄，玩具石器皆有修理加工痕迹，是明显的石锄形态，使用痕迹微弱。云南少数民族的资料中不乏儿童以手锄当玩具的记载。

图 19-7　石铲（标本 97KDIT333H445:5）的使用痕迹

注：上图为无刃缘斜坡的一面，下图为有刃缘斜坡的一面，明显为偏锋。

标本 97KDIT320H418⑤:1，这件石铲有肩，偏锋，刃缘倾斜；有刃缘斜坡的那面条痕清晰，另一面则不明显；小崩疤只见于条痕不明显的那面，崩疤数量有十余处；柄部中间部分稍粗糙，两面相同，似为捆扎所致（图 19-8）。

图 19-8　石铲（标本 97KDIT320H418⑤:1）的使用痕迹

注：上图为无刃缘斜坡的一面，下图为有刃缘斜坡的一面。

标本 97KDIT335H434 ⑨:1，这件石铲极度磨耗，刃部严重倾斜；偏锋，有刃缘斜坡的那面条痕清晰，崩疤主要见于另一面，共计三处，两处较大且重叠；刃缘还能见到更老的崩疤，已磨光（图 19-9）。

图 19-9　石铲（标本 97KDIT335H434 ⑨:1）的使用痕迹

注：上图为无刃缘斜坡的一面，下图为有刃缘斜坡的一面。

标本 97KDIT406H119:2，这件石铲器身高度磨耗，大大缩短；有火烧过的痕迹，裂成四块，重新拼粘而成；刃部接近正锋，刃缘较平整，呈弧形，可能被重新加工过；两面崩疤数量差异显著，一面没有，另一面有近十处（图 19-10）。

有意思的是，大山前遗址石铲的刃缘出现崩疤后，古人并不是将其磨平，而是继续使用，崩疤的直径多在 5 毫米以下，如同在轻微地打制修理刃口，不断减薄刃口，而非使之圆钝；同时，崩落的疤痕又被后来的使用慢慢磨光，这也进一步显示使用过程是一种轻微而稳定的活动。

图 19-10　石铲（标本 97KDIT406H119:2）的使用痕迹

4. 结论

大山前遗址石铲的形制特征分析表明，这是一种规整、轻薄易损的磨制石器，但部分标本已经高度磨耗，显示了稳定长久的使用时间。工艺设计分析不支持大山前遗址石铲可以用作铲或锄以挖地，原料属性、重量、形制以及刃部形态都与实现这些高强度活动所需要的特征不符，大山前遗址石铲适合用于中耕时的除草锄地这种轻量活动。考古标本的使用痕迹观察进一步印证了上述判断，石铲刃部的纵向与横向不平衡形态同用作铲的功能矛盾，刃缘破损磨光的形态也支持它所接受的是一种轻量活动。

三、复制使用实验

针对两种最可能的使用方式，即用作铲与用作锄，我们设计了两种不同的安柄方式：一种安装直柄，如现在的铁铲，直柄为市场上采购的铁锹柄，在下端锯出一个小平面，以便于安装固定石铲；另一种安装曲柄，像现在的铁锄，曲柄取自一根桃树树杈，将分杈的部位削平，以便于捆绑石铲，同时将较粗壮的分杈端削细，使上下大小一致，干燥后重量为 1 400 克。捆绑时先将尼龙绳浸湿，再进行捆绑，最后在空隙处打入木楔，非常坚固，绝少松动。

石铲的原料，除一件是采自大山前遗址下清水河中的凝灰岩扁平砾石，其余均为市场上采购的天然石板材。我们在大山前遗址附近的河床里、山梁上没有见到出土石铲所用的板状结构的岩石原料。而采买的天然石板材，为泥质板岩，大小合适，厚薄与出土材料相似，便于加工；只是硬度稍低，强度稍差，但它的好处是有利于在实验中迅速看到使用磨耗与痕迹的状况。所有实验石铲都用角磨机磨出正锋（双面刃），以便于观察同等条件下刃口两面的磨耗与痕迹。当然，使用人工磨制会更接近古人的加工过程，但手工磨制的工作量是我们难以接受的。我们实验的主要目的并不是全面模拟古人的制作过程，而是了解不同使用方式与条件下的磨耗、痕迹、使用效率与舒适度，机器磨制并不影响实验结果，而且极大地提高了效率。

使用实验分为四组，第一至三组实验分别在三个不同的土质区域进行，每一组实验都包括用作铲与用作锄两种使用方式，最后我们添加了一组对比实验。大山前遗址附近的土质可以分为两种：一种是黄土坡地上的黄土，较为松散，与之对应，我们在第三组实验中选择了内蒙古宁城铁匠营子大桥边的黄土梁坡地；另一种是河谷冲积土壤，与之对应，我们在第二组实验中选择了内蒙古宁城辽中京博物馆院内的土壤。第一组实验在吉林大学校园苗圃荒地中进行，土壤类型接近于冲积土壤，较为粘重、板结。下面按实验顺序分别叙述四组实验的过程。

1. 第一组实验

原料：天然石板材，重量约为 500 克，尺寸为 200*100*15 毫米，没有加横踏木。

地点：吉林大学校园苗圃，土壤中含砂砾石，土质较黏重、板结。

过程：实验一用作铲以挖地，实验二用作石锄以除草，实验三用作锄以挖地，使用时间共约 1 小时。

效果：实验一用作铲以挖地，效率很低，石铲入土的深度一般小于 5 厘米；又由于是突进刺入，土壤中含砂砾石，所以刃端破损严重。实验二用作石锄以除草，效果比较好，尤其是用其一角锄地时，效率最高。与现在农村使用铁锄的方式有所不同，围观实验的农民工演示农村使用铁锄锄草的方式，更多以拖动为主。石质工具显然不如铁器锋利，拖动除草较为费力，而以不断抬起工具锄入土层更有效率。观察使用痕迹，发现磨耗较少，擦痕为主，主要见于锄的外面（离使用者更远的那面）。实验三用作锄以挖地，由于石材薄，强度远不如铁锄，故而很快折断，无法有效使用（图 19-11）。

图 19-11　吉林大学校园苗圃的石铲使用实验

注：上面两幅图为用作石铲标本的刃部两面，下面两幅图为用作石锄的刃部两面，条痕长而清晰的为外面，崩落痕迹明显的为内面。

2. 第二组实验

实验一

原料：天然石板材，重量为424克，尺寸为197*100*12毫米，添加了横踏木。

地点：辽中京博物馆院内，土壤中含较多砖瓦砾石，土质较黏重。

过程：用作铲以挖坑；使用15分钟后刃缘崩落明显，呈锯齿状，崩落朝向两面（图 19-12）。

效果：挖掘中容易被砖瓦砾石阻挡，由于石铲窄，出土量小。在 30 倍放大镜下观察，可以看到刃缘上细密层叠的疤痕；在显微镜放大 60 倍下观察，可以看到明显的条痕，与石铲的运动方向一致。锯齿的凹缺处有碰撞导致的白点。石铲两角的磨耗非常明显，磨耗程度明显大于中间部分。

实验二

原料：天然石板材，重量为 317 克，尺寸为 140*98*15 毫米。

地点：同本组实验一。

过程：用作锄以除草松土。

效果：锄的外面擦痕明显，刃缘开始磨圆，小崩落大部分见于内面。

图 19-12　辽中京博物馆院内的石铲使用实验

实验三

原料：同本组实验二。

地点：同本组实验二。

过程：用作锄以除荒草与挖地，荒草高约 40 厘米。前后仅用了 5 分钟。

效果：使用中可以切断草的茎干，但较费力气；后用于挖地，仅一下即折断。

3. 第三组实验

原料：天然石板材，重量为 387 克，尺寸为 200*100*10 毫米，添加了横踏木。

地点：内蒙古宁城铁匠营子大桥边的黄土梁，地表覆盖约 10 厘米高的荒草，土质较疏松。

过程：实验一是用作铲以挖土，实验二用作锄以锄地除草。

效果：实验一在草地上挖土，效率较前两组实验有明显提高，但这种使用方式不耐用，使用 17 分钟后石铲折断，刃缘磨耗不明显，一角有明显的崩落。实验二锄地除草，清草的效率较前两组实验有明显提高，在清除低矮的（约低于 5 厘米的）杂草时体现得尤其明显；刃缘两面崩落较为平均，可能与勾挖荒草有关（图 19-13）。

图 19-13　内蒙古宁城铁匠营子大桥边黄土梁上的石铲使用实验

注：图片显示一个人将石铲用作石锄在除草，另一人在用尖刃石铲挖地，注意挖起土块的大小，尖刃石铲标本见图 19-14。

4. 第四组实验：对比实验组

实验一

原料：天然石板材，重量为 293 克，尺寸为 186*100*14 毫米，刃部由平直刃改为尖刃，有横踏木。

地点：辽中京博物馆院内。

过程：挖坑，约 10 分钟。

效果：入土深度较之平头铲有明显提高，特别值得注意的是尖刃可以避开小砖瓦砾石块，不像平头石铲需要金属锹或镐协助才能取出砖石块，依赖尖头可以挖出它们，后在撬挖一大砖块时折断。使用后刃缘磨耗明显，崩落见于两面。

图 19-14　对比实验中的尖刃石铲

实验二

原料：大山前遗址凝灰岩，重量为424克，为尺寸180*120*11毫米，中央稍厚，边缘稍薄。

地点：同本组实验一。

过程：挖耕土。

效果：挖土非常便利，入土深度可以达到全铲长，而且石铲可以从小的砖瓦石块边滑过，中央较厚的设计保证了强度（图19-14）。

5. 实验总结

实验表明，如果用作铲，就需要添加横踏木，以增加入土的力量，同时石铲的形制设计也需要改变；尖刃石铲的挖掘效率明显好于平头石铲，尤其是在土壤中有砖瓦砾石的时候；石铲中间厚、边缘薄的设计有助于提高石铲的强度。显然，以大山前遗址石铲的厚度、形制设计而言，这种石铲并不适合用作铲以挖土。实验表明，如果用作锄，这种轻薄的工具并不适合挖土，强大的反弹很容易折断石锄；它也不适合用来清除较高的杂草，因为挖出草根也非这种工具所能承受；它最适合的是松土与清除较低矮的杂草。实验标本比考古标本（平均重量为245克）重，在其他条件都相同的情况下，重量越大，用作锄的力量就越大，效率应该更高。更重的实验标本尚且如此，何况更轻的考古标本！

使用实验导致的痕迹对比（表19-1）表明，用作铲与用作锄会形成不同的痕迹，长期使用会影响到器物的整体形态。如果用作铲，长期使用后平刃铲的两角会严重磨耗，形成刃缘弧出的形态；与之形成对比的是，如果用作锄，由于两角不均等的使用机会，会导致刃缘向一侧倾斜。使用痕迹的差别还表现在正锋与偏锋的出现概率上：用作铲时，两面磨耗的差距较小，将以正锋为主；而用作锄，弧形的运动方式导致磨耗偏差，刃缘将更多为偏锋。

表 19-1　两种不同使用方式的痕迹对比

用作铲	用作锄
1. 刃缘两面都有擦痕，数量相差不明显，长期使用仍将保持正锋。	1. 刃缘两面都有擦痕，但石锄外面的擦痕明显多于内面，长期使用将会导致偏锋。
2. 器身表面也有擦痕，与运动方向一致。	2. 器身表面擦痕相对较少。
3. 平头石铲两角的磨耗较大，长期使用会导致两角完全磨圆，刃缘呈突出弧形。	3. 由于两角使用不均等，磨耗程度不同，长期使用会导致刃缘倾斜。
4. 锋利刃缘更容易磨圆，崩落在刃缘两面都可以见到，差距不大。	4. 刃缘磨圆不如用作铲，崩落更多见于石锄内面。

四、民族学材料的佐证

中耕除草是工业化之前的农业生产中必不可少的组成部分，锄头是基本的工具，中国各地有形制各异的锄头。已知的民族志材料显示，即使从事刀耕火种的民族，也有形式多样的中耕工具，只是这类工具多为铁制；有趣的是，如景颇族，他们播种时可以用竹木锄，锄地则选择金属工具[①]。道理很简单，金属工具更锋利。相对于韧性更好的木质工具而言，石质工具更脆，但更锋利，有利于除草。夏家店下层文化属于青铜

---

① 尹绍亭：《远去的山火——人类学视野中的刀耕火种》，云南人民出版社，2008。

时代的农耕文化，辽西地区农业经过新石器时代数千年的发展，在农作中难以想象从不进行中耕。如果进行中耕的话，那么在石质工具与木质工具之间（当时青铜珍贵，还不能用于农业活动），没有理由选择木质工具而舍弃石质工具。

民族学材料还显示用于中耕的锄有长、短柄之分，对应不同大小的锄头。短柄石锄多对应小锄头，又称手锄，它除了用于中耕除草外，还用作孩子的玩具。我们在大山前遗址中也发现了一些玩具石锄，不过都系打制，看来大山前遗址夏家店下层文化时期的人们还不舍得把费力磨制出来的石锄给孩子们玩耍。我们也在大山前遗址发现了宽度悬殊的石铲，那些小的可能是短柄石锄，较大的则是长柄石锄。

尤其值得关注的是，尽管使用的是铁制工具，但工具的刃口形态依旧与使用方式密切相关，这一点与石质工具并没有本质的区别。刀耕火种的佤族人有时使用手锄进行中耕[1]，长期使用后的手锄同样出现刃部倾斜的形态（图19-15），与我们观察到的大山前遗址石铲的刃部形态一致，偏锋的形态就不用说了。这种形态与长期使用锄头的一角有关，而在铲的使用中很少会出现这样明显的刃部偏斜。

此外，还有一点值得注意，部分民族的人们在点种时用到一种带铲头的长柄工具，用它戳出坑眼，然后播入种子，有时也用一种有锥头的点种棒[2]。这也说明大山前遗址石铲除了用作锄以中耕除草之外，还有可

---

[1] 《民族问题五种丛书》云南省编辑委员会、《中国少数民族社会历史调查资料丛刊》修订编辑委员会编《基诺族普米族社会历史综合调查》，民族出版社，2009。

[2] 尹绍亭：《云南物质文化·农耕卷》。

能用作铲，不过是用来点种。

图19-15 佤族手锄与大山前遗址手锄标本的刃部形态对比

五、讨论：石锄的意义

用于中耕的石锄在辽西地区新石器时代一直少有发现，兴隆洼文化出土了一些被称为"石锄"或"锄形器"的器物，打制、粗糙，与大山前遗址夏家店下层文化时期出土的打制石锄相似，这种石锄也不适合深翻土、中耕除草。最早红山文化开始有了平刃、适合除草的"石铲"[1]，但数量少。夏家店下层文化时期这类工具开始大量出现，它代表一种农耕方式的成熟，我们称之为"原始的精耕细作农业"，以区别于战国时期铁器应用之后的精耕细作农业。

在对大山前遗址石锄功能的研究中，我们还注意到夏家店下层文化

---

[1] 中国社会科学院考古研究所内蒙古工作队：《赤峰西水泉红山文化遗址》，《考古学报》1982年第2期。报告中提到出土石铲2件，皆利用自然薄石片稍加磨制而成，从剖面图来看，石铲为偏锋，很可能是手锄，即红山文化时期已经出现少量除草工具。

时期的耕地主要分布在河谷平原地带，人们利用这种沉重的石质工具来粉碎河谷的土块，这些黏重的土块中有许多植物根茎牵连，晒干后相当坚硬。我们还强调更早的新石器时代诸文化时期，如兴隆洼文化时期、赵宝沟文化时期、红山文化时期，人们可能主要在山坡上的黄土地带耕作，由于黄土疏松，所以他们不需要用石质工具来粉碎土块。非常有意思的是，他们用石质工具来挖土，白音长汗的兴隆洼文化时期、赵宝沟文化时期、红山文化时期都出土了用以挖土的石铲或石耜。有过辽西地区发掘经验的人都知道，黄土山坡的表土层由于雨水冲刷、阳光暴晒以及动物踩踏，相当坚硬，但是去除表土层后，下面的黄土相对疏松，容易挖掘。因此，人们需要一种石质的挖土工具。

在了解辽西地区的农耕历史背景后，再来看夏家店下层文化时期的农耕方式，人们耕作的范围从黄土山坡扩展到河谷平原地带，这里的土层深厚、肥沃，灌溉条件更好，热量条件也更有利于农作物的生长，不利之处是土质黏重、杂草更易生长，深耕除了可以提高表层土壤的肥力，还可以减少杂草。这一时期，人们会挖地碎土，整地开沟垄，还很可能进行灌溉。与此同时，人们用轻薄锋利的石锄（也就是大山前遗址石铲）进行中耕除草。从基诺族的民族学材料也可得知，即便是简单的山地刀耕火种，陆稻地至少也要除草3遍，一直持续到8月初[①]。

夏家店下层文化时期，社会已经相当复杂，城墙、沟壕等防卫设施

---

① 《民族问题五种丛书》云南省编辑委员会、《中国少数民族社会历史调查资料丛刊》修订编辑委员会编《基诺族普米族社会历史综合调查》。

非常普遍，构成防卫组织的社会群体之间有了明确的地域边界，人们不能随意迁徙。为了应对战争、增加储备，以及在有限的耕种面积上获得更高的产量，这一时期发展出了原始的精耕细作农业。用于中耕除草的石锄正是它的重要组成部分。较之木质工具，石锄用于中耕除草更加锋利，能够实现除草的目的，而不需要石锄深入土层、撬动土块，在这个方面木质工具更有优势。与此同时，由于夏家店下层文化时期人们耕作的范围有限，所以许多耕地都是反复耕作的熟地，土壤表层较为疏松，便于用木质工具翻挖，整地粉碎后的土壤也便于用薄刃锋利的石锄进行中耕。

部分极度磨耗的标本显示，大山前遗址石铲是一种相当耐用的工具，也显示出它相对稳定的使用功能。目前我们还不能绝对肯定出土的所有石铲都是用作中耕的锄，但毫无疑问绝大多数都属于"锄"，极少数具有正锋特征的标本也有可能是用于点种的铲。

六、小结

大山前遗址夏家店下层文化石铲与同一文化其他遗址出土的材料基本一致，石铲的功能与使用方式一直是悬而未决的问题，对其功能的判断也限于一般常识性的认识。我们从石铲的形制特征、工艺设计、使用痕迹、复制使用实验以及民族学材料的佐证等五个方面来分析其功能，把功能判断建立在一个较为切实的研究基础之上。

通过以上方法，我们逐渐缩小了这一工具的功能范围，最终认定大山前遗址石铲的主要功能是用作锄，在中耕除草中使用，而非用作铲或锄，在挖土中使用；只有极少数石铲可能用作铲，在点种时使用。从石器的形制特征来看，作为锄使用时，这一工具可分为短柄手锄与长柄锄两种类型。如果没有折断，其使用磨耗约相当于一个铲宽的长度。工艺分析显示，这种轻薄锋利的工具不适合用作挖地的锄或铲，用作铲与用作锄由于不同的动作特征，将会导致不同的使用痕迹。观察使用痕迹发现，它的刃部存在着纵向与横向的不平衡，即刃部倾斜与偏锋，刃缘曲折锋利，条痕整齐，方向一致，很好地表现出这种工具的使用方式，它不可能如铲那样使用。复制使用实验进一步肯定了我们的判断，不同土质条件下的实验让我们很清楚地认识到用作铲与用作锄在使用痕迹上的区别；同时，不同使用方式的效率以及可行性也印证了前文做出的判断。民族学材料的类比让我们看到了简单农耕方式如刀耕火种时中耕的方式。

从夏家店下层文化时期的社会历史背景与自然条件出发，讨论这一工具在其农耕系统中的作用，让我们发掘出工具功能研究更深层次的意义。夏家店下层文化时期，人们为了增加粮食储备（应对战争、人口增加、非直接生产阶层的需要），以及应对地域边界的限制，必须在有限的土地上获取更多的收成，原始的精耕细作农业由此产生，人们主要的耕作区域从黄土山坡转移到河谷平原地带，因此整个农业工具组合，从挖土工具、整地工具到中耕工具，相对于新石器时代而言，都发生了巨大的变化。

第二十章　石器视角的辽西史前农业社会

我们这个时代相信"科学技术是第一生产力",或者"生产力决定生产关系",或者"经济基础决定上层建筑"。套用一句俗语,那就是"民以食为天",一切的一切,首先要吃饱肚子。所以,了解史前农业技术自然就成了重中之重。这个问题对于我这个在农村长大的人来说,有着天然的亲和力。我儿时看到的农业水平,感觉离史前也不是太遥远。因为牛耕不足,我就用锄挖过地。农村生活的体验对于研究这个问题很有帮助,这可能是我始料未及的。前文运用石器分层-关联的方法,探索了辽西史前农业社会的发展,主要侧重于哈民忙哈与夏家店下层文化两个阶段的石器研究。这里想总结一下方法论,并进一步拓展,扩展到整个新石器时代,从更长的时段来考察辽西史前农业社会的发展,实现石器透物见人的目的。

一、方法论的总结

研究辽西地区的史前农业技术是了解当时生产力的基础,而石器工具因其坚实、保存较为完整而成为研究史前农业技术的基本途径。近几年来，我与学生一道在前人研究的基础上，发展出一套从磨制石器功能分析的角度探索史前农业技术的研究方法。它包括四个层次。

第一个层次是对考古材料本身的研究，分三个步骤进行：首先是观察磨制石器的形制特征，并对之进行分类；其次是观察与分析石器的使用痕迹，包括肉眼可见的崩损、磨耗、擦痕，以及需要用显微设备辅助观察的微痕；最后是从工具工艺设计的角度分析磨制石器的形制与痕迹特征。通过这个层次的分析，可以大致确定石器工具的初始功能范围。磨制石器的制作与使用方式相对于打制石器稳定得多，一定的形制对应一定的功能范围，比如粗重的斧适用于砍伐，当然它也可以用于锯切刨削，但显然这不是工具设计的初始目的。石器若处在废弃阶段，就可能从事非常多样的活动，从而严重偏离石器工具的初始功能。因此，脱离工艺设计分析，仅仅根据废弃后石器的使用痕迹与残留物来推断其功能，可能会造成对器物初始功能（也是主要功能）的误解。

第二个层次是通过实验考古研究进行验证，以及寻找民族学材料的佐证。实验考古研究中，比较不同使用方式、不同使用条件下工具的使用效率、崩损状况等，从而进一步缩小石器功能的判断范围。民族学材料则有助于了解这一类工具在较为原始的农业技术体系中的位置。

第三个层次是结合当地的自然条件分析工具可能使用的环境，同时跟相关的考古遗存进行比较，了解当时人们的工具选择范围。

第四个层次是结合史前社会文化背景关联分析当时农业生产技术的发展状况。这一分析方法的优点是侧重于分析磨制石器的初始功能，同时不止于了解石器工具的基本功能,更是深入到史前社会农业生产状况的研究中。在近几年的个案研究中得到了较好的检验与充实。

二、辽西地区农业生产的起源与物种

首先要讨论的是农业的有无问题。辽西地区已知的最早的新石器时代文化是兴隆洼文化,之前还有小河西文化,但材料还很零碎。兴隆洼文化有没有农业?有日本学者认为兴隆洼文化没有农业,那些石磨盘、石磨棒都是用来处理坚果的,狩猎野生动物还是主要的经济活动①。日本学者可能把日本绳文时代的经验用到了中国辽西地区。日本的绳文时代相当于欧洲的中石器时代,经济方式类似之;同样的还有美国西北海岸的印第安人,他们都依赖海洋资源,并兼有狩猎采集②。海洋资源是流动的,资源域无比广阔,可持续利用程度不是陆地资源能够比拟的。所以,狩猎采集者可以有一定程度的定居,并且生产陶器,制作耐用的工具如磨制石斧、石磨盘等,甚至形成了人口密集的复杂社会。

还有一个例外可能是近东地区,那里拥有优越的天然谷物采集条件。按哈兰(Harlan)的实验,收集野生小麦就足以养活一家人,而且野生小麦的营养价值比驯化小麦还高。地中海地区拥有 56 种大种子禾

---

① 大贯静夫:《环渤海地区初期杂谷农耕文化的发展——以根据动物群观察生业的变迁为中心》,载郭大顺、秋山进午主编《东北亚考古学研究——中日合作研究报告书》,文物出版社,1997。

② L. R. Binford, *Constructing Frames of Reference: An Analytical Method for Archaeological Theory Building Using Hunter-Gatherer and Environmental Data Sets*.

本科植物中的 32 种①。比较野生小麦的种子跟狗尾草（粟的祖本）的种子，小麦的种子大得多。所以，新旧石器时代过渡时期的纳吐芬文化就有了一些近似于定居的聚落，虽然农业还没有开始。相比而言，中国辽西地区没有丰富的水生资源，偶尔能够在河里捕鱼，如兴隆洼遗址就出土过鱼镖，但内陆河流地区水资源可持续利用的程度是相当有限的。野生植物资源如狗尾草的利用价值也不如野生小麦。在这样一个区域，要想建立定居的生活，农业就是必需的条件。农民与狩猎采集者的区别除了表现为经济手段不一样之外，还表现为聚落形态、工具组合乃至社会结构与意识形态都有所不同。兴隆洼文化能够建立相当规模的聚落，这就不是一般利用陆生自然资源（狩猎采集）能够支持的，必须要有一定规模的农业。

考古学家的研究通常是管中窥豹。严整的、成规模的定居聚落只是证据之一。我曾经在沈阳新乐遗址博物馆看到数件石磨盘与石磨棒，其中有一件的形制比较特殊，仔细观察，发现它虽然也是亚腰形，但是周边高、中间低！如果使用石磨棒推磨，石磨盘的表面应该是弧形的平面，而不应该是这样的。也就是说，这件石磨盘还可能用作石臼，也就是说，人们用石球或者饼形的研磨石来加工食物，加工坚果通常就是这样的。新乐文化比兴隆洼文化稍稍晚一点，加工采集的植物果实是明显存在的现象。兴隆洼遗址出土过野生植物果实，为胡桃

---

① 贾雷德·戴蒙德：《枪炮、病菌与钢铁：人类社会的命运》，谢延光译，上海译文出版社，2000。

楸①。更早的北京东胡林遗址也出土过②。在新石器时代早期遗址发现采集的野生植物果实并不稀奇，就是在现代东北农村，也能发现很多类似的遗存，不能因此而否认农业的存在。狩猎采集者以天然生长的食物为生，除了极少数资源丰富地方，很少有地方能够支持待在一个地方长期的利用，所以他们需要流动，流动采食是狩猎采集者最基本的生活形式。一个流动采食的群体花费巨大的人力物力修建起一座规模巨大的聚落、制作众多需要花费大量劳动的磨制石器，只是为了短期利用，这是不可想象的！兴隆洼文化时期有农业是没有问题的，问题在于发展程度，以及具体的发展方式。

动物与植物考古提供了不少可以参考的证据。兴隆沟遗址有浮选工作，发现了黍与粟，以黍为主③；动物考古的证据（牙齿测量）表明猪可能已经驯化，或者还处在驯化过程中④。兴隆洼遗址墓葬里随葬有完整的猪骨架⑤，它表明猪为人所有，不论是属于死者，还是属于死者的亲属。一般说来，野生动物（猎获后）的所有权远不如驯化动物。人类最早的随葬动物可能是狗，这也是与驯化相关的。当然，随葬猪还只是这

---

① 中国社会科学院考古研究所内蒙古工作队：《内蒙古敖汉旗兴隆洼遗址发掘简报》，《考古》1985年第10期。

② 北京大学考古文博学院、北京大学考古学研究中心、北京市文物研究所：《北京市门头沟区东胡林史前遗址》，《考古》2006年第7期；赵志军、赵朝洪、郁金城、王涛、崔天兴、郭京宁：《北京东胡林遗址植物遗存浮选结果及分析》，《考古》2020年第7期。

③ 赵志军：《新石器时代植物考古与农业起源研究》，《中国农史》2020年第3期。

④ J. Yuan, "A Zooarchaeological Study on the Origins of Animal Domestication in Ancient China," *Chinese Annals of History of Science and Technology* 5, no.1（2021）: 1-26.

⑤ 中国社会科学院考古研究所内蒙古工作队：《内蒙古敖汉旗兴隆洼聚落遗址1992年发掘简报》，《考古》1997年第1期。

种动物已经驯化的间接证据。

总之,辽西地区此时有了"一定的"农业。那么,这带引号的"一定的"究竟是指什么?具体地说,那就是黍的种植,同时也兼种粟、养猪,但是狩猎动物的比重仍然很大。黍与粟相比,更耐寒,更耐低温,更耐瘠土,显然更适合辽西地区这种农业边缘地带。同属这类地带的大地湾遗址也是以黍为主。此时的古人已经明白哪一种谷物更适合本地的条件。也就是说,这不应该是最早的农业萌芽,而是发展到了一定水平的原始农业。

三、辽西地区诸史前文化的石器工具与农业技术

知道了种植对象,下面讨论耕作技术,其主要证据来自石器功能研究,辅之以对当地土壤与景观的考察。我们对白音长汗遗址石铲的研究可以回答一些有关耕作技术的问题。白音长汗遗址出土了几十件石铲,研究显示其中差不多一半应该用作锄,而不是用作铲[1]。铲与锄的刃口形态有比较明显的区别。白音长汗遗址石锄有大小之分,石铲也有大小之分。除开这些差异,总体来说,白音长汗遗址石铲与石锄都是比较厚重的。为什么会这样?为了验证白音长汗遗址石锄的功效,我们做了两个实验。第一个实验是在白音长汗遗址做的,这个地方曾经是旱地,发掘后退耕还林,成了荒草地。挖掘实验显示,用作锄挖土没有什么问题,但是效率没有用作铲高。遗址所在山坡上的黄土因为耕种过,相当疏

---

[1] 陈胜前:《思考考古学》,科学出版社,2014。

松，显示不出石锄的效果。第二个实验是在内蒙古宁城工作站附近的黄土梁上做的，这里是没有耕种过的纯粹荒地，杂草密实。开垦这样的土地充分发挥出了石锄的作用。它可以有效地垦除地表的杂草，然后我们再用石铲挖掘，石铲的挖掘效率比石锄高；但是若不先用石锄除草，而直接用石铲挖掘，在荒草密布的地方石铲根本挖不进土中。这个实验表明，白音长汗遗址石锄与石铲是搭配使用的。石锄的独有功能是除去表草，它之所以被制作得如此厚重，是因为有一定的重量才有足够的能量锄去杂草，为石铲的挖掘创造条件。这样的工具搭配也说明白音长汗遗址兴隆洼文化时期的农民是一群"拓荒者"！

白音长汗遗址石器工具组合中还有一类器物很值得注意，那就是石刀。这里的石刀原料一般都是扁平的、带有锐缘的天然石条，稍稍加工天然刃缘就成了石刀。我们发现，白音长汗遗址石刀至少包括两类具有不同功能的器物：一类是镰刀，是安柄使用的；另一类是砍刀，直接手持使用（可能用绳子捆成一个握把）。我们所做的实验显示：如果割粗细如同麦秆一样的植物，镰刀好用得多，因为有柄，使用者可以搂拢要收割的植物，然后砍割，而手持的砍刀无法做到这一点；如果砍割粗壮的玉米秸秆，两类石刀都不怎么好用，镰刀容易脱柄，手持的砍刀容易折断；如果收割比麦秆粗两三倍但比玉米秸秆细得多的芦苇，镰刀并不是很好用，因为芦苇秆比较结实，而镰刀比较轻，能量有限，砍割效果不佳，而手持的砍刀因为重量比较大，功效明显好于镰刀。白音长汗遗址出土了三四十件用天然石条制作的石刀，其直接的功能可能是用来收割芦苇或者清除灌木。这个大型的聚落包括五六十座房子（仅第二期），盖这么多房子需要很多的材料来铺房顶。遗址靠近河边，收割芦苇比较方便。另外一点，这样的石刀还可以用来协助开荒，用它很容易刈除小树枝、小灌木。石刀的功能也进一步说明白音长汗遗址兴隆洼文化时期的居民是拓荒者。

白音长汗遗址赵宝沟文化时期没有石锄，有的是一种尖刃、亚腰、磨制精细的石铲，一般称其为石耜。民族学材料显示，藏族有木锄、木啄，用以耘土、开沟垄、引水灌溉①，但这样的工具显然是不能用于挖掘生土的。赵宝沟文化时期没有石锄，可能是因为当时人们并不需要开垦荒地，或者说使用石耜也能开垦他们要开垦的区域。我们做了若干实验，用石耜在黄土坡上挖土，非常容易。我们拿着复制的工具就在宁城工作站院内开挖，这个院子里到处都是瓦砾石块，刚开始时，我们使用的是平刃石铲，总是被瓦砾石块挡住，不一会儿刃部就残缺不堪；于是我们换了尖刃石铲（石耜），情况发生了很大的变化，这种工具能够从瓦砾石块边上滑过去，挖掘效率比平刃石铲高许多，刃部的磨损也小得多。赵宝沟文化时期的人们是否也用它挖掘带有石块的土地？如果真是这样的话，哪些土地又有石块？

白音长汗遗址赵宝沟文化房址的位置明显要比兴隆洼文化房址的位置低，也就是更靠近河漫滩。如今这个地方的农田主要分布在曾经的河漫滩与一级阶地上。这里位置低，土地比较平坦开阔，不利之处就是石

---

① 尹绍亭：《云南物质文化·农耕卷》。

头多，河漫滩上尤其如此。阶地面上的黑沙土比山坡上的黄土肥沃一些，如果真的需要灌溉的话，取水也方便许多。因此，有理由认为赵宝沟文化时期的人们开始利用河流阶地与河漫滩上的土地了。还有一层意义是，这个时期人们耕作土地的深度要大于兴隆洼文化时期。赵宝沟文化时期有些石耜的长度是其宽度的两倍，可以挖掘得较深。还有些石耜，体型相当夸张，不像是实用的器物。总体说来，赵宝沟文化时期的农业技术比兴隆洼文化时期有不小的进步：一是深耕；另一是开垦了阶地与河漫滩上水热条件更好的沃土。不过，即便如此，赵宝沟文化时期的农业还是相当原始，至少有两个证据表明如此。一个证据是，在白音长汗遗址一座赵宝沟文化时期的房子里发现了有意储藏的石耜[①]，这些完整的工具整齐地排列在一起，它表明主人暂时离开了白音长汗，但是没有按预计的那样回来。跟兴隆洼文化时期一样，此时人们的定居能力仍然不是很强，人们需要流动去利用某些野生资源。另一个证据是，赵宝沟文化遗址中的动物骨骼大多数是野生的，这表明狩猎还占有重要地位[②]。狩猎需要流动，农业需要定居。鱼与熊掌不可兼得，所以有时免不了要暂时离开固定的居址。简言之，赵宝沟文化时期的农业是不完整的，它只有农作物种植，没有发展起配套的家畜饲养。原因之一可能是，这个地区属于森林 - 草原交界带，狩猎资源相对丰富。也可以这么解释，其农业水平相对于中原地区更低，缺乏足够的剩余食物来饲养牲

---

① 内蒙古自治区文物考古研究所：《白音长汗——新石器时代遗址发掘报告》。
② 中国社会科学院考古研究所编著：《敖汉赵宝沟——新石器时代聚落》，中国大百科全书出版社，1997。

畜，所以选择了以狩猎为主来获取肉食。

红山文化时期的情况跟赵宝沟文化时期差不多，至少在工具组合上看不出明显的区别。很少发现红山文化时期的聚落遗址，目前发掘规模最大的是赤峰魏家窝铺遗址，其中石器工具的发现乏善可陈。这就给我们的判断带来了比较大的困难。红山文化时期的石耜呈舌形，与赵宝沟文化时期的石耜相比，有更大的长宽比，也更厚实，显然，它能实现更大的挖掘深度。红山文化时期的石器以磨制精细的石刀见长，这反映出当时农业的发展程度要高于此前的文化阶段。辽宁省博物馆展示了一种石器，被称为"石耨"。顾名思义，它是用来耨土的。其外形如同旧石器时代大型桂叶形的尖状器。其功能究竟如何，需要进一步的研究来验证。新的工具类型似乎可以表明红山文化时期农业技术取得了一定的进步。另外，很少有完整的工具保存在红山文化遗址中；同时，红山文化时期的瓢形灶不仅深，而且其中所堆积的红烧土的厚度是兴隆洼文化与赵宝沟文化时期无法比拟的。白音长汗遗址也有红山文化时期的房址，其瓢形灶含有厚厚的红烧土与灰土，是最深的灶①；而兴隆洼文化时期石板灶中的红烧土仅有几厘米厚，灶的深度也只有一二十厘米。当然，一方面，这样的遗留特征可能与灶的设计相关，红山文化时期更加进步，深长的灶比平面上的灶更有利于形成鼓风的气流；另一方面，缺乏完整器物的存留反映了红山文化时期更强的定居能力，人们是缓慢逐渐地废弃遗址的，而不像兴隆洼文化与赵宝沟文化时期那样，突然离开，留下

---

① 内蒙古自治区文物考古研究所：《白音长汗——新石器时代遗址发掘报告》。

许多还有用的器物。

红山文化时期农业技术的面貌总体说来很不清晰，这个时期的人们似乎把很多的精力与物质投入到了宗教祭祀活动中，祭坛、神庙、玉器墓都很惊人，而农业工具所反映的农业技术方面看不出很大的进步。红山文化石器组合中细石器的比重是很惊人的，尤其是在北部、东北部的遗址中，有大量的细石核、细石叶，这给人的印象是此时此地的人群不像是农业群体。我的认识是，红山文化的范围广大，可能不存在一种统一的生计模式，有的地区可能就是以狩猎为主，而另外一些地区可能更偏重于农业。红山文化时期的农业技术水平较之此前的文化阶段自然是进步了，不过最大的进步不在耕作方面，而在家畜饲养方面，东山嘴祭祀遗址出土了大量的家猪骨骼就是证明。这些家猪虽然都是献给神的，但也说明当时的家猪饲养的确达到了前所未有的规模。农耕技术缺乏实质性的进步，在某种意义上表明这也埋下了红山文化后来崩溃的原因。繁荣了将近1 500年后，红山文化消失了。原因很多，农业技术无法克服自然环境条件的障碍无疑是其中一个特别重要的因素。辽西地区，取而代之的是小河沿文化。

迄今为止，小河沿文化除了几个墓地之外，真正的聚落遗址还没有找到。白音长汗遗址有小河沿文化的遗存，不过都是一些灰坑，总数有十多个。有种说法是，小河沿文化居民的住所形态可能类似于现在的蒙古包，是临时搭建的，人们居无定所，所以在地表很难看到建筑痕迹，而只能看到一些用于储藏或者带有其他目的的灰坑。针对小河沿文化，问题不是农业技术,而是有没有农业。在目前已经发现的工具组合中,最引人注目的是那些石刃骨柄刀,做工非常精致。南宝遗址出土了几件完整的标本,其中不仅有刀,还有矛。压制修理的三角形石镞的工艺水平高超。石斧的工艺水平则下降了,仅刃部磨制,其余部分琢制。农业工具如锄、铲、刀、石磨盘、磨棒等都没有发现。这似乎是一支以狩猎采集为主要谋生手段的文化,但是它的陶器比较发达,装饰也丰富,装饰符号方面似乎受到山东半岛的影响。小河沿文化是红山文化崩溃后新兴的一支文化,按照学界的认识,可能不是直接从红山文化发展而来。那么,红山文化的居民去哪里了?如果农业在辽西地区难以进行,那么社会人群就可能分崩离析,一部分往南回到华北,一部分往东进入东北,一部分留在当地,还有一部分可能形成了后来的草原文化。留在当地的群体是否完全不从事农业?如果有人做一下陶器残留物分析,我预测很有可能会发现粮食作物的残留。即便如此,仍不能证明小河沿文化有农业。从对纹饰符号的分析来看,小河沿文化是一支通过发展广泛社会联系来缓解社会适应风险的文化。也就是说,它可能通过专业化的狩猎,用狩猎产品同农业群体交换必要的粮食作物,当然,也可能要包括抢掠。

小河沿文化后的夏家店下层文化很值得讨论。先说结论,这个时期是辽西原始农业技术体系真正成熟的时候。近些年,我们就大山前遗址出土的夏家店下层文化的石锄、石铲、石刀等进行了功能研究,已有专门的论文发表,这里就不再赘述研究过程。夏家店下层文化的石锄非常粗糙，都是打制的，使用痕迹以磨圆为主，几乎观察不到擦痕。包括实验研究在内的多角度分析显示，它最适合用来耘土、粉碎土块、平整土地。石锄的重量范围较大，重的近2 000克，轻的只有200克，看来这项劳动是男女老幼都适合的。石铲其实不是铲，而是真正的锄，用以中耕除草，它的厚度往往只有六七毫米，使用痕迹也不是用作铲的，复制实验显示它用作铲时极易折断，用作锄除草则几乎不输于现代的铁锄。了解这些之后，我们自然会问：为什么没有真正用来挖土的锄或铲？难道夏家店下层文化时期的居民不从事这样的劳动？遗址灰坑壁上的工具痕迹显示的是一种两齿的工具，难道是木质的两齿耒？为什么要用木质的，而不选择石质的？带着这些问题，我们开始实验，并结合当地的土壤景观进行研究。

辽西地区从基本分类来说存在两种土壤：一种是山坡黄土，很疏松，尤其是在除去地表的杂草后，非常容易耕作；另一种是河谷冲积土壤，因为含有较多的黏土成分，相对更加黏重、密实。河谷的土壤水分条件更好，植被丰富，加之河流泛滥带来的养分，自然更加肥沃；而且，河谷平坦，容易大规模地耕作，如果条件良好的话，还可以引水灌溉。这些优越条件不是山坡黄土地能比拟的。现代的农民基本都是在河谷中耕种，坡地也有耕种，但重要性低得多。当然，耕种河谷土壤不是没有成本的，因为土壤黏重、密实，挖掘起来相对困难，而且用锄或铲挖掘后会形成一个个的土疙瘩，晒干后更坚硬。我们用木质的两齿耒进行挖掘实验，发现它挖掘黄土没有什么问题，但挖掘河谷土壤更显优势，它的两个尖便于刺入土壤，翻起的土壤都成块状。若用平头木铲，则一般不容易形成土块，且挖掘起来费劲，最大的问题是刃部磨耗较大。挖黏重的土壤，石铲不如两齿耒轻便。两齿耒的使用使大山前遗址石锄的功能变得更容易理解，因为两齿耒挖掘的土壤都成块状，需要将之粉碎并整平，大山前遗址打制石锄承担的就是这种功能。

夏家店下层文化时期，人们翻地、整地并进行精细的中耕，这后者是以前没有的，体现出原始精耕细作农业的形成。人们开始在河谷中耕种，甚至可能引水灌溉。为什么夏家店下层文化时期的人们会这么做？气候条件允许是一方面，另一方面跟当时的社会环境关系密切。夏家店下层文化时期争战频繁，许多居址都是据险而建，有明显的防卫设施。这个时期缺乏统一的政权，似乎是许多地方小政权在竞争。这样的社会环境对农业提出了一些要求。因为打仗，所以需要更多的剩余粮食，必须提高粮食的总产量；因为打仗，所以人们的居住地域受到限制，他们必须在有限区域内提高粮食的产量。精耕细作成为一种需要。夏家店下层文化时期，人们的定居水平很高，如二道井子遗址，房子的居住面分很多层，表明有长期的居住维护。我们还测量过大山前遗址出土的石磨盘，其大小与重量都是兴隆洼文化时期的好几倍，石磨盘的大小与加工对象的强度、加工规模的大小成正比。如果加工对象是玉米这样的大种子，石磨盘就一定要厚重，就像美国西南部印第安人用的。夏家店下层文化时期没有玉米，只能将之归因于加工规模。也就是说，夏家店下层文化时期人们加工的粮食可能不限于自己吃，还要供给军队或者社会其他非劳动阶层。

夏家店下层文化的辉煌岁月没有持续下去，它也崩溃了。夏家店上层文化——这支来自东部的文化，转向了畜牧经济，马的引入可能是最主要的原因，同时牛、羊的引入也是很重要的原因。有了马，人们的流动性大大提高，不论是物质方面的还是信息方面的，人们可以利用更广阔区域内的资源。牛、羊（包括绵羊与山羊）的搭配构成一个草原畜牧生态系统，它们吃的草种有所不同，适当地牧养对于草地来说不但没有害处，反而有好处。原始农业至此转入另一种形态。

四、小结

总结辽西地区史前农业技术，不难发现两个基本的趋势：一个是人们耕作的区域从山坡不断走向河谷，人们利用的土地更广阔平坦、更肥沃当然也更难耕作；另一个是从粗放农业向精耕细作农业发展，开始时只有简单的破土，赵宝沟文化与红山文化时期开始深耕，到夏家店下层文化时期，人们挖地、耘土、灌溉、中耕，原始农业耕作技术已经相当成熟。辽西地区史前农业不是一个直线式的发展过程，而是波折不断，红山文化、夏家店下层文化相继崩溃，作物农耕的优势地位丧失，这可能与生态交错带不稳定的自然环境有关。辽西地区史前农业存在一个不变的主线，就是混合经济，这也是在这个高风险环境中生活的基本适应策略。

第六部分

结语

第二十一章　石器视角的中国史前时代

> 历史研究的真正兴趣与最高任务不能停留于恢复过去的原貌，而在于理解历史事件的意义。
>
> ——伽达默尔

让石头说话是我们的目的，石器究竟诉说了怎样的故事？前文通过一系列研究，考察了中国史前时代的若干问题，它们无疑只是中国史前时代的一些现象或断面。我们更希望这些断面，就像是CT断层扫描一样，能够较好地代表整体的状况。石器是贯穿整个史前时代的物质遗存材料，非常适合进行这样的考察。需要注意的是，当代考古学的新方法不断涌现，多学科相互渗透、相互合作已经成为潮流。在这样的背景下，石器考古一方面获得了更多的帮助，能够更深入地探讨史前史；另一方面也受到了严峻的挑战，其独特贡献日益消解，石器似乎只是发现史前人类遗存的线索而已。前文运用石器考古的理论方法，分析既有的考古材料，努力发挥石器考古作为"透物见人"手段的基本价值。这些研究是不是成功，恐怕还是见仁见智。书写到最后，也到了总结的时候，这一章拟统合前面的研究，从中提炼出一些结论性的认识；把中国史前时代与历史时期联系起来，让大家看到中国历史的根源；再就是对当前的研究进行反思与展望，以期对将来的研究有所启发。

一、石器技术与人类适应变迁

根据石器技术的发展变化，比较容易看出三个重大的变化。第一个重大的变化是旧石器时代与新石器时代的区分。旧石器时代以打制石器为主，偶尔能见到磨制石器技术（如磨制颜料的工具、磨制骨器的砺石等）；相比而言，新石器时代以磨制石器为主。两种石器技术具有非常不同的设计策略，所需要行使的功能也存在很大的不同。新石器时代需要建筑固定的居所、翻挖土地，需要大量与砍伐、挖掘相关的活动，而这些活动是旧石器时代很少需要的。因此，我们把旧新石器时代石器技术的转变看作最为明显的发展变化。从旧石器时代到新石器时代，不仅仅有石器技术的改变，更为重要的是，这个变化的背后是人类放弃了已适应数百万年的狩猎采集生计，转向了农业生产（又称食物生产），放弃了流动的、从自然界获取食物的习惯，转而走向定居的、通过种植与饲养获取食物的习惯。人类的居住方式由此发生了重大变革，从居无定所到固定居住，人类的社会组织、意识形态也随之发生显著的变化。以农业为基础，人类发展出"文明社会"，有了国家、文字（或者复杂的记录系统，如印加人的结绳记事）、更加复杂的工具（除了新大陆出现了金属冶炼)等。狩猎采集时代人类人口增长极为缓慢，但是在距今1万多年前，人类人口的规模空前地增加，农业能够支持二三十倍依赖狩猎采集的人口密度。

第二个重大的变化是石器技术的起源，这里所说的石器技术是指能够通过考古遗存识别出来的石器技术。人类在南方古猿乃至更早的阶段就可能使用石器，但是此时的使用还很难从考古遗存中识别出来。这可能与使用的频率、强度、目的有很大的关系，如果只是偶尔使用，就不大可能留下集中分布的石制品，也不可能看到连续打片的痕迹——明确反映人工制作的证据。不过，对于中国旧石器时代考古而言，主要问题还不是有没有石器技术的起源的问题，因为人类走出非洲的时候，理论上已经具备制作与使用石器的能力。当前的主要问题是，如何准确识别石器的人工属性及年代。这个看起来似乎是学科入门的问题仍然在很大程度上困扰着旧石器时代考古学家。从既有的发现来看，如安徽繁昌人字洞遗址、重庆巫山龙骨洞遗址、陕西芮城西侯度遗址等，都存在以上问题。研究者总是处在一定的学科内外关联中，外部的影响是不可忽视的，研究者的主观期望以及支持研究的外部社会的期望相互叠加，就有可能突破学科的边界，即得出超越当前学科理论、方法与材料所能支持的结论。当然，这里我们还需要保持一定的宽容度与足够的耐心，在石器研究的历史上，我们看到了时代思潮、学科理论方法的局限制约认识发展的情况，如长期否认石器的人工属性与旧石器时代艺术的真实性；也看到了激进的研究者主张存在曙石器的情况，把一些只是看起来像石器的石块当成人工制品。不论是哪一种类型的研究,最终都需要遵循科学的检验。

第三个重大的变化是所谓旧石器时代晚期革命。不论是在欧洲,还是在中国,包括北方与南方,都可以在石器技术及共存的器物组合上找到证据。旧石器时代晚期革命通常与现代人的扩散联系在一起,代表从非洲扩散出来的现代人群体取代土著人群,在欧洲是尼安德特人这样的早期智人群体,在亚洲则是当地的早期智人或者孑遗的直立人[如弗洛里斯人(Flores)]。这次革命不仅有化石人骨材料的支持,还有古DNA研究的证据。不过,在这次关键的人类文化适应变迁中,石器技术似乎并不是主角,真正的主角是艺术品,它代表人类文化走向象征化、符号化。按照克里夫·甘博的说法,人类的社会交往从此超越面对面的约束,通过物化的象征(把某个物品当作信物),两个人可以在不见面的情况下传递信息,拓展社会关系,人类社会交往的范围、规模与效率都有前所未有的扩充。符号化还有助于知识信息的存贮与传递,这就让不同的人所积累的经验可以为更多的人所共享,其他人可以在此基础上进行再创造①。所以,在这个意义上说,旧石器时代晚期革命又是创造性的革命。因为有更大的社会网络,就有了更多的信息来源、更丰富的信息内容;存贮与传递条件的改善反过来还会促进社会网络的扩展。这些正循环的反馈无疑有利于技术发明的发展与扩散。我们在旧石器时代晚期材料中的确可以看到有利于社会网络扩散的石

---

① 克里夫·甘博:《欧洲旧石器时代社会》,陈胜前、张萌译。

器技术革新——石器的轻量化。有些遗憾的是，旧石器时代艺术品在史前中国还很少发现，水洞沟遗址、山顶洞遗址有一些发现，与欧洲存在鲜明的差别。这似乎表明，中国旧石器时代晚期的古人类可能采用的是其他艺术表现形式，这些形式没有被保存下来，比如身体上的装饰。

地区性的差异不仅见于非洲与欧亚大陆之间，不仅见于欧亚大陆东西两侧，还见于中国范围之内。中国南北方的区别由来已久，从旧石器时代早期到其晚期都有不同，南方以砾石砍砸器为中心的石器工业一直延续到新石器时代，尽管旧石器时代晚期这里出现了燧石石片化的趋势。需要说明的是，这里所谓的南方不包括西南地区，西南地区以其独特的文化生态条件，从旧石器时代早期到其晚期，都有自己的特色。从旧石器时代晚期开始，岭南地区的表现也有所不同，进入旧新石器时代过渡时期，差别进一步放大，岭南地区自成体系，在文化适应上与中南半岛的北部有更大的相似性。总体上说，中国旧石器时代格局中还有一个西北板块，西北板块（如新疆吉木乃通天洞、宁夏灵武水洞沟、黑龙江呼玛十八站，以及内蒙古东乌珠穆沁金斯太、赤峰三龙洞）的特色是与欧亚大陆西侧有更大的相似性，欧亚草原带是一个有利于人类迁徙的生态带，它把欧亚大陆联系起来。除此之外，可能还存在一个海岸地带，在末次盛冰期，海平面下降了130多米（还有数据说达到185米），渤海、黄海基本成为陆地，东海、南海广阔的大陆架也暴露出来，这些地带适合依赖海岸资源的狩猎采集者。这样的社会本身就有较高的社会复杂性，在末次盛冰期之后，这里的人群随着海平面的上升撤往内陆地区，导致那里的人口密度陡增，社会复杂性加剧①，这也是史前中国农业起源的促进因素。

不同的地带意味着不同的生态条件，不同的时期可以存在不同的利用方式。比如海岸地带的利用，要较充分地利用（除了捡拾贝类）这个地带，就必须有舟楫以及其他复杂的捕鱼工具，这些技术的出现需要有相应的知识积累，可能只有现代人才具备。也就是说，这些技术在旧石器时代晚期才有可能出现，如小孤山遗址的鱼叉。再比如欧亚草原带的利用，这个地带资源稀疏，季节性强，可以利用的植物资源少，动物资源流动性大，季节性地利用是可能的，但常年持续利用，则需要解决冬季食物、燃料短缺的问题。但是从通天洞、金斯太等欧亚草原旧石器时代遗址的分布来看，当时的人类似乎解决了这些问题，至少可以说明当时的人类已经学会了储备，还有他们已经能够做长时间的资源利用规划，如冬季撤往森林地带过冬。从对通天洞遗址附近的实地考察来看，这个地带实际上也存在着多样的生态斑块，既有戈壁荒漠、草原，也有河谷、林地，进入山区还有森林地带。我们对旧石器时代晚期以来的文化适应能力有较多的了解，而对旧石器时代早中期的文化适应能力的了解还比较少。从目前的材料来看，部分区域如秦岭的山间盆地与山前区域，还有百色盆地，都曾发展出独特的石器工业，显示出特定生态条件

---

① J. d'Alpoim Guedes, J. Austermann, and J. X. Mitrovica, "Lost Foraging Opportunities for East Asian Hunter-Gatherers due to Rising Sea Level since the Last Glacial Maximum," *Geoarchaeology* 31（2016）: 255-266.

的影响。

　　我们可以把不同时期、不同地区的文化适应概括为一定的模式。文化适应模式从早到晚逐渐清晰。这里我们就从较为清晰的晚近时代开始。通过石器研究，我们可以识别出辽西地区夏家店下层文化时期已经形成原始的精耕细作农业，人们的耕种区域从山坡转向河谷，开始耘土、平整土地、引水灌溉，同时注意中耕除草，而这在此前的阶段是没有看到的。夏家店下层文化时期的辽西地区，政权林立，相互攻伐，人们需要在有限的区域里生产更多的剩余物品，以养活官员、士兵、巫师等不事生产的群体。石器研究对后红山文化时期哈民忙哈遗址的分析揭示出，当时有一些群体深入到科尔沁沙地的腹心地带，试图利用这个农业边缘环境。哈民忙哈遗址是一个大型的定居聚落，但是根据石器工具组合研究，这里的生计方式以采集、狩猎为主，兼营农业，这样的生计方式是不足以支持常年的稳定定居的。在遭遇季节性的食物资源短缺时，哈民忙哈遗址人群选择利用一些穴居动物，这导致疫情流行，遗址废弃。哈民忙哈遗址代表一种失败的文化适应模式：人们生活在农业边缘环境中，其生计方式、聚落形态、社会组织结构之间存在着难以解决的矛盾。哈民忙哈遗址还让我们看到，文化适应并不总是与自然和谐，史前人群也不是什么生态专家，他们也会犯错误。从辽西地区研究中我们可以看到，人们的土地利用是逐渐从坡地走向河谷的，翻耕的深度也在不断提高。兴隆洼文化群体是该地区的第一批农业居民，他们的石器工具组合适合拓荒。

旧新石器时代过渡时期是文化适应方式的调整期，这个调整一直可以追溯到细石叶技术的起源。随着末次盛冰期的到来，也就是距今2.6万年前后，人们习惯利用的资源的分布越来越稀疏，要想获得从前的资源量，就不得不搜寻更大的范围，也就是要提高流动性。细石叶技术产品轻便易携带，标准化程度高，便于维护，适应面广，非常适合高度流动的生活。非常有趣的是，细石叶技术的起源同时埋下了颠覆这种技术的种子，因为流动性并不能无限提高，至少不是所有群体成员都适合高度流动。那些不适合高度流动的群体成员留在中心营地，群体的流动性出现了分化。留在中心营地的群体成员开始强化利用营地周围的资源，这是走向农业起源的第一步。这一过程也反映在石器技术上。我们在北方地区看到了锛状器，这很好地反映了流动性下降群体的活动选择。留在中心营地的时间越长，就需要越多的砍伐、挖掘活动。在峡江以及西南地区的表现则是锐棱砸击技术的流行。我们的研究显示，锐棱砸击技术是一种技术门槛相对较低的石器加工方法，适合女性操持。该技术的流行反映的是旧新石器时代过渡时期的性别分工，因为晚更新世之末气候环境发生变化，不少大动物灭绝，男性狩猎的机会减少，他们需要比以前花费更多的时间，才可能获取足够数量的猎物，由此，女性需要自己制作石器工具。从这个角度说，旧新石器时代过渡不仅是文化适应模式的变化，而且还意味着两性劳动分工的调整，这个时期女性的地位有可能达到前所未有的高度。

向更早的时代追溯，就是著名的旧石器时代晚期革命，如前文已指出的，这更多是一次认识上的革命。从石器研究的视角看，旧石器时代晚期出现了文化适应的辐射，这一点在中国北方地区表现得较为明显，当时至少存在四种文化适应模式：能够利用水生资源的小孤山模式、狩猎采集并重的山顶洞-东方广场-小南海模式、偏重于狩猎的峙峪模式、依赖狩猎的水洞沟模式。从更广阔的人类演化背景来看，旧石器时代晚期，人类在自然界中建立了全面的适应优势，开始能够利用远程工具（投射器、弓箭、吹箭等）以及一些设施（陷阱、诱饵、网罗等）进行狩猎，能够利用不同生态位的资源，从北极苔原到热带丛林，从海岸到青藏高原，都留下了人类的足迹。全面优势形成之后，文化适应辐射随之产生，就像马达加斯加岛的狐猴一样，只不过人类的适应辐射主要表现在文化上。

进入旧石器时代早中期，情况变得非常模糊。我们只知道北方地区更多依赖狩猎，南方地区更多依赖采集。从对似阿舍利石器组合的研究中可知，当时人类群体的狩猎更多采用伏击的形式，近距离投掷石球（可能也有木标枪），能够给猎物造成一定的伤害，但最终的猎杀还需要依赖面对面的搏杀，狩猎的风险比较高。从似阿舍利石器组合来看，当时的人类已经具备一定的时间规划能力，他们会花费数小时加工一个石球，并把它预备在猎物经常光顾的地方。在这个时期，人类能够有效利用的生境远不如旧石器时代晚期那样普遍。也正因为如此，这个时期在不同的地区形成了较为多样的适应模式，呈现出马赛克式的空间分布特征。

二、石器与中国历史的关系

石器时代是中国历史的先声,开创了人类利用中国这片土地的历程,从距今 200 多万年前开始一直持续到夏商时期,青铜时代到来。即便在青铜时代,由于青铜极为昂贵,青铜器也大多仅用于祭祀与军事(国之大事,在祀与戎),生产领域很少使用,石器仍然是主要的农业工具。就我们知道的中国史而言,超过 99% 的部分都属于石器时代。在如此漫长的历史中,我们可以看到历史是连续发展的,尽管存在若干"革命性"的转折,如旧石器时代晚期革命、新石器时代革命。旧石器时代晚期革命中的北方,石器技术与旧石器时代早中期仍然一脉相承,都是石片石器工业,几乎看不出间断。旧石器时代晚期革命号称出现了生物学意义上的人群替代,从非洲扩散出来的现代人取代了东亚的土著人群,但是在石器技术上,我们看到的更多是继承,文化意义上的继承。也就是说,即便真的存在生物学意义上的人群替代,过去 200 多万年的文化适应仍然为后来者所继承。人类是以文化来适应世界的,在这个意义上说,并不存在替代。在中国南方地区,流行类似于北方的石片技术的技术,但砾石砍砸器工业仍有保留。在新石器时代革命中,石器技术的连续性表现得更为明显,如北方的细石叶技术与南方的砾石砍砸器、锐棱砸击技术都表现出非常强的继承性。

文化发展是累积性的,旧石器时代是中国文化的开创时期,会形成创建者效应,并成为后世文化发展的基础,塑造出后世文化发展的基本路径与框架。中国石器时代不仅是连续发展的，而且这是其中的主旋律。旧石器时代晚期，我们在北方地区看到了一些欧亚草原地带的文化影响，以水洞沟遗址为例，可以看到一些似勒瓦娄哇技术因素，但是考古发现显示，在这些技术之后出现的仍然是北方传统的石片工业[①]。这些技术因素影响到后来细石叶技术的起源，同时还需要承认，成型的细石叶技术最终是以华北地区为中心起源的。石器技术传统属于创建者效应之一，它们代表早期人类在一个地区长期的文化适应。它们能够长期存在，正好证明文化适应是成功的。这样的适应与当地的自然环境、食物资源、原料供给等密切相关，不论哪个人群生活在这里，都不可能改变，因此，前期的利用会成为后世文化的路径与框架。

旧石器时代文化适应的影响还表现在文化生态区与文化适应模式上，塑造了后世文化发展的格局。狩猎采集者以自然资源为生，其生计深受资源供给的影响。每年植物生长的总量决定能够供养的动物的数量，人类通过狩猎采集手段能够获取的动植物资源量又只占其中的一小部分，动植物资源的供给也就决定了人口可能的分布。也正因为如此，狩猎采集者存在文化生态区的划分。按照模拟研究，我们曾经把中国狩猎采集的文化生态区划分为华北、长江中下游、岭南、东北、西北、青藏高原、蒙古高原、西北沙漠戈壁绿洲等八个区域[②]。其中，生态交错带的位置会随着季风的强弱发生变化，其生态环境更加不稳定，进入新

---

① 高星、王惠民、关莹：《水洞沟旧石器考古研究的新进展与新认识》，《人类学学报》2013年第2期。

② 陈胜前：《中国狩猎采集者的模拟研究》，《人类学学报》2006年第1期。

石器时代后，这个地区受人类活动的影响明显，总体而言，其范围由西北向东南迁移。这里没有提及另外一个生态交错带——海陆交错带，由于末次盛冰期海平面上升，这个交错带的大部分区域已经被淹没，目前考古证据有限，主要是新石器时代的材料。如果加上海岸地带，中国狩猎采集的文化生态区就可以归纳为四个板块：西北板块、东南板块、东北-西南生态交错带板块、海岸板块。这四个板块的划分一直持续到历史时期，甚至持续到现在。东南板块资源较为丰富，能够支持更大的人口密度；西北板块资源分布稀疏，环境相对恶劣，狩猎采集者一般只能季节性地利用；生态交错带是两者的枢纽，促进了两者的互动与交流。四大板块的相互作用在细石叶技术起源、旧新石器时代过渡过程中产生了明显的影响，新石器时代之后的影响更加明显。究其渊源，旧石器时代狩猎采集者的文化适应是无法摆脱的前提。

中国人偏好历史，"慎终追远，民德归厚"，我们认为历史的修养有利于促进文化认同。不过，我们追溯中国文化渊源的时候，一般也就止步于孔孟之时。再往前追溯，就只有神话传说，似乎荒诞不经了。史前考古学兴起后，追溯中国文化的渊源也就有了更切实的途径，如今我们之于中国文明的形成过程有了远远多于古史传说的认识。三代（夏商周）之前，我们知道还存在古国时代，这个时代甚至可以分为早、晚两个时期：早期以良渚、石家河、红山文明为代表，晚期以石峁、陶寺文明为代表。可以预测的是，随着考古发现的增加，这个分期的内容还会增加。目前怎么把考古发现与古史传说联系起来，还是一个问题。不过，不管是否有联系，考古发现的实物遗存都在那里，遗存所反映的中国文明发展过程都在那里。中国许多文化传统都是一脉相承的，考古发现的物质遗存所承载的中国文化传统也是可以追溯的。这些就是我们进行文化溯源的基础。

我们之于中国文化渊源的追溯并不能止步于文明起源阶段。我一直主张一个观点，即中国文明的起源不是某一点的突破，而是一个体系。之所以说是一个体系，是因为中国文明的根源是新石器时代形成的文化格局。这个格局是以农业起源为基础的。中国是世界上最早有农业的地区之一，早在距今1万多年前，史前农业就在华北与长江中下游地区萌芽了，其发展与西亚农业并驾齐驱，各有千秋。中国同时拥有两个农业起源中心，这是中国农业时代最显著的特点，其影响极为深远。按照古DNA研究，当代中国人主要由两个群体混血构成，其中一个是华北人群，另一个是长江中下游人群。这两个人群在距今5 000多年前开始大规模扩散（之前也有扩散）；长江中下游群体通过台湾岛扩散到菲律宾，再进一步扩散到整个大洋洲地区，陆地线路是沿着中南半岛扩散到东南亚以及南亚部分地区，华北群体向西、向北、向青藏高原扩散[①]。当代中国文化仍然保留着浓重的南北差异，从人的长相到饮食习惯，这些差异许多要追溯到农业起源之时。

中国新石器时代的格局是在农业起源后形成的，基于不同地区的生

---

① M. A. Yang，et al.，"Ancient DNA Indicates Human Population Shifts and Admixture in Northern and Southern China,"*Science* 369（2020）: 282-288.

态条件形成了若干文化生态区。辽西地区从距今 8 000 多年前的兴隆洼文化开始,经由赵宝沟文化、红山文化、小河沿文化(其中还有一些支系的文化,如富河文化),构成一个文化发展序列。长江下游的宁绍平原,则有一个由上山文化、跨湖桥文化、河姆渡文化构成的文化发展序列,长江下游还有太湖与宁镇区域,都有自己的文化发展序列,最后都并入良渚文明。类似的文化生态区还有长江中游地区、黄河下游地区、黄河中上游地区,每个地区又有若干更小的文化生态区,发展历史分分合合。但是,不管其中存在什么样的变化,我们现在可以确知的是,早在中国文明起源之前,一个由若干文化生态区构成的互动体系就已经在中国这片土地上形成。正是基于这样的体系,后来的中国才可能形成统一的文明!否则,就会分别形成不同的文明,就像我们在欧亚大陆西侧看到的一样,受西亚农业起源的影响,分别形成了两河、埃及、印度河与古希腊文明。

  我们对于中国文化的追溯是否就止步于新石器时代?理论上说,是可以进一步追溯的。文化的完整层次,从技术、社会到精神(意识形态),在旧石器时代晚期已经形成。从这个时候起,文化基因有了内核,也就是精神。但遗憾的是,有关的考古材料很少有发现,标志性的物质遗存是艺术品。就艺术品的发现而言,最丰富的莫过于法国西南部与西班牙北部,在这两个地区发现了上万件壁画、雕刻与雕塑。风格都相当写实,几乎能够与后来西方的绘画艺术联系起来,让人觉得不可思议。而在中国,迄今为止,旧石器时代艺术品的发现非常少,数得出来的有宁夏水洞沟遗址的鸵鸟蛋皮制作的圆环、北京山顶洞遗址的穿孔兽牙，以及最近在河南灵井遗址发现的雕刻鸟头。这些艺术品的风格还不够清晰，但是我们没有理由认为中国旧石器时代晚期就没有艺术品，更可能是风格有所不同而已。从中国新石器时代的艺术表现来看，例如陶器的形制与纹饰，有的地方还是相当丰富的，如距今 8 000 年前高庙文化的陶器纹饰。所以，中国旧石器时代晚期的艺术表现很可能不像欧洲那样是写实主义的，很可能是写意主义的，这就跟后来中国的艺术传统联系起来了——重其意，而不拘泥于形。当然，由于材料有限，这种说法还只能算是一种猜测。

旧石器时代遗留下来的主要物质遗存是石器，石器研究能够把握的更多是技术层面的东西，跟精神相关的内容很少。从石器技术中我们能够看到什么？我发现有个东西还是很有意思的，那就是惯习。这是法国社会学家布迪厄用的概念，近似于习性或习惯，但是这两个词在社会生活中已经有了确定的含义，如果采用它们，在学术概念的定名上就"犯了正名"，所以学界在翻译时，颠倒"习惯"一词，重新创造了"惯习"这个词。惯习是人们长期生活的产物，它能够反映社会生活中表现稳定的一面，比如在西方文化中男士给女士开门，没有为什么的问题，就是惯习。通过它可以追溯西方文化的骑士传统、性别角色传统等。法国是结构主义思想的故乡，惯习也透着浓重的结构主义味道。石器技术可以反映生产石器工具的惯习。早在距今 2.6 万年前，细石叶技术在中国华北地区出现，距今 1 万年前后在华北地区退潮，但仍旧在长城以外的地区流行，直至历史时期。这种石器技术是从经过精心修整的细小石核上剥离下来大小较为一致的细小石叶，然后把这些细小的石叶镶嵌到骨制或鹿角制的柄上，成为复合工具，可以是箭头，也可以是刻刀，还可以是标枪的边刃。

欧亚大陆西侧也有类似的石器技术，叫作细石器技术。这种石器技术源于石叶技术，通常是把从石核上剥离下来的石叶截断，做成不同的石器。跟细石叶技术相比，实际效果相差不大，但技术路径相差比较大。欧亚大陆西侧的细石器技术偏长于分，而东侧的细石叶技术偏重于合。这一分一合仅仅是技术习惯而已。但是习惯成自然，持续近两万年的习惯会造成潜移默化的影响，也就成为社会文化中的惯习。迄今为止，我们知道东西方思维方式各有一些偏长，西方偏长于分析，东方偏长于综合。如果说这样的偏长来自旧石器时代，恐怕有点过于武断。更合适的说法也许是，早期的文化根源创造了更容易接受后来发展偏长的环境。即便是偏长于分的细石器技术，也有其根源。整个欧亚大陆西侧旧石器时代早中期的石器都注重不同类型工具的修理加工；相比而言，欧亚大陆东侧的石器技术更注重石片的生产，然后直接使用石片，或者用于切割，或者用于加工其他工具。所以，欧亚大陆西侧采用了细石器技术而不是细石叶技术，是有其根源的。旧石器时代考古研究中，目前只是描述了这种差别，而很少谈及其文化上的影响。不同的惯习会影响人们的行为方式与认知方式。旧石器时代留下的明确的文化证据不多，技术上的惯习是我们能够看到的。在这个方面，东西方是有差别的。

东西方的差别还有不少,其中有一个是比较显著的,那就是西方建筑多用石头,而中国或东方文化圈都偏好木构建筑。通常的解释是,东方竹木资源丰富,东方建筑源于黄土地带,这里石头资源相对不好找。西方的建筑源于古希腊,那里树木少,石头多。从一般意义上说,这个解释是有道理的。事实上,黄土地带的树木并不繁茂,我们现在看到的距今 4 000 多年前的石峁古城就是用毛石垒砌的,石城在这个地带很常见,辽西地区也不少。但是这个文化传统没有流传下来。西方的地中海地区树木资源不丰富是事实,但西北欧地区的木头是相当丰富的,其早期建筑也多用木头,后来也都改成了石头建筑。东西方不同的建筑传统都可以追根溯源,其中文化传统的影响是显而易见的。不同的建筑结构也影响到后世的文化,这就是吉登斯所说的"结构化"思想:人生产了物的构成,物的构成反过来又影响人本身[①]。受制于一般木料的大小,木构建筑单体不可能太大,所以,要修建大的建筑,只能增加组织上的复杂性,也就是院落。通过院落组织的发展形成了相应的社会秩序、建筑文化。西方石头建筑与宗教结合后形成了追求极致的传统,一座教堂能够建上七八百年,就像修建神庙与金字塔一样。你甚至可以说,砌石建筑大大强化了宗教思想。中国式的建筑强调组织,而非单体;与之相应,我们的社会组织也是如此。

　　为什么中国的先祖偏好竹木?中国的石头资源并不比世界其他地

[①] 安东尼·吉登斯:《社会学方法的新准则:阐释社会学的建设性批判(第二版)》,徐法寅译,商务印书馆,2021。

方少，世界其他地方的竹木资源也不少。旧石器时代考古中著名的分界线——"莫维斯线"，把东亚、东南亚与欧亚大陆西侧区分开来。莫维斯线以东区域以石片/砍砸器工具为代表，莫维斯线以西区域则流行手斧。为了解释这种差别，有学者提出，东亚、东南亚一带的古人类可能用了竹子做的工具。这并不能完全解释莫维斯线的存在，但作为原因之一还是成立的。东亚、东南亚地区的砍砸器/石片工具，在许多地方一直用到新石器时代（中国华北地区后来用了细石叶技术）。如果没有竹木工具的帮助，这是难以想象的。经过石器加工后的竹刀是非常锋利的，尤其是刃部经过一定的炭化（油炸或者火烤）后，民族志中有记载。砍砸器/石片工具传统持续的时间将近200万年。它对后来人类的生活不可能丝毫没有影响。选择木构建筑跟这个传统不能说没有关系。相比而言，欧亚大陆西侧，还有东非、南非，更多是稀树草原环境。欧洲大陆在冰期森林也不多。因此，相比于东亚、东南亚地区，其石器工具类型更多样，也是可以理解的，后来的建筑强调用石头也顺理成章。

莫维斯线还有一个意义，东亚、东南亚一带从旧石器时代早期开始就是一个相对独立的文化区。这个现象至今也没有得到很好的解释。按照古DNA研究，走出非洲的现代人在距今5万年前后替代了东亚、东南亚的土著人群。然而，我们在石器文化上无法看到外来人群的扩散与替代，石器文化的面貌基本是一脉相承的。流行于非洲、欧亚大陆西侧的石器技术并没有在中国南方以及东南亚地区出现。如果古DNA研究的结果是正确的，那么这就表明，文化传承与生物学上的传承是不一样的，文化演化遵循另外一套法则。人类文化的发展是累积性的、连续性的，同时也是适应性的，所以一个地区才可能形成连续的文化传统，包含稳定连续的内容，也就是我们所说的文化基因。莫维斯线是个难题，石器技术与人群之间的对应关系也是个难题，但不管怎么说，我们看到了东亚、东南亚地区文化连续的发展、稳定的传统。

追溯中国文化的早期根源是困难的，难点就在于我们只能提供一些线索，而不能给予充分的论证。这些蛛丝马迹并非胡思乱想，并非没有理论依据，并非没有事实材料，只是还不够充分。姑且看作探索性的思考吧，对于我们未来的研究或许有参考价值。

三、石器考古的问题与前景

石器考古究竟能够回答什么问题？如何延长石器考古的推理链条？如何让石器说出更深刻隽永的话？这些都是石器考古学者关心的问题。前文做了一些尝试，简单地说，石器考古就是理论、方法与材料的相互配合，缺一不可。石器考古绝不仅仅是一种方法，也绝不仅仅是针对石器材料的特殊性所形成的一个专门领域，它是整个考古学研究的组成部分，甚至是关于人、物关系研究的一种形式，必定与考古学研究乃至一切与人、物关系相关的研究联系在一起。理论上说，人与物的关系网络有多大，石器考古就可能涉及多大。这个网络是通过无数的节点联系起来的，这些节点处在不同层次上，相互关联。有些关联是直接的逻辑联系，有些关联并非如此（如象征性），因此，有些关联明显，有些关联只是隐含的。研究者就在这个关联网络的丛林中摸索。我在本书中提出了"分层－关联的方法论"框架，在诸如解释辽西地区史前石器时发挥了一定的作用。当然，我在一个有限的范围内建立起来的关联网络只能说是一个局部的实验，石器考古还应该有更广阔的发展空间。如何实现它，是这里希望进一步思考的问题。

从事石器考古，尤其是旧石器时代考古的研究者，可能时时地产生这样一种印象，套用我们当前流行的话语，那就是"内卷化"了。我们费时费力，还有花费大量的经费，找到不少材料，但是关于史前人类的认识取得了怎样的进步？那些大量的描述、测量、统计最终想告诉我们什么？石器技术与人群的关系究竟是怎样的？我们能不能通过石器技术的相似性去探讨人群之间的联系？内卷化的另一种表达就是"发展停滞"。过去几十年来，石器考古的材料增加了不少，新的技术方法也有一些，多学科合作已经成为普遍共识。即便如此，我们有关人类发展演化的重要认识大多还是来自相关学科，比如古DNA研究。从一般意义上说，发展停滞通常与两个因素相关：一个是封闭；另一个是存在关键约束无法突破，就像我们看到尼安德特人之所以灭绝一样。因此，对于石器考古而言，就需要打破领域的边界，突破关键的约束。唯有如此，石器考古才可能突破当前存在的困境。

在学术史研究中，我们可以用范式来描述研究的边界。"范式"概念是科学哲学家托马斯·库恩20世纪60年代在《科学革命的结构》(*The Structure of Scientific Revolutions*)中提出来的，用以描述一定时期科学共同体共享某些理论、方法与实践的状况①。在早期研究中，库恩的立场比较激进，将范式视为科学共同体的信仰，从而解构了科学理论、方法与实践的客观性，认为不同范式之间不可通约，后来他收缩了立场，承认科学研究的客观性，承认范式之间存在继承与交流。我曾经分析过"范式"这个概念，并将之用于考古学术史研究中②。在考古学研究中，范式包括三个部分，首先是概念纲领，其次是支撑理论方法，最后是实践体系。三者缺一不可，否则不足以成为一种范式。考古学研究的概念纲领就是文化概念。在文化历史考古范式中，文化是行为的标准或规范，如大家都这样制作石器，所有人都遵循这样的规范，由此形成了考古学文化。在这样的范式中，文化的变化通常采用传播论来解释，即受到了某个文化的影响。文化历史考古范式主要流行于新石器时代考古研究中，这种范式由于较为成功，所以也影响到了旧石器时代考古研究，只不过遗存特征从以陶器为主转变为了以石器为主。范式的约束是切实存在的，从作为标准或规范的文化观出发，研究的中心问题、所利用的理论方法必然会以之为中心。文化历史考古范式对于材料的整理、时空框架的建立无疑是很有价值的。但是，研究不可能止步于此，我们还需要去探索更深入、更广阔的问题，此时就必须突破范式的限制。

在西方考古学中，旧石器时代考古领域主要以过程考古范式为主，这可能与旧石器时代考古的科学导向相关。过程考古以作为适应的文

---

① 托马斯·库恩：《科学革命的结构》，李宝恒、纪树立译，上海科学技术出版社，1980。

② 陈胜前：《中国考古学研究的范式与范式变迁》，《中国社会科学》2019年第2期。

化观为中心，以文化生态、文化进化、文化系统等为支撑理论，试图把握文化演化的机制。我们的研究基本都可以归为这种范式。石器作为实用工具，其存在就是为了帮助人类解决与生存相关的问题，由此，从功能-过程来研究石器，探讨古人的文化适应方式，就成了研究的中心任务。如研究细石叶技术起源问题，从狩猎采集者文化生态学的角度着手，可以发现该技术与末次盛冰期前夕狩猎采集者的文化适应调整密切相关，石器技术研究由此与古人的生产生活状况联系起来，实现了透物见人的目的，而不是让研究停留在物质材料层面，或者把石器技术与人群联系在一起。相比于文化历史考古的这个假设——人群与技术对应，过程考古所依赖的文化生态、文化进化、文化系统等理论方法具有更高的普适性。当然，这些理论主要是从民族志与民族考古研究中提出的，本身暗含着古今一致的假设。古今狩猎采集者是否一致？在某些方面，如生计方式、与环境的关系，还是有较高的古今一致性的；而在社会组织、意识形态领域，则可能存在较大的变化。这也就是过程考古范式往往侧重于史前经济研究的原因。我们在研究旧石器时代晚期革命时，就发现过程考古范式不够用，此时后过程考古范式能够更好地解释这一人类演化史上的重大飞跃。

  不断拓展范式，是石器考古取得更大发展的保证之一。然而，不管采用怎样的范式，最终都要回到考古推理这个基本问题上，否则，考古学研究与八卦传说、讲故事就难以区分。在石器考古推理中，除了采用多学科的方法，也就是采用科技手段分析石器及其相关遗存，最有效的途径就是构建中程理论,即民族考古与实验考古。多学科的方法之所以成功,其前提就是古今一致性,但它的主要不足是推理链条太短,花费高昂的检测费用,最终得到的结论可能是通过常识也能够判断的,只不过多了些可靠的证据而已,结论更多是以材料为中心的。如果想深入到史前人类社会领域,仍然需要延伸推理链条。相对而言,中程理论的推理链条更长一些,因为民族考古本身就来自活态社会(living societies),是从人类行为而非物质材料上归纳出来的,而实验考古则来自现在的人类行为。尽管中程理论存在古今一致性问题,但是它的推理链条是从物质到人类行为的。多学科的方法与中程理论并不矛盾,某种意义上说,它们都是透物见人推理中的重要环节,只不过多学科的方法更接近考古材料。沿着这个逻辑思考,我们就会发现,如果要获得更长的推理路径,就必须利用比中程理论更接近人本身的理论方法。这方面的理论方法通常是指与人类行为、社会、文化和历史相关的理论,如社会学、人类学、历史学、艺术等学科就包含这些方面的理论。石器考古要延伸推理链条的话,就必须利用这些理论。而当前的石器考古很少涉及这些方面的理论。

  石器考古只是人类物质遗存研究的一个小部分,我们有可能犯一叶障目、以偏概全的错误。石器考古曾经经历了从以器物为中心到以遗址为中心的研究模式的转变。从19世纪中期旧石器时代考古形成到20世纪中期,石器研究多侧重于器物本身,而相对忽视器物所存在的空间关联——遗址。随着过程考古范式的崛起,考古学研究日益强调考古推理的科学性，同时采用新进化论（文化进化），石器考古越来越强调以遗址为中心，尤其强调器物遗存的平面空间分布，注意重建活动区、遗址的功能，更进一步从聚落体系的角度来探讨史前狩猎采集者流动性的组织。后过程考古范式更加强调关联的重要性，它所强调的关联不仅指时空意义、行为功能意义上的影响，还指象征意义上的影响，甚至考虑到学科之外现实社会的影响。简言之，拓展关联是考古学研究的发展趋势，石器考古也不例外。从前文的研究中我们可以看到，关联是有层次的，最基础的关联是器物本身的，即以考古地层学、类型学（石器是技术类型学）为基础建立起来的联系，其中尤为重要的是平面空间的关联，它们代表共存关系。接着我们希望探讨石器的行为关联，即什么样的行为导致了这样的石器组合及其空间分布特征。我们了解这些之后，还希望了解这些行为所关联的意义。如此类推，研究不断深入。

石器考古的内在矛盾在于，我们掌握的材料只是古人生产生活遗留的一个极小部分，而我们的目的是了解作为整体的史前人类社会。更折磨人的是，考古推理成功的前提是，我们如果对一种生活了解得越充分，那么就越可能理解物质遗存的意义。也就是说，我们只有充分地了解整体，才可能透彻地了解局部（石器）。但是，我们的目的是通过局部去了解整体。整体与局部就像鸡与蛋的关系，不了解整体就无法深入了解局部，不了解局部又无从把握整体。这里需要我们从辩证的角度思考这个问题，即我们要认识到局部与整体本来就是不可分割的，相互交融是研究的基本特征。对于整体，我们需要的是一般性认识；而对于局部，我们获得的是特殊性认识。就像考古学研究拼合陶器一样，因为我们大致知道完整的陶器是什么样子，所以根据几块陶片就可能复原一件完整的器物。这里的关键之处有两个：一个是知道完整的陶器是什么样子；另一个是找到从口沿到底部连续的部分，否则仍然不足以完成复原。对于石器考古而言，这个整体就是狩猎采集者社会以及采取简单农业的社会。这不是说现在有这样的社会存在，如民族志上记载的，等着我们去研究，甚至拿来就可以利用；而是说我们需要从民族志中去提炼，完成整体上的理论建构。恩格斯就曾做过这样的工作，其名著《家庭、私有制和国家的起源》就是这么完成的，并成为指导考古学古代社会研究的基本理论。我们要去做这样的工作，要学习与利用这方面的理论。针对另一个关键之处，那就是石器考古研究需要以遗址为中心，进行多学科合作，发展中程理论，所有工作的目的就是尽可能建立（至少在一个局部）基本完整的社会关联（就像拼合一个可以复原的陶器残部）。

理解局部的前提是了解整体，然而整体在哪里，如何了解整体？整体不是考古学研究所能包括的，但凡与人类相关的一切都构成整体，而这不是一名研究者个体或者一个学科所能研究的。当代学科的分野就是为了研究的便利而设计的，学科划分的设定反过来成为研究的藩篱。对于石器考古而言，要解决它所存在的问题，就需要走出石器领域，需要结合遗址，结合其他类型的遗存。更进一步说，需要走出中国材料的限制，从全球的视角来考察中国石器时代。以此类推，还需要走出考古学的限制，从有关人类研究的视角来考察史前史。这样的话，才可能充分扩展石器考古的推理链条，达到深入的透物见人目的。

  毋庸讳言，石器考古本身具有一些局限，比如材料稀少零散，部分材料测年困难，改造后的石器使用痕迹模糊，如此等等的不足都会影响到石器考古的推理。这些局限是不可避免的。还有一些局限其实是人为的，如学科的设置、范式的要求等。新的学科不断形成，旧的学科不断萎缩，学科之间更新替代、分分合合都是不可避免的；范式会不断涌现，通常的结果是，旧的范式回到自己本身擅长的领域，把学科的前沿让位给更适合的新的范式。只要我们不自我设限，研究的天地就仍然无比广阔，石器考古的前景就仍然光明。相反，如果始终限制在一种范式内，那么就可能出现内卷化，学科发展就会止步不前。当代中国考古学迎来了一个前所未有的黄金发展期，希望本书的研究能够抛砖引玉，为未来更精彩的工作开辟道路。

后　　记

　　1989年秋天,我第一次走进考古学课堂,第一学期的课程就有"旧石器时代考古"与"新石器时代考古",我有点受到了震撼。在考入吉林大学之前,我对考古学的了解局限在文物古迹、奇珍异宝、文化之谜上。而在课堂上,我所面对的是一堆"破石头",要学习认识石器的人工属性,学习识别石器的技术类型,记住不同遗址的重要发现。1993年,我考进北京大学,跟随吕遵谔先生学习旧石器时代考古,逐渐成为石器考古的专业研究者。一晃居然三十年过去了,好像还没来得及从震撼中缓过神来,转眼我已经成了即将过时的研究者,需要整理自己的收获了。

　　在考古学领域,每位研究者通常都会有自己专门研究的物质遗存,石器、陶器、墓葬、聚落、人骨、植物、动物……,由此形成一个个专门研究领域,甚至是分支学科。考古学一直是冷门学科,而石器考古又是这个冷门中的冷门。为什么会这样呢?因为石器太久远了,太单调了,要通过它去了解我们远古祖先的生活,实在是太难了。然而,要了解几十万年乃至上百万年前人类的生活，石器在许多时候，是我们唯一能够利用的材料。幸亏有石器，否则我们之于人类史前史的认识会有许多空白。人是怎么来的？这是一个所有人都想知道的问题，哲学家在玄想，考古学家寻找实物遗存，并试图读懂包含在石器中的信息。这难道不是一件很酷的事情吗？不过，如何做到并且让人信服，就成了石器考古研究者追求的目标。

《让石头说话：中国史前石器研究》是我的努力，是我过去三十多年学习与研究的总结。刚开始时，我想把自己所有的研究收录起来，稍稍做点分类，出版一本论文集。但内心里总有那么一点不甘，我更希望以它们为基础，发展成为一本真正意义上的专著。两个情况的出现促使我下定决心这么做。一个是整理了自己的石器考古研究之后，发现我的研究从旧石器时代早中期一直延伸到了青铜时代，每个阶段都有相关的研究，从时段上看相当完整，有可能发展为一部从石器角度写作的中国史前史。另一个是从学校申请到一个项目，可以帮助并推动我来做这件事。要让自己的研究发展为一本专著，需要补充一部分内容，尤其是第一部分有关石器考古理论方法的讨论；还需要删减与调整部分内容；再就是需要统合与提炼。书稿成形之后，看起来好像比较完整。尽管还不足以表明就是一部从石器角度写作的中国史前史，但是时间线索已经完备，贯穿其中的还有统一的理论方法。

第四章出自《考古学"透物见人"的概念构建——以旧石器考古为例》，原载 2022 年北京大学考古文博学院编《考古学研究（十三）》；第六章出自《湖北郧县余嘴2号地点砍砸器的实验研究》,原载《人类学学报》2012年第1期;第七章出自《工具生产链:秦岭地区手镐的实验考古学研究》,原载山西省考古研究所编《砥砺集——丁村遗址发现60周年纪念文集》(三晋出版社2016年版);第八章出自《中国旧石器时代石球的实验研究》,原载《人类学学报》2021年第4期;第九章出自《中国北方晚更新世人类的适应变迁与辐射》,原载《第四纪研究》2006年第4期;第十章出自《中国旧石器时代晚期革命:研究范式的问题》,原载2015年《北方民族考古》(第2辑);第十一章出自《细石叶工艺产品废弃的文化过程研究》,原载《人类学学报》2008年第3期;第十二章出自《细石叶工艺的起源——一个理论与生态学的视角》,原载2008年北京大学考古文博学院编《考古学研究(七)》;第十三章出自《细石叶工艺起源研究的理论反思》,原载《人类学学报》2019年第4期;第十六章出自《锐棱砸击技术与旧新石器时代过渡》,原载《江汉考古》2022年第3期;第十七章出自《哈民忙哈遗址之石器工具》,原载《人类学学报》2016年第4期;第十八章出自《内蒙古喀喇沁大山前遗址出土石锄的功能研究》,原载《人类学学报》2014年第4期;第十九章出自《大山前遗址夏家店下层文化石铲的功能研究》,原载《考古》2013年第6期。收入本书的内容都按照全书的架构进行了一定程度的修改。

我所谓"统一的理论方法"首先指的是研究所依托的范式,我的石器考古研究总体上是过程主义的,只是在讨论"旧石器时代晚期革命"

这个问题时才有所超越。我在读博士期间有幸受教于过程考古学的主要开创者路易斯·宾福德，在潜移默化中接受了石器考古的过程主义的理论方法。次之，是指我在书中应用的分层－关联的方法论，这是我自己在石器考古研究过程中提炼出来的。这个方法论不仅用于石器考古，同时也用于我的考古学理论研究，有那么一点"吾道一以贯之"的味道。最后要说的是，我的石器考古是侧重于从理论端开始的，尤其是在细石叶技术研究中；相比而言，既有研究大多是从材料出发的。不论从哪一端出发，考古学研究的核心任务都是透物见人，即从石器中认识古人，两者相向而行，相互补充。

书中部分石器研究有我指导的硕士研究生的贡献，陈慧在砍砸器、叶灿阳在锛状器、卢立群在石球研究上是我主要的合作者，在其他石器研究上，研究生也广泛参与其中。因此，某种意义上，本书记录了我和我的研究生们在石器考古研究上的探索。回首三十多年的学习与研究历程，如果说我在石器考古研究上有些许成就的话，那也都是师友鼎力相助的结果。这里我想特别感谢吕遵谔、路易斯·宾福德、弗雷德·温道夫（Fred Wendorf），他们是我硕士与博士的指导老师，三位老师已归道山，他们遗留下来的学术事业仍在传承之中。我还要特别感谢高星、陈全家、王幼平、王社江、袁家荣、谢飞、王益人、谢光茂、刘锁强、李意愿、陆成秋、王锋、尹检顺、吉学平、高峰、周非素、张合荣、胡晓农、汪英华等师友，还有许多我这里不能一一提及的，正是因为有他们的帮助，本书所涉及的石器考古研究才能完成。最后，还要特别感谢中国人民大学出版社的策划编辑王琬莹女士、责任编辑罗晶女士，在她们的帮助下，本书才得以呈现在大家面前。

石器考古研究永远在路上，我的研究自然会有许多不足，欢迎读者批评指正，也希望它能够成为后来者的垫脚石，助力他们攀上新的高峰。

陈胜前

2023年4月20日于中国人民大学

图书在版编目（CIP）数据

让石头说话：中国史前石器研究 / 陈胜前著 . -- 北京：中国人民大学出版社, 2024.1
ISBN 978-7-300-32356-5

Ⅰ. ①让… Ⅱ. ①陈… Ⅲ. ①石器—研究—中国—石器时代 Ⅳ. ① K871.11

中国国家版本馆 CIP 数据核字（2023）第 233374 号

让石头说话
中国史前石器研究
陈胜前 著
Rang Shitou Shuohua

出版发行	中国人民大学出版社				
社　址	北京中关村大街 31 号		邮政编码	100080	
电　话	010-62511242（总编室）		010-62511770（质管部）		
	010-82501766（邮购部）		010-62514148（门市部）		
	010-62515195（发行公司）		010-62515275（盗版举报）		
网　址	http://www.crup.com.cn				
经　销	新华书店				
印　刷	北京瑞禾彩色印刷有限公司				
开　本	890 mm×1240 mm　1/32		版　次	2024 年 1 月第 1 版	
印　张	20 插页 4		印　次	2024 年 1 月第 1 次印刷	
字　数	487 000		定　价	129.00 元	

版权所有　侵权必究　　印装差错　负责调换